前 言

SAS诞生于20世纪60年代，经过不断发展，已由最初的统计分析系统演变为大型的集成应用软件系统。在充斥着大量数据资料等待处理的大数据时代，SAS系统正在各个领域得到广泛应用。在众多的数据分析软件中，SAS以运行稳定、功能强大而著称。近年来，SAS一直占据着数据统计分析软件的高端市场，用户遍及金融、医药卫生、生产、运输、通信、政府和教育科研等领域。在数据处理和统计分析领域，SAS在国际上被誉为数据分析的标准软件，堪称统计软件界的巨无霸。

本书囊括了SAS软件的基础知识、操作方法和相关的数学理论，由浅入深，层层推进。主要内容包括SAS基础、SAS软件、SAS图形、假设检验、方差分析、相关分析、回归分析、聚类分析、判别分析、主成分分析和因子分析等。本书可作为各类高等院校、高等职业学校及相关院校的经管专业、医学院、政治学、教育学等专业的本科生或研究生教材，也可作为各类培训班和自学用书。

本书的第一章由宋麟老师完成，第二章由熊素萍老师完成，第三章由黄文斌老师完成，第四章由汤洁老师完成，第五章由何宁老师完成，第六章由杨先娣老师完成，第七章由滕冲老师完成，第八章由李艳老师完成。这几位老师长期工作在SAS教学和实践的前线，尽力将自己的教学经验融合在本书的写作中。在写作本书的过程中，编者得到了武汉大学计算学院的汪同庆和高建华等老师以及武汉大学出版社的各位老师的大力支持，在此表示深深的感谢。但由于编者能力有限，时间紧促，如有错漏之处，恳请读者海涵并指正！

编 者

2015年1月

目 录

第1章 绪 论

近年来，大数据(big data)一词越来越多地被提及，人们用它来描述和定义信息爆炸时代产生的海量数据。有数据的地方，就需要对数据进行统计和分析，人们对于海量数据的挖掘和运用的需求空前迫切。

统计分析是指运用统计方法及与分析对象有关的知识，从定量与定性的结合上进行的研究活动；它是继统计设计、统计调查、统计整理之后的一项十分重要的工作，是在前几个阶段工作的基础上通过分析从而达到对研究对象更为深刻的认识；它是在一定的选题下，集分析方案的设计、资料的搜集和整理而展开的研究活动，系统、完善的资料是统计分析的必要条件。

本书从SAS系统的界面、操作方式及编程基础几个方面，介绍对数据进行统计分析的过程。

SAS是英文Statistical Analysis System的缩写，直译为“统计分析系统”，是当今国际上非常流行的数据统计分析软件。

1.1 SAS系统的组成与特点

SAS诞生于20世纪60年代，由美国北卡罗来纳州立大学(North Carolina State University)的两位生物统计学研究生用C语言开发，最初的版本只含一般线性模型的分析法。1976年，SAS软件研究所(SAS Institute Inc.)成立，开始进行SAS系统的开发、维护、销售和培训工作。早期SAS只能运行在大型机上，现在SAS系统可以在各种大型机、小型机、工作站和微机上运行。

PC版本的SAS于1987年推出(V6.02)，1989年推出SAS/PC(V6.04)版本；1997年下半年推出适用于多种操作系统的V6.12版本(Windows版)；2000年2月推出SAS系统V8版本，2004年推出SAS系统V9版本，SAS9.2以后的版本，其对应的操作系统为64位。

SAS自诞生以来，经过不断的发展，已由最初的统计分析系统演变为大型的集成应用软件系统。

SAS是一个灵活方便、功能齐全的整理数据、分析数据及报告结果的软件系统。在充斥着大量数据资料等待处理的大数据时代，SAS系统正在各个领域得到广泛应用。

除了SAS之外，下面几款也是当前世界上十分流行的统计分析软件。

- Statistical Product and Service Solutions(SPSS)，它是世界上最早采用图形菜单驱动界面的统计软件，它最突出的特点就是操作界面极为友好，输出结果美观漂亮，但其统计分析功能与SAS相比仍有一定欠缺。
- MINITAB Minitab，是为质量改善、教育和研究应用领域提供统计软件和服务的软件。
- Matrix Laboratory(MATLAB)，是矩阵实验室(Matrix Laboratory)的简称，是美国

MathWorks 公司出品的商业数学软件，用于算法开发、数据可视化、数据分析以及数值计算的高级技术计算语言和交互式环境。

- S-PLUS，由 AT&T 贝尔实验室开发的一种用来进行数据探索、统计分析、作图的解释型语言。
- R，研究统计算法的实现，希望自己可以修改程序中的代码(免费，原代码开放)。
- Eviews，它拥有数据处理、作图、统计分析、建模分析、预测和模拟六大功能，并且易学易懂，操作简便。

在众多的统计软件中，SAS 以运行稳定、功能强大而著称。近年来，SAS 一直占据着统计软件的高端市场，用户遍及金融、医药卫生、生产、运输、通信、政府和教育科研等领域。在数据处理和统计分析领域，SAS 在国际上被誉为数据分析的标准软件，堪称统计软件界的巨无霸。

1.1.1 SAS 系统的组成

SAS 是一个组合软件系统，它由多个功能模块组成。其中 Base SAS 模块是 SAS 系统的核心。其他各模块均在 Base SAS 提供的环境中运行。用户可选择需要的模块与 Base SAS 一起构成一个用户化的 SAS 系统。

- Base SAS

Base SAS 作为 SAS 系统的核心，负责数据管理，交互应用环境管理，进行用户语言处理，调用其他 SAS 模块。Base SAS 为 SAS 系统的数据库提供了丰富的数据管理功能，还支持标准的 SQL 语言对数据进行操作。Base SAS 能够制作从简单列表到比较复杂的统计报表。Base SAS 可进行基本的描述性统计及基相关系数的计算，进行正态分布检验等。

- SAS/GHAPH

SAS/GHAPH 可将数据及其包含着的深层信息以多种图形生动地呈现出来，如直方图、圆饼图、星形图、散点相关图、曲线图、三维曲面图、等高线图及地理图等。SAS/GHAPH 提供一个全屏幕编辑器，提供多种设备程序，支持非常广泛的图形输出设备以及标准的图形交换文件。

- SAS/ASSIST

SAS/ASSIST 为 SAS 系统提供了面向任务的菜单界面，借助它可以通过菜单系统来使用 SAS 系统其他产品。它自动生成的 SAS 程序既可辅助有经验的用户快速编写 SAS 程序，又可帮助用户学习 SAS。

- SAS/AF

SAS/AF 是一个应用开发工具。用户使用 SAS/AF 可将包含众多功能的 SAS 软件作为方法库，利用 SAS/AF 的屏幕设计能力以及 SCL 语言的处理能力来快速开发各种功能强大的应用系统。SAS/AF 也采用了 OOP(面向对象编辑)技术，使用户可方便快速开发各类具有图形用户界面(GUI)的应用系统。

- SAS/EIS

SAS/EIS 是决策工具，也是一个快速应用开发工具。SAS/EIS 完全采用新兴的面向对象的编程模式(OOP)。EIS 以生动直观的方式(图或表)将关键性或总结性信息呈现给使用者。

- SAS/ACCESS

为了对众多不同格式的数据进行查询、访问和分析，SAS/ACCESS 提供了与目前许多流行数据库软件的接口，利用SAS/ACCESS，可建立外部其他数据库的一个统一的公共数据界面。SAS/ACCESS提供的接口是透明的和动态的。用户不必将此文件当做真正存储着数据的SAS数据集一样使用，而只需在SAS中建立对外部的描述(即VIEW)文件，便可将此文件当做真正存储着数据的SAS数据集一样使用。对一些经常使用的外部数据，可以利用SAS/ACCESS将数据真正提取进入SAS数据库。SAS/ACCESS提供的接口是双向的，既可将数据读入SAS，也可在SAS中更新外部数据或将SAS数据加载到外部数据库中。目前，SAS/ACCESS支持的数据库主要有：IML-DL/I、SQL/DS、DB2、ADABAS、Rdb、ORACLE、Sybase、INGRES、Informix、DBF/DIF和ODBC等。

- SAS/STAT

SAS/STAT覆盖了所有的实用数理统计分析方法，是国际统计分析领域的标准软件。SAS/STAT提供了十多个过程，可进行各种不同模型或不同特点数据的回归分析，如正交回归/面回归、响应面回归、logistic回归、非线性回归等，且具有多种模型选择方法。可处理的数据有实型数据、有序数据和属性数据，并能产生各种有用的统计量和诊断信息。在方差分析方面，SAS/STAT为多种试验设计模型提供了方差分析工具。另外，它还有处理一般线性模型和广义线性模型的专用过程。在多变量统计方面，SAS/STAT为主成分分析、典型相关分析、判别分析和因子分析提供了许多专用过程。SAS/STAT还包含多种聚类准则的聚类分析方法。

- SAS/QC

SAS/QC为全面质量管理提供了一系列工具。它也提供一套全屏幕菜单系统引导用户进行标准的统计过程以及试验设计。SAS/QC提供了多种不同类型控制图的制作与分析。Pareto图(排列图)可用于发现需优先考虑的因素，Ishikawa图(鱼骨图)可用于直观地进行因果分析。

- SAS/ETS

SAS/ETS提供丰富的计量经济学和时间序列分析方法，是研究复杂系统和进行预测的有力工具。它提供方便的模型设定手段、多样的参数估计方法。

- SAS/OR

SAS/OR提供全面的运筹学方法，是一种强有力的决策支持工具。它辅助人们实现对人力、时间以及其他各种资源的最佳利用。SAS/OR包含通用的线性规划、混合整数规划和非线性规划的求解，也为专门的规划问题提供更为直接的解决办法，如网络流问题、运输问题、分配问题等。

- SAS/IML

SAS/IML提供功能强大的面向矩阵运算的编程语言，帮助用户研究新算法或解决SAS中没有现成算法的专门问题。SAS/IML中的基本数据元素是矩阵。它包含大量的数学运算符、函数和例行程序，用户用很少的语句便可执行很复杂的计算过程。

- SAS/WA

SAS/WA(Warehouse Administrator)是建立数据仓库的集成工具，它在其他SAS软件的基础上提供了一个建立数据仓库的管理层，包括：定义数据仓库和主题，数据转换和汇总，汇总数据的更新，Metadata的建立、管理和查询，Data marts和Info marts的实现。

- SAS/MDDB Server

SAS/MDDB Server是SAS的多维数据库产品，主要用于在线分析处理(OLAP)，可将从数据仓库或其他数据源来的数据以立体阵列的方式存储，以便于用多维数据浏览器等工具快速和方便地访问。

- SAS/IntrNet

SAS/IntrNet 为 SAS Web 应用提供了数据服务和计算服务，包括 htmSQL，它为一 UNIX Web 服务器的 CGI 程序，使得能通过支持 Web 浏览器动态查询 SAS 数据或外部的关系型数据库；SAS ODBC Driver 使得能通过支持 ODBC 的 Windows Web 服务器来访问 SAS 数据；SAS Driver for JDBC 使得可以通过 Java applet 来查询 SAS 数据；SAS/IntrNet Application Dispatcher 使得可以通过 Web 浏览器动态地递交 SAS 程序到 SAS 应用服务器执行，并将结果返回浏览器。

- SAS/GIS

SAS/GIS 集地理位置系统功能与数据的显示分析于一体。它提供层次化的地理信息，每一层可以是某些地理元素，也可与用户定义的主题(如人口、产值等)相关联。用户可交互式地缩小或放大地图，设定各层次显示与否，并利用各种交互式工具进行数据显示与分析。

- SAS/ITSV

IT Service Vision(ITSV)是企业的全面 IT 服务的性能评估和管理的软件，这些 IT 服务包括计算机系统、网络系统、Web 服务器和电话系统等。ITSV 将不同来源的数据进行整理和组织，存放于性能数据仓库中，用 GUI 或批处理的方式产生组织任意层面的报告。系统程序员及网络工程师能借此识别、研究并解决有关问题，业务分析人员能借此制定资源管理的总体策略，CIO 和数据中心经理能借此定期地得到所需的 IT 运作的汇总和分析报告。

- SAS/CFO Vision

SAS/CFO Vision 用于财务整合和报告，内部包含了会计知识，为日常财务工作提供了现成的程序，并提供了访问所有主要数据源的接口。它主要用于访问财务和非财务的有关住处整合财务数据，通过一个财务信息仓库来管理业务结构，通过财务报告和分析帮助理解财务的结果，并在组织内交流关键的业务结果信息。

- SAS/EM

Enterprise Miner 是最流行的数据挖掘工具之一，它集成了数据获取工具；数据抽样工具；数据筛选工具；数据变量转换工具；数据挖掘数据库；数据挖掘过程；多种形式的回归工具；为建立决策树的数据剖分工具；决策树浏览工具；人工神经元网络；数据挖掘的评价工具等，它和 IBM 数据智能挖掘工具(IBM Intelligent Miner for Data)、Oracle Darwin 及 SPSS Clementine 等齐名。

1.1.2 SAS 系统的特点

SAS 系统有自己的语言环境，称为 SAS 语言。SAS 系统的核心操作方式是程序驱动，同时也为用户提供了菜单驱动的操作方式。SAS 系统的特点如下：

1. 信息存储简便灵活

SAS 系统能和绝大多数据库系统交换数据信息，具有很强的数据共享能力。将外部数据导入到 SAS 系统中后，用户就可以利用数据管理功能对数据进行更新、重整、组合编辑或求数据子集，从而可以得心应手地分析数据。

2. 语言编程能力强

SAS 语言功能强大，内含 100 多种函数和丰富的算术逻辑运算符，用户可用赋值语句、条件语句、数组和循环语句等对变量进行各种操作。

SAS 语言有两类，DATA 语句和 PROC 语句。SAS 程序以 DATA 语句开始，输入或处理有关的数据集(SAS 的数据文件)，让系统读有关数据。DATA 语句的部分叫数据步。然后是 PROC 语句，指出进行那种数据分析。PROC 语句的部分叫过程步，利用系统提供的过程(SAS 提供的数据分析子程序)进行分析。

3. 丰富的统计分析方法

统计分析是 SAS 系统的主要功能，它几乎囊括了所有的统计方法，从基本统计到多元分析，从预测预报到运筹决策，从时序分析到经济计量，等等。每一个统计分析方法在 SAS 中是一个独立的过程。各个算法过程既相互独立，又相互联系，一次可以完成多个算法，前一过程的输出结果可以作为后一过程的输入信息，中间不需要中断系统的运行，因而可以从不同的角度对数据进行分析比较，逐层揭示出数据的蕴涵。

SAS 具有第四代语言的特点，只要通过菜单的选择，对话框的操作告诉系统要做什么，无须告之怎样做。只要粗通统计分析原理，无须通晓统计分析的各种算法，即可得到统计分析结果。

4. 较强的统计报表与绘图功能

SAS 支持绘制一到三维表格，它既可以各种格式输入数据，也可以任何方式输出数据。除了固定的报表格式外，SAS 系统支持用户自行设计任何格式的报表。

SAS 可以绘制各种统计图形。它可以在图形中进行各种方式的标识，并支持彩色显示器和绘图仪。

5. 友好的用户界面

SAS 系统提供了一系列灵活的菜单驱动、面向任务的图形界面，初学者和熟练的 SAS 用户都可以全面地进行以数据为中心的基本处理。SAS 采用多窗口的操作环境和显示方式，运行一个 SAS 程序时，用户可以从不同的窗口中了解到程序的运行情况，出错信息和输出结果。对于数据和文件也各有窗口管理和显示。通过窗口还可以了解到 SAS 系统的组成，功能键的作用等。

用户可以利用菜单或在命令行上键入命令来显示窗口，改变窗口的形状、大小及在屏幕中的位置。SAS 系统还提供了一些有效的工具，如图形/图像编辑器、文本编辑器、报表编辑器、数据表编辑器等。利用这些工具向导，用户可以按照提示快速地创建或生成数据集、图形、报表等。

6. 宏功能

SAS 有较强的宏代换功能。如果用户需要多次做类似的工作，其中仅是参数不同，则可以使用宏功能定义宏体，在宏体中可以使用宏变量。随后，用户就可以使用不同的参数载入宏体，从而大大简化了程序的编写。

7. 支持分布式处理

SAS 支持分布式处理，多台计算机协同工作，有效减少对大数据量的统计分析所需时间，并能充分享用网络环境中的软硬件资源，

8. 采用输出分发系统

SAS 系统从 8.0 版以后其数据分析模块功能有较大提高。一个显著的特点是所有的输出都由输出分发系统处理，它允许用户自己定制显示哪些结果，如显示中间的数据集、数据集的属性和变量名、统计分析结果等。输出分发系统可以生成多种格式的结果，包括 HTML

文件。

9. 功能强大的系统阅读器

SAS阅读器是一个浏览SAS各类文件的应用软件。它提供了一个快速、便利的查看打印数据集、目录、传输文件、SAS程序、工作日志、输出结果等文件内容的通道，用户不必运行SAS系统，甚至不需要在计算机中安装SAS系统。

10. 数据挖掘和商业智能

数据挖掘(Data Mining)就是从大量数据中发现潜在规律、提取有用知识的方法和技术。因为与数据库密切相关，又称为数据库知识发现，SAS公司一直是数据仓库的引导者。

商业智能(Business Intelligence，BI)，就是将智能计算技术应用于传统商业领域，从而提高数据分析能力，优化业务过程，提高企业竞争力。商业智能已经渗透到金融、电信、零售、医药、制造、政府等各个行业和领域，成为大中型企业经营决策的重要组成部分。

SAS不只是一个统计软件，它已经发展成为一个大型的商业智能(BI)平台。

1.1.3 SAS系统的安装

目前常用的SAS版本有SAS9.1.3，SAS9.3，SAS9.4等。根据用户操作系统的版本不同，选择不同的SAS版本。在PC系列微型计算机32位操作系统上，适合安装SAS9.1.3版本的SAS系统；如果是64位Windows 7旗舰版，则可以安装SAS9.3或SAS9.4版。

1.2 SAS的启动退出

以SAS9.1.3版本为例，在Windows环境中，用如下方法可以进入SAS系统的窗口运行环境：

- 用鼠标选择系统菜单项："开始"→"程序"→"sas"→"SAS 9.1(简体中文)"
- 如果SAS安装系统在桌面上建立有快捷方式图标，则双击SAS.EXE图标启动SAS。
- 生成SAS.EXE的快捷方式(把SAS.EXE用鼠标右键拖到桌面)，双击SAS.EXE图标启动SAS。

退出SAS：在SAS应用工作空间中用鼠标单击关闭按钮，或者选择菜单"文件"→"退出"，打开"退出"对话框，单击"确定"按钮，即可退出SAS。

1.3 SAS系统的主要界面介绍

SAS系统启动后，进入SAS操作界面，如图1-1所示。SAS操作界面的标准名称为SAS Application WorkSpace(SAS应用工作空间)，简称SAS AWS。

如同其他许多Windows应用程序一样，SAS AWS是一个多窗口界面：在一个主窗口内包含若干个子窗口，并有菜单栏、工具栏、状态栏等。

在SAS工具栏的左边，有一个命令框，命令框提供了快速输入SAS命令的方法，用鼠标点击命令框，在其输入SAS系统命令后回车或单击左边的对号按钮执行。这里还能保留用户以前输过的若干条命令，点击右边的下拉按钮可以选取以前的命令，不用重复性地输入，再单击左边的对号按钮执行。用户可以按F11功能键快速从其他位置切换到命令框。

SAS的状态栏分为三个部分，最左边是消息栏，中间是工作目录区，最右边是显示光标

图 1-1　SAS 工作界面

所在的位置。对于系统在运行中发生的任何情况，在消息栏上都会显示出相应的信息。工作目录区显示当前的工作目录(文件夹)，我们所做的读、写文件等操作均默认在当前文件夹中进行，双击工作目录区可改变当前文件夹。

SAS 的菜单栏、工具栏和 SAS 基本窗口，在下面的小节中详细介绍。

1.3.1　SAS 的菜单栏

SAS 主窗口标题栏下是主菜单，SAS 的菜单中，集成了 SAS 环境下可以完成的主要操作功能。

SAS 菜单是动态的，其内容随上下文而不同，即光标在不同窗口其菜单也不同，即菜单内容根据用户所处的上下文而不同。例如，当光标在程序编辑窗口时，会出现“运行”菜单，用“运行”菜单中的“提交”命令，可以提交窗口中的程序，但光标移动到工作日志窗口时，“运行”菜单就隐藏起来了。假设当前环境是光标位于程序编辑窗口，以此为前提介绍 SAS 9.1.3 的主要菜单

文件菜单：可以打开、存储或建立新的程序文件，启动 SAS 的导入向导将其他格式的数据转换为 SAS 数据，启动导出向导输出 SAS 数据集为其他文件格式，进行页面设置、打印设置、打印预览和打印，还可以发送电子邮件并将当前窗口内容作为附件，可以选择文件菜单的退出命令，退出 SAS 系统。

编辑菜单：可以进行撤销、剪切、复制、粘贴及清除选定的文本，还可以查找或替换字符串。

查看菜单：打开或切换到增强编辑窗口、工作日志窗口、输出窗口、图表窗口、结果窗口、SAS 资源管理器窗口，还可以打开用户的收藏夹窗口。

工具菜单：可以查询数据集，打开数据集编辑器、图形编辑器、报表编辑器、图像编辑器、文本编辑器还可以对 SAS 系统界面进行个性化设置，重新设定系统的一些参数，如字体、颜色、系统功能键等。

运行菜单：用于提交程序编辑窗口中的程序、重新调用上一次运行过的程序、撤销最后一次提交、连接远程主机、远程提交及断开与远程主机的连接。

解决方案菜单：解决方案菜单里可以完成对数据处理的大部分需求。比如可以进行图形界面操作的分析，完成输入数据及统计分析的全过程。可以创建图形界面的信息传递系统，从系统中提取各种原始信息经过分析后以报表和图表的形式呈现给决策层。可以从数据集建立报表，等等。

窗口菜单：可以最小化所有窗口、层叠窗口、垂直平铺窗口、水平平铺窗口及改变窗口尺寸等。

帮助菜单：SAS 是一个迅速发展的大型软件系统，对用户而言，要想掌握每一个技术细节是非常困难的，因此，多使用 SAS 的帮助系统也就显得尤为重要。SAS 提供的帮助，循序渐进地教用户如何使用 SAS 软件，还可以连接到 SAS 公司进行在线支持等。

除上面介绍的水平菜单及下拉式菜单外，SAS 为每一个子窗口提供了弹出式快捷菜单。在窗口内单击鼠标右键可以弹出此窗口对应的菜单。

1.3.2 SAS 的工具栏

一些常见的任务可以不需调用菜单而直接用鼠标单击工具栏中的图标即可完成。把鼠标指向图标并停留几秒可以显示其功能。常见工具图标见图 1-2。

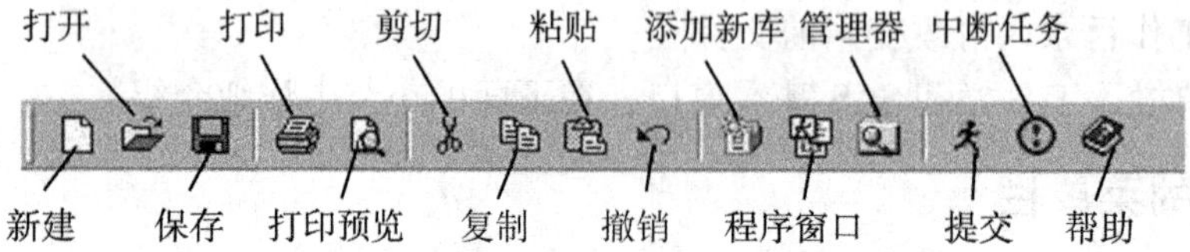

图 1-2 工具栏

工具栏中的大部分工具读者比较熟悉，我们在这里只介绍添加新库和中断任务。

1. 添加新库

SAS 系统用逻辑库管理存放 SAS 数据集的文件夹。在SAS环境下读写 SAS 数据集时，常常需要添加一个新逻辑库，用来映射存放 SAS 数据集所有的文件夹。

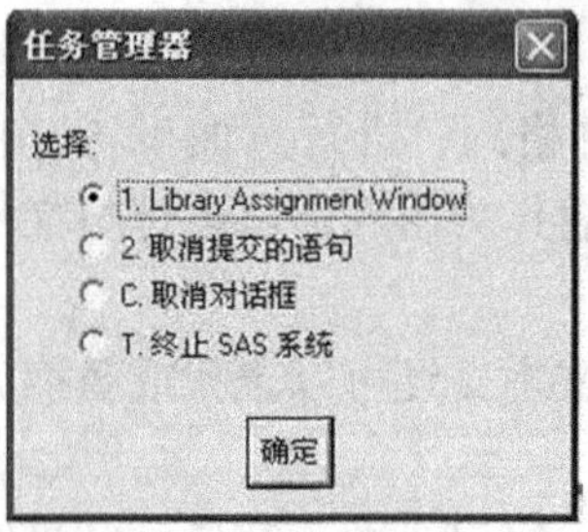

图 1-3 任务管理器

2. 中断任务

有时候可能需要撤销已提交的任务，一个简便的方法是单击工具栏中的中断任务图标，弹出如图 1-3 所示任务管理器对话框。用户可以选择“取消提交的语句”撤销已提交的语句，选择“取消对话框”关闭此对话框，选择“终止 SAS 系统”退出 SAS 系统。

1.3.3 SAS 基本窗口

SAS 具有多窗口显示功能，使得程序和分析结果等分别在不同的窗口里清晰展现出来，直观方便。按不同的功能，SAS 的窗口有十几个，以下介绍几个主要窗口：

1. 程序编辑窗口

程序编辑窗口，其主要功能如下：

- 输入并编辑文字，包括程序语句；
- 提交程序文件去执行；
- 保存或回调源文件。保存程序文件的扩展名是 *.sas。回调已执行的 SAS 程序语句，加以修改后，再提交执行。

2. 编辑器窗口

编辑器窗口是一个 ASCII 编辑器，它使用视觉辅助系统如不同颜色、代码分段等帮助用户编写调试 SAS 程序。增强编辑窗口在保留一些程序编辑窗口特点的同时，又具有下列特性：

- 使用不同的颜色来区分 SAS 和 SCL 程序元素；
- 用户可以建立自己的配色方案并应用到编辑器窗口中；
- 当输入回车键后会在下一行自动缩进；
- 可以任意展开或收缩 SAS 过程，数据步和 SAS 宏，以获得最好的浏览效果；
- 代码书签可以实现快速访问程序或文档的不同区段；
- 用户可为大多数编辑器命令定义快捷键；
- 可以打开多个编辑器窗口编辑不同的文件，而程序编辑窗口做不到；
- 将光标放在 SAS 过程名旁，然后按 F1 键可获得此过程的帮助信息。

3. 日志窗口

日志窗口用于输出程序在运行时的各种有关信息。主要有以下几种内容：

- 程序行：用黑色表示，以系统给出的顺序行号开始，忠实地记录了执行过的每一条语句。
- 提示：用蓝色表示，以 NOTE 开始。提供系统或程序运行的一些常规信息，大多数时候我们可以视而不见。
- 警告：用绿色表示，以 WARNING 开始。一般在程序中含有系统可以自动更正的小错误时出现，此时会提供错误序列号。但有时也提供内存不足、软件执照即将到期等信息。出现警告时一般应注意阅读，如程序有错误应立即改正。
- 错误：红色，以 ERROR 开始。提示用户的程序错误。

用户可以保存 Log 窗口中的信息，其文件扩展名为 *.log。

4. 输出窗口

输出窗口的主要功能是显示各个过程的分析结果，用户可以保存结果并进行修改、打印等处理。保存的结果文件扩展名为 *.lst。

5. 资源管理器窗口

在资源管理器窗口中有两个重要图标：一个是“逻辑库”；另一个是文件快捷方式。

逻辑库是管理路径的标识，在其中可以查看活动的库名定义，库名对应的文件夹，并可显示数据库中(数据集、目录)，从这里还可以打开数据集的表编辑器窗口和目录管理窗口，可以删除、更名数据成员，还可以在这里创建、查看、删除库名。

在资源管理器窗口中右击“逻辑库”选择“新建”可以新建一个库名，选择“打开”或双击逻辑库图标可以打开逻辑库，以查看活动的库名。在活动的库名窗口中双击某一个库名以查看库中的内容，右击某一个库名弹出快捷菜单，如图1-4所示。选择“删除”菜单项可以删除该标识，选择“新建”可以为该库创建新的成员，选择“属性”可以查看库名的属性，选择“查找”可以查找库中的文件，选择“从此处浏览”可以查看库中的内容。需要说明的是系统的库名不能删除。

图1-4　库名的快捷菜单

文件快捷方式，是管理文件快捷方式的工具，双击此图标可以查看活动的文件快捷方式，右击此图标选择“新建”弹出快捷方式定义对话框创建新的映射，其他操作与库名的管理方法类似，不作一一赘述。

6. 结果窗口

用户选择“查看”菜单中的“Results”或单击“结果”标签可以切换到结果窗口，在结果窗口中列出了SAS系统的输出过程，如图1-5所示。用户可以利用这个窗口定位和管理SAS输出，例如，在结果窗口中双击一个数据集便可以在输出窗口中查看该数据集中的数据，还可以右击某一对象对其进行保存或打印。

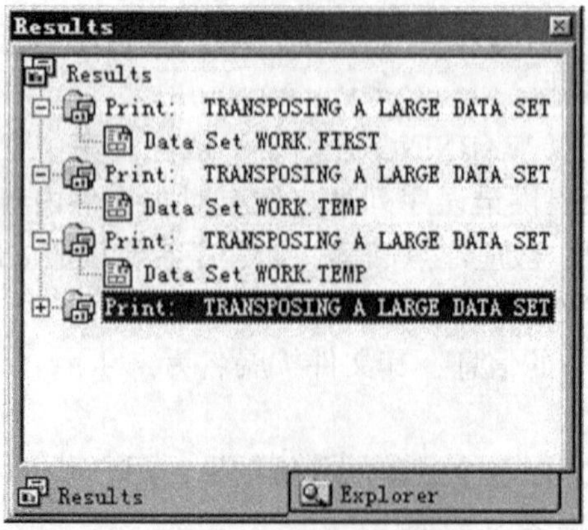

图1-5　结果窗口

1.3.4 SAS 对数据文件的管理

SAS 文件是指储存在 SAS 逻辑库中的成员，SAS 的用户文件的主要类型有：

- SAS 数据集
- SAS 程序

在 SAS 的编辑器窗口，可以对 SAS 程序进行读写操作，其读写习惯，与 Windows 环境下应用程序对文件的读写类似，这里不作赘述。

SAS 数据文件，也就是数据集，在 SAS 环境下的读写，需要借助于在 SAS 逻辑库进行读写位置的映射。一个 SAS 逻辑库就是存放在同一文件夹中的一组 SAS 文件。在 SAS 系统的信息组织中，总共只有两个层次：SAS 逻辑库是高一级的层次，低一级的层次就是 SAS 文件本身。

SAS 数据集的名称以双名的形式管理，即：逻辑库名 . 数据集名，其中，逻辑库名映射着 SAS 数据集文件读写的文件夹，数据集名才是真正的磁盘文件名，数据集文件的扩展名，在 SAS 系统中是缺省的。

1. SAS 逻辑库

SAS 逻辑库映射 SAS 数据集所存储的位置，根据文件保存的性质，逻辑库分为两类：临时库和永久库，临时库映射一个临时文件夹，当结束 SAS 作业流后，临时库映射的临时文件夹中 SAS 数据集被清空；永久库映射一个有效的磁盘文件夹，对 SAS 数据集的读写操作，便是针对该文件夹，退出 SAS 作业流，该文件夹中的 SAS 数据集不会被删除。

临时库的名字 WORK，是系统自动指定的，如果读写一个 SAS 数据集，缺省逻辑库的名字，则系统默认是临时库名 WORK；永久库可以由用户自定义，SAS 系统在安装时定义了一个特殊的逻辑库，映射的位置在安装时确定。在当前 SAS 作业流中，一个文件夹，可以对应若干个逻辑库；一般情况下，结束 SAS 作业流后，用户自定义的逻辑库名，将被释放，下次作业流需要读写 SAS 文件，可以重新自定义逻辑库名。

SAS 每次启动时会自动指定 5 个逻辑库：Work、Sasuser、Sashelp、Gismaps、Maps，如图 1-6 所示。

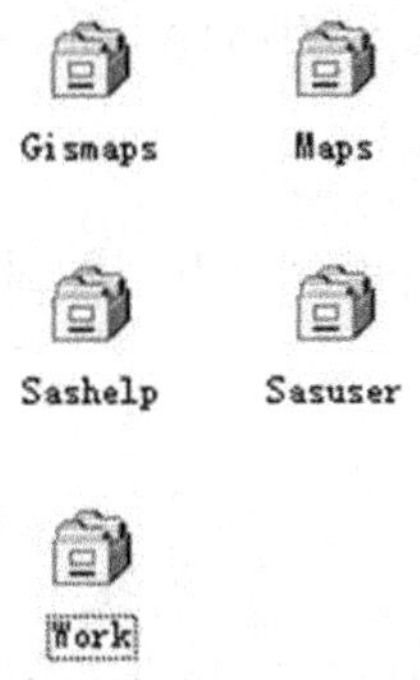

图 1-6 SAS 指定的逻辑库

其中，Sasuser 库保存与用户个人设置有关的文件，Sashelp 库保存与 SAS 帮助系统、例子有关的文件。例如，在 Sasuser 库下建立一个名为 Mydata 的数据集，在 SAS 下访问的时候，要用 Sasuser. mydata 作为完整的数据集名。

2. 逻辑库的定义

在 SAS 环境下，逻辑库的定义有两种方式：交互方式和命令方式。

交互方式定义新逻辑库，需要事先明确该新逻辑库映射的文件夹，不可以映射一个不存在的文件夹，具体操作如下：

单击添加新库图标，系统弹出如图 1-7 所示对话框。在“名称”域中输入新的库名，在“路径”域中填入库名所对应的文件夹。用户可以点击“浏览”按钮浏览文件夹并进行选定。点击“引擎”下拉列表框可以选择库的引擎。如果勾选了“启动时启用”复选框，则这个库名可以自动在每次 SAS 系统启动时赋值；如果没有勾选“启动时启用”复选框，则当前 SAS 作业流结束后，该逻辑库名以及对相关文件夹的映射均被清除。以上信息设定后单击“确定”按钮完成库名的定义，单击“取消”按钮放弃添加。

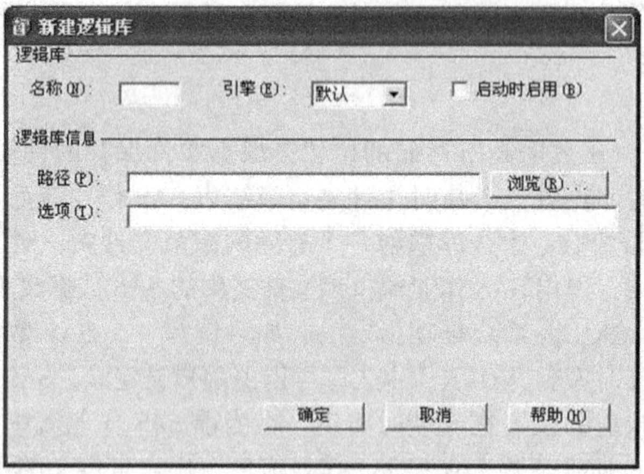

图 1-7　添加新库名对话框

命令方式下定义新逻辑库，用 LIBNAME 语句实现：

Libname 逻辑库名‘SAS 文件的存储目录’；

例如，SAS 的读写位置为 D 盘下的 SASDATA 文件夹，可以执行如下程序段：

```
Libname mylib "d: \ mydata" ;
Run;
```

提交该程序段后，可以在 SAS 资源管理器中，看到一个新的逻辑库名 mylib，它映射的位置是 D 盘的 mydata 文件夹。

1.4　SAS 操作基础

在 SAS 环境下分析和处理数据，首先必须将所分析的数据，以数据集的方式建立起一个数据文件，然后才能在 SAS 环境下，通过菜单驱动或是程序控制，完成数据的分析。

1.4.1　SAS 数据集

SAS 数据集(SAS Datasets)由若干行和若干列组成，每一行称为一个观测(Observations)，每一列称为一个变量(Variable)，SAS 数据集等价于关系数据库中的一个表。

在 SAS 资源管理器窗口中，用鼠标双击一个逻辑库名，系统会在资源管理器窗口中，显示相关的数据集，再用鼠标双击一个数据集文件，系统用 VIEWTABLE 窗口打开一个数据集，VIEWTABLE 窗口是一个用于查看和编辑数据集的界面，如图 1-8 所示是在 VIEWTABLE 窗口中打开的一个名称为 child 的数据集，其逻辑名为 mylib。

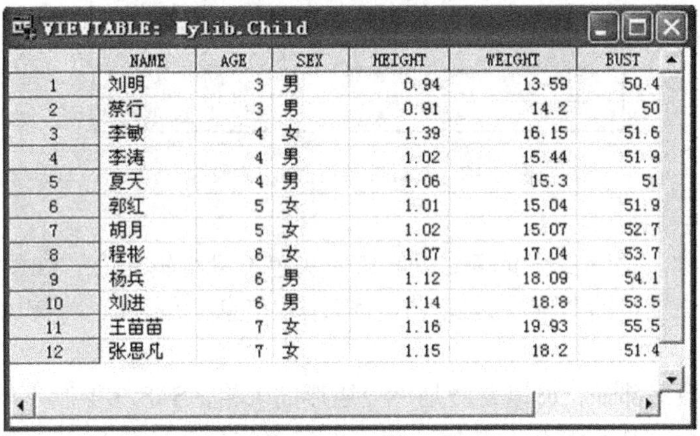

图 1-8　SAS 数据集 child

1. SAS 数据集的结构

SAS 系统对数据的处理和分析，其实是对数据集中数据进行操作，SAS 数据集是一个有结构的文件，由以下两部分组成：

(1)描述部分。

包含该数据集的一般信息，包括：数据集的名字及其类型、数据集建立的日期和时间、观测的数目、变量的数目以及数据集中每一个变量的特征信息。在 VIEWTABLE 窗口中，在数据集变量名处右击鼠标，系统弹出一个快捷菜单，如图 1-9 所示。

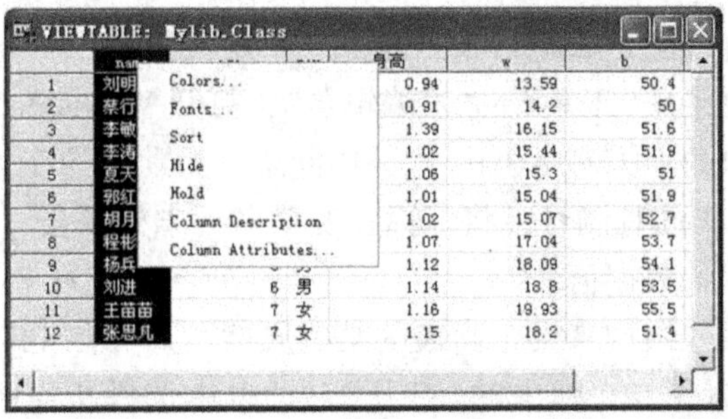

图 1-9　VIEWTABLE 窗口的快捷菜单

在快捷菜单中选择 Column Attributes 命令，系统弹出一个 Column Attributes 对话框，如图 1-10 所示。

该对话框中的信息包括该变量的 Name(变量名)、Type(类型)、Length(长度)、Format(输出格式)、Informat(输入格式)、Label(标签)。在 VIEWTABLE 窗口打开一个已经存盘的

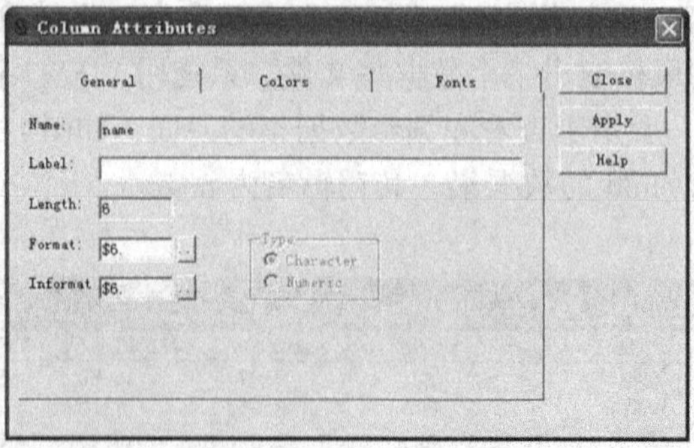

图 1-10　Column Attributes 对话框

数据集，变量的名称、类型、长度等结构信息为灰色不可编辑状态，如图 1-11 所示；对于一个新建的数据集，变量的名称、类型、长度等结构信息，是可以被编辑修改的。

(2)数据部分。

SAS 数据集的数据部分，可以看做是一个矩形的表格。SAS 9.1 以下的版本，数据集可以包含 32767 个变量，从 SAS 9.1 开始，SAS 可包含的最多变量数由计算机的可用资源决定。但是超过 32767 个变量的 SAS 数据集，在低于 9.1 版本的 SAS 系统中不能正常打开。

SAS 的名字(数据集名、变量名、逻辑库名等)有以下命名规则：

①由英文字母、数字、下画线组成；

②第一个字符必须是字母或下画线；

③不区分大、小写字母。

另外，SAS 逻辑库名最多用 8 个字符；数据集和变量的名字最多用 32 个字符。例如，"mylib"、"temp_01"是合法的 SAS 名称，但"temp#01"不是合法的 SAS 名称。

2. SAS 数据集的建立

SAS 数据集的建立有多种方式，如果原始数据是其他应用程序处理的格式，则可以在 SAS 的文件菜单中选择导入数据命令，将其他格式的数据文件，快速导入为 SAS 数据集。

3. 调用 Viewtable 窗口建立数据集

用鼠标依次点击系统菜单"工具"→"表编辑器"，打开 Viewtable 窗口，进入新表(New)模式和表视图状态，窗口的上方有 A、B、C、D 标志，为默认的变量名标志，窗口的左边，有 1，2，3，…，为数据集的观测号；将鼠标在变量名标志处单击，输入新变量名称，在变量名下方的单元格中输入各数据值。

如果根据一个已有表的结构来设定新表的某些属性，则可在 VIEWTABLE 窗口中，单击"文件"菜单中的"类似"命令，在弹出的"打开"对话框中选择所需的逻辑库名和数据集名，再单击<打开>按钮，这时该表的结构信息(数据集中的变量)就被复制到了新的表中，接着就可在表中输入数据值。

如果想使用已有表的结构及内容，则打开 VIEWTABLE 窗口，单击"文件"菜单中的"引用"命令，在弹出的"打开"对话框中选择所需的库名和数据集名，再单击<打开>按钮，这时该数据集的所有内容都拷贝到了新表中。

注意：在 VIEWTABLE 表格中，SAS 系统会根据所输入的数据值自动确定变量的类型、长度、输入格式和输出格式，如果需要修改变量的这些属性，则可以右击该变量名，在弹出的快捷菜单中单击“Column Attributes ...”，或选中该变量名，单击“数据”菜单，移动鼠标指针到“列属性”并单击它，得到图 1-11 Column Attributes 对话框，可根据需要修改其中的属性值。

单击“文件”菜单，选择“保存”或“另存为”命令，系统弹出如图 1-11 所示的另存为对话框。

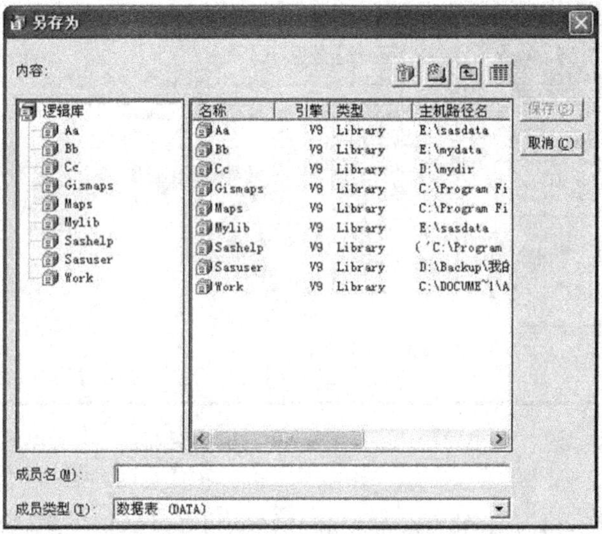

图 1-11　“另存为”对话框

在“内容”列表框中选择一个库名 mylib，在“成员名”文本框中输入文件(数据集)名 Child，然后点击“保存”按钮。

4. 将 Excel 数据表导入为 SAS 数据集

下列的 Excel 表中，是我国 1995 年至 2009 年外商直接投资(X1)、汇率(X2)、国内生产总值(X3)、贸易顺差(X4)和外汇储备量(Y)的数据。如图 1-12 所示的 Excel 工作表，将

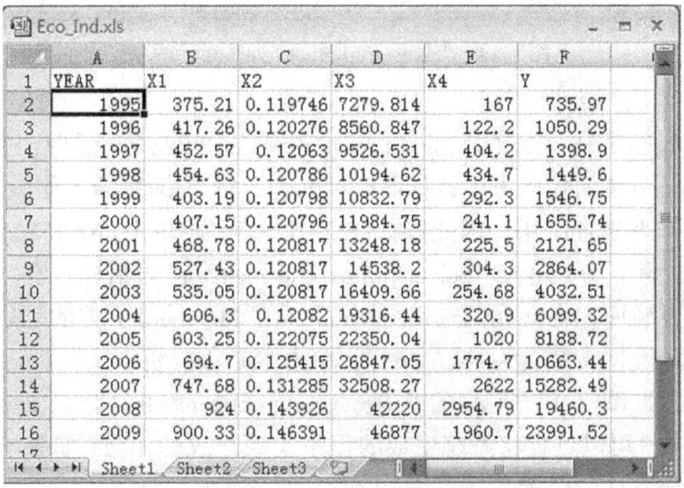

	A	B	C	D	E	F
1	YEAR	X1	X2	X3	X4	Y
2	1995	375.21	0.119746	7279.814	167	735.97
3	1996	417.26	0.120276	8560.847	122.2	1050.29
4	1997	452.57	0.12063	9526.531	404.2	1398.9
5	1998	454.63	0.120786	10194.62	434.7	1449.6
6	1999	403.19	0.120798	10832.79	292.3	1546.75
7	2000	407.15	0.120796	11984.75	241.1	1655.74
8	2001	468.78	0.120817	13248.18	225.5	2121.65
9	2002	527.43	0.120817	14538.2	304.3	2864.07
10	2003	535.05	0.120817	16409.66	254.68	4032.51
11	2004	606.3	0.12082	19316.44	320.9	6099.32
12	2005	603.25	0.122075	22350.04	1020	8188.72
13	2006	694.7	0.125415	26847.05	1774.7	10663.44
14	2007	747.68	0.131285	32508.27	2622	15282.49
15	2008	924	0.143926	42220	2954.79	19460.3
16	2009	900.33	0.146391	46877	1960.7	23991.52

图 1-12　Excel 工作簿 Eco_ind

其转换为 SAS 数据集。假设该工作簿文件名为 Eco_Ind. xls，存放在 D 盘 sasdata 文件夹中。

将其导入为 SAS 数据集的步骤如下：

(1)在 SAS 中，选择菜单“文件 ”→“导入数据…”，打开导入向导“Import Wizard”第一步：选择导入类型(Select import type)后按下 next 按钮，如图 1-13 所示。

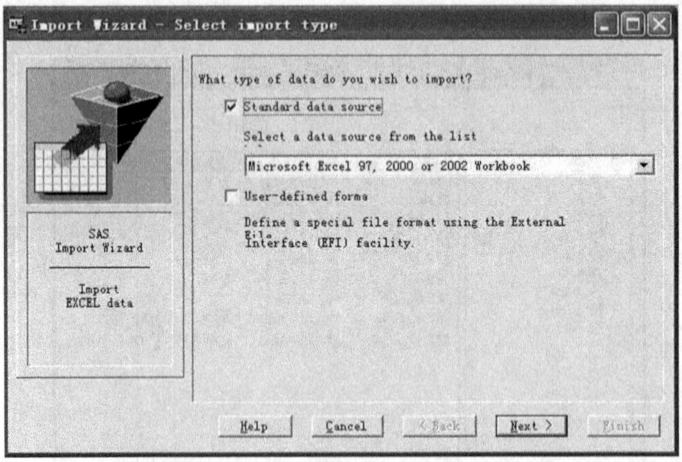

图 1-13　select import type 对话框

(2)系统弹出如图 1-14 所示的“connect to MS Excel ”对话框，单击“Browse”按钮，选择所需要的 Excel 工作簿文件 Eco_Ind. xls，单击“OK”按钮。

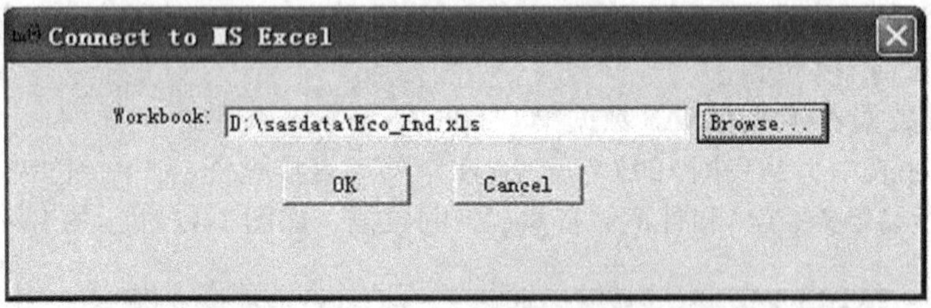

图 1-14　“connect to MS Excel ”对话框

(3)系统弹出如图 1-15 所示的“Import Wizard-Select Table”对话框，在对话框的“What table do you want import?”问句下方，选择需要导入为 SAS 数据集的工作表名称，在此例中，我们需要数据在工作表 Sheet1 中，因此选择“Sheet1 $”，再单击“Next”按钮。

(4)系统弹出如图 1-16 所示的“Select library and member”对话框，在“Library”下方的列表框中，选择一个逻辑库，在此我们选择“mylib”，在“Member”下方的列表框中，为导入工作表数据后新生成的数据集命名为“Eco_Ind”，单击“Next”按钮。

(5)系统弹出如图 1-17 所示的“Create SAS Statements”对话框，在“Create SAS Statements”对话框中，可以选择将系统生成的程序代码存放的位置(如果不选择，则生成的程序代码存放在系统默认的位置)。

(6)单击“Finish”按钮，完成将 Excel 工作表数据导入为 SAS 数据集的过程。

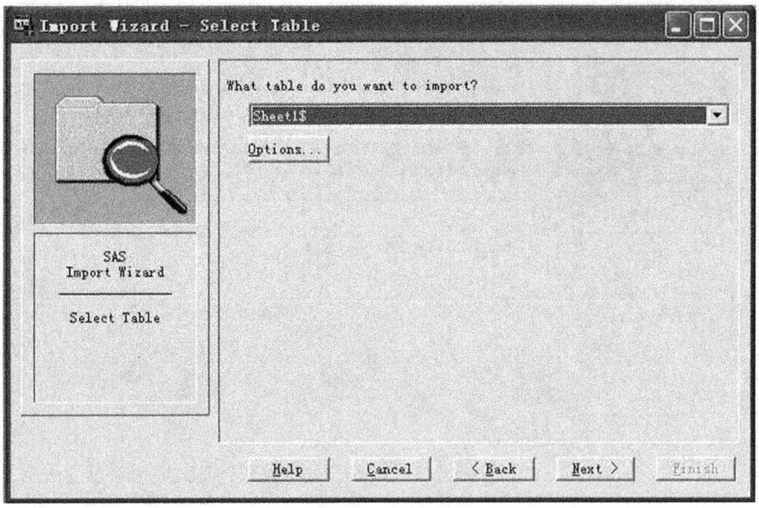

图 1-15　“Import Wizard-Select Table”对话框

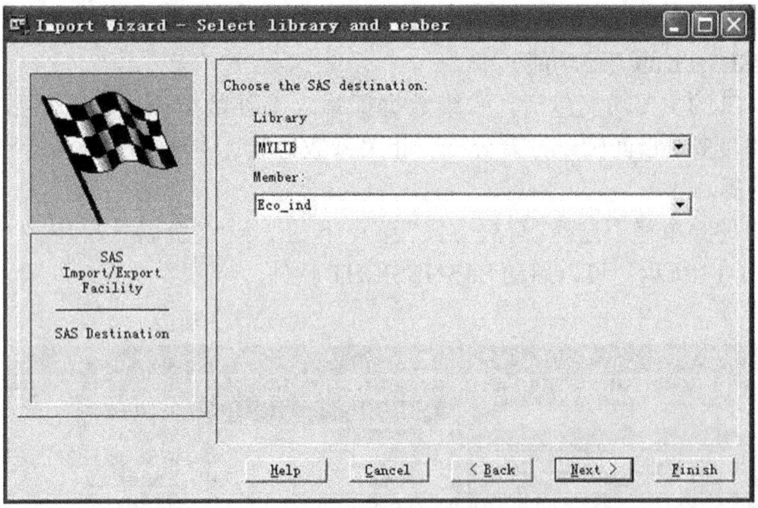

图 1-16　“Select library and member”对话框

需要说明的是，使用 SAS9. 1. 1. 3 及以下的版本将 Excel 工作表转成 SAS 数据集，Excel 工作簿的版本必须保存为 Excel 97-2003 工作簿。

用户还可以用程序的方式建立 SAS 数据集，该部分的详细介绍见第 2 章；也可以调用 SAS 的模块建立数据集，如在 SAS/Insight 模块中建立数据集、在 SAS 的分析家中建立 SAS 数据集等。

1. 4. 2　Insight 模块

SAS/INSIGHT 模块是 SAS 系统中最经常使用的模块，利用 SAS/INSIGHT 模块可以实现对数据的探索性分析。所谓探索性分析，就是在未知数据分布的情况下，先通过绘制数据的统计图表，对其属性有一个大致的了解，然后通过各种统计分析的计算得到较为精确的

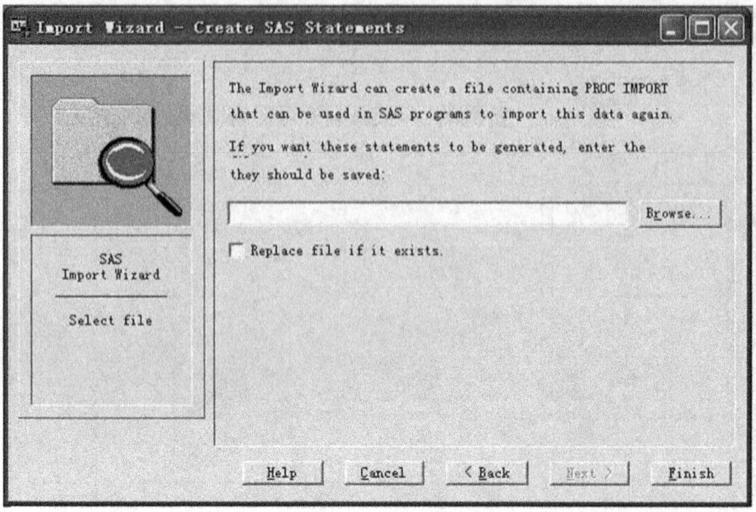

图 1-17 “Create SAS Statements”对话框

分布。

1. SAS/INSIGHT 的主要功能

SAS/INSIGHT 的主要功能包括：一维数据探索、二维数据探索、三维数据探索、分布检验、曲线拟合、多变量回归、方差分析、相关系数检验、主成分分析、绘制各种图形、多元统计分析，等等。

在 SAS 窗口的菜单栏中选择“解决方案”菜单下的“分析”级联菜单中的“交互式数据分析”命令，如图 1-18 所示，可以启动 SAS/INSIGHT 软件。

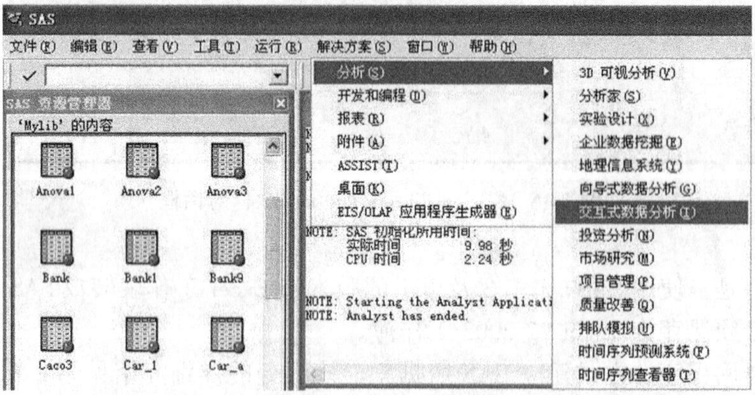

图 1-18 用菜单命令启动 SAS/INSIGHT

启动 SAS/INSIGHT，系统首先弹出一个“SAS/INSIGHT：打开”对话框，如图 1-19 所示。

在 SAS/INSIGHT：打开对话框中，左边的逻辑库列表框显示出已定义过的库名，对话框右边的数据集列表框中显示的是当前选定的库名所对应的路径中保存的数据集清单。

如果要新建一个数据集，则点击“新建”按钮，系统自动将新数据集以临时数据集

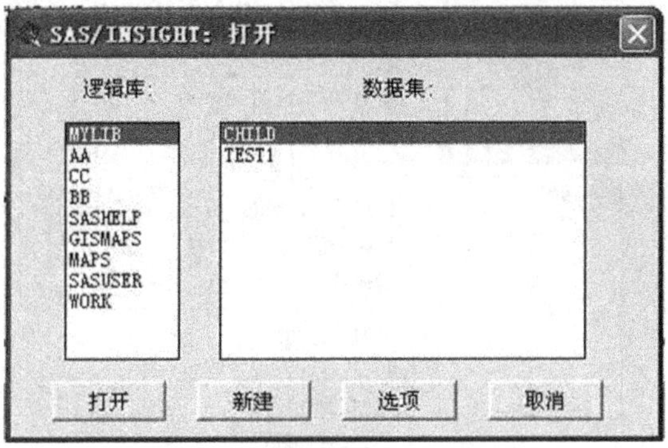

图 1-19 “SAS/INSIGHT：打开”对话框

WORK. A 命名，待用户定义变量及数据录入完毕后，可以在菜单栏中选择“文件”→“保存”→“数据”命令，将其换名保存。

在此，用鼠标点击库名“mylib”，再选择“child”，然后点击“打开”按钮，系统打开所要操作的数据集，如图 1-20 所示。

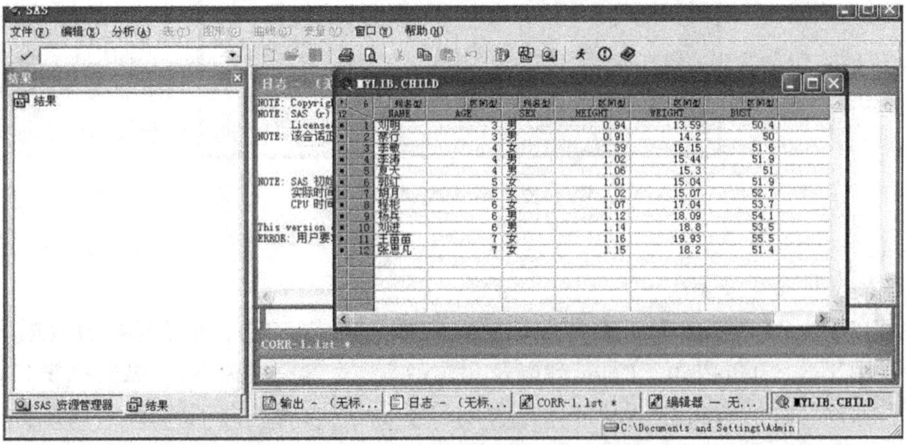

图 1-20 SAS/INSIGHT 的工作窗口

图 1-20 所示的也是 SAS/INSIGHT 的工作窗口，点击“分析”菜单，系统弹出下级子菜单显示 SAS/INSIGHT 可执行的操作任务，如图 1-21 所示。

如图 1-22 所示，SAS/INSIGHT 的分析菜单中，我们可以绘制某连续变量的盒状图和分布图，还可以计算各百分位数、均数、标准差、平方和、峰度系数和偏度系数等统计量，等等。

2. SAS/INSIGHT 建立数据集

SAS/Insight 模块既可以对已有的数据集进行数据统计分析，也可以建立新的数据集，新建数据集的操作步骤如下：

(1)启动 SAS/INSIGHT 模块进入数据窗口。

单击“解决方案”菜单中“分析”子菜单中的“交互式数据分析”命令，在弹出的打开对话

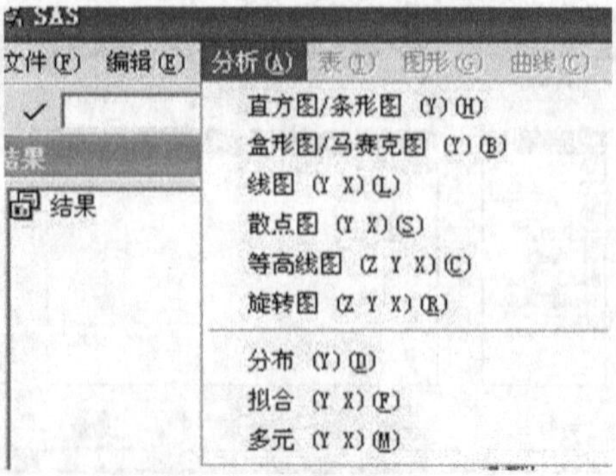

图 1-21 Analyze 菜单中的命令

框中单击"新建"按钮，打开一个供用户输入数据的新数据窗口，如图 1-22 所示。

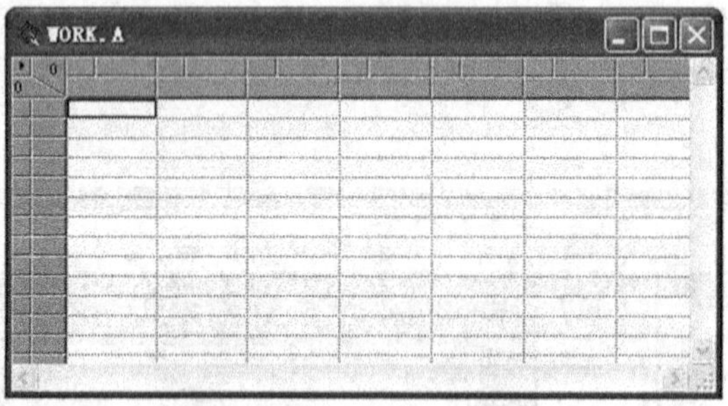

图 1-22 新建数据集窗口

(2)输入数据。

用户可在图 1-23 所示的窗口中方便地输入数据。首先，在行列交汇处的数据区输入数据值，可以用 Tab、Shift+Tab、Enter 键以及→、←、↑、↓等箭头来操纵数据窗口。Tab 把活动值向右移动，Shift+Tab 把活动值向左移动，Enter 把活动值向下移动，↑或↓把活动值向上或向下移动，→或←把活动值向右或向左移动。例如，输入如表 1-1 所示的简单数据集。

表 1-1 **简单数据**

NAME	SEX	AGE
Alex	男	34
Benny	男	26
Cathy	女	34

在缺省情况下，数据的变量名分别用 A，B，C 等命名。变量的类型也显示在数据表的变量上方。如图 1-23 所示。

观测值对应数据表中的行。若需对数据表进行编辑，则可用鼠标单击数据表左上角的三

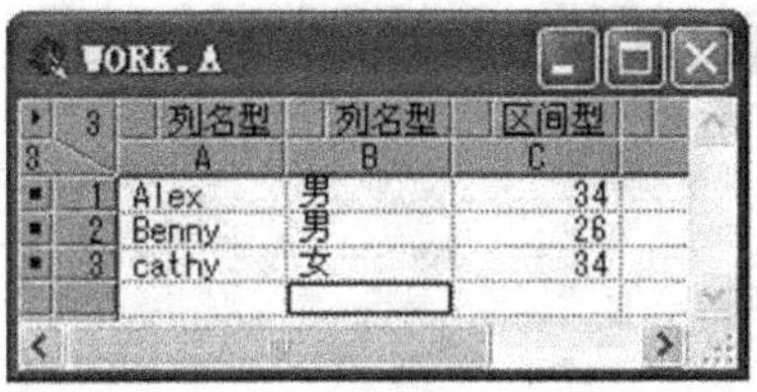

图 1-23 输入数据

角形按钮“▸”或右击鼠标，系统弹出如图 1-24 所示的快捷菜单。

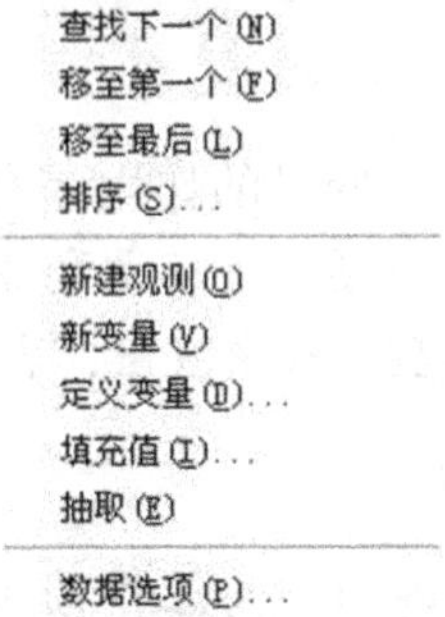

图 1-24 数据窗口快捷菜单

该快捷菜单的含义如下：

- 查找下一个：翻卷数据窗口到下一个被选择观测。若没有被选中的观测，则翻卷一个观测；
- 移至第一个：将选中的观测移至数据窗口的第一行，将选中的变量移至数据窗口的第一列；
- 移至最后：将选取的观测或变量分别移至数据窗口的最后一行或最后一列；
- 排序：根据一个或几个变量对观测排序；
- 新建观测：插入空行，以便输入新观测；
- 新变量：加入空间，以便输入新变量；
- 定义变量：将显示对话框，让用户设置变量类型、缺省时的角色、量测水平、名字和标签；
- 填充值：修改该数据窗口的数据值，它对生成常数或以常数为增量的变量值是特别方便的；
- 抽取：从已存在的数据窗口抽取数据子集来生成新的数据窗口；
- 数据选项：设置控制数据窗口外观和操纵的选项。

(3)定义变量名称及其属性。

若需要更改变量名或其他属性，则单击图 1-24 所示的菜单中的“定义变量”命令，出现图 1-25 所示的对话框，在该对话框中，用户可重新定义变量的以下几种特性：

定义变量对话框中各项的含义如下：

- 类型：字符型或数字型；

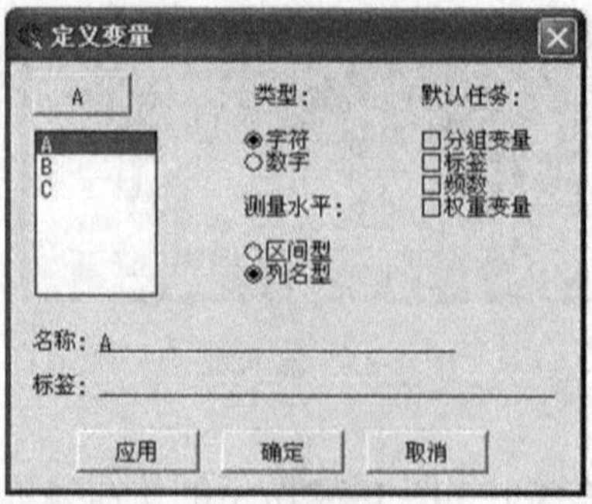

图 1-25　定义变量对话框

- 量测水平：区间型或列名型；
- 默认任务：指定在绘图和分析中变量的作用。有四种选项：分组变量，以便用户可以分组处理数据；标签，在散布图、旋转图和盒形图中对观测加标签；频数，表示在每个观测中其他值出现的频数；权重变量，表示每个观测的权数；
- 名称：重新定义变量名字；
- 标签：给出变量的标签。

在 SAS 数据集中，变量分为两种类型：字符型变量和数值型变量。在 Insight 中，为了区分变量在分析中的不同作用，又按变量的测量水平分为两类：

- 区间型变量(interval variable)：区间型变量必须是数值型变量。在 Insight 中可以对其观测值进行运算，计算各种统计量，如某个数据集中的考试成绩变量“score”；
- 列名型变量(nominal variable)：列名型变量可以是数值型变量，也可以是字符型变量，在 Insight 中常起分类作用。

在图 1-26 左侧的变量框选择要修改的变量 A，在“名称:”后键入变量的名称，然后点击“应用”按钮，如果需要，则可以继续定义下一个新的变量，单击“确定”按钮关闭该对话框，并显示修改后数据窗口。

(4)数据集的保存。

点击“文件”中的“保存”的下一级菜单中的“数据…”命令，出现如图 1-26 所示的对话框。

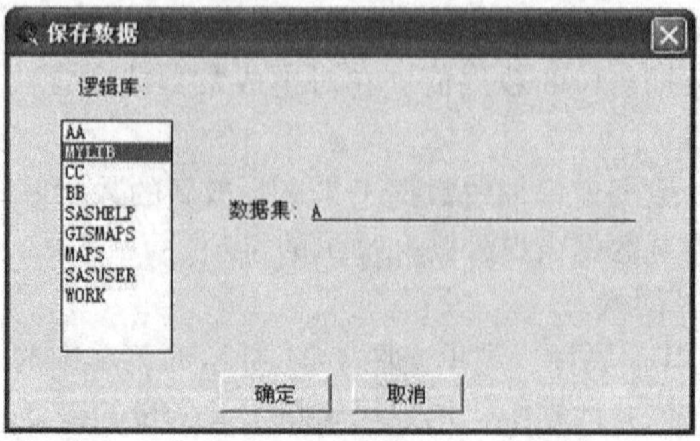

图 1-26　“保存数据”对话框

在“逻辑库”表框中，选择需要的逻辑库名，在“数据集:”后输入数据集名，点击“确定”按钮，当前编辑的数据集被保存到选定的逻辑库名所对应的文件夹中。

3. SAS/Insight 对数据进行编辑处理

SAS/Insight 模块也有对数据进行编辑管理的功能，可以在已经建立的数据集中输入新数据和定义新变量，也可以从已有的数据集中抽取子集，还可以对数据集中的数据进行排序等操作。在此，mylib. CHILD5 为例，介绍对已经建立的数据集，如何创建新的变量、重新设置测量水平、如何在窗口中移动数据列、如何对数据排序以及如何创建数据集的子集。

(1)创建新的变量。

假设数据集 mylib. child 已经在 SAS/Insight 窗口中打开。

若对每个学生的体重与身高之比感兴趣，则可以定义一个新的变量，为创建这一新的变量，单击“编辑”菜单中的“变量”的下一级菜单中的“其他…”命令，弹出如图 1-27 所示的对话框。

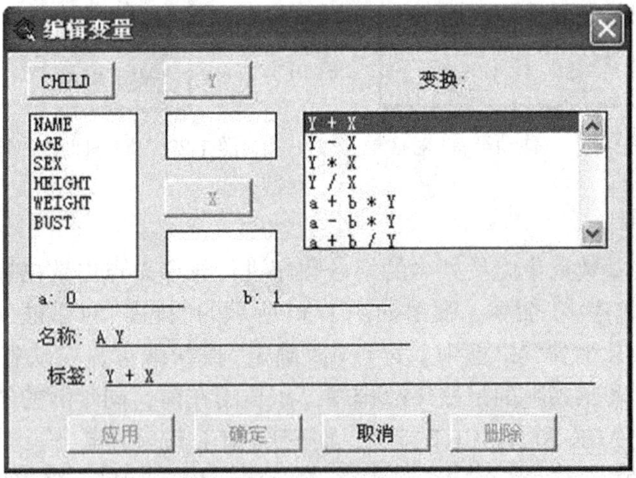

图 1-27 “编辑变量”对话框

从“变换”列表框中选“Y/X”，选 WEIGHT 到“Y”框中，选 HEIGHT 到“X”框中，在“名称:”处键入 WHARTIO 作为新变量名，单击“确定”按钮。即关闭对话框，变量 WHRATIO 已加入数据表。

(2)设置测量水平。

对于变量 AGE，创建数据集时设置为数值型，数值型的变量在 INSIGHT 中默认为区间型的数据。在实际中，常将 age 变量作分类变量使用。若要改变 AGE 的测量水平，则右击 AGE 列顶部的“区间型”，在弹出的菜单中，选择“列名型”即可。

(3)在数据窗口中移动列。

若对每个学生的性别感兴趣，希望把性别放在姓名之前的一列，单击数据表左上角箭头，在弹出菜单中点击“移至第一个”命令，如图 1-28 所示的对话框打开，选中 SEX，点击“确定”按钮，SEX 就在数据窗的第一列。

将 NAME 移至 HEIGHT 和 WEIGHT 之间，单击“编辑”菜单中的“窗口”下一级菜单中的“工具”命令，出现如图 1-29 所示的对话框中选其中的工具“手”，按下鼠标左键，选变量

NAME 列的顶部左拖到 HEIGHT 和 WEIGHT 之间的新位置。若要移动其他变量的位置，则也可进行同样的操作。

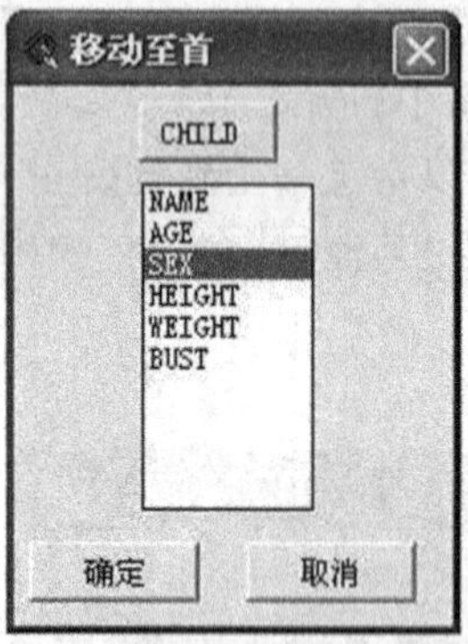

图 1-28 “移动至首”对话框

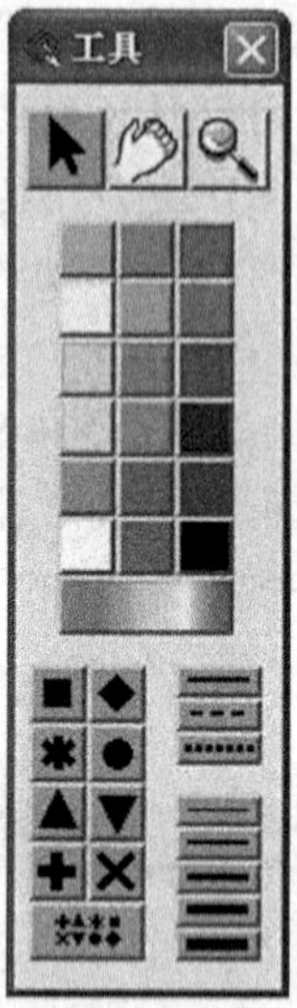

图 1-29 “工具”对话框

(4)对数据集排序。

为方便查询，希望数据集能按姓名的字母顺序进行排序。点击数据表左上角的箭头，在弹出的菜单中点击“排序…”命令，弹出如图 1-30 所示的“排序”对话框，选择 NAME，单击“Y”按钮，则将 NAME 加到“Y”框中，再点击“确定”按钮即可。在缺省情况下，将按这些变量值的升序排序。若感兴趣的是按年龄排序，年长的在前，同年龄的学生按身高排序，矮的在前，则为此可按 AGE 和 HEIGHT 排序，而变量 AGE 按降序排序。选 AGE 至“Y”框中，选 HEIGHT 至“Y”框中，在“Y”框中，选中 AGE 变量，单击“升序/降序”按钮，Y 框中 AGE 改为降序，点击“确定”按钮。可以看到在数据窗中的数据已经按年龄降序和身高升序排好序。

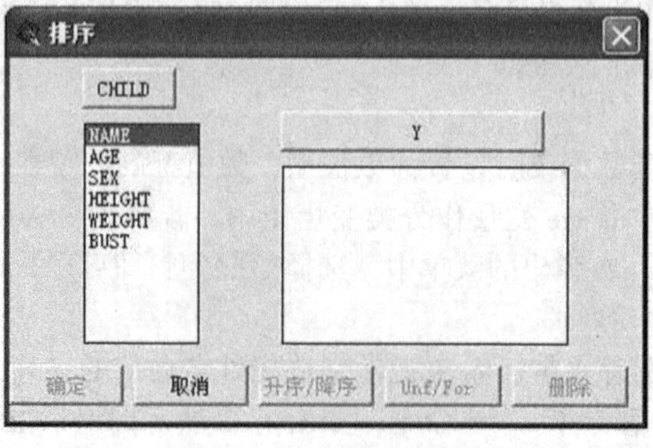

图 1-30 “排序”对话框

(5)建数据集的子集。

若只要对数据中的所有男生进行分析，则可以将数据中的所有男生的记录抽取出来，形成新的数据集。单击“编辑”菜单中“观测”的下一级菜单中的“查找…”命令，出现如图 1-31 所示的“查找观测”对话框。

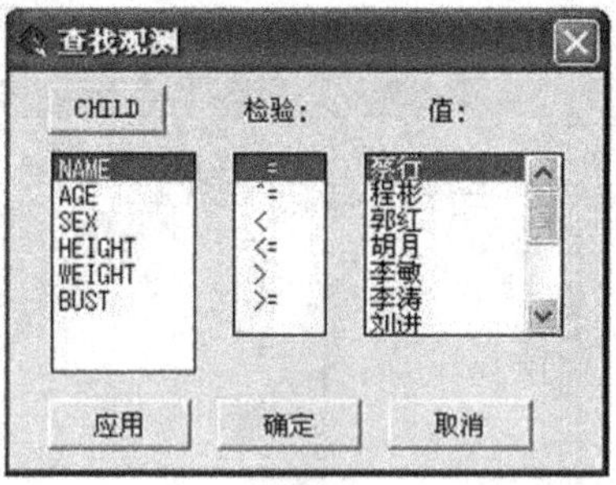

图 1-31 “查找观测”对话框

在变量列表框中单击 SEX，在“检验”框中选中“=”，在“值”框中选中“男”，单击“确定”按钮，则在数据窗口中 SEX 变量的值为“男”的观测序号都变成反色显示了。可以将这些选中的观测抽取出来建立一个新的数据集。点击数据表左上角箭头，在弹出的菜单中选“抽取”命令。一个只含男生的数据集就生成了，并自动命名为 mylib. child1，如图 1-32 所示。

图 1-32 “mylib. child1”子集数据窗口

若需保存这一数据集，则可单击“文件”菜单中“保存”子菜单中的“数据…”命令，在弹出的“保存数据”对话框中，单击“确定”按钮。若需换名保存数据集，则可在该对话框中选择相应的逻辑库名和文件名。

1.4.3 分析家模块

SAS 的分析家软件可以建立数据集，也可以打开已有数据集进行数据的统计分析，如单变量频数分析、列联表分析、假设检验、方差分析、回归分析等，还可以绘制一些图形，如直方图、盒状图、概率图、散点图、等值线图和曲面图等。

1. 分析家模块的主要功能

在SAS主窗口中，单击“解决方案”→“分析”→“分析家”，可进入分析家模块，打开分析家窗口，如图1-33所示。

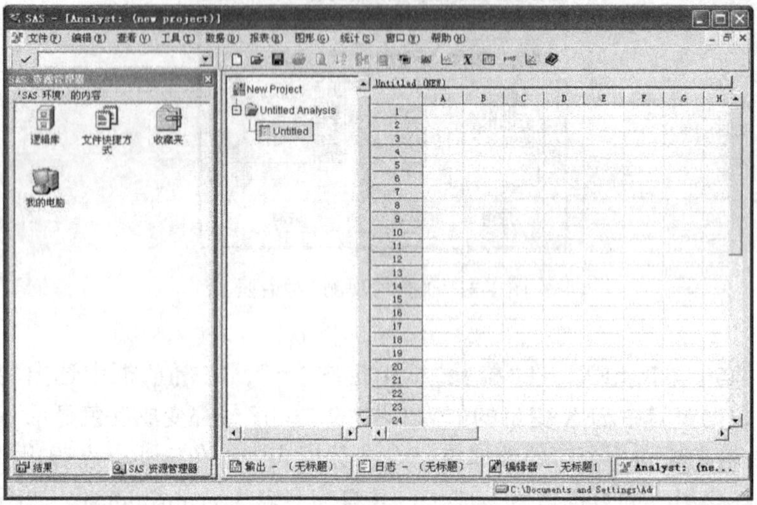

图1-33　SAS/分析家窗口

SAS的分析家窗口包括左右两部分，左边是自动建立的一个新项目(New Project)，其中包含一个未命名的新数据集(Untitled)，项目以树状结构显示其中成员；窗口右边是当前打开的数据集，在此为空白的新数据集Untitled(New)。

分析家窗口中有10个菜单项，分别为“文件”菜单、“编辑”菜单、“查看”菜单、“工具”菜单、“数据”菜单、“报表”菜单、“图形”菜单、“统计”菜单、“窗口”菜单和“帮助”菜单，其中，“统计”菜单中包含有分析家模块中所具有的数据统计分析功能，“统计”菜单对应的数据分析功能如下：

描述性统计	描述性统计量、概率分布、相关分析、统计频数
表分析	列联表分析
假设检验	单样本均值的 Z 检验、单样本均值的 t 检验、单样本比例检验、单样本方差检验、两总体均值的 t 检验、两总体均值的成对 t 检验、两总体比例检验、两总体方差检验
方差分析	单因素方差分析、多因素方差分析、线性模型
回归	简单线性回归、线性回归、Logistic 回归
多元分析	主成分分析、典型相关分析
生存分析	生存分析
样本大小	样本量与功效计算
索引	索引

2. 创建数据集

对某高校学生的家庭情况调查数据如表1-2所示，在分析家中建立数据集。

表 1-2 **大学生家庭情况调查数据**

母亲受教育程度	家庭子女数			
	1	2	3	≥4
初中及以下	10	50	25	20
高中	20	21	8	1
大专及以上	45	11	1	0

在 SAS 窗口的菜单栏中选择"解决方案"→"分析"→"分析家"命令，进入分析家环境；在系统自动打开的空数据表中直接创建数据集，如对于表 1-2 中的数据，在创建数据集时，将母亲受教育程度用变量"edu"定义，其值 1、2、3 分别表示"初中及以下"、"高中"、"大专及以上"的情况；家庭子女数用变量"number"定义，其值 1、2、3、4 分别表示家庭子女数为 1、2、3 和 4 个及以上的情况；变量 X 表示每一种情况对应的家庭数。变量定义完毕后将表 1.2 中对应的数据键入，最后点击"文件"菜单的"保存"命令，系统弹出"另存为"对话框，如图 1-34 所示。

图 1-34 "另存为"对话框

在对话框左边的逻辑库框中，选择逻辑名"mylib"，将插入点移动到"成员名"文本框中，输入新建的数据集名"Edu"，如图 1-35 所示的是在分析家窗口中创建并保存的数据集 mylib. edu。

在分析家中打开的数据集，可以有"浏览"和"编辑"两种模式，单击"编辑"菜单的"模式"命令，可以在两种模式之间切换。"浏览"模式只允许浏览数据集的内容，不允许修改；

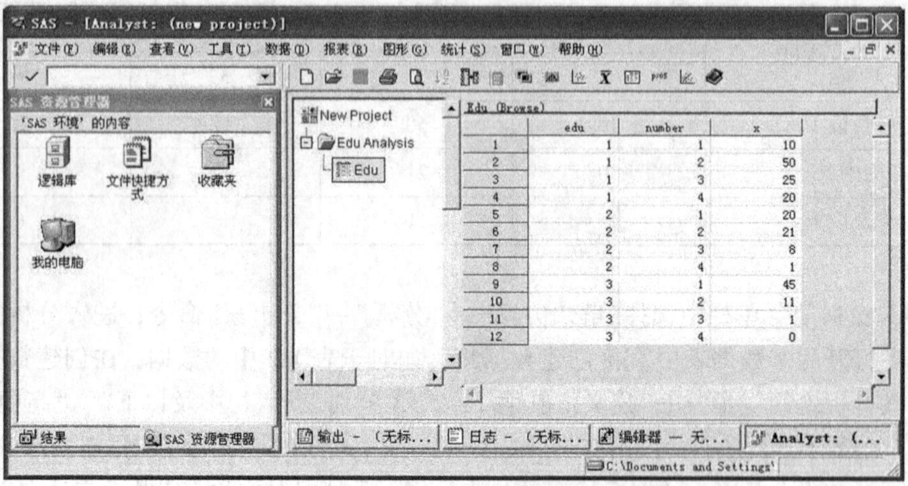

图 1-35　分析家中打开的数据集窗口

“编辑”模式允许修改数据集中的数据。

3. 改变变量的显示次序

选择菜单“查看”→“列”→“移动”，打开“Move Columns”对话框，如图 1-36 所示。

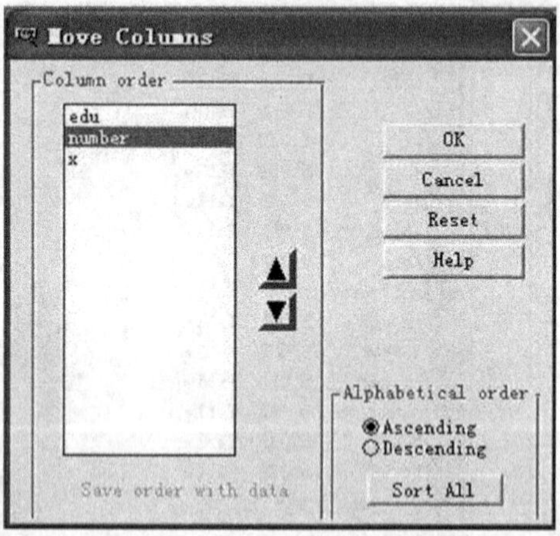

图 1-36　“Move Columns”对话框

在列表框中选择要改变次序的变量名后，使用上、下箭头，单击“OK”按钮，即可改变变量的显示次序。

4. 对数据集排序

对数据集“mylib. edu”排序的步骤如下：

(1)在“编辑”模式下，选择菜单“数据”“排序”，系统弹出“Sort：Edu”对话框，如图1-37所示；

(2)选中欲排序的变量名，单击“Sort by”按钮，将排序变量选入“Sort by”列表框，可选

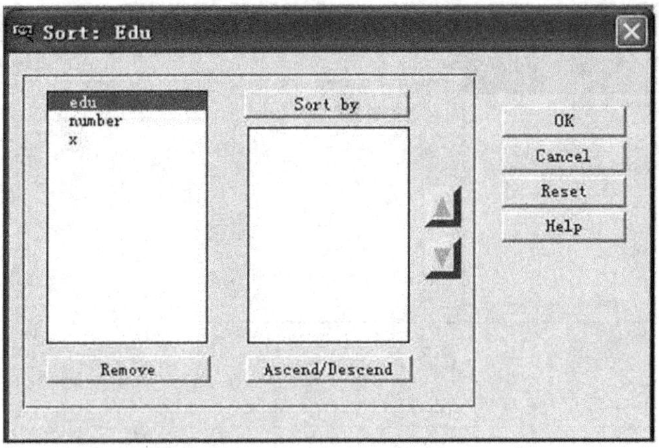

图 1-37 “Sort：Edu”对话框

多个变量；

(3)在右侧的“Sort by”列表框中，选中排序变量，单击“Ascend/Descend”按钮，可以在升序和降序之间切换。

5. 创建数据集的子集

假如需要按母亲受教育程度的不同，分别创建数据集的子集，将母亲受教育程度为“大专及以上”的数据写入新数据集“edu_3”中，将母亲受教育程度为“高中”的数据写入新数据集“edu_2”中，操作步骤如下：

(1)打开数据集“mylib. edu”，点击“编辑”菜单，选择菜单命令“模式”→“编辑”，切换到编辑模式，选择菜单“数据”→“过滤”→“取数据子集”命令，打开如图 1-38 所示的“Subset”对话框。

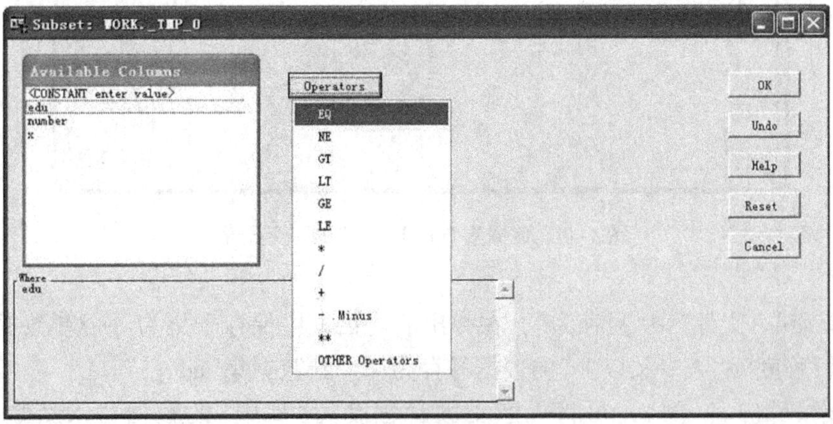

图 1-38 “Subset”对话框之一

(2)在对话框中的“Available Columns”列表框中，选择“edu”变量，在“Operators”列表框中，选择一个算子，这里选择“EQ”算子(表示等于)，“Subset”对话框变化如图 1-39 所示。

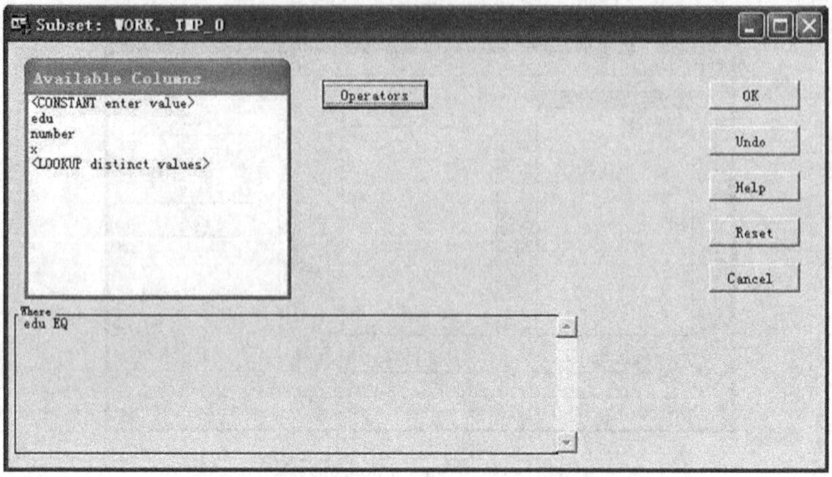

图 1-39 “Subset”对话框之二

(3)用鼠标单击如图 1-39 所示的对话框中的“LOOKUP distinct value”选项，系统弹出“LOOKUP values”列表框，在列表框中显示了变量“edu”的 3 个可选值，在此选“3”，即母亲受教育程度为大专及以上的数据，返回到如图 1-39 所示的界面后，单击“OK”按钮，即可生成原数据集的子集，如图 1-40 所示，原数据集中不满足过滤条件的数据在窗口中被隐藏(若想恢复原数据集的所有数据，则可以选择菜单“数据”→“过滤”→“无”，即可解除对原数据的隐藏)。

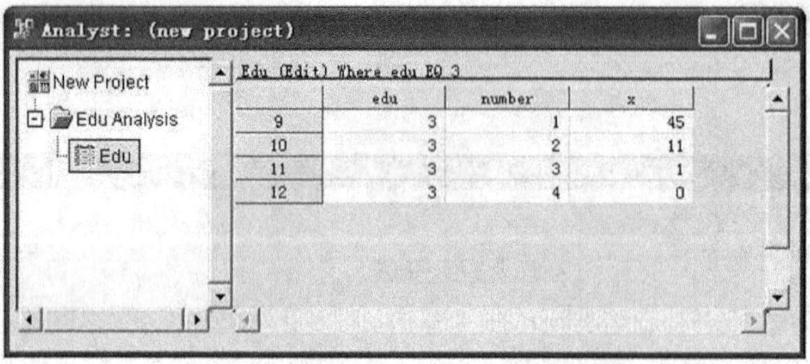

图 1-40 数据集“mylib. edu”的一个子集

(4)选择菜单“文件”→“另存为”，在弹出的对话框中保存子集为一个新数据集，在此，将母亲受教育程度为“大专及以上”的数据另存为一个新数据集“edu_3”。

(5)重复步骤(1)~(4)，可将母亲受教育程度为“高中”的数据写入新数据集“edu_2”中。

6. 合并数据集

假如需要对母亲受教育程度为高中及以上的数据合并在一起分析，操作步骤如下：

(1)打开数据集“mylib. edu-3”，依次单击菜单“数据”→“合并表”→“按行连接”，系统弹出如图 1-41 所示的“Concatenate Tables by Rows”对话框。

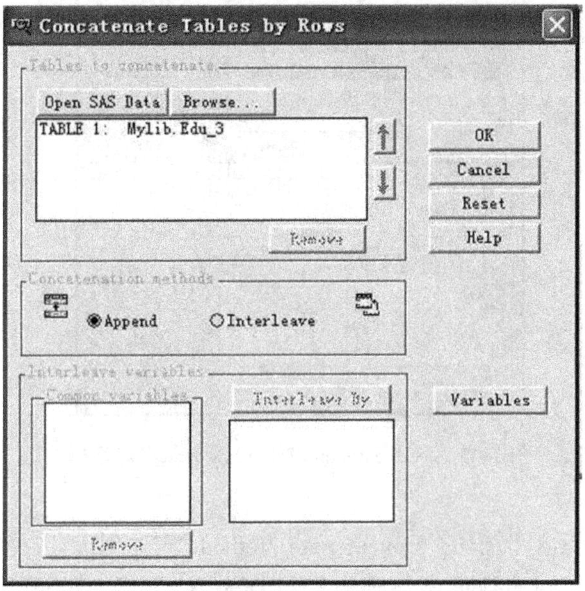

图 1-41 “Concatenate Tables by Rows”对话框

(2)单击“Concatenate Tables by Rows”对话框中的“Browse”按钮，系统弹出如图 1-42 所示的“打开”对话框。

图 1-42 “打开”对话框

(3)在“打开”对话框中，查找出需要合并的数据集“edu_2”，点击“打开”按钮，返回“Concatenate Tables by Rows”对话框，此时，对话框中有两个已经打开的数据集“edu_3”和“edu_2”，如图 1-43 所示。

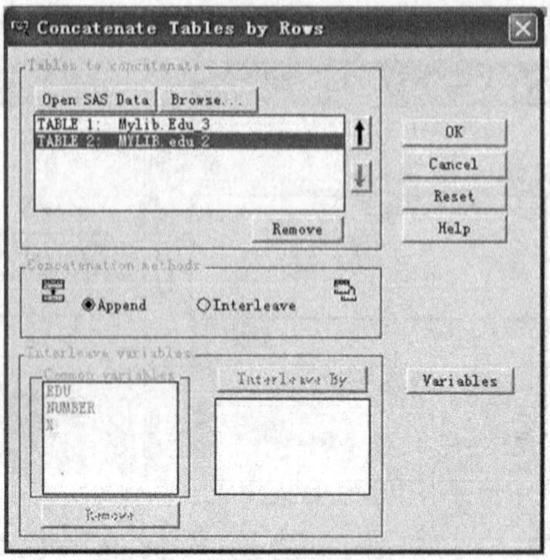

图 1-43 “Concatenate Tables by Rows”对话框

(4)在如图 1-43 所示对话框的“Concatenate Methods”栏目中，选择“Append”选项，将排在后面的数据集“edu_2”中的数据添加到数据集“edu_3”之后，也可以选定一个数据集，按下“↑”或“↓”按钮，改变两两数据集的前后顺序，点击“OK”按钮，系统在如图 1-44 所示的“Combined Table”窗口中生成新数据集。

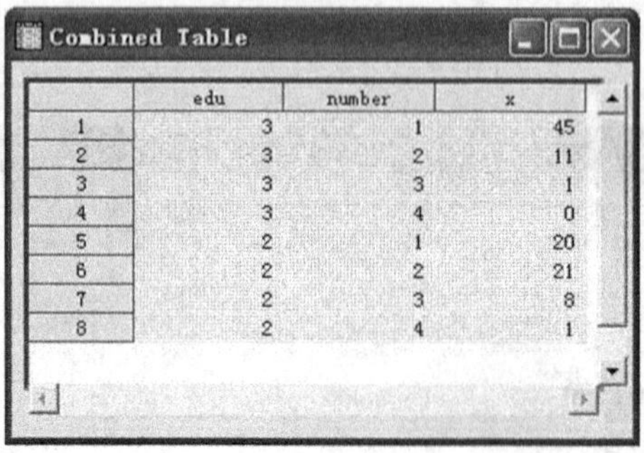

	edu	number	x
1	3	1	45
2	3	2	11
3	3	3	1
4	3	4	0
5	2	1	20
6	2	2	21
7	2	3	8
8	2	4	1

图 1-44 “Combined Table”窗口

(5)单击 SAS 主窗口的“文件”→“用 SAS 名称另存为”，将合并后的数据存为新的数据集。

7. 由数据集抽样

对于数据集中的数据，如果需要进行随机抽样后分析，则可以用 SAS 分析家的随机抽样功能实现，随机抽样的操作步骤如下：

(1)在分析家中打开数据集“edu”，选择菜单“数据”→“随机抽样”，系统弹出如图 1-45 所示的“Random Sample：edu”对话框。

(2)在对话框中，可以设置抽取样本的比例(Ratio)，数据集的样本为 12 个观测，图 1-40 中，设置随机抽样的比例为 75%，单击“OK”按钮，得到一个原数据集“edu”的随机样本，如图 1-46 所示。

(3)单击 SAS 主窗口的“文件”→“用 SAS 名称另存为”，将随机抽样后的数据存为新的数据集。

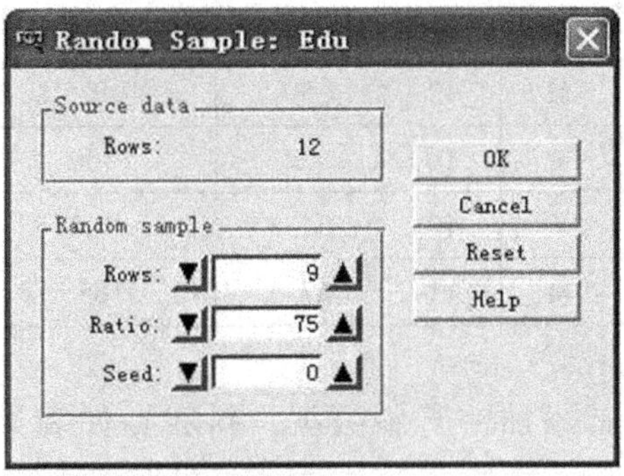

图 1-45 “Random Sample：edu”对话框

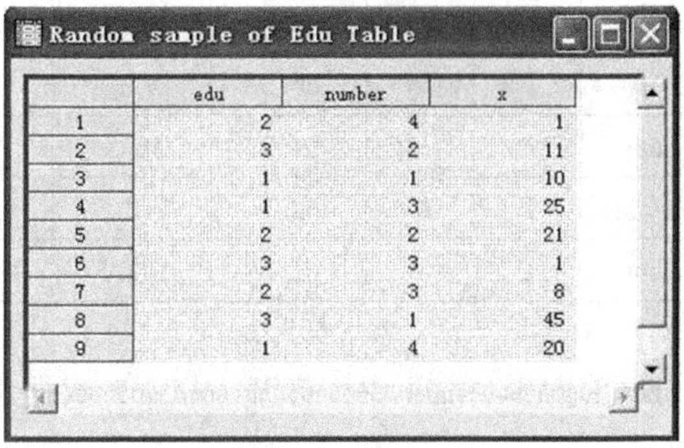

	edu	number	x
1	2	4	1
2	3	2	11
3	1	1	10
4	1	3	25
5	2	2	21
6	3	3	1
7	2	3	8
8	3	1	45
9	1	4	20

图 1-46 随机抽样

本章小结

本章介绍了 SAS 系统的组成与特点，对 SAS 系统的菜单、工具栏和窗口等作了比较详细的介绍。重点介绍了 SAS 逻辑库和数据集的基本概念，介绍了 SAS 对数据文件的管理，以及如何建立数据集。为方便后续几章的学习，以数据集的建立为操作实例，简单介绍了 SAS 的 Insight 模块和分析家模块基本操作界面。

习 题

1. 微型机上使用的 SAS 系统，目前最新的版本是什么？适合于什么操作系统？
2. 刚进入 SAS 环境，默认打开的 SAS 窗口有几个？简述这几个窗口的主要功能。
3. 简述 SAS 数据集的构成。
4. 在 SAS 的 viewtable 窗口中，创建数据集 student1，数据来源于表 1-3 所示的 10 名学生的体检数据，变量的类型根据数据情况自行定义。

表 1-3 **学生体检数据-1**

name	sex	age	height	weight	name	sex	age	height	weight
Alice	F	13	56. 5	84	Alfred	M	14	69	112. 5
Becka	F	13	65. 3	98	Duke	M	14	63. 5	102. 5
Gail	F	14	64. 3	90	Guido	M	15	67	133
Karen	F	12	56. 3	77	James	M	12	57. 3	83
Kathy	F	12	59. 8	84. 5	Jeffrey	M	13	62. 5	84

5. 试将表 1-4 所示的学生体检数据输入到 Excel 工作表中，然后将其导入为 SAS 数据集

student2。

表 1-4　　学生体检数据-2

name	sex	age	height	weight	name	sex	age	height	weight
Mary	F	15	66. 5	112	John	M	12	59	99. 5
Sandy	F	11	51. 3	50. 5	Philip	M	16	72	150
Sharon	F	15	62. 5	112. 5	Robert	M	12	64. 8	128
Tammy	F	14	62. 8	102. 5	Thomas	M	11	57. 5	85

6. 在 SAS/insight 中，打开 student2 数据集，为其添加一行新数据，新数据如表 1-5 所示。

表 1-5　　学生体检数据-3

name	sex	age	height	weight
William	M	15	66. 5	112

7. 在 SAS 分析家中，将数据集"student1"和"student2"数据集合并为一个名为"student"的新数据集；分别抽取数据集"student"中的男、女同学数据，存为"student_m"和"studeng_f"数据集。

第2章 SAS语言基础

SAS语言是一种专用的数据管理与分析语言，它的数据管理功能类似于数据库语言，但又添加了一些高级程序设计语言的成分(如选择语句、循环语句、数组等)，以及专用于数据管理、统计计算的函数。使用SAS语言编写程序，可以实现强大的数据管理能力、计算能力和分析能力。

2.1 SAS语言概述

SAS语言(SAS Component Language，SCL)同其他程序设计语言一样，也有自己的专用词汇(关键字)和语法。关键字、名称、特殊字符和运算符等按照一定的语法规则组成SAS语句。由SAS语句组成的、能够完成某种功能的序列称为SAS程序。用户可以使用SAS程序定义数据、对数据进行分析。

1. SAS程序

SAS程序包括数据步和过程步两种结构，一个数据步或一个过程步都是一段相对完整的、可以单独运行的程序。SAS程序可以由一个或多个数据步或过程步组成。数据步(DATA Steps)通常用来创建、编辑数据集。过程步(PROC Steps)通常用来对数据进行统计分析。

SAS语言的基本单位是语句，每个SAS语句一般由一个关键字(如DATA、PROC、INPUT、CARDS、BY)开头，包含SAS名称、特殊字符、运算符等，以分号结束。

关键字是软件定义的、有确定含义的符号。一般位于句首，用以说明语句类型和功能。SAS语句除了赋值、累加、注释、空语句以外都以关键字开头。SAS名称用于在SAS程序中标识各种SAS成分，如变量、数据集、数据库，等等。

【例2-1】 一个典型的SAS程序如下：

```
/ * data step, creat a sas data set * /
data stud;
   input  id $ name $   gender   $   age   hometown $   ;
   cards;
201501001 周国兴 男 19 长沙
201501002 李铭 女  18 广州
201502003 彭晓钢 男   19   武汉
201502004 胡大伟 男 18  北京
201502005 李晨与   女 18   武汉
201503001 代平安 女   19 长沙
;
```

```
proc   print data= stud; /* proc step  */
run;
```

在上例中，data、input、cards、proc、var、run 等都是关键字；score 是数据集名；id、name、gender、age、hometown 是变量名；$ 是特殊字符；print 是过程名；data = 是语句的选项。

2. 书写规则

在 SAS 程序中，一个语句大多以关键字开头，以分号(;)结束；SAS 语句可以从一行上的任意位置开始，也可以几个 SAS 语句写在同一行；一个语句也可以分开写成几行(不需任何续行标志)，只要单词不被断开即可。另外，SAS 关键字和名称不区分大小写，但字符型数据值要区分大小写，如“Beijing”和“BEIJING”被认为是不同的字符。

在 SAS 程序中可以加入注释，注释用/*和*/界定，这种注释可以出现在任何允许加入空格的位置，可以占多行。例如，例 2-1 中的：/* data step，creat a sas data set */，/* proc step */。另一种注释是以*开头，以；结束，一般单独占一行。例如：

```
* proc step;
proc   print data= stud;
run;
```

注释的内容对理解 SAS 程序很有帮助，加上注释语句是一种很好的编程习惯。另外，在编写、调试程序的过程中，可以使用注释符暂时屏蔽一些语句，使这些语句在程序运行时不被执行。当需要这些语句时，只需要去掉注释符即可。

3. 语句格式

SAS 语句的基本格式是：

关键字<参数>　[选项 1| 选项 2| 选项 3] 选择值；

关键字是用来说明语句类型和功能的单词。参数是要求用户提供的信息。方括号([ ])内的信息是可选项，即可有可无。[选项 1| 选项 2| 选项 3]中的竖线“|”用来分隔各选择项，表示其中任选一个。

例如，用于创建 DATA 步的语句格式如下：

DATA　<数据集名>；

其中：DATA 是语句的关键字，它说明本语句是数据步语句；<数据集名>是要求用户提供的一个数据集名称。有效的 SAS 语句如下：

```
data stud;        /* Stud 就是语句格式中的“<数据集名>” */
```

4. SAS 程序的执行与输出

在 Editor 窗口中编写好 SAS 程序后，需要运行程序才能得到结果。运行程序可以单击〈F8〉键，或者在命令框中输入：Submit，或直接单击工具栏中的 Submit 按钮。

当一个 SAS 程序被提交(Submit)时，每一个数据步、过程步或 RUN 语句都会使前面的程序步被执行。所以，一个程序最后一个数据步或过程步应以 RUN 语句结束；否则，最后一个程序步不会被执行。

SAS 程序运行后，系统会在 LOG 窗口中产生一个日志，记录程序运行过程中的信息和可能发生的错误。通常，SAS 程序会将运行结果以报表的形式显示在 OUTPUT 窗口中。但也有些 SAS 程序除了在 LOG 窗口中的记录外，不产生可见的输出结果，如排序或数据处理过程。

在 Editor 窗口中输入例 2-1 中的程序，程序输入完成后，可以先将程序保存，再执行程序。如果程序运行正确，则输出窗口和日志窗口显示的内容如图 2-1、图 2-2 所示。

Obs	id	name	gender	age	hometown
1	20150100	周国兴	男	19	长沙
2	20150100	李铭	女	18	广州
3	20150200	彭晓钢	男	19	武汉
4	20150200	胡大伟	男	18	北京
5	20150200	李晨与	女	18	武汉
6	20150300	代平安	女	19	长沙

图 2-1 输出窗口显示的内容

```
NOTE: SAS 初始化所用时间:
      实际时间          9.81 秒
      CPU 时间          0.71 秒

1     /*data step, creat a SAS data set*/
2     DATA stud;
3     INPUT  id $ name $  gender  $  age  hometown $  ;
4     CARDS;

NOTE: LOST CARD.
RULE:         ----+----1----+----2----+----3----+----4----+----5----+----6----+----7----+----8----
12            PROC  PRINT DATA= stud; /*proc step */
id=;  name=  gender=  age=. hometown=  _ERROR_=1 _N_=7
NOTE: INPUT 语句到达一行的末尾，SAS 已转到新的一行。
NOTE: 数据集 WORK.STUD 有 6 个观测和 5 个变量。
NOTE: "DATA 语句" 所用时间(总处理时间):
      实际时间          0.09 秒
      CPU 时间          0.00 秒


12    PROC  PRINT DATA= stud; /*proc step */
13    RUN;

NOTE: 从数据集 WORK.STUD 读取了 6 个观测。
NOTE: "PROCEDURE PRINT" 所用时间(总处理时间):
      实际时间          0.04 秒
      CPU 时间          0.01 秒
```

图 2-2 日志窗口显示的内容

2.2 数据步

数据步的主要功能是对数据进行预处理，为后续的数据分析准备数据集。数据步可以创建新的数据集，也可以对已存在的数据集进行适当的修改、复制。数据步以 DATA 关键字开头。

利用数据步建立 SAS 数据集有两种方式：一是将数据排列在变量名串之后；二是从一个指定的、具有格式的外部文件中获取数据。

第一种方式的一般语法为：

DATA <数据集名>

INPUT <变量名 1> [$] <变量名 2> [$]… <变量名 n> [$] ;

[其他数据步语句];

CARDS;

数据

数据

……

[;]

RUN;

其中，DATA 语句用来指定要建立的 SAS 数据集名(包括逻辑库名)。如果数据集放在临时逻辑库 WORK 中，则逻辑库名可省略。

例如：data　score;

　　　data　work. score;

　　　data　abc. class;

第一个语句和第二个语句的功能是完全一样的，即在临时逻辑库 work 中创建数据集 score。

第三个语句是在逻辑库 abc 中创建数据集 class。逻辑库 abc 应该已存在。

INPUT 语句指定如何读取数据并将其值赋予每个变量。当变量为字符型变量时，需要在变量的后面加上“ $ ”。

变量名要符合 SAS 的命名规则。

CARDS 语句表明后面是数据行，而且 CARDS 必须与 INPUT 配合使用；在一个 DATA 步中只能有一个 CARDS，CARDS 必须是 DATA 步中最后一个语句。数据行结束后的分号可省略，如果不省略，则须独占一行。数据行的数据应与 INPUT 后面的变量名一一对应。

当数据量较小时，适合使用第一种格式创建数据集。当数据量很大时，直接把数据放在程序中不利于程序和数据的维护。这时，可以使用第二种方式创建数据集：

```
DATA   <数据集名>;
    INFILE  '<文件名>';
    INPUT   <变量名 1>   <变量名 2> … <变量名 n>;
    [其他数据步语句];
RUN;
```

该方式是将原始数据放在一个文本文件中，使用 INFILE 语句指定数据的文件名。INFILE 语句中的文件名包含文件的路径和扩展名。DATA、INFILE 和 INPUT 三个关键字的顺序不可变。

【例 2-2】 把例 2-1 程序中的数据行单独放在一个文本文件 stud. txt 中，并将文本文件存放在 d：\ mydata 文件夹中，利用文本文件 stud. txt 创建数据集是 stud2。

先在 d：\ mydata 文件夹中创建 stud. txt 文件，文件内容如图 2-3 所示。注意文本文件中只包含数据行，不包含变量名。

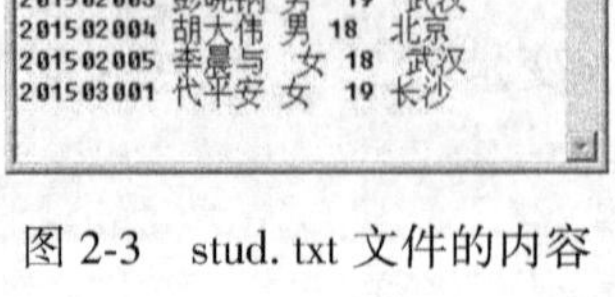

图 2-3　stud. txt 文件的内容

SAS 程序如下：

```
data stud2;
infile  'd: \ mydata \ stud. txt';
input   id $ name $ sex $ age hometown $ ;
run;
```

2.2.1 INPUT 语句

INPUT 语句是数据步中的常用语句之一，用来指定输入的变量和格式。为了处理各种复杂的数据输入问题，INPUT 语句功能十分强大，下面介绍几种常用的使用格式：

1. 自由格式

自由格式是最简单的数据输入格式，即按顺序列出观测的各个变量名，中间用空格分开。变量如果是字符型的需要在变量名后面加一个“ $ ”符号，“ $ ”符号与变量名可以直接相连也可以隔一个空格。

【例 2-3】 创建一个包含学号、姓名、数学、语文和英语成绩的数据集 score，其中学号和姓名是字符型变量，数学、语文和英语成绩是数值型变量。

```
data score;
  input id $   name $   math chinese   english;
  cards;
201501001   周国兴   90   80   85
201501002   李铭 70   78   81
201502003   彭晓钢   92   89   86
201502004   胡大伟   80   90   95
201502005   陈小寒   65   85   78
201503001   代平安   88   75   88
run;
```

上例中的数据有五个变量，五个观测，每行数据的各变量之间用空格分隔。为输入这些数据，INPUT 语句中依次列出了五个变量名，并在字符型变量 ID 和 NAME 后加了“ $ ”符号。

使用自由格式需要注意以下几点：

(1) 在 INPUT 语句的变量名应和数据列表中的列数一一对应。

(2) 数据每行为一个观测，各数据值之间用空格或制表符分隔。

(3) 如果存在缺失数据，则无论是字符型还是数值型都要用小数点(.)表示。

(4) 字符型数据长度不能超过 8 个字符，中间不允许有空格，开头和结尾如果有空格将被忽略。

如果数据行一行有多个观测的数据，则可以在 INPUT 语句的末尾添加行停留符“@@”。

【例 2-4】 使用行停留符创建数据集。

```
data score2;
    input name $   sex $   math chinese   english @@ ;
    cards;
201501001   周国兴   90   80   85   201501002   李   铭   70   78   81
201502003   彭晓钢   92   89   86   201502004   胡大伟   80   90   95
```

```
201502005  陈小寒  65  85  78  201503001  代平安  88  75  88
run;
```

当数据块不符合自由格式的格式限制时，使用自由格式就不能得到正确的数据集。例如，以下情形：

类型一：字符型数据中间存在空格。

```
201531001  Tom      Welis   92
201531002  Jack     Swift   85
201531003  John     Ford    80
201531004  Thomas   Daly    75
```

类型二：所有数据间无空格分隔。

```
001jan2012BJ9078
002jan2012HK8559
003jan2012NY5576
```

上述数据块有一个明显的特征是数据行的各个数据项是上下对齐的，因此可以使用 INPUT 语句的列标识方式读取数据。

2. 列标识方式

列标识方式，除了在 INPUT 关键字后面列出变量名外，还需要在每个变量名(及 $ 符)后面列出该变量在数据行中所占据的列起始位置与结束位置。

【例 2-5】 使用 INPUT 的列标识方式读取姓名中有空格的数据块。

```
data stud2015;
  input id  $ 1-9 name  $ 12-24 math 26-28;
  cards;
201531001  Tom      Welis   92
201531002  Jack     Swift   85
201531003  John     Ford    80
201531004  Thomas   Daly    75
run;
```

【例 2-6】 使用 INPUT 的列标识方式读取无空格的数据块。

```
data  car_info;
    input  num 1-3  month $  4-6  year  7-10  id  $  11-16;
    cards;
001jan2015BJ9078
002jan2015HK8559
003jan2015NY5576
run;
```

使用列标识方式时一定要正确数出每一项所占的位置。列标识方式要求数据行各项上下对齐；各项之间可以没有任何分隔，连续写在一起；字符型数据长度可以超过 8 个字符，中间可以有空格，但头尾的空格仍将被忽略。

【例 2-7】 读取包含有日期格式的数据行，创建数据集。

```
data birthday;
```

```
    input  name $  birth;
    cards;
WANGHONG   1973/6/2
LIMING     1974/3/23
run;
```

运行程序后的结果如图 2-4 所示。可以看到生成的数据集中 birth 变量的值为缺失值，没有将日期数据读入数据集。这是因为 SAS 系统对日期数据的存储方式比较特别，因此，采用一般的输入方式无法得到正确的结果。

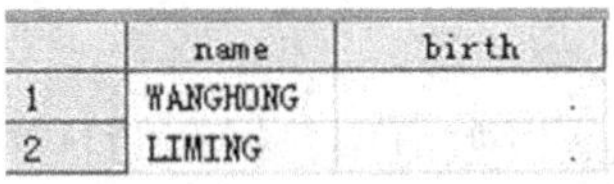

	name	birth
1	WANGHONG	.
2	LIMING	.

图 2-4 数据集 birthday

3. 格式输入

为了满足有特殊格式的数据输入，SAS 提供了格式输入，即在变量名后加格式名。其中，最常见的是输入日期数据。日期写法是多种多样的，比如，2015 年 10 月 1 日可以写成“2015-10-1 ”，“20151001”，“1/10/2015”，等等，读入这样的日期数据就需要为它指定特殊的输入格式。另外，如果要显示日期值，则也需要为它指定特殊的输出格式。这里先介绍如何输入日期数据，输出日期数据请参见 2. 3. 1 节 FORMAT 语句的相关描述。

常用的 SAS 变量输入、输出格式的一般形式：

[$]格式名 <w>. <d>

其中，$ 表示字符变量的输入输出格式；w 表示格式的宽度(包括小数点符号，正负号等)；d 表示在数值型格式中小数点后数值的位数。

表 2-1 **主要的输入输出格式名**

主要的输入输出格式名	描述
w. d	标准的数值数据型格式
$ w.	标准的字符数据型格式
COMMAw. d	含有逗号、小数点的数值数据型格式
DOLLARw. d	含有美元符号 $ 、逗号和小数点的数值数据型格式
DATEw.	日、月份、年形式的日期值(ddmmmyy)，例如，w = 7 时，18jan97；w = 9 时，18 jan 1997
MMDDYYw.	月份、日、年形式的日期值(mmddyy)，例如，w = 8 时，01/18/97；w = 6 时，011897

【例 2-8】 使用日期格式读取包含日期的数据块。

```
data  birthday2;
    input  name $  1-12  birth  yymmdd10. ;
```

```
    cards;
WANG HONG    1973/6/2
LI MING      1974/3/23
run;
```

程序运行后生成的数据集如图 2-5 所示。

	name	birth
1	WANG HONG	4901
2	LI MING	5195

图 2-5　数据集 birthday_2

从图 2-5 可以看到，SAS 系统是以数值型数据存储日期型数据的。SAS 系统将日期值存储为自 1960 年 1 月 1 日为起始日，到指定日期的天数。例如，1973 年 6 月 2 日被存储为 4901，表示 1973 年 6 月 2 日与 1960 年 1 月 1 日相距 4901 天。

2.2.2　赋值语句

在数据步中，可以使用赋值语句为数据集增加变量。如果赋值语句等号左边的变量不在数据集中，则会在数据集中产生一个新的变量。

【例 2-9】　创建一个数据集，包含 5 名学生的 3 门课成绩，并计算每名学生的总分和平均分。最后将数据集显示在输出窗口中。

```
data score3;
    input   id $   name $ chinese   math   english   ;
    sum=chinese+math+english;
    avg=sum/3;
    cards;
201501001   周国兴   90   80   85
201501002   李  铭   70   78   81
201502003   彭晓钢   92   89   86
201502004   胡大伟   80   90   95
201502005   陈小寒   65   85   78
201503001   代平安   88   75   88
;
proc   print data=score3;
run;
```

程序运行结果如图 2-6 所示。

从结果图中可以看到，数据集不仅包含了 input 语句中指定的 5 个变量，而且还增加了两个变量 sum 和 avg。程序中 sum=chinese+math+english；和 avg=sum/3；就是赋值语句。

赋值语句的一般格式为：

<变量名>=<表达式>;

SAS 表达式由一系列运算符和运算对象构成，被执行后产生一个目标值。使用表达式可以对变量作变换和赋值，创建新变量，计算新数值以及控制条件语句的运行等。

Obs	id	name	chinese	math	english	Sum	Avg
1	201501001	周国兴	90	80	85	255	85.0000
2	201501002	李铭	70	78	81	229	76.3333
3	201502003	彭晓钢	92	89	86	267	89.0000
4	201502004	胡大伟	80	90	95	265	88.3333
5	201502005	陈小寒	65	85	78	228	76.0000
6	201503001	代平安	88	75	88	251	83.6667

图 2-6　score3 数据集

运算对象包括常量和变量。操作符包括算术运算符、比较运算符、逻辑运算符、SAS 函数和括号。

1. 变量

SAS 变量分为两类，数值变量(Num)与字符变量(Char)。

SAS 的数值型变量可以存储任意整数、定点实数、浮点实数。

字符型变量可以取字符、字母、特殊字符以及数字为值。SAS 的字符型变量缺省的长度是 8 个字符，因此，如果在 INPUT 语句中输入字符型变量时不指定长度，则超过 8 个字符长度的其余符号会被删除。可以用 LENGTH 语句直接指定变量长度。

LENGTH 语句一般应出现在变量定义之前，格式为：

LENGTH 变量名　$　长度；

例如：length name　$　20；

在 DATA 步的 INPUT 语句中需要加 $ 来定义字符型变量。但引用时不用加 $ 。

定义 name 为字符变量：　　input name　$ ；

引用时不加 $ 符号：　　if name　=　'Tom'　then output；

2. 常量

SAS 常量用来表示固定的值，可以是一个数字，一个引号引起来的字符串，或者是其他特殊记号。

SAS 常用的常量有：数值常量、字符常量和日期时间常量。

(1)数值常量。

数值常量可以包括小数点，负号和 E 记号，与通用的数值记法类似。

例如：1　　　-5　　　1. 23　　　1. 2E23　　　0. 1　　　0. 5E-10

(2)字符常量。

字符常量是由单引号引起来的字符串，最多可达 32767 个字符。

例如：name = "TOM"；

　　　a = "123"；

"TOM"，"123"都是一个字符常量。

Sas 的字符常量是区分大小写的，例如，"TOM"和"tom"是不同的字符常量。

(3)日期、时间常量。

日期/时间常量是将日期/时间由单引号引起来，并在后面加上 d(日期常量)或 t(时间常量)或 dt(日期时间常量)。

例如：'1jan2015'd　　'10：15't　　'6Jun11：12：25'dt

SAS 是一种数据处理语言，而实际数据中经常会遇到缺失值，比如，没有观测到数值，被访问人不肯答，等等。SAS 用一个单独的小数点(.)来表示缺失值常量。

3. 算术运算符

算术运算符表示执行一种算术运算，包括：

+ 加　　- 减　　* 乘　　/ 除　　** 乘方

注意：如果算术运算符有一个运算对象是缺失值，运算结果也是缺失值。

例如，y=x3 + . ；则 y 的值为缺失值(.)

avg = (math + chinese)/2;

sum=math + chinese;

4. 比较运算符

比较运算符确定两个量之间的一种关系，如果这种关系成立，则输出结果为 1(真)；如果它不成立，则输出结果为 0(假)。SAS 系统中的比较运算符如表 2-2 所示。

表 2-2　　**比较运算符**

比较运算符	等价形式	含　义
=	EQ	等于
^=	NE	不等于
>	GT	大于
<	LT	小于
>=	GE	大于等于
<=	LE	小于等于

另外，还有一个 SAS 特有的比较运算符 IN，它用来检查某个变量的取值是否在一个给定列表中。例如：prov in (“Beijing”，“Tianjin”，“Shanghai”，“Chongqing”)；用来判断变量 prov 的取值是否为四个直辖市之一。

比较运算符的结果为“真”或“假”，主要用于需要条件判断的分支、循环等语句中。

5. 逻辑运算符

逻辑运算符也称为布尔(Boolean)运算符，在表达式里通常用来连接一系列比较表达式。

逻辑运算符包括：&(AND) 与　| (OR) 或　^(NOT) 非

例如：(salary >= 5000) and (salary < 10000)

表示工资收入在 5000~10000 之间(不含 10000)

(age <= 18) or (sex ='女')

表示 18 岁以下(含 18 岁)的未成年人及妇女

not ((salary >= 1000) and (salary < 5000))

表示工资收入不在 1000~5000 之间

6. 其他的运算符

| | :(两个连续的 | 号)，两个字符串连接；

<>：取两个运算值中较大一个的(如 3<>5 结果为 5)；

>< 取两个运算值中较小一个的 (如 3><5 结果为 3)；

注意：<>符在有些语言中用作“不等于”比较运算符，而 SAS 中用法则较特殊。

7. 运算优先级

表达式中包含有多种不同的运算符时，需根据运算符的运算次序计算表达式的值。SAS运算次序的三个准则：

准则1：在括号里的表达式先计算；

准则2：较高优先级的运算先被执行。

准则3：对于相同优先级的运算符，左边的运算先做。但有两个例外：对第一级，右边的先做；当两个比较运算符围着一个变量时，则等价于一个and运算。

例如：2＊＊3＊＊2等同于2＊＊(3＊＊2)；

12<age<20 等同于 12<age and age<20

表2-3　　运算符的优先级

1级	**、^(not)
2级	＊、/
3级	+、-、
4级	<、<=、=、^=、>、>=、^>、^<
5级	&(and)
6级	| (or)

8. SAS函数

SAS函数的一般形式为：　　　函数名（参数1，参数2，…）

函数名表示函数的功能，参数可以是简单的变量名、常数或者表达式，多个参数时，多用号(,)分隔各参数。

例如：

mean(x, y, z, a)　　　/＊函数值为 变量 x y z a 均值　＊/

sum(1, 5, 9)　　　/＊函数值为1、5、9的和 ＊/

min(x, 1000)　　　/＊函数值为 变量 x 和1000之间较小的那个值　＊/

常用的函数如表2-4所示。

表2-4　　常用的函数

类型	函数名	功　能
数学函数	abs(x)	求绝对值
	mod(x_1, x_2)	求 x_1 除以 x_2 后的余数
	sqrt(x)	求平方根值
	int(x)	取整函数，截取小数部分
	round(x, n)	按规定四舍五入。规定取：0.1，0.01，…
	log(x)	计算以 e 为底的对数值
	log10(x)	计算以10为底的对数值

续表

类型	函数名	功能
三角函数	cos(x)	求余弦函数的值
	sin(x)	求正弦函数的值
样本统计函数	max(x_1, x_2, …, x_n)	求 x_1 到 x_n 的最大值
	min(x_1, x_2, …, x_n)	求 x_1 到 x_n 的最小值
	mean(x_1, x_2, …, x_n)	求 x_1 到 x_n 的均数
	std(x_1, x_2, …, x_n)	求 x_1 到 x_n 的标准差
	sum(x_1, x_2, …, x_n)	求 x_1 到 x_n 的和
字符函数	substr(c, n_1, num)	从一个字符串 c 中抽取 n_1 开始指定的长度 num
	trim(c)	去掉字符串尾部的空格
	upcase(c	字符全部变大写
	length(c)	求字符串的长度
日期时间函数	year(datetime)	从日期变量中抽取“年份”值
	month(datetime)	从日期变量中抽取“月份”值
	day(datetime)	返回日期变量的天数值
	datepart(datetime)	从日期时间中提取日期

【例 2-10】 把例 2-9 中计算总分和平均分改为求每名学生的 3 门课成绩的最高分和最低分。程序如下：

```
data score31;
    input  id $ name $ chinese  math  english  ;
    smax=max(chinese , math , english);
    smin=min(chinese , math , english);
    cards;
201501001  周国兴  90  80  85
201501002  李  铭  70  78  81
201502003  彭晓钢  92  89  86
201502004  胡大伟  80  90  95
201502005  陈小寒  65  85  78
201503001  代平安  88  75  88
proc  print  data=score31;
run;
```

2.2.3 SET 语句

1. 复制、修改数据集

可以用 SET 语句把一个已有数据集复制到一个新数据集，同时还可以进行修改。

SET 语句的语法格式：

```
DATA  <新数据集名>;
    SET  <数据集名>;
    [KEEP  <变量名列表>;]
    [DROP  <变量名列表>;]
    [IF  <条件>  [THEN <语句>]; ]
RUN;
```

其中，不使用格式中的选项时，SET 语句的功能就是复制数据集。

【例 2-11】 把数据集 work. score3 复制为数据集 mylib. s_score(假定 mylib 逻辑库已存在)，程序如下：

```
data  mylib. s_score;
  set  score3;
run;
```

SAS 数据步程序和其他语言程序的一个重大区别是 SAS 数据步如果有数据输入，如用 INPUT，SET，MERGE，UPDATE，MODIFY 等语句读入数据，则数据步中隐含了一个循环，即数据步程序执行到最后一个语句后，会返回到数据步内的第一个可执行语句开始继续执行，直到读入数据语句(INPUT，SET，MERGE，UPDATE，MODIFY 等)读入了数据结束标志为止才停止执行数据步，并把读入的各个观测写入 DATA 语句中指定的数据集。如果没有数据输入而只是直接计算，则数据步程序不需要此隐含循环。数据步因为有这样一个隐含循环，所以也提供了用来查询某一步是第几次循环的特殊变量_N_，它的值为数据步循环计数值。数据步流程如图 2-7 所示。

在复制数据集的同时也可以使用赋值语句增加一些变量。

【例 2-12】 为例 2-3 生成的数据集 score 添加总成绩和平均成绩，程序如下：

```
data  score;
  set  score;
  sum=chinese+math+english;
  avg=sum/3;
run;
```

如果在复制数据集的同时删除某些变量，则可以使用 KEEP 语句或 DROP 语句指定要保留的变量或要丢弃的变量。KEEP 语句指定要保留的变量，DROP 语句指定要丢弃的变量。

【例 2-13】 利用数据集 score 生成新数据集 score4，新数据集只包含数据集 score 中 name 和 avg 两个变量。

```
data  score4;
  set  score;
  keep  name  avg ;
run;
```

比如，上例中的 KEEP 语句可以换成：

```
drop id  math chinese  sum;
```

但是在一个程序中，不能同时使用 DROP 和 KEEP 语句。

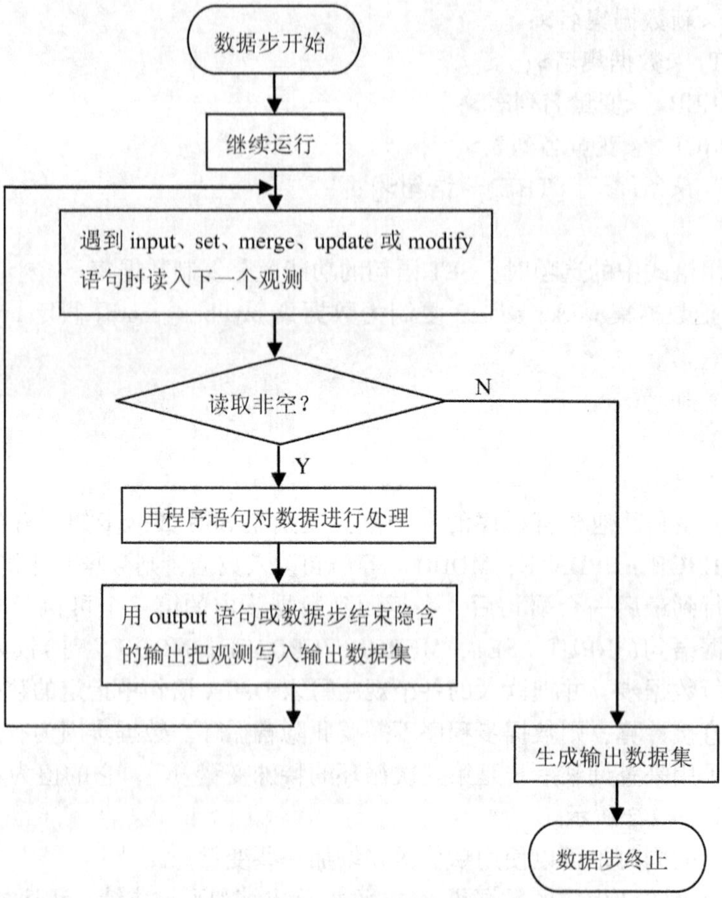

图 2-7 数据步流程图

2. 纵向合并数据集

使用 set 语句可以把几个结构相同的数据集上下地连接到一起，形成一个新的数据集，新的数据集的记录数是原来几个数据集记录数的总和。Set 语句的语法格式为：

```
DATA <新数据集名>;
    SET <数据集 1> [IN=<变量名 1>] <数据集 2> [IN=<变量名 2>]…;
    [IF <变量名 1>=1 THEN <变量名> =<值 1>;]
    [IF <变量名 2>=1 THEN <变量名> =<值 2>;]
    …
RUN;
```

【例 2-14】 现有三个班的学生情况的数据集 class1-class3，每个数据集包含一个班学生的学号、姓名、性别等信息，把这些数据集合并为一个大数据集 classes。

```
data  class1;
  input  number $   name  $   gender $ @@;
  cards;
001  Tom   M  002  Jack  M   003  Marry  F
```

```
data  class2;
  input  number $   name  $  gender $ @@;
  cards;
006  Jone   M  007  Alice  F  008  Brown  F
data  class3;
  input  number  $  name  $  gender $ @@;
  cards;
010  Sandy  M  012  Gup  F  013  Kite  M
data classes;
  set class1 class2 class3 ;
run;
```

可见，要把若干个结构相同的数据集合并为一个大数据集，只要在 DATA 语句中指定要生成的大数据集的名称，然后在数据步中使用 SET 语句并在 SET 语句中依次列出各小数据集。

2.2.4 MERGE 语句

两个(或多个)数据集如果包含了同样的一些观测的不同属性(变量)，且各数据集的观测是按顺序一一对应的，就可以用如下带有 MERGE 语句的数据步把它们左右横向合并到一个数据集。其语法格式为：

```
DATA <新数据集名>;
  MERGE <数据集列表> ;
    [BY <变量名 1>=1 [ <变量名 2>…]];
RUN;
```

【例 2-15】 数据集 stud 包含学生的姓名、性别，数据集 s_math 包含学生的数学成绩，数据集 s_chinese 包含学生的语文成绩，且各数据集的观测是按顺序一一对应的，就可以用如下带有 MERGE 语句的数据步把它们左右横向合并到一个数据集 stud_all 。

```
data stud;
  input  name $   gender $ @@;
  cards ;
Tom  M  Jack  M  Rose  F  Lee  F  Kate  F
data s_math;
  input  math @@;
  cards ;
80 90 85 70 60
data s_chinses;
  input  chinese @@;
  cards ;
90  78  85  75  70
data  stud_all;
  merge  stud  s_math  s_chinses ;
```

```
proc print; run;
```

程序运行结果如图 2-8 所示。

Obs	name	gender	math	chinese
1	Tom	M	80	90
2	Jack	M	90	78
3	Rose	F	85	85
4	Lee	F	70	75
5	Kate	F	60	70

图 2-8　合并后的数据集

值得注意的是，这样横向合并数据集必须各数据集的观测顺序一一对应，否则就会把不同人的成绩合并到一起。一般情况下，无法保证数据集中观测的顺序完全一样，因此横向合并一般应该采用按关键字合并的办法，即先把每个数据集按照相同的、能唯一区分各观测的一个(或几个)变量排序，然后用 BY 语句和 MERGE 语句联合使用，这样即使原来观测顺序不一致也可以保证横向合并的结果没有错。具体例子，请参见 2.3.2 一节中的 SORT 过程。

2.2.5　选择语句

选择语句又称为分支语句。SAS 语言中，选择语句有 IF 语句和 SELECT 语句。

1. IF 语句

如果希望对观测(行)进行筛选，可以使用 IF 语句指定筛选的条件，选取出数据集的一部分观测组成子集。

【例 2-16】　利用数据集 score 生成新数据集 score5，新数据集只包含数学分数 85 分以上，并且语文分数 90 分以上的观测。

```
data score5;
  set score;
  if  math>=85  and  chinese>=90;
run;
```

IF 语句能够使程序按照一定的表达式或条件实现不同的操作或执行顺序跳转的功能。IF 语句有两种类型：

(1)条件 IF 语句，含有一个 THEN 子句或 ELSE 子句。其格式为：

　　IF <条件或表达式〉 THEN <语句>;

[ELSE <语句>];

(2)子集 IF 语句，没有子句。

IF <条件或表达式〉;

如果表达式为真，就对正被创建的观测继续执行 data 步的语句；如果表达式为假，则返回到 data 步的开始对后续观测继续执行。如例 2-13 所示。

【例 2-17】　利用数据集 score 生成新数据集 score6，新数据集为平均分大于等于 80 分的观测添加评语(pingyu)“Very　Good”。

```
data   score6;
   set   score;
   if   avg>=80   then   pingyu=" Very Good" ;
run;
```

```
proc   print data= score6; run;
```

运行结果如图 2-9 所示。

Obs	id	name	chinese	math	english	Sum	Avg	pingyu
1	201501001	周国兴	90	80	85	255	85.0000	Very Good
2	201501002	李铭	70	78	81	229	76.3333	
3	201502003	彭晓钢	92	89	86	267	89.0000	Very Good
4	201502004	胡大伟	80	90	95	265	88.3333	Very Good
5	201502005	陈小寒	65	85	78	228	76.0000	
6	201503001	代平安	88	75	88	251	83.6667	Very Good

图 2-9　程序运行后的输出窗口

从运行结果图中可以看到，当条件成立时，执行 Then 后面的语句，当不成立时，不进行其他操作。例 2-16 没有使用 ELSE 及其后面的语句。

【例 2-18】 利用数据集 score 生成新数据集 score7，新数据集为平均分大于等于 80 分的观测添加评语(pingyu)“Very Good”；否则，评语为“Work Hard”。

```
data score7;
    set score3;
    if avg>=80   then   pingyu="Very Good" ;
      else pingyu="Work Hard";
run;
proc   print data= score7; run;
```

程序运行结果如图 2-10 所示。

Obs	id	name	chinese	math	english	Sum	Avg	pingyu
1	201501001	周国兴	90	80	85	255	85.0000	Very Good
2	201501002	李铭	70	78	81	229	76.3333	Work Hard
3	201502003	彭晓钢	92	89	86	267	89.0000	Very Good
4	201502004	胡大伟	80	90	95	265	88.3333	Very Good
5	201502005	陈小寒	65	85	78	228	76.0000	Work Hard
6	201503001	代平安	88	75	88	251	83.6667	Very Good

图 2-10　程序运行后的输出窗口

2. SELECT 语句

有时需要根据某一分类原则把数据行分别存放到不同的数据集。例如，按照年龄将观察分 5 组，由于分组较多，用 IF 语句比较烦琐，而 SELECT 语句就比较适合多分支的选择。

【例 2-19】 把样本数据集 sasuser. Class① 中的年龄为 11、12 岁的观测放到数据集 mylib. ClassL 中，把年龄为 13、14 岁的观测放到数据集 mylib. ClassM 中，把年龄为 15、16 岁的观测放到数据集 mylib. ClassO 中，程序如下：

```
data mylib. classL   mylib. classM   mylib. classO;
   set sasuser. class;
   select ;
      when ( age=11 or age=12)   output   mylib. ClassL;
```

---

① 如果没有找到该示例数据集，则请在菜单中选择“解决方案”→“分析”→“分析家” 进入分析家，然后在菜单中选择“工具”→“样本数据”，在出现的对话框中选择所有数据集就可以生成样本数据集。

```
        when (age=13 or age=14)   output   mylib.ClassM;
        when (age=15 or age=16)   output   mylib.ClassO;
        otherwise   put   sex='有错';
    end;
proc print data=mylib.ClassL;
proc print data=mylib.ClassM;
proc print data=mylib.ClassO;
run;
```

本例中用 SELECT 语句实现对观测的筛选，用 Output 语句将当前观测写到指定的数据集中。

常用的 SELECT 语句有以下两种格式：

格式一：

```
SELECT;
    WHEN (条件) 语句;
    WHEN(条件) 语句;
    ……
    [ OTHERWISE 语句;]
END;
```

这种 SELECT 语句没有选择表达式，而是在每一个 WHEN 语句中指定一个条件，条件为逻辑表达式，当满足某个 WHEN 语句的条件时，执行 WHEN 后的语句。如果所有条件都不满足，则执行 OTHERWISE 后的语句。当只有一个 WHEN 语句时，必须有 OTHERWISE 语句。END 表示 SELCET 结构的结束，必不可少。例 2-19 就是采用的这种格式。

格式二：

```
SELECT (选择表达式);
    WHEN(值列表) 语句;
    WHEN(值列表) 语句;
    ……
    OTHERWISE 语句;
END;
```

执行 SELECT 结构时，先计算出选择表达式和值列表中的所有值，然后把选择表达式值由前向后与值列表中的值相比，发现相等值则执行对应的语句，然后退出 SELECT 结构(不再查看后面的值列表)。如果选择表达式的值不等于任何值列表中的值，则执行 OTHERWISE 对应的语句，这种情况下没有 OTHERWISE 语句会出错。

【例 2-20】 将样本数据集 sasuser. Class 复制到 mylib. class_freq，并添加变量 level，年龄为 11、12 岁时，level=1，年龄为 13、14 岁时 level=2，年龄为 15、16 岁时 level=3，程序如下：

```
datamylib.class_freq;
    set   sasuser.class;
    select (age);
        when( 11, 12 )   level=1;
```

```
    when( 13, 14 )  level=2;
    when( 15, 16 )  level=3;
    otherwise ;
  end;
run;
```

2.2.6 循环语句

SAS 的循环结构语句主要包括三种：DO 循环、Do while 循环、DO untile 循环。

1. DO 循环

DO 循环的语法格式：

```
DO 计数变量 = 起始值 TO 结束值[BY 步长];
    循环体……;
END;
```

循环体由一个或多个语句构成。程序先把计数变量赋值为起始值，如果起始值小于等于结束值则执行循环体语句，然后把计数变量加上一个步长，再判断它是否小于等于结束值，如果是，则继续执行循环体。每循环一次，计算变量增加一个步长，直到计数变量的值大于结束值时循环结束。BY 步长省略时，步长为 1。

【例 2-21】 求 1 到 10 的和。

```
data;
  add=0;
  do m = 1 to 10 ;
    add =add+m;
  end;
  put add=;
run;
```

其中"put add="语句是将变量 add 的值输出到 LOG 窗口。

2. Do while 循环

知道循环次数可以使用 DO 循环语句，不知道循环次数但知道循环的条件时，可以使用当型循环。Do while 循环语句中的条件是循环继续的条件，即满足条件时，执行循环体语句；否则，退出循环。Do while 循环语句的格式：

```
DO WHILE(<条件>);
  循环体语句……;
END;
```

程序先判断循环继续条件是否成立，成立则执行循环体语句。循环体语句执行完后，再判断循环继续条件，如此重复，直到循环继续条件不再成立。因此，一般而言，在循环体语句中会包含改变循环条件的语句。

【例 2-22】 求 1000 以内 3 的 n 次方的值。$n=1, 2, 3, \cdots$。

```
data;
    x=1;
    do while ( x<1000);
```

```
        put x=;
        x =x * 3;
    end;
run;
```

3. DO UNTIL 循环

DO UNTIL 循环的条件与当型循环的条件刚好相反，DO UNTIL 循环的条件是循环退出的条件，即条件成立时，退出循环。DO UNTIL 循环语句的格式：

```
DO UNTIL (<条件>);
    循环体语句……;
END;
```

【例 2-23】 使用 DO UNTIL 循环求 1000 以内 3 的 n 次方的值。$n=1, 2, 3, \cdots$。

```
data;
    x=1;
    do until ( x>1000);
        put x=;
        x =x * 3;
    end;
run;
```

【例 2-24】 用 4 种不同方法治疗 4 名患者，其血浆凝固时间的资料如表 2-5 所示，为便于数据分析，现要根据受试者编号、处理组和血浆凝固时间等数据创建数据集 time，如图 2-11 所示。

表 2-5　　**4 种方法 4 名患者血浆凝固时间(分)资料**

受试者编号(区组)	处理组			
	1	2	3	4
11	8.4	9.4	9.8	12.2
22	12.8	15.2	12.9	14.4
33	9.6	9.1	11.2	9.8
44	9.8	8.8	9.9	12.0

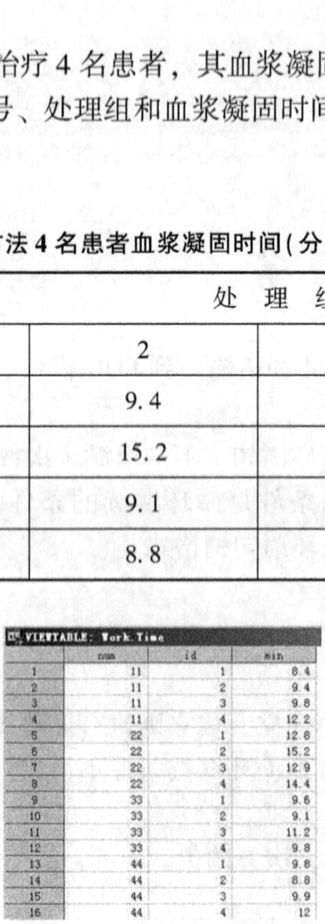
VIEWTABLE: Work.Time

	num	id	min
1	11	1	8.4
2	11	2	9.4
3	11	3	9.8
4	11	4	12.2
5	22	1	12.8
6	22	2	15.2
7	22	3	12.9
8	22	4	14.4
9	33	1	9.6
10	33	2	9.1
11	33	3	11.2
12	33	4	9.8
13	44	1	9.8
14	44	2	8.8
15	44	3	9.9
16	44	4	12

图 2-11　数据集 time

使用双重循环语句可以创建数据集 time，程序如下：

```
data time;
  do num = 11  to 44  by  11;
    do id = 1 to 4;
      input min @@ ;
      output;
    end;
  end;
cards;
 8.4    9.4    9.8    12.2
12.8   15.2   12.9   14.4
 9.6    9.1   11.2    9.8
 9.8    8.8    9.9   12.0
;
Run;
```

2.3 过程步

创建好数据集后，可以调用 SAS 的过程步进一步分析和处理数据。SAS 提供了很多常用的、标准的统计计算方法程序，用户只需通过过程名来调用这些程序即可。只有非常特殊的统计计算方法，或者用户自己开发的新方法才需要编写相应的计算程序。

SAS 过程步的一般形式为：

```
PROC  <过程名>  [DATA=<输入数据集>] [< 选项>];
    <过程语句> /<选项>;
    <过程语句> / <选项>;
……
RUN;
```

其中，过程名指定了 SAS 过程的名称。例如，打印过程名 PRINT、计算描述统计量的过程名 Means 等。

DATA=<输入数据集>是可选的，如果缺省的话，则可使用最近生成的数据集。<选项>也是可选的，用来规定过程运行的一些设置，如果有多个选项，则可用空格分开。

过程步一般以 RUN 语句结束，如果一个过程步后面还有其他的过程步或数据步，则 RUN 可省略。

过程步在 PROC 语句之后、结束之前可以有若干个过程语句。通常情况下，过程语句与数据步中的语句不同，数据步中的语句不能用在过程步中。过程步语句一般以某一个关键字开头，如 VAR、BY、TABLES、WEIGHT 等，语句中有一些有关说明，如果有选择项的话，则要写在斜杠后。

2.3.1 过程步常用语句

1. VAR 语句

VAR 语句用来指定分析变量。在 VAR 后面给出变量列表：

VAR <变量名 1> <变量名 2> … <变量名 n>;

【例 2-25】 使用 print 过程显示数据集 score 中 math 和 chinese 的值。

```
proc  print  data =score;
    var  math  chinese;
run;
```

2. BY 语句和 CLASS 语句

BY 语句在过程中一般用来指定一个或几个分组变量，根据这些分组变量值把观测分组，然后对每一组观测分别进行分析。在使用带有 BY 语句的过程步之前一般先用 SORT 过程对数据集排序。

【例 2-26】 stud 数据集已经性别降序排序，则下列 PRINT 过程可以把男、女生分别列出：

```
proc  print data= stud_all;
   by descending gender;
run;
```

程序运行结果如图 2-12 所示。

```
---------------------- gender=M ----------------------
            Obs    name    math    chinese

             1     Tom      80       90
             2     Jack     90       78

---------------------- gender=F ----------------------
            Obs    name    math    chinese

             3     Rose     85       85
             4     Lee      70       75
             5     Kate     60       70
```

图 2-12 程序运行结果

在一些过程（如方差分析）中，使用 CLASS 语句指定一个或几个分类变量，它实际相当于因变量。而在另一些过程（如 MEANS）中，CLASS 语句作用与 BY 语句类似，可以指定分类变量，把观测按分类变量分类后分别进行分析。使用 CLASS 时不需要按分类变量排序。

3. OUTPUT 语句

在过程步中经常用 OUTPUT 语句指定输出结果存放的数据集。不同过程中把输出结果存入数据集的方法各有不同，OUTPUT 语句是用得最多的一种，其一般格式为：

OUTPUT OUT=<输出数据集名> <关键字>=<变量名> <关键字>=<变量名> …;

其中，用 OUT=给出要生成的结果数据集名，“关键字”指定输出哪些结果，“变量名”指定这些结果在输出数据集中的变量名。

【例 2-27】 对数据集 score 求数学（math）的平均分、最高分、最低分，并将结果输出到数据集 result 中。

```
proc  means  data=score;
   var math;
   output  out=result  mean=avgmath  max=maxmath min=minmath ;
```

```
run;
proc   print   data=result;     run;
```

程序运行结果如图 2-13 所示。output 语句中的 avgmath、maxmath 和 minmath 是输出数据集 mylib. result 中变量的名称，mean、max 和 min 是过程 means 可以计算的统计量，在本例中求出的结果分别是 80.8333，92 和 65。

Obs	_TYPE_	_FREQ_	avgmath	maxmath	minmath
1	0	6	80.8333	92	65

图 2-13　程序运行结果

4. WHERE 语句

用 WHERE 语句可以对输入数据集的观测进行筛选，形成一个观测的子集来进行分析，在 WHERE 关键字后指定一个条件。其格式为：

WHERE <条件> ;

其中，"条件"是关系表达式或逻辑表达式，比如：

```
where   math>=60   and   chinese>=60;  /* 只分析数学、语文成绩都及格的观测 */
where   math<60 or chinese<60;         /* 只分析数学或语文成绩不及格的观测 */
Where   sex="F"                        /* 只分析性别为女的观测 */
Where   height>175;                    /* 只分析身高大于 175 的观测 */
Where   age between 10 and 20 ;        /* 只分析年龄在 10 到 20 之间的观测 */
Where   id   is missing;               /* 只分析 id 有缺失值的观测 */
Where   company contains  'st';        /* 只分析 company 的值中包含 st 的观测 */
Where   name like  'R%t';              /* 只分析姓名是以 R 开头、以 t 结束的观测 */
```

5. FORMAT 语句

前面讲到，SAS 系统是以数值型数据存储日期数据的。日期格式的输入需要使用输入格式，才能实现日期的正确输入。在输出时，为了能在结果窗口中显示出日期格式，也需要为变量输出规定一个输出格式，Format 语句可以实现该功能。

【例 2-28】 在 output 窗口中输入数据集 birthday2。

```
proc   print   data=birthday2;
    format birth yymmdd10.;
run;
```

程序运行结果如图 2-14 所示。

Obs	name	birth
1	WANG HONG	1973-06-02
2	LI MING	1974-03-23

图 2-14　使用输出格式输出日期格式

6. LABEL 语句

LABEL 语句为变量指定一个标签，其格式为 ：

```
LABEL  <变量名 1>='<标签 1>'  <变量名 2>='<标签 2>'  …;
```

【例 2-29】 输出 score 数据集中的 name、math、chinese 列，为列变量指定中文标签。

```
proc  print  data=score label;
   var name  math chinese;
     label  name='姓名'  math='数学成绩'  chinese='语文成绩';
run;
```

程序运行结果如图 2-15 所示。

Obs	姓名	数学成绩	语文成绩
1	周国兴	90	80
2	李铭	70	78
3	彭晓钢	92	89
4	胡大伟	80	90
5	陈小寒	65	85
6	代平安	88	75

图 2-15　程序运行结果

2.3.2　常用过程简介

1. PRINT 过程

PRINT 过程是最常用的 SAS 过程之一，在生成一个数据集之后，如果不是太大，那么一般都用 PRINT 过程在 Result 窗口中列出数据集的内容，这样便于检查变量与值之间的对应是否正确，数据输入是否正确。

PRINT 过程的语法格式为：

```
PROC PRINT[DATA=<数据集名>][NOOBS];
     [VAR <变量列表>;]
     [WHRER <表达式>;]
RUN;
```

其中：

(1)在 Proc 语句中的"DATA=<数据集名>"指定要输出的数据集名；如果是要输出的数据集是最近操作那个数据集，则可以省略该选项。一般情况下，应指明 PRINT 过程所打印的数据集。

使用 NOOBS 选项时，输出列表中将不包含观测号。

【例 2-30】 浏览临时逻辑库中 score 数据集中的观测，可以运行以下程序：

```
proc print data=score;
run;
```

(2)在使用 PRINT 过程的时候，默认的选项是按照数据集中的变量顺序输出全部变量，VAR 语句指定输出哪些变量以及输出的顺序。

【例 2-31】 输出数据集 SCORE 中学生的姓名、数学成绩和语文成绩，程序如下：

```
proc print data=score;
   var name math chinese;
run;
```

(3)在输出时，还可以根据条件对观测进行筛选，WHRER 用来指定筛选条件。

【例 2-32】 输出数据集 SCORE 中数学和语文成绩都大于 80 分的学生的姓名、数学成绩和语文成绩，程序如下：

```
proc print data=score;
   var name math chinese;
   wheremath >=80   and   chinese >=80
run;
```

2. SORT 过程

Sort 过程可以按数据集中某一个变量或几个变量的升序或降序将观测重新排列，并把结果保存到指定的数据集中，如果没有指定的输出数据集，则覆盖源数据集。

Sort 过程的语法格式为：

```
PROC SORT [data=<数据集名> ] [out=<输出数据集名>];
   [BY <DESCENDING> 变量名 1; [<DESCENDING> 变量名 2]; ……]
Run;
```

其中，data=<数据集名> 指定源数据集，缺省时使用最近创建的数据集。
out=<输出数据集名> 指定输出的数据集名，缺省时表示排序后覆盖源数据集。
by 语句缺省情况下，是按照变量进行升序排列，降序则需要 descending 指明。

【例 2-33】 对样本数据集 sasuser. class 按年龄大小进行排序。

```
proc sort data=sasuser. class  ;
   by age;
run;
```

注意这样用 DATA=指定的数据集既是输入数据集又是输出数据集。SORT 过程本身不具备输出结果的功能，因此，过程的结果在输出窗口没有显示。sort 过程只是把数据集按要求进行了排序。如果想要查看结果，则可以使用 Print 过程。

【例 2-34】 对样本数据集 sasuser. class 按照年龄的降序进行排序，程序如下：

```
proc sort data= sasuser. class   ;
   by descending age;
Run;
```

注意是在变量名前面加上 DESCENDING 关键字表示此变量的排序是由大到小的。
by 语句中也可以有多个变量，

【例 2-35】 对样本数据集 sasuser. class 按照性别、年龄进行排序，程序如下：

```
proc sort data= sasuser. class ;
   by sex age;
run;
```

当 by 语句中多个变量时，先按照最前面的变量的值排序，当该变量有重复的值的时候，重复的值按照第二个变量的值排序，依此类推。

也可以将排序后的观察输出到另一个数据集，这样可以不改变原数据集中观察的顺序。OUT 选项指定的数据集为输出数据集。

【例 2-36】 对样本数据集 sasuser. class 按照性别、年龄、身高进行排序，排序后的数据放在数据集 sasuser. class1 中。程序如下：

```
proc sort data=sasuser. class  out= sasuser. class1;
```

```
    by  sex  age  height;
run;
```

前面讲到横向合并数据集的时候，需要先将要合并的数据集中的数据按照关键字进行排序，再使用 merge 和 by 语句合并数据集，这样可以保证横向合并的结果没有错。

【例 2-37】 将数据集 a 、b 分别排序后合并。

```
data  a;
    input  id $ weight@@;
cards;
001 55 005 53 003 60
;
data  b;
    input  id $ age  height@@;
cards;
001 16  178  002  16  170  005 18 169
;
proc sort  data =a;
  by id;
proc sort data =b;
  by id;
data ab;
  merge a b ;
  by id;
proc print;   run;
```

程序运行的结果如图 2-16 所示。

Obs	id	weight	age	height
1	001	55	16	178
2	002	.	16	170
3	003	60	.	.
4	005	53	18	169

图 2-16 合并后的数据集

3. FORMAT 过程

有时为了方便输入和分析，数据集中的数据是用编码数据来表示的。比如，性别 man 和 woman 编码为 M 和 F，但这样就只有设计者自己能懂。为了让用户能够读懂这些结果，在输出时需要用文本代替编码值。FORMAT 过程可以创建由用户定义的格式。值得注意的是，FORMAT 过程只是创建格式，在输出时，还需要使用 FORMAT 语句指定格式与哪个变量联系起来。

FORMAT 过程的语法格式：

```
  PROC FORMAT;
  VALUE [ $ ] <格式名><范围 1>="<标签 1>";
                              <范围 2>="<标签 2>";
```

…

<范围 n>="<标签 n>";

RUN;

若格式用于字符型变量，则必须在<格式名>前加上 $ 。格式名不能超过 32 个字符(包括 $)，不能以数字开始或结尾，除下画线_的任何特殊字符之外，格式名不能和已存在的格式名称相同。范围指变量中想用等号右边的格式表示的值或范围。下面是一些正确的范围定义的例子：

"A" = "Asia"

1，2，3，4 = "odd"

50000-high = "not affordable"

13-<20 = "teenager"

other = "bad data"

字符型变量的值必须以引号引用，如果不知一个变量值，那么用","把数值分析或用"-"表示一连续的范围。在一个范围用到的关键词 low 及 high 表示该变量无缺失值的最小值或最大值。也可用"<"来表示不包括范围的结尾值。

【例 2-38】 某汽车公司为了调查消费者对汽车颜色的喜好情况开展了一项调查。调查得到的编码数据如下：

19 1 14000 Y

45 1 65000 G

72 2 35000 B

31 1 44000 Y

58 2 83000 W

其中，第一列表示年龄，第二列表示性别(男性表示为 1，女性表示为 2)，第三列表示年收入，第四列表示喜好汽车的颜色(黄色 Y，灰色 G，蓝色 B，白色 W)。

为方便起见，可以直接使用编码数据创建数据集，再利用 PROC FORMAT 过程创建年龄、性别及汽车颜色的格式，然后使用格式打印出来。输出结果如图 2-17 所示。

Obs	age	sex	income	color
1	teen	男性	$14,000	sunburst yellow
2	adult	男性	$65,000	rain cloud gray
3	senior	女性	$35,000	sky blue
4	adult	男性	$44,000	sunburst yellow
5	adult	女性	$83,000	moon white

图 2-17 输出结果

实现上述功能的程序如下：

```
data carsurvey;
    input age sex income color $ ;
cards;
19 1 14000Y
45 1 65000G
72 2 35000B
```

```
31 1 44000Y
58 2 83000W
;
run;
proc format;
    value   gender   1="男性"
                     2="女性";
value agegroup 13-<20="teen"
               20-<65="adult"
               65-high="senior";
value $ col   "W"="moon white"
              "B"="sky blue"
              "Y"="sunburst yellow"
              "G"="rain cloud gray";
run;
proc print data=carsurvey;
   format sex gender. age agegroup. color $ col. income dollar8. ;
run;
```

4. SQL过程

数据分析的基础是数据，为了便于数据的整理、合并和查询，SAS系统不仅可以用SAS语言程序管理SAS数据库、数据集，而且还支持结构化查询语言(Structured Query Language, SQL)。SQL语言是一种应用广泛的、标准的数据查询、更新语言。在SAS系统中SQL语言在SQL过程中实现。SAS的SQL过程可以从一个或多个表中查询信息，生成表，向表中插入行，更新表的内容，对表进行纵向合并、横向连接等。另外，SQL过程还可以直接连接外部数据库。这里仅对它的查询功能作简单介绍。

用PROC SQL作查询的最简单的用法如下：

```
PROC SQL;
SELECT<第1项>, [<第2项>, …, <第n项>]
   FROM <数据集>
   [WHERE   <观测选择条件>]
   [ORDER BY <变量>[desc]]   ;
```

其中，“SELECT……FROM……”是一个句子，只能在最后一个子句的后面加上一个分号(;)。SELECT子句中指定的各项一般为变量名，中间用逗号分隔。FROM子句指定要查询的数据集。WHERE子句指定选择观测的条件。ORDER BY子句可以为查询结果排序，默认为升序，desc选项表示输出结果按变量值降序排列。SQL过程的运行不需要Run语句。

【例2-39】 从数据集score中查询学生的姓名和数学成绩。

```
proc sql;
    select name, math
    from score;
```

程序运行结果显示如图2-18所示。

name	math
周国兴	90
李铭	70
彭晓钢	92
胡大伟	80
陈小寒	65
代平安	88

图 2-18 程序运行结果

【例 2-40】 从数据集 score 中查询数学语文成绩在 85 分以上(包含)的学生的学号、姓名和数学成绩。

```
proc sql;
    select id,    name, math
    from score
    where math >=85;
```

程序运行结果显示如图 2-19 所示。

id	name	math
20150100	周国兴	90
20150200	彭晓钢	92
20150300	代平安	88

图 2-19 程序运行结果

【例 2-41】 从数据集 score 中查询数学语文成绩在 85 分以上(包含)的学生的学号、姓名和数学成绩。并按照数学成绩降序排序。

```
proc sql;
    select id,    name, math
      from score
      where math >=85
      order by math desc;
```

程序运行结果显示如图 2-20 所示。

id	name	math
20150200	彭晓钢	92
20150100	周国兴	90
20150300	代平安	88

图 2-20 程序运行结果

SELECT 的强大查询功能还表现在它可以从几个表联合查询。比如，数据集 stud 中包含学生的性别、年龄和籍贯。而数据集 score 中包含学生的各科成绩，现在要查询学生的姓名、性别、年龄和各科成绩。

【例 2-42】 从数据集 stud 和 score 中查询学生的姓名、性别、年龄和各科成绩。

```
proc sql;
```

```
select stud. name,    gender , age,    chinese, math, english
from stud , score
    where stud. name=score. name   ;
```

程序运行结果显示如图 2-21 所示。

name	gender	age	chinese	math	english
周国兴	男	19	80	90	85
李铭	女	18	78	70	81
彭晓钢	男	19	89	92	86
胡大伟	男	18	90	80	95
代平安	女	19	75	88	88

图 2-21　程序运行结果

程序中，where stud. name=score. name 语句指明了两个数据集的连接条件。在 SELECT 中指定的变量如果是两个数据集中共有的变量，则要用"数据集名．变量名"表示，如 stud. name 。

2.4　SAS 宏

SAS 数据步是单独执行的，不能定义成一个模块化的可以代入参数的子程序，或需要执行某些重复性的工作，或需要编程完成一个有条件执行的数据步和过程步，如每天提交一份生产情况的详细报告，则可以使用宏(MACRO)功能实现。SAS 系统的宏处理器可以重复执行 SAS 代码；可以有条件地执行数据步和过程步；可以在不同的数据步和过程步之间传递数据；还可以开发交互式系统。

SAS 宏包括 MACRO 变量、MACRO 程序语句、MACRO 表达式和函数。

2.4.1　SAS 宏变量

SAS 数据集变量的值取决于正在处理的观测，而一个宏变量的值总是保持不变，直到被明确改变。

SAS 系统包含两种类型的宏变量：一种是自动宏变量，由 SAS 系统提供，用于获取 SAS 的系统信息。SAS 在启动时就创建了一些自动宏变量，比如，存储当前 SAS 进程启动的日期、时间、版本号及其他信息，用户可以在任何情况下使用这些宏变量；另一种是用户定义的宏变量，由用户在程序中定义。比如，将一个变量，一段程序或者一个文本命名，供以后调用，以减少在完成一些共同任务时必须输入的文本量。

当用户在某个 SAS 程序中使用宏功能时，这个宏功能产生所需要的 SAS 语句和命名，SAS 系统的其余部分接受这些语句和命令。

1. 宏变量的定义

语法:%LET　　宏变量名=值 ;

说明：宏变量的命名遵从一般的 SAS 命名规则；宏变量的值不需要加引号；宏变量的值可以是固定的字符串、其他宏变量的引用、宏函数和宏调用。

2. 宏变量的引用

语法：& 宏变量名

【例 2-43】 从数据集 score 中读取数据，写入 temp 新数据集。

程序如下：

```
%let x=score;
Data temp;
Set &x;
Proc print;
Run;
```

3. SQL 过程中定义宏变量

在 SQL 过程中定义宏变量，程序形式如下：

```
PROC SQL;
Select 变量 1，变量 2，……
INTO ：宏变量 1，：宏变量 2，……
FROM 数据集;
```

2.4.2 SAS 宏程序

宏程序就是存储的一段文本，最简单的宏程序工作起来很像一个宏变量，但是复杂的宏程序可以做许多宏变量无法完成的事。对简单的文本代换，用宏变量效率高；但是当任务比较复杂的时候，宏程序就要优越得多了，当某部分的 SAS 程序是经常重复使用时，便可通过宏程序的方式来简化编程。

1. 宏程序的定义

语句形式：

```
%MACRO 宏程序名;
语句;
%MEND;（或%MEND 宏程序名;）
```

2. 宏程序的调用

语句形式：

%程序名

注意，宏程序定义中不能出现数据行、cards 等；宏程序提交之后，编译过的宏存放在 work. sasmacr 中；SAS 的关键字不能用作宏名。

【例 2-44】 定义宏程序，用于打开一个指定的数据集 score。

程序如下：

```
%macro printdata(x);
  proc print data=&x;
  run;
%mend printdata;
%printdata(score);
```

上面这段程序在执行时，将被宏处理器替换成下面这段程序：

```
proc print data=score;
run;
```

3. 宏的选择结构

用户可以在 SAS 的数据步和过程步中使用宏的选择结构，以控制程序的走向，也能在%MACRO和%MEND 语句间，用选择结构语句产生更复杂的宏。

选择结构的宏语句形式如下：

```
%if 条件 %then %do;
    语句组;
%end;
%else %do;
    语句组;
%end;
```

【例 2-45】 假设已有两个宏 create 和 print，宏 create 可以从参数宏变量 setdata1 指定的数据集中创建一个新的数据集 temp，宏 print 可以打印一个参数宏变量 setdata2 指定的数据集。欲定义一个控制宏 control，有时需要对指定的数据集先执行宏 CREATE，创建一个新的数据集 temp 后，再调用宏 create 打印这个新产生的数据集；有时却只要直接打印指定的数据集。

程序如下：

```
%Macro  create(setname1) ;
Datatemp ;
Set  &setname1 ;
If  sex='M';
%Let  dsname=temp ;
Run ;
%Mend  create ;
%Macro print(setname2) ;
Proc  print  data=&setname2 ;
Title  "Display of Data Set &setname2 " ;
Run ;
%Mend  print ;

%Macro control(getdata, dsname) ;
%If  %upcase(&getdata)=YES  %Then  %create(&dsname) ;
%print(&dsname) ;
%Mend control ;

%control(no, mylib.survey) ;
%control(yes, mylib.survey) ;
```

当规定参数宏变量 getdata 的值为大写字符串 YES 或小写字符串 yes 时，%IF 条件成立，宏处理器执行%THEN 的分句，即调用宏%create(&dsname)。宏函数%upcase 的作用是转化小写文本为大写，因此当 getdata 的值为小写字符串 yes 时，%IF 条件也成立。在调用宏%create 时要给出参数宏变量 setname1 的值，使用宏变量 &dsname 中的值，其值为字符串

study. survey。

当规定参数宏变量 getdata 的值为字符串 YES 或 yes 以外的任何值时,%IF 条件不成立,执行调用宏%print(&dsname)。提请注意的是，即使%IF 条件成立，执行完%THEN 分句后，也同样要执行调用宏%print(&dsname)，但打印的数据集不同。

因此，当调用宏%print(setname2)执行时，参数宏变量 setname2 中的值有两种可能：当%IF 条件成立，执行完宏%create 后，再执行宏%print(setname2)时，setname2 中的值应该为 study. temp；当%IF 条件不成立，直接执行宏%print(setname2)时，setname2 中的值应该为 study. survey。正因为有如此要求，所以要在宏%create 中增加一条%Let dsname = study. temp 语句，只要执行了宏%create 就修改宏变量 dsname 的值为新建数据集名 study. temp。

4. 宏的循环结构

宏的循环结构与宏的分支结构使用原理和方法是相同的，其语句形式如下：

```
%do 变量=初值 %to 终值 by 增量;
    文本或宏程序语句;
%end;
```

【例 2-46】 假设有 4 个年级的学生成绩信息，包含在不同结构的数据集中，以 11 级的数据为例，数据集的结构如下：

Course(courseID, courseName, courseClass, creditpoint)

Grade11(number, courseId, score)

Student11(number, name, genderdatebirth, political, school)

除 Course(课程)数据集之外，Grade 和 Student 数据集均为 4 个年级的子数据集，如 grade11、grade12、grade13、student11 等，需要分别在 4 个年级的数据集中，查询出平均分在 85 分以上的学生信息，并将 number(学号)、name(姓名)和 avgscore(平均分)按不同年级分别写入 4 个数据集 stud10、stud11、stud12 和 stud13 中。11 级的数据集如图 2-22(a)、(b)、(c)所示。

程序如下：

```
%macro create();
%do i=0 %to 3;
proc sql;
create table stud1&i. as
select distinct a. number, a. name, avg(b. score) as avgscore
from mylib. student0&i. as a, mylib. grade0&i. as b
where a. number=b. number
group by a. number
having avg(b. score)>=85;
quit;
%end; %mend;
%create;
```

程序执行后，在 SAS 主窗口中，单击菜单"工具"→"表编辑器"命令，系统弹出"打开"对话框；

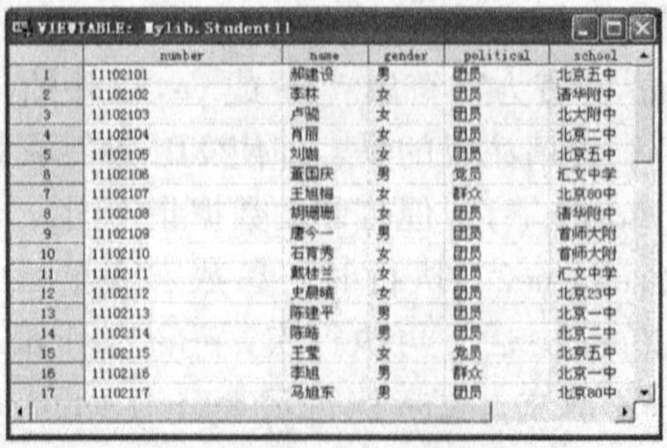

	number	name	gender	political	school
1	11102101	郝建设	男	团员	北京五中
2	11102102	李林	女	团员	清华附中
3	11102103	卢骁	女	团员	北大附中
4	11102104	肖丽	女	团员	北京二中
5	11102105	刘璐	女	团员	北京五中
6	11102106	董国庆	男	党员	汇文中学
7	11102107	王旭梅	女	群众	北京80中
8	11102108	胡珊珊	女	团员	清华附中
9	11102109	唐今一	男	团员	首师大附
10	11102110	石育秀	女	团员	首师大附
11	11102111	戴桂兰	女	团员	汇文中学
12	11102112	史晨曦	女	团员	北京23中
13	11102113	陈建平	男	团员	北京一中
14	11102114	陈皓	男	团员	北京二中
15	11102115	王莹	女	党员	北京五中
16	11102116	李旭	男	群众	北京一中
17	11102117	马旭东	男	团员	北京80中

（a）student11数据集

	courseid	coursename	courseclass	creditpoint
1	101	高等数学	必修课	6
2	102	线性代数	必修课	4
3	103	离散数学	必修课	4
4	104	概率	必修课	4
5	105	数学规划	选修课	4
6	106	经济预测	限选课	4
7	201	计算机原	必修课	4
8	202	汇编语言	必修课	4
9	203	系统结构	限选课	4
10	204	数据结构	必修课	4
11	301	专业英语	必修课	4
12	302	编译原理	必修课	3
13	303	数据库系	必修课	3
14	304	操作系统	必修课	3
15	305	计算机网	必修课	3
16	306	计算机会	必修课	3
17	307	管理信息	必修课	3
18	308	多媒体技	必修课	3

（b）course数据集

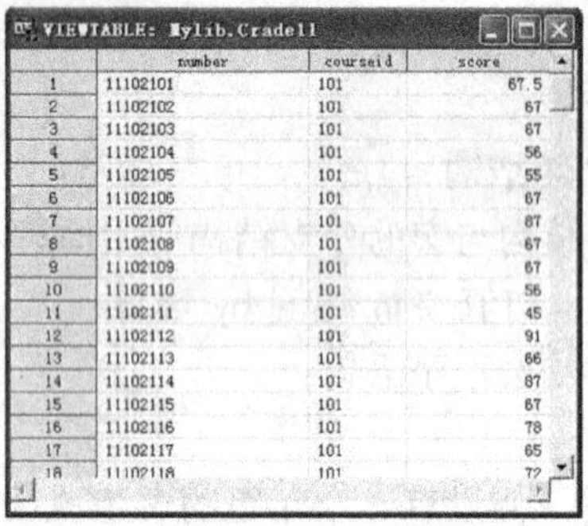

	number	courseid	score
1	11102101	101	67.5
2	11102102	101	67
3	11102103	101	67
4	11102104	101	56
5	11102105	101	55
6	11102106	101	67
7	11102107	101	87
8	11102108	101	67
9	11102109	101	67
10	11102110	101	56
11	11102111	101	45
12	11102112	101	91
13	11102113	101	66
14	11102114	101	87
15	11102115	101	67
16	11102116	101	78
17	11102117	101	65
18	11102118	101	72

（c）grade11数据集

图 2-22　11 级的数据集

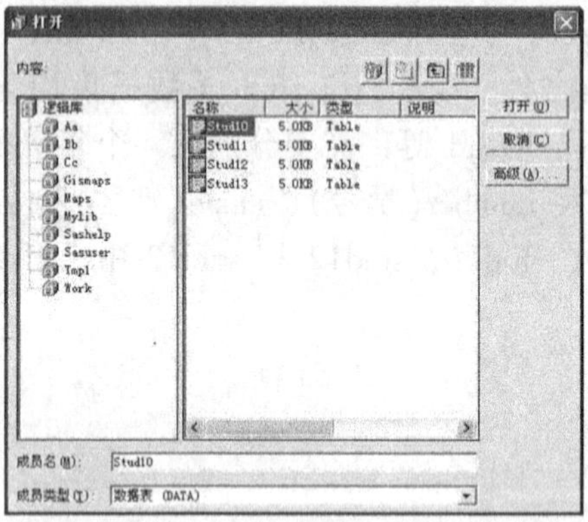

图 2-23　“打开”对话框

在如图 2-23 所示的“打开”对话框中，看到了新生成的 4 个数据集：stud10、stud11、stud12、和 stud13，打开其中的数据集 stud10 如图 2-24 所示。

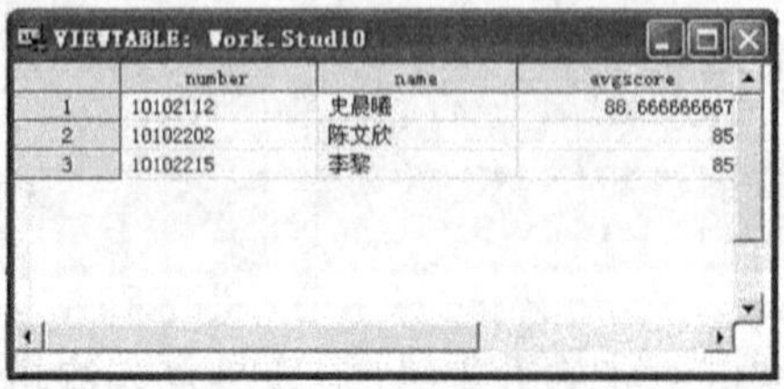

	number	name	avgscore
1	10102112	史晨曦	88.666666667
2	10102202	陈文欣	85
3	10102215	李黎	85

图 2-24　stud10 数据集

非计算机专业计算机公共课系列教材

上述实例，用SAS宏的循环结构，结合SQL过程，实现了一次从若干个数据集中，查询出满足条件的数据，并分别写入了不同的数据集中。

本章小结

本章对SAS语言进行了简要的介绍。SAS语言是一种专用的数据管理与分析语言。一个SAS程序可以包含一个或多个数据步和过程步。数据步的主要功能是对数据进行预处理，为后续的数据分析准备数据集。过程步通常用来对数据进行统计分析。数据步中常用的语句有INPUT语句、赋值语句、SET语句、MERGE语句、选择语句和循环语句等。另外，还介绍了过程步中常用的语句以及几个常用的过程：PRINT过程、SORT过程、FORMAT过程、SQL过程以及SAS宏。

习 题

1. 10名幼儿园小朋友的姓名、年龄、体重、升高、胸围的数据如表2-6所示。

表2-6 **10名幼儿园小朋友信息数据**

Name	Height	Weight	Bust
刘明铭	137	18.59	50.4
李敏洁	139	16.15	51.6
代子清	102	15.44	51.9
夏天	106	15.30	51.0
郭悦	101	15.04	51.9
胡月玲	102	15.07	52.7
程彬	107	17.04	53.7
杨帆帆	112	18.09	54.1
刘进	114	18.80	53.5
张思凡	110	16.20	50.4

创建一个名为datalib的永久逻辑库，用上述数据新建一个chbody数据集存放在datalib中。

2. 10名幼儿园小朋友的名字、性别、生日信息如表2-7所示。新建一个chinfo数据集存放在datalib中。

表 2-7　　　　　　　　　　**10 名幼儿园小朋友信息数据**

Name	gender	birthday
刘明铭	男	2009/11/11
李敏洁	女	2011/3/15
代子清	男	2011/9/20
夏天	男	2011/4/1
郭悦	女	2010/7/25
胡月玲	女	2010/7/20
程彬	女	2009/10/9
杨帆帆	男	2009/10/9
刘进	男	2009/5/10
张思凡	女	2009/8/19

3. 编写数据步程序，将数据集 chinfo 按性别不同分别创建 boy 和 girl 数据集，数据集放在 datalib 中。程序命名为 grade02. sas。

4. 编写数据步程序，为数据集 chboby 增加一个变量“身高体重比(ratio)”，ratio = weight/(height/100)^2。程序命名为 grade03. sas。

5. 编写数据步程序，为数据集 chboby 增加一个变量“年龄”，并计算出每个小朋友的年龄。程序命名为 grade04. sas。

6. 将数据集 chinfo、chboby(横向)合并为一个数据集 child。新数据集 child 包含名字、性别、年龄、体重、升高、胸围等变量。程序命名为 grade05. sas。

7. 将数据集 boy、girl(纵向)合并为一个数据集 boygirl。程序命名为 grade06. sas。

8. 数据集 Child 中的观测，判断并显示其年级(变量名 grade 表示)：

Age=4 ，grade=“小班”；

Age=5 ，grade=“中班”；

Age=6 ，grade=“大班”；

否则，grade=“学前班”；

用选择语句完成数据步操作，程序命名为 grade07. sas

9. 运行下面的程序。查看数据集 hat. sas7bdat，理解循环语句的功能。将日志窗口中的信息保存到文件 hat. log 中。

将程序的图形结果存为 hat. jpg 文件。

```
data hat;
  do x=-5 to 5 by 0.25;
    do y=-5 to 5 by 0.25;
      z=sin(sqrt(x * x+y * y)); output;
    end;
  end;
run;
```

```
proc g3d;          /* G3D 是绘制 3 维曲面图的过程名 */
plot x * y=z;      /* PLOT 是这个 G3D 过程的描图语句 */
run;
```

第 3 章 SAS 的描述统计功能

人们每天都生活在数字的海洋中，如商品价格、薪水、奖金、股票指数、基金净值、银行利率、汇率等，这些数字使人眼花缭乱，同时，人们也生活在数据的周围，如教育程度、职称、产品等级、政治观点等，这些非数字的数据也会给人们的生活带来巨大的影响。面对这些复杂且交织的数据，很少有人能够记住它们的全部信息，但是人们能够通过一定的手段清理数据，把看似错综复杂的数据还原或描述其本来面貌，并对大量数据进行概括和描述性分析，使得人们可以快速理解并把数据应用到实际工作中。

3.1 描述性统计的基本概念

对原始数据进行归纳整理后，用相应的统计指标，如均值、方差等进行描述，并在统计描述的基础上，对统计指标进行分析和推断，是统计学的主要内容。本节仅就 SAS 中涉及的统计学最基本的概念及基本统计量作一个简单的叙述。

3.1.1 统计学的基本概念

1. 统计数据的分类

在处理统计数据时，考虑数据的类别是非常重要的。

SAS 是以观测(Observation)为单位进行数据处理的，一个观测含有若干变量的某次取值，该值称为观测值，每个观测有若干个观测值，这些观测值有不同的表现形式，比如，SEX 变量的值仅有 F、M 两个值，而 HEIGHT 变量的值是一些数值，这是两类不同的数据。

在一般情况下，可以将数据分为三类：计量数据、计数数据和等级数据。

(1)计量数据。

定量的、有一定确定值的数据称计量数据。这类数据可以用某种定量方法测量得到，例如，AGE、HEIGHT、WEIGHT 变量的值都是计量数据。在实际中，大多数统计分析算法都建立在分析数据为计量数据的基础之上，例如，对计量数据作一般统计量的描述，作方差分析、因子分析、相关分析与回归分析，等等。

(2)计数数据。

将观测值按某种属性或类别分组，所得到的每组含多少个观测的合计数，称为计数数据。例如，可以将观测值按 SEX 分为两组，若男性组的观测数为 10，则 10 就是计数数据。一般在所建立的数据集里不含有计数数据，计数数据由原始数据计数得出，因而也没有计数变量。在 SAS 中作频数分析时，特别是在绘制频数分布图时，把计数变量作默认处理，直接由原始数据产生图形。这容易给人造成一种假象，即绘图时没有纵轴变量，其实，SAS 系统是以分类变量(如 SEX 变量)为横轴，以计数变量为纵轴，绘出频数条图。

(3)等级数据。

当测量的数据在任意给定的范围内取有限个值时，称为等级数据。

2. 总体和样本

总体(population)是指所研究对象的全体组成的集合。

在实际中直接研究总体通常需要耗费大量的人力、物力和财力。一个可行的方法是从总体中抽取部分来加以研究。

从总体中抽取部分的做法称为抽样(sampling)，得到的总体的一个子集称为样本(sample)。统计推断的任务就是从这有限的样本中推断出总体的有关情况。

要通过样本的研究达到了解总体的目的，必须要求样本具有代表性。这是指样本在许多方面应该具有和总体相似的特征。例如，有大体相近的平均值，等等。

保证样本具有代表性的一种常用的抽样方法是简单随机抽样。这是指总体里的每个个体有同样的可能被抽到成为样本的一个观测值。

3. 参数和统计量

对总体概括度量值和对样本概括度量值所用的方法及名称是不同的。总体的度量值称为参数(parameters)，样本的度量值称为统计量(statistics)。SAS系统给出的描述统计量适用于对样本资料的分析。一般总体参数用希腊字母表示，如总体均值、方差、比例分别用 μ、σ^2、π 表示。样本统计量用英文字母表示，如样本均值、方差、比例分别用 $\bar{x}$、s^2、P 表示。

3.1.2 表示数据位置的统计量

如果要用简单的数字来概括一组观测数据，则可以使用“位置统计量”来作为数据的总体代表，常见的位置统计量有：均值、中位数、分位数、众数等。

1. 均值(Mean)

均值是所有观测值的平均值，是描述数据取值中心位置的一个度量。其计算方法如下：

$$\bar{x} = \frac{1}{n}\sum_{i=1}^{n} x_i = \frac{x_1 + x_2 + \cdots + x_n}{n}$$

均值是最常见的统计量之一，在日常生活中非常容易接触到，如某人某年的平均工资、我国人口的平均年龄、医院平均每万人可用的床位数、学生考试成绩的平均分等。

使用 mean 函数可以实现均值的计算。

【例 3-1】 19 名学生的体检数据如表 3-1 所示。计算他们身高和体重的平均值。

表 3-1　　学生体检数据

name	sex	age	height	weight	name	sex	age	height	weight
Alice	F	13	56.5	84	Alfred	M	14	69	112.5
Becka	F	13	65.3	98	Duke	M	14	63.5	102.5
Gail	F	14	64.3	90	Guido	M	15	67	133
Karen	F	12	56.3	77	James	M	12	57.3	83
Kathy	F	12	59.8	84.5	Jeffrey	M	13	62.5	84
Mary	F	15	66.5	112	John	M	12	59	99.5

续表

name	sex	age	height	weight	name	sex	age	height	weight
Sandy	F	11	51.3	50.5	Philip	M	16	72	150
Sharon	F	15	62.5	112.5	Robert	M	12	64.8	128
Tammy	F	14	62.8	102.5	Thomas	M	11	57.5	85
					William	M	15	66.5	112

程序如下：

```
data mylib.class;
    input name $ sex $ age height weight;
cards;
Alice F 13 56.584
Becka F 13 65.398
……
;
proc sql;
    select mean(height) as height, mean(weight) as weight
    from mylib.class;
```

运行结果显示，这 19 名学生的身高和体重的平均值分别为 62.33684 和 100.0263。

均值容易受到个别极端值的影响，因此当观测值比较有规则，即不存在极端数据时，用均值代表观测值的中心比较理想；而存在极端值时可以使用中位数来描述数据。

2. 中位数(Median 或 Med)

中位数是描述观测值数据中心位置的统计量，就是把所有的数据按照一定的顺序排序后数据最中间位置的那个数值。如果数据个数是奇数，则中位数是处于正中心位置的数值；如果数据个数是偶数，则中位数是处于正中心位置的两项数据的平均数。

中位数的计算方法是：首先将数据从小到大排序为：$x_{(1)}$，$x_{(2)}$，…，$x_{(n)}$，然后计算：

$$\text{中位数}=\begin{cases} x_{\left(\frac{n+1}{2}\right)} & n\text{ 为奇数} \\ \dfrac{1}{2}\left(x_{\left(\frac{n}{2}\right)}+x_{\left(\frac{n}{2}+1\right)}\right) & n\text{ 为偶数} \end{cases}$$

使用 median 函数可以计算中位数。

【例 3-2】 计算表 3-1 中年龄的中位数。

程序如下：

```
data;
    x = median(13, 13, 14, 12, 12, 15, 11, 15, 14, 14, 14, 15, 12, 13, 12,
16, 12, 11, 15);
    put 'z=' x;
run;
```

在日志窗口显示运行结果 z=13，表示年龄的中位数为 13。

3. 众数(Mode)

观测值中出现次数最多的数称为众数。众数不如均值和中位数用的普遍，在属性变量分析中，常需要考虑频数，因此众数用得比较多。

4. 分位数

分位数也是描述数据分布和位置的统计量。0.5 分位数就是中位数，0.75 分位数和 0.25 分位数又分别称为上、下四分位数，并记为 Q3 和 Q1。

p 分位数有时又称为第 $100\times p$ 百分位数。如上四分位数又称为 75 百分位数，表示约有 75%的观测值小于它，下四分位数称为 25 百分位数，表示约有 25%的观测值小于它。一般地，k 百分位数表示有 k%的观测值小于它。

3.1.3 表示数据分散程度的统计量

位置统计量可以使人们在大体上对数据产生初步的印象，但是在这些指标对数据进行高度抽象的同时，也忽略了一些必要的数据信息，使得人们在某些情况下只能看到数据呈现出来的假象，而不能读懂其真正的内在含义，因此还要考虑数据的分散程度。

表示数据分散程度的统计量很多，常见的有极差、半极差、方差、标准差、标准误差、变异系数等。

1. 极差(Range)和半极差(Interquartile range)

极差就是数据中最大值和最小值之差。

$$\text{极差}=\max\{x_i\}-\min\{x_i\}$$

使用 range 函数可以直接计算极差。

【例 3-3】 计算表 3-1 中学生身高和体重的极差。

程序如下：

```
proc sql;
    select range(height) as height, range(weight) as weight from mylib.class;
run;
```

运行结果显示，身高和体重的极差分别为 20.7 和 99.5。

半极差就是上、下四分位数之差，又称为四分位差。它描述了中间半数观测值的散布情况。

$$\text{半极差}=Q3-Q1$$

2. 方差(Variance 或 Var)和标准差(Standard deviation 或 Std Dev)

方差是各观测值到均值距离的平方和除以观测量减 1。

方差是用全体数据进行计算的，因此它反映所有数据相对于数据中心发散的平均程度，是统计分析中最为重要的统计量之一。方差越大，说明数据离散程度越高。

$$s^2=\frac{1}{n-1}\sum_{i=1}^{n}(x_i-\bar{x})^2=\frac{(x_1-\bar{x})^2+\cdots+(x_n-\bar{x})^2}{n-1}$$

标准差是方差的算术平方根，其含义与方差相似。

$$s=\sqrt{s^2}$$

使用 var 函数和 std 函数可以直接计算方差和标准差。

【例 3-4】 计算表 3-1 中学生身高的方差和标准差。

程序如下：

```
proc sql;
    select var(height) as v_height, std(height) as s_height from mylib.class;
run;
```

运行结果显示，身高的方差和标准差分别为 26.2869 和 5.127075。

3. 标准误差(Standard Error)

标准误差是样本均值的标准差。在进行数据的抽样调查中，由于随机性的存在，采用同一种方法在不同时间、地点、环境等条件下进行多次抽样，可能得到多个不同的样本数据；同一种抽样方法在相同的环境下由不同的人员实施，也可能得到多个不同的样本数据。把所有类似情况下获得的所有可能样本找出来，如在总体容量为 N 的总体中，随机抽取样本容量为 n 的样本，如考虑排列顺序，一共可能获得 N^n 个样本，如不考虑排列情况，则可获得 C_N^n 个样本。计算每个样本的均值，可以得到由若干个均值组成的数据，然后计算这些数据标准差，即得标准误差。

标准误差不是观测值的实际误差，也不是误差范围，它只是对一组观测数据可靠性的估计。若标准误差小，则观测的可靠性大；反之，则不大可靠。世界上多数国家的物理实验室和正式的科学试验报告都是用标准误差评价数据的测量精度的。

使用 stderr 函数可以直接计算标准误差。

【例 3-5】 计算表 3-1 中学生身高的标准误差。

程序如下：

```
proc sql;
    select stderr(height) as height from mylib.class;
run;
```

运行结果显示，身高的标准误差为 1.176232。

4. 变异系数(Coefficient of Variation 或 CV)

变异系数是衡量相对离散程度的一个重要指标。之前介绍的测度指标都是从一个单独的数值来反映数据离散程度的，对于平均水平不同或计量单位不同的不同变量而言，则不能采用这几种方法来直接比较其离散程度。为了消除这些因素对离散程度的测度影响，就需要用一个相对指标对不同总体或样本数据的离散程度进行比较。

变异系数是将标准差表示为均值的百分数。变异系数越小，说明数据的离散程度也越小。

$$CV = \frac{s}{\bar{x}} \times 100\%$$

使用 CV 函数可以直接计算数据的变异系数。

【例 3-6】 计算表 3-1 中学生身高和体重的变异系数。

程序如下：

```
proc sql;
    select cv(height) as height, cv(weight) as weight from mylib.class;
run;
```

运行结果显示，身高和体重的变异系数分别为 8.224791 和 22.76794，说明身高比体重的差异小。

3.1.4　表示数据分布形状的统计量

在对数据进行概括性的分析时，考察集中趋势和离散程度是两个重要方面，但并非仅此而已。就像对一个人进行评价一样，不仅要考虑人的高矮情况，而且也要考察胖瘦情况，更要看一个人是否站有站相、坐有坐相。对于数据的分布状况，也应当进行概括性的分析，才能掌握数据的全貌。

数据分布形状的测度主要考察数据分布的偏斜程度、扁平程度，以及数据分布是否对称，其指标主要有偏度和峰度两类。

1. 偏度(Skewness)

偏度是对数据分布对称性的测度。偏度的计算公式为：

$$SK = \frac{n}{(n-1)(n-2)}\sum_{i=1}^{n}\left(\frac{x_i - \bar{x}}{s}\right)^3$$

如果数据是对称的，则偏度等于0；如果偏度明显不等于0，则表明数据分布是非对称的，具体地说，偏度大于0时，均值右边的数据更为分散，表明数据右偏；偏度小于0时，均值左边的数据更为分散，表明数据左偏。偏度的数值越大，表明数据偏斜的程度就越大。具体描述如图3-1所示。

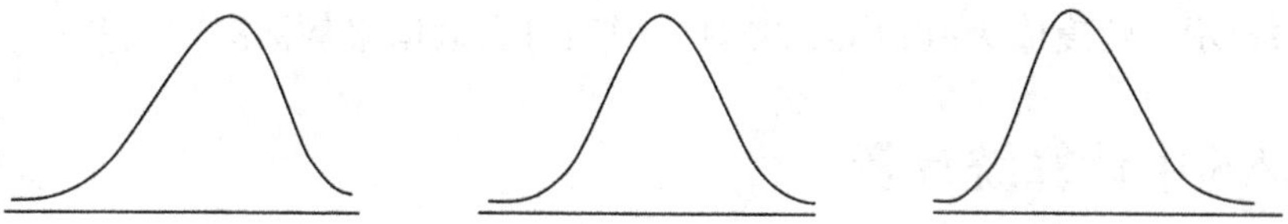

图3-1　偏度与数据分布

使用skewness函数可以直接计算数据的偏度。

【例3-7】　计算表3-1中学生身高的偏度值。

程序如下：

```
data;
    x = skewness (56.5, 65.3, 64.3, 56.3, 59.8, 66.5, 51.3, 62.5, 62.8, 69,
63.5, 67, 57.3, 62.5, 59, 72, 64.8, 57.5, 66.5);
   put "偏度=" x;
run;
```

运行结果显示，身高的偏度为-0.259669589，说明身高数据的分布是对称的。

2. 峰度(Kurtosis)

峰度是用来反映数据分布曲线顶端陡峭或扁平程度的指标。这里所指的陡峭或扁平是针对标准正态分布而言。峰度的计算公式为：

$$K = \frac{n(n+1)}{(n-1)(n-2)(n-3)}\sum_{i=1}^{n}\left(\frac{x_i - \bar{x}}{s}\right)^4 - \frac{3(n-1)^2}{(n-2)(n-3)}$$

如果数据服从标准正态分布，则峰度为0。如果峰度明显不等于0，则表示数据分布比标准正态分布更陡峭或更扁平。具体地说，若峰度大于0，则说明它是比标准正态分布要陡峭；若峰度小于 0，则说明数据分布比标准正态分布平坦，具体描述如图 3-2 所示。

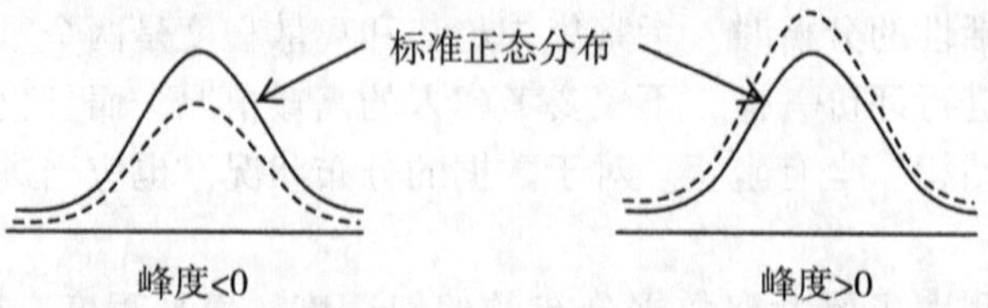

图 3-2　峰度与数据分布

使用 kurtosis 函数可以直接计算数据的峰度。

【例 3-8】　计算表 3-1 中学生身高的峰度值。

程序如下：

```
data;
    x = kurtosis ( 56.5, 65.3, 64.3, 56.3, 59.8, 66.5, 51.3, 62.5, 62.8, 69,
63.5, 67, 57.3, 62.5, 59, 72, 64.8, 57.5, 66.5);
    put "峰度=" x;
run;
```

运行结果显示，峰度值为-0.138969241，说明身高数据服从标准正态分布。

3.2　在 SAS 中计算统计量

在 SAS 系统中有很多计算统计量的方法，下面分别介绍使用 Insight 模块、“分析家”以及编程计算统计量的方法。

3.2.1　用 Insight 计算统计量

Insight 可以非常方便地计算各种统计量。

【例 3-9】　使用 Insight 模块分别计算表 3-1 中男生和女生身高和体重的统计量。

(1)打开数据集。

在菜单中选择“解决方案”→“分析”→“交互式数据分析”命令，打开“SAS/INSIGHT：打开”对话框。在逻辑库列表中选择 mylib，在数据集列表中选择 class，然后单击“打开”按钮，即可在 Insight 中打开数据窗口。

(2)计算统计量。

选择菜单“分析”→“分布”，打开“分布”对话框 1，在数据集变量列表中选择 height 变量，按下 ctrl 键，单击选择 weight 变量，单击“Y”按钮，将 height 和 weight 两变量作为分析变量。再在数据集变量列表中选中 sex 变量，单击“分组变量”按钮，将 sex 作为分析变量。如图 3-3 所示。

单击“输出”按钮，打开“分布”对话框 2，如图 3-4 所示。在“描述性统计量”下选中“矩统计量”和“分位数”，分别单击“密度估计”和“累积分布”按钮，在打开的对话框中取消所有的选择，单击“确定”按钮回到“分布”对话框 1，单击“确定”按钮，即可得到变量 height 和 weight 按 sex 分组的各种矩统计量和分位数，如图 3-5(a)、(b)、(c)、(d)所示。

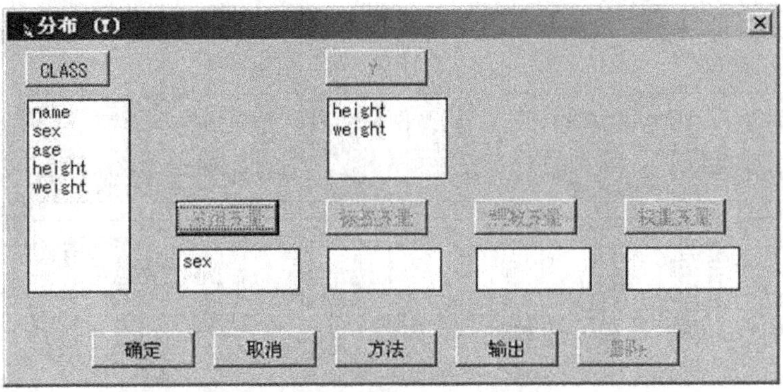

图 3-3　“分布”对话框 1

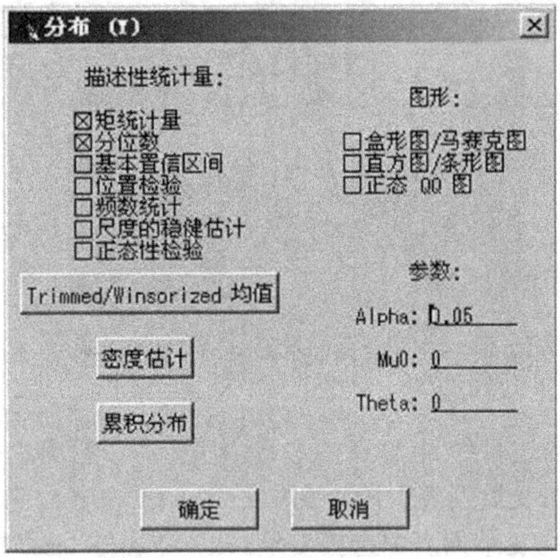

图 3-4　“分布”对话框 2

其中，图 3-5(a)和图 3-5(c)为女生的身高和体重的统计数据，图 3-5(b)和图 3-5(d)为男生身高和体重的统计数据。结果分析：女生的平均身高为 60.5889，男生的平均身高为 63.9100，比女生高出 3.3211。女生身高的标准差为 5.0183，高于男生身高的标准差为 4.9379，说明女生身高的波动比男生大。从分位数来看，男生身高的 75%分位数为 67，高于女生身高的最大值 66.5，说明有 25%的男生比最高的女生要高。

3.2.2　用“分析家”计算统计量

【例 3-10】　使用“分析家”分别计算表 3-1 中男生和女生身高和体重的各统计量。

(1)打开数据集。

选择菜单“解决方案”→“分析”→“分析家”，打开“Analysis”窗口。

选择菜单“文件”→“按 SAS 名称打开”，打开“选择成员”对话框，在“逻辑库”下选择 mylib 库，然后选择数据集 class，点击“确定”按钮，打开 class 数据集。

(2)通过汇总统计量菜单计算描述性统计量。

sex = F

height

矩统计量			
N	9.0000	权重总和	9.0000
均值	60.5889	总和	545.3000
标准偏差	5.0183	方差	25.1836
偏度	-0.7239	峰度	-0.3465
未校平方和 (USS)	33240.5900	校正平方和 (CSS)	201.4689
变异系数	8.2826	标准误差	1.6728

分位数				
100%	最大值	66.5000	99.0%	66.5000
75%	Q3	64.3000	97.5%	66.5000
50%	中位数	62.5000	95.0%	66.5000
25%	Q1	56.5000	90.0%	66.5000
0%	最小值	51.3000	10.0%	51.3000
	极差	15.2000	5.0%	51.3000
	Q3-Q1	7.8000	2.5%	51.3000
	众数	.	1.0%	51.3000

（a）

sex = M

height

矩统计量			
N	10.0000	权重总和	10.0000
均值	63.9100	总和	639.1000
标准偏差	4.9379	方差	24.3832
偏度	0.0410	峰度	-0.9349
未校平方和 (USS)	41064.3300	校正平方和 (CSS)	219.4490
变异系数	7.7264	标准误差	1.5615

分位数				
100%	最大值	72.0000	99.0%	72.0000
75%	Q3	67.0000	97.5%	72.0000
50%	中位数	64.1500	95.0%	72.0000
25%	Q1	59.0000	90.0%	70.5000
0%	最小值	57.3000	10.0%	57.4000
	极差	14.7000	5.0%	57.3000
	Q3-Q1	8.0000	2.5%	57.3000
	众数	.	1.0%	57.3000

（b）

sex = F

weight

矩统计量			
N	9.0000	权重总和	9.0000
均值	90.1111	总和	811.0000
标准偏差	19.3839	方差	375.7361
偏度	-0.8983	峰度	1.1244
未校平方和 (USS)	76086.0000	校正平方和 (CSS)	3005.8889
变异系数	21.5111	标准误差	6.4613

分位数				
100%	最大值	112.5000	99.0%	112.5000
75%	Q3	102.5000	97.5%	112.5000
50%	中位数	90.0000	95.0%	112.5000
25%	Q1	84.0000	90.0%	112.5000
0%	最小值	50.5000	10.0%	50.5000
	极差	62.0000	5.0%	50.5000
	Q3-Q1	18.5000	2.5%	50.5000
	众数	.	1.0%	50.5000

（c）

sex = M

weight

矩统计量			
N	10.0000	权重总和	10.0000
均值	108.9500	总和	1089.5000
标准偏差	22.7272	方差	516.5250
偏度	0.4994	峰度	-0.6697
未校平方和 (USS)	123349.750	校正平方和 (CSS)	4648.7250
变异系数	20.8602	标准误差	7.1870

分位数				
100%	最大值	150.0000	99.0%	150.0000
75%	Q3	128.0000	97.5%	150.0000
50%	中位数	107.2500	95.0%	150.0000
25%	Q1	85.0000	90.0%	141.5000
0%	最小值	83.0000	10.0%	83.5000
	极差	67.0000	5.0%	83.0000
	Q3-Q1	43.0000	2.5%	83.0000
	众数	.	1.0%	83.0000

（d）

图 3-5　分组显示的各种矩统计量和分位数

选择菜单“统计”→“描述性统计”→“汇总统计量…”，打开“Summary Statistics：Class”对话框，如图 3-6 所示。在变量列表中选择变量 height 和 weight，单击“Analysis”按钮，将选中的变量作为分析变量，在变量列表中选择变量 sex，单击“Class”按钮。将选中的变量作为分类变量。

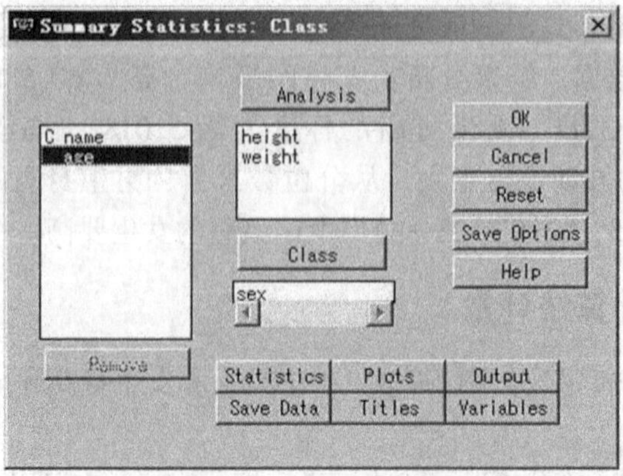

图 3-6　汇总统计量对话框 1

单击“Statistics”按钮，打开“Summary Statistics：Statistics”对话框，如图 3-7 所示。对话

框中列出可以计算的统计量，见表 3-2。

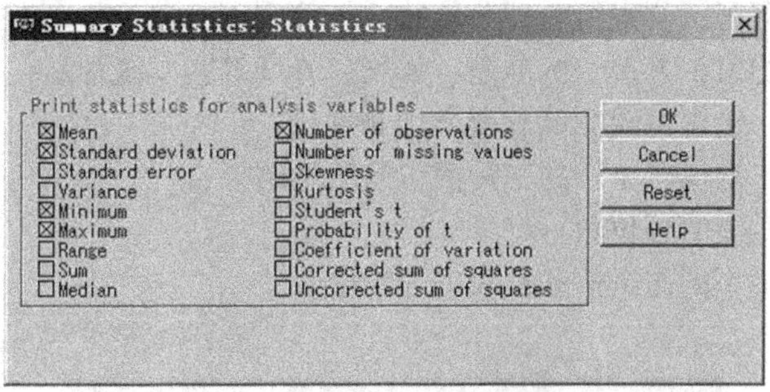

图 3-7　汇总统计量对话框 2

表 3-2　**可计算的统计量**

Mean	均值	Number of observations	观测数
Standard deviation	标准差	Number of missing values	缺失数
Standard error	标准误差	Skewness	偏度
Variance	方差	Kurtosis	峰度
Minimum	最小值	Student's t	*t* 检验值
Maximum	最大值	Probability of p	*p* 值
Range	极差	Coefficient of variation	变异系数
Sum	总和	Corrected sum of squares	校正平方和
Median	中位数	Uncorrected sum of squares	未校正平方和

选择要计算的统计量，单击“OK”按钮，回到“Summary Statistics：Class”对话框。再一次单击“OK”，得到描述性统计量，如图 3-8 所示。

MEANS 过程

sex	观测的个数	变量	均值	标准偏差	N	最小值	最大值
F	9	height	60.5888889	5.0183275	9	51.3000000	66.5000000
		weight	90.1111111	19.3839137	9	50.5000000	112.5000000
M	10	height	63.9100000	4.9379370	10	57.3000000	72.0000000
		weight	108.9500000	22.7271864	10	83.0000000	150.0000000

图 3-8　描述性统计量

(3)通过分布菜单计算描述性统计量。

选择菜单“统计”→“描述性统计”→“分布…”，打开“Distributions：Class”对话框，如图 3-9 所示。

选中变量 height 和 weight，单击“Analysis”按钮，将它们作为分析变量，选中变量 sex，单击“Class”按钮，将它们作为分类变量。单击“OK”按钮，即可得到 height 和 weight 按 sex 分类统计的基本统计量，如图 3-10(a)、(b)、(c)、(d)、(e)所示。

统计结果按 sex 分类分别统计变量 height 和 weight 的各种基本统计测度。包括女生身高统计量、男生身高统计量、女生体重统计量、男生体重统计量四个部分，每个部分有 5 个统计表：矩、基本统计测度、位置检验、分位数、极值观测。

矩统计量：包括均值、方差、标准差、偏度、峰度等基本统计量；

基本测度统计量：包含位置测度和变异性测度量；

位置检验：为关于均值等于 0 的三种假设检验的结果；

分位数：为各个重要的分位数；

极值观测：包含最小的 5 个值和最大的 5 个值。

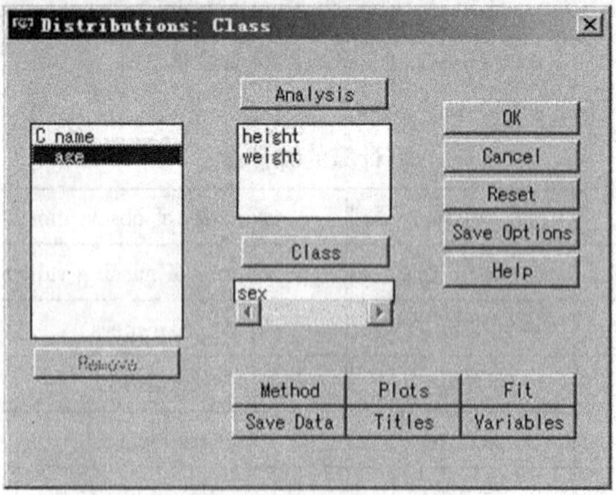

图 3-9　分布对话框

UNIVARIATE 过程
变量：　height　(Height in inches)
sex = F

矩

N	9	权重总和	9
均值	60.5888889	观测总和	545.3
标准偏差	5.01832752	方差	25.1836111
偏度	-0.7238643	峰度	-0.3464949
未校平方和	33240.59	校正平方和	201.468889
变异系数	8.28258714	标准误差均值	1.67277584

(a)

基本统计测度

位置		变异性	
均值	60.58889	标准偏差	5.01833
中位数	62.50000	方差	25.18361
众数	.	极差	15.20000
		四分位极差	7.80000

(b)

位置检验：Mu0=0

检验	--统计量---		-------p 值-------	
学生 t	t	36.22057	Pr > |t|	<.0001
符号	M	4.5	Pr >= |M|	0.0039
符号秩	S	22.5	Pr >= |S|	0.0039

(c)

分位数（定义 5）

分位数	估计值
100% 最大值	66.5
99%	66.5
95%	66.5
90%	66.5
75% Q3	64.3
50% 中位数	62.5
25% Q1	56.5
10%	51.3
5%	51.3
1%	51.3
0% 最小值	51.3

(d)

极值观测

----最小值----		----最大值----	
值	观测	值	观测
51.3	7	62.5	8
56.3	4	62.8	9
56.5	1	64.3	3
59.8	5	65.3	2
62.5	8	66.5	6

(e)

图 3-10　分布统计量

(4)频数统计。

利用分析家还可以实现频数统计，一般按分类变量作频数统计，也可以按数值变量作频数统计，此时，需要先根据数值型变量的值在数据集中生成一个分类变量，再按这个新生成的变量作频数统计。

【例 3-11】 按“<90”、“90~110”、“>=110”统计表 3-1 学生体检数据表中各体重范围的人数。

首先选择菜单“编辑”→“模式”→“编辑”将数据集改为编辑模式。

根据体重数据生成一个新变量 weight_c，其值如下：若体重小于 90，则值为 L；若体重大于等于 90，小于 110，则值为 M；若体重大于等于 110，则值为 H。选择菜单“数据”→“变换”→“重编码范围…”，打开“Recode Ranges Information：Class”对话框，如图 3-11 所示。

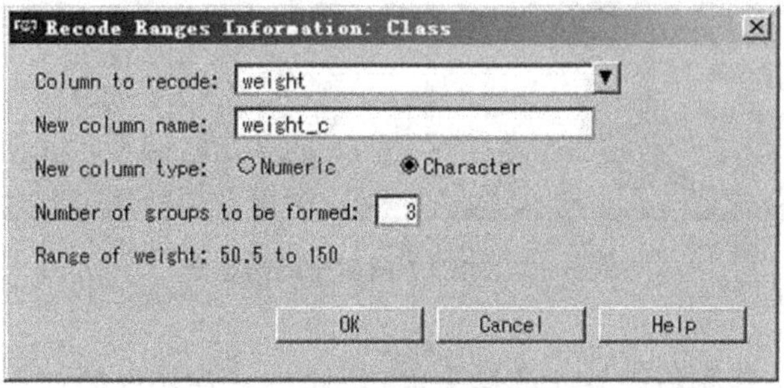

图 3-11　重编码范围对话框

在 Column to recode 后的列表中选择 weight 变量，在 New column name 后的文本框中输入新变量名 weight_c，在 New column type 后选择新变量类型 Character，在 Number of groups to be formed 后的文本框中输入新变量值的数量 3。单击“OK”按钮，打开“Recode Ranges：Class”对话框，如图 3-12 所示。

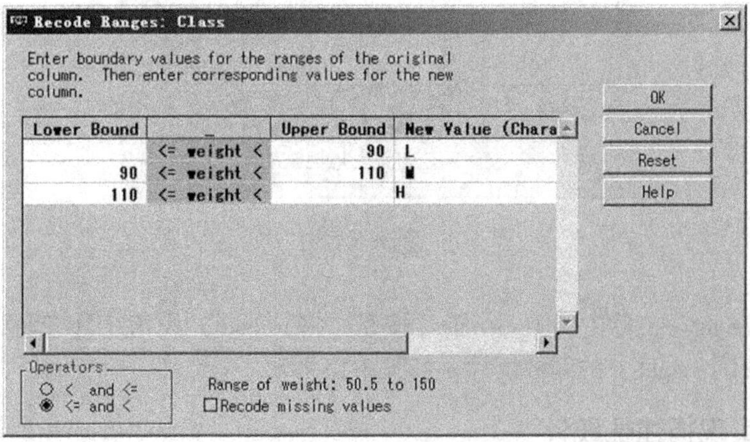

图 3-12　重编码范围值设置对话框

首先在 Operators 选项中选择“<= and <”，然后在列表中输入重编码的范围和新值，如图 3-12 所示。单击“OK”按钮，生成新变量。此时数据集如图 3-13 所示，在原变量后增加了一个新变量 weight_c。

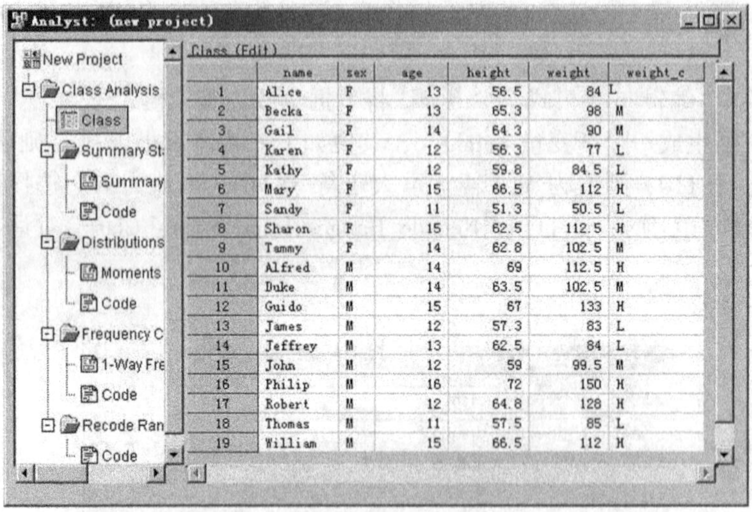

图 3-13　增加了新变量的数据集

根据变量 weight_c 作频数统计。选择菜单“统计”→“描述性统计”→“频数统计…”，打开“Frequency Counts：Class”对话框，如图 3-14 所示。

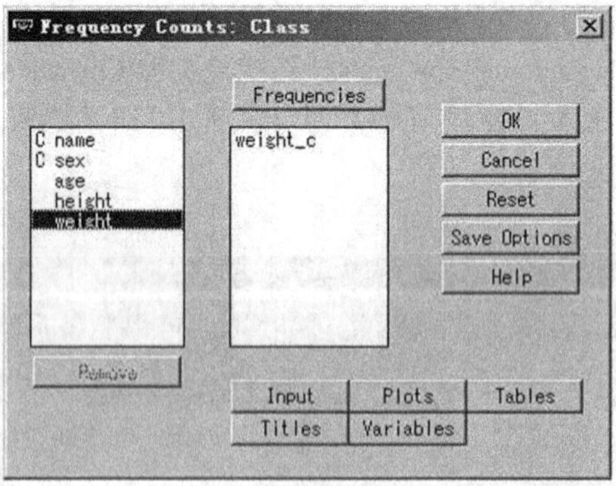

图 3-14　频数统计对话框

选择变量 weight_c，单击“Frequencies”按钮，将 weight_c 设为统计变量，单击“OK”按钮，得到关于变量 weight_c 的频数统计，如图 3-15 所示。

3.2.3　编程实现描述性统计

SAS 系统提供了多个不同的过程来实现统计量的计算，它们在功能上有许多重复，下面介绍用 Means、Univariate 和 Freq 这三个过程来计算简单的描述统计量。

Recoded Ranges of weight

weight_c	频数	百分比	累积频数	累积百分比
H	7	36.84	7	36.84
L	7	36.84	14	73.68
M	5	26.32	19	100.00

图 3-15 频数统计值

使用 Means 过程和 Univariate 过程可计算数值型变量的均值、标准差等。使用 Freq 过程可计算分类变量各类取值的频数。

1. Means 过程

(1)语法格式。

PROC MEANS DATA=<数据集名> [<统计量关键字列表>];

[VAR <分析变量列表>;]

[BY <分组变量列表>;]

[CLASS <分组变量列表>;]

RUN;

其中:

统计关键字列表：指定要计算的统计量，省略此项，过程会自动计算观测数、均值、标准差、最大值、最小值 5 个统计量。统计量关键字见表 3-3。

分析变量列表：指定所要分析的所有变量，多个变量之间用空格隔开。

分组变量列表：指定统计分组变量，多个变量之间用空格隔开。

表 3-3 **统计关键字及其含义**

关键字	含义	关键字	含义
n	有效数据量	range	极差
nmiss	缺失数据量	skewness	偏度
mean	均值	kurtosis	峰度
std	标准差	t	分布检验的 *t* 统计量
stderr	标准误差	probt	上述 *t* 统计量对应的概率
var	方差	q1	第一四分位数
median	中位数	q3	第三四分位数
mode	众数 *	qrange	半极差
cv	变异系数	p1	第一百分位数
max	最大值	p5	第五百分位数
min	最小值	p10	第十百分位数
sum	总和	p90	第九十百分位数
sumwgt	加权总和	p95	第九十五百分位数
css	校正平方和	p99	第九十九百分位数
uss	未校正平方和		

* 只在 univariate 过程中可用。

(2) means 过程应用。

①不指定统计量关键字统计。

【例 3-12】 统计表 3-1 学生体检表中身高的观测数、均值、标准差、最大值、最小值。

```
proc means data=mylib. class;
    var height;
run;
```

运行结果如图 3-16 所示。

MEANS 过程

分析变量：height Height in inches

N	均值	标准偏差	最小值	最大值
19	62.3368421	5.1270752	51.3000000	72.0000000

图 3-16　不使用统计量关键字统计

②指定统计量关键字统计。

【例 3-13】 统计学生体检表中身高和体重的观测数、均值、标准差、中位数、最大值、最小值、第一四分位数、第三四分位数。

```
proc means data=mylib. class n mean std median max min q1 q3;
    var weight height;
run;
```

运行结果如图 3-17 所示。

MEANS 过程

变量	标签	N	均值	标准偏差	中位数	最大值
weight	Weight in pounds	19	100.0263158	22.7739335	99.5000000	150.0000000
height	Height in inches	19	62.3368421	5.1270752	62.8000000	72.0000000

变量	标签	最小值	四分位数下限	四分位数上限
weight	Weight in pounds	50.5000000	84.0000000	112.5000000
height	Height in inches	51.3000000	57.5000000	66.5000000

图 3-17　使用统计量关键字统计

③分组统计。

means 过程可以使用 class 和 by 两个语句进行分组统计，其区别如下：

使用 by 分组统计时，必须按分组变量排序，使用 class 无此要求；

使用 by 分组统计时，统计结果每组一张表，使用 class 语句将所有统计结果放在一张表中。

【例 3-14】 按性别分类统计表 3-1 学生体检表中身高的基本统计量。

```
proc means data=mylib. class;
    var height;
    class sex;
```

```
run;
```
运行结果如图3-18所示。

MEANS 过程

分析变量：height Height in inches

Gender	观测的个数	N	均值	标准偏差	最小值	最大值
F	9	9	60.5888889	5.0183275	51.3000000	66.5000000
M	10	10	63.9100000	4.9379370	57.3000000	72.0000000

图3-18　使用class语句分类统计

如果使用by进行分类统计，则需要先按sex排序。

```
proc sort data=mylib. class;
    by sex;
run;
```
然后再用by语句进行分类统计。

```
proc means data=mylib. class;
    var height;
    by sex;
run;
```
运行结果如图3-19所示。

Gender=F

MEANS 过程

分析变量：height Height in inches

N	均值	标准偏差	最小值	最大值
9	60.5888889	5.0183275	51.3000000	66.5000000

Gender=M

分析变量：height Height in inches

N	均值	标准偏差	最小值	最大值
10	63.9100000	4.9379370	57.3000000	72.0000000

图3-19　使用by语句分类统计

2. Univariate 过程

(1)语法格式。

```
PROC UNIVARIATE DATA=<数据集名1> [<统计量关键字列表>];
    [VAR <分析变量列表>;]
    [BY | CLASS <分组变量列表>;]
    [OUTPUT OUT=<数据集名2><统计量关键字>=<自定义变量名>;]
RUN;
```
其中：

统计量关键字列表：指定要计算的统计量，含义与 means 过程相同；

分析变量列表：指定要计算的变量，多个变量用空格隔开；

分组变量列表：指定分类统计的分类变量，多个变量用空格隔开；

数据集名 2：指定生成的新数据集名，<统计量关键字>=<自定义变量名>指定新数据集中的变量名以及对应的统计量。

(2) univariate 过程应用。

【例 3-15】 计算表 3-1 学生体检数据表中体重的各种统计量。

```
proc univariate data=mylib. class;
    var weight;
run;
```

运行结果如图 3-20 所示，其中包括 5 个统计表：矩、基本统计测度、位置检验、分位数、极值观测。这 5 个部分与采用分析家的分布统计结果相同。

UNIVARIATE 过程
变量： weight (Weight in pounds)

矩

N	19	权重总和	19
均值	100.026316	观测总和	1900.5
标准偏差	22.7739335	方差	518.652047
偏度	0.18335097	峰度	0.68336484
未校平方和	199435.75	校正平方和	9335.73684
变异系数	22.7679419	标准误差均值	5.22469867

(a)

基本统计测度

位置		变异性	
均值	100.0263	标准偏差	22.77393
中位数	99.5000	方差	518.65205
众数	84.0000	极差	99.50000
		四分位极差	28.50000

NOTE：显示的众数是 4 个众数的最小值(计数为 2)。

(b)

位置检验：Mu0=0

检验	--统计量---		-------P 值-------	
学生 t	t	19.1449	Pr > |t|	<.0001
符号	M	9.5	Pr >= |M|	<.0001
符号秩	S	95	Pr >= |S|	<.0001

(c)

分位数(定义 5)

分位数	估计值
100% 最大值	150.0
99%	150.0
95%	150.0
90%	133.0
75% Q3	112.5
50% 中位数	99.5
25% Q1	84.0
10%	77.0
5%	50.5
1%	50.5
0% 最小值	50.5

(d)

极值观测

----最小值----		-----最大值----	
值	观测	值	观测
50.5	7	112.5	8
77.0	4	112.5	10
83.0	13	128.0	17
84.0	14	133.0	12
84.0	1	150.0	16

(e)

图 3-20 用 univariate 过程统计

3. Freq 过程

(1) 语法格式。

```
PROC FREQ DATA=<数据集名>;
    [TABLES <变量 1><变量 2> …;]
    [FORMAT <变量 1><输出格式 1>. <变量 2><输出格式 2>. …;]
RUN;
```

其中：

data=<数据集>：指定参与统计的数据集；

tables 语句：指定进行频数统计的变量名，多个变量名之间用空格隔开；

Format 语句：指定变量的格式，如果参与统计的变量为连续的数值，则可先使用 Format 过程定义格式，然后使用定义后的格式进行统计。

(2)Freq 过程的简单使用。

【例 3-16】 分别按年龄和性别对表 3-1 学生体检数据表进行频数统计。

```
proc freq data=mylib. class;
    tables age sex;
run;
```

运行结果如图 3-21 所示。

FREQ 过程

Age in years

age	频数	百分比	累积频数	累积百分比
11	2	10.53	2	10.53
12	5	26.32	7	36.84
13	3	15.79	10	52.63
14	4	21.05	14	73.68
15	4	21.05	18	94.74
16	1	5.26	19	100.00

Gender

sex	频数	百分比	累积频数	累积百分比
F	9	47.37	9	47.37
M	10	52.63	19	100.00

图 3-21　变量 age 和 sex 的频数统计

(3)利用 Format 语句进行分类统计。

【例 3-17】 按体重小于 90、90 到 110、大于等于 110 分别统计各体重范围的人数。

由于体重是连续的数值型变量，先用 format 过程为 weight 变量定义一种格式。

```
proc format;
    value weight_f low-<90="L"  90-<110="M"  110-high="H";
run;
```

然后在 freq 过程中用 format 语句使用定义的格式进行统计。注意：在引用格式时，格式名后必须加点。

```
proc freq data=mylib. class;
    tables weight;
    format weight weight_f. ;
run;
```

统计结果如图 3-22 所示。

(4)多变量交叉分类频数统计。

freq 过程不仅能对单个变量进行频数统计，还可以对多个变量进行交叉的频数统计，只需在 tables 语句中用“ * ”将交叉统计的变量连接起来。其格式如下：

tables <变量 1> * <变量 2>... /option;

FREQ 过程

Weight in pounds

weight	频数	百分比	累积频数	累积百分比
L	7	36.84	7	36.84
M	5	26.32	12	63.16
H	7	36.84	19	100.00

图 3-22 使用 format 语句后的频数统计

【例 3-18】 分性别统计表 3-1 学生体检表中各种体重范围的人数分布，体重范围见例 3-17。

```
proc freq data=mylib.class;
    tables sex * weight;
    format weight weight_f. ;
run;
```

统计结果如图 3-23 所示。

FREQ 过程

sex * weight 表

sex(Gender)　weight(Weight in pounds)

频数 百分比 行百分比 列百分比	L	M	H	合计
F	4 21.05 44.44 57.14	3 15.79 33.33 60.00	2 10.53 22.22 28.57	9 47.37
M	3 15.79 30.00 42.86	2 10.53 20.00 40.00	5 26.32 50.00 71.43	10 52.63
合计	7 36.84	5 26.32	7 36.84	19 100.00

图 3-23 按 sex 和 weight 的交叉频数统计

其中，每个格子中的 4 个分别为频数、百分比、按行计算的百分比、按列计算的百分比。也可以通过 option 选项省略其中的一项或多项。其中，nofreq 表示省略频数；nopercent 表示省略百分比；norow 表示省略行百分比；nocol 表示省略列百分比。

例如，在统计结果中不显示行百分比和列百分比，程序如下：

```
proc freq data=mylib.class;
    tables sex * weight/norow nocol;
    format weight weight_f. ;
run;
```

统计结果如图 3-24 所示。

FREQ 过程

sex * weight 表

sex(Gender)　　weight(Weight in pounds)

频数 百分比	L	M	H	合计
F	4 21.05	3 15.79	2 10.53	9 47.37
M	3 15.79	2 10.53	5 26.32	10 52.63
合计	7 36.84	5 26.32	7 36.84	19 100.00

图 3-24　省略行列百分比后按 sex 和 weight 的交叉频数统计

3.3　统计图形

3.3.1　定量变量的图形表示

1. 直方图(Histogram)

直方图是根据变量的取值来显示其频数分布情况的图形。它的横轴代表数据分组，纵轴可用频数或百分比(频率)表示。

对于数值型变量，常用直方图来展示变量取值的分布。将变量取值的范围分成若干区间(一般是等间距的)，在等间距区间的情况下，每个区间的长度称为组距。考察数据落入每一个区间的频数或频率，在每一个区间上画矩形，它的宽度是组距，高度可以是频数、频率或密度(频率/组距)。组距对直方图的形态有很大的影响，组距太小，每组的频数较少，由于随机性的影响，邻近区间上的频数可能很大；组距太大，直方图所反映概率密度的形态就会过于粗略。一个合适的分组是希望直方图的形态能接近总体的概率密度，SAS 软件会根据样本容量在样本取值范围内自动地确定一个分组方式，另外，也提供设定分组的方法。

2. 盒形图(Box Plot)

盒形图是一个用来描述数据分布状况的、类似盒子的图形，有时也叫盒形图、箱线图，是统计分析中一个重要的描述性分析工具。盒形图可显示数据的 5 个特征值：最大值、最小值、中位数和两个四分位数。

盒形图由一个盒子和两根线构成。盒子的中间线代表数据的中位数，数据中有一半大于中位数(在其之上)，另一半小于中位数(在其之下)。封闭盒子的上下两横线(边)分别为上、下四分位数(点)。因此，盒子上下边线内包含了位于分布中间的 50% 的数据。盒子的长度就是分布的四分位间距。其作用类似于标准差，可以反映数据分布的分散程度。从盒子边线向外画了两条线叫做触须线，最长可以延伸到四分位间距的 1.5 倍，但是如果已经到了数据的最小值或最大值处，就不再延伸。如果有些数据值超出了触须线的范围，则这些数据用触须线以外的点来画出，一般认为这样的点可能是异常点，在进一步进行数据分析时可以考虑是否需要剔除它。

从盒形图上可以大体看出数据集中在什么范围，上下两侧是否对称。如果盒子的下半部比上半部长，而且下触须线比上触须线长，则说明数据分布为左偏；否则，数据分布为右偏。

3. 散点图(Scatter Plot)

散点图是由坐标轴上的一系列散点构成的图形，通常用来表示两个变量之间的关系。当坐标轴中的散点多得能够连成线的时候，便成为了线图。

4. 线图(Line Plot)

线图是由折线和曲线构成的图形。线图在生活中很常见，如股票的K线图、价格走势图等。线图一般由两个变量绘制。一个变量作为分析变量，即线图中线所代表的含义；另一个变量往往是定性变量或时间变量，作为分类变量或参照变量，用以考察分析变量的变动状况。此外，借助线图也可以同时考察多个变量的变动状况，并从中找出数据之间的关系。

3.3.2 分类变量的图形表示

分类变量主要包括名义变量和有序变量。对分类变量的分析也是统计学的重要研究内容。也可以通过图形直观的描绘它们各类的数量和所占比例，常用的有条形图、饼图和马赛克图。

1. 条形图(Bar Chart)

条形图是描述已汇总为频数、相对频数或百分比频数分布的定性数据的图形。通常将横轴指定为数据的分组标志，而将纵轴指定为频数、相对频数或百分比频数的刻度(横轴和纵轴也可互换)；每组标志都用相同宽度的条形表示，条形的长度等于观测数值的大小。在绘图时通常将条形分开以突出每组数据的独立性。

2. 饼图(Pie Chart)

饼图是一种描述定性数据的相对频数和百分比频数分布的图形，通常以圆饼或椭圆饼的形式出现。饼图的整个圆即代表一个总体的全部数据，圆中的一个扇形表示总体的一个类别，其面积大小由相应部分占总体的比例决定，且各部分比例的总和必为100%。在统计分析中，它主要用来研究结构性问题，如股权结构、投资结构等。

3. 马赛克图(Mosaic Plot)

马赛克图一般不针对单个变量，而是针对两个以上分类变量。这种图的好处是直观显示了两个以上变量每种取值组合的观测个数和比例。

3.4 在SAS中绘制统计图形

3.4.1 用Insight绘制统计图形

Insight模块可以画出多种统计图形，而且图形清晰、美观。

1. 绘制直方图和条形图

Insight使用同一个设置界面绘制直方图和条形图，如果分析变量类型为区间型，则绘制直方图；如果分析变量类型为列名型，则绘制条形图。

【例3-19】 根据表3-1学生体检数据，以体重为分析变量绘制直方图。

首先在Insight中打开class数据集。

选择菜单“分析”→“直方图/条形图”，打开直方图/条形图对话框，如图3-25所示。

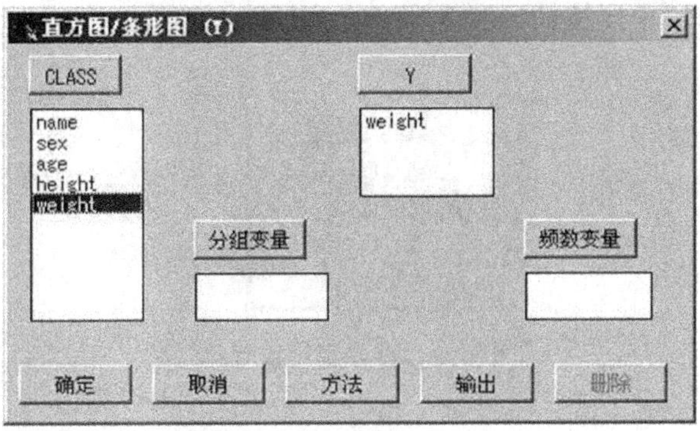

图 3-25 直方图/条形图对话框

在 class 下的列表框中选中 weight 变量，单击"Y"按钮，加入分析变量，单击"输出"，打开"直方图/条形图"对话框，如图 3-26 所示。

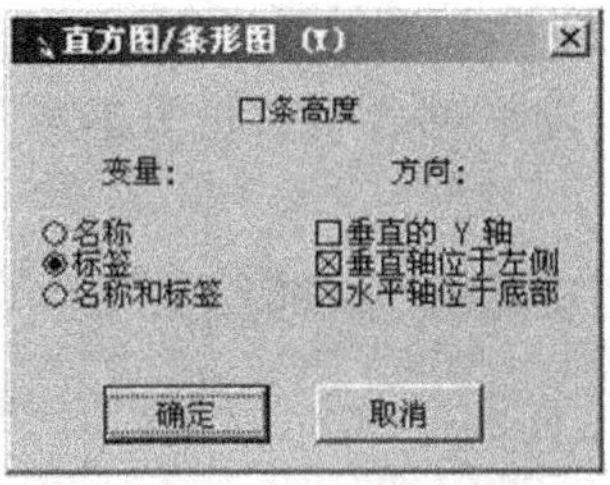

图 3-26 直方图/条形图输出设置对话框

可以通过对话框设置常用的输出选项，"条高度"设置图形中显示统计数据，"变量"选择显示名称、标签还是名称标签都显示，"方向"选择图形的显示方向。单击"确定"按钮，回到上一对话框，再单击"确定"按钮，即可得到直方图，如图 3-27 所示。

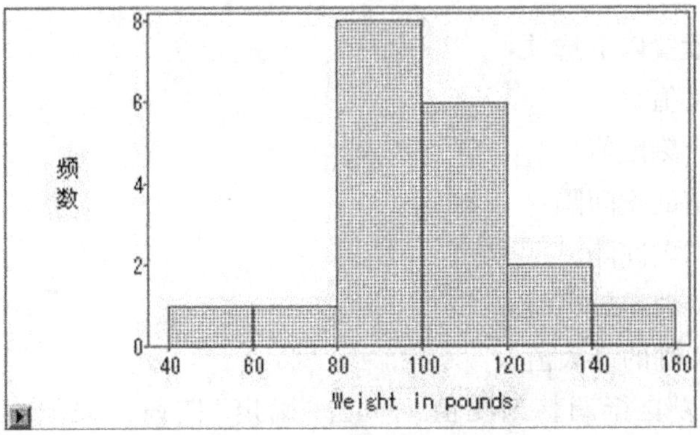

图 3-27 用 Insight 绘制直方图

从图中可以看出，大部分学生体重位于 80 到 120 之间。

单击图形左下方的三角形按钮，弹出菜单，如图 3-28 所示。

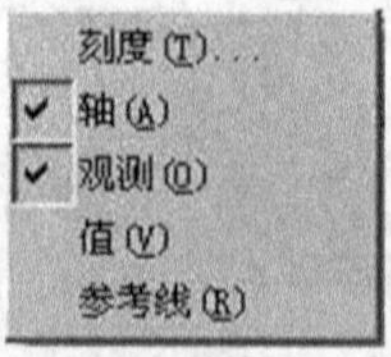

图 3-28 直方图设置菜单

其各项功能如下：

刻度：对图形坐标轴刻度的最大值、最小值、刻度间隔等进行调整。

轴：隐藏或显示图形的坐标轴。

观测：显示或隐藏观测值。当观测值被隐藏时，直方矩形在图形中不会出现。

值：隐藏或显示每个直方矩形对应的频数或次数。

参考线：在直方图中绘制测量矩形高度的参考线。

单击菜单"刻度…"，打开刻度设置对话框，如图 3-29 所示。

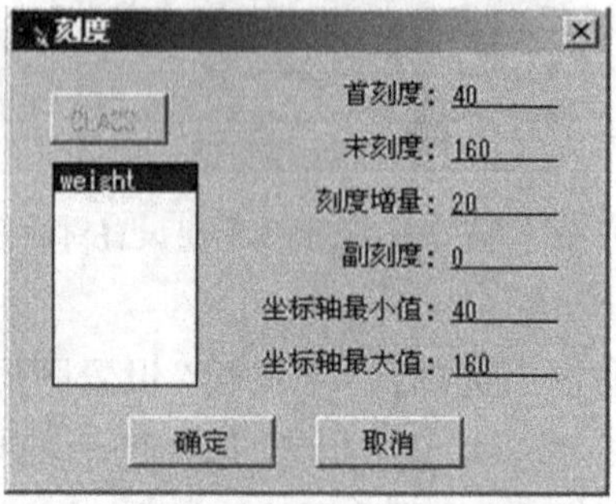

图 3-29 刻度对话框

在对话框中可以设置以下选项：

首刻度：初始刻度值

末刻度：最后一个刻度值

刻度增量：刻度值的主间隔

副刻度：刻度值的副间隔

坐标轴最小值：X 轴的最小值

坐标轴最大值：X 轴的最大值

若有需要，则可以自行调整刻度值，单击"确定"按钮，关闭本对话框，完成刻度设置。

在图形中单击选中某个矩形块，数据表中会自动选中落入该矩形块的观测，如图 3-30 所示。

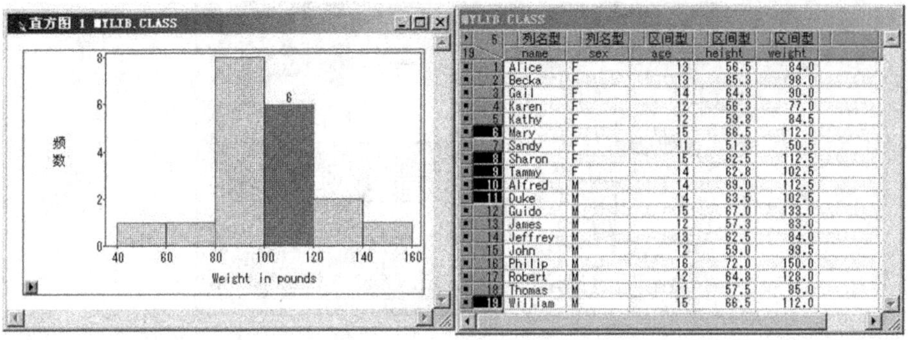

5 / 19	列名型 name	列名型 sex	区间型 age	区间型 height	区间型 weight
1	Alice	F	13	56.5	84.0
2	Becka	F	13	65.3	98.0
3	Gail	F	14	64.3	90.0
4	Karen	F	12	56.3	77.0
5	Kathy	F	12	59.8	84.5
6	Mary	F	15	66.5	112.0
7	Sandy	F	11	51.3	50.5
8	Sharon	F	15	62.5	112.5
9	Tammy	F	14	62.8	102.5
10	Alfred	M	14	69.0	112.5
11	Duke	M	14	63.5	102.5
12	Guido	M	15	67.0	133.0
13	James	M	12	57.3	83.0
14	Jeffrey	M	13	62.5	84.0
15	John	M	12	59.0	99.5
16	Philip	M	16	72.0	150.0
17	Robert	M	12	64.8	128.0
18	Thomas	M	11	57.5	85.0
19	William	M	15	66.5	112.0

图 3-30　通过图形选中数据集中的观测

【例 3-20】　根据表 3-1 学生体检数据，以年龄为分析变量生成条形图。

在 Insight 中打开 class 数据集。

将变量 age 的类型由区间型改为列名型。

选择菜单“分析”→“直方图/条形图”，打开如图 3-25 所示的对话框，选择变量 age 作为分析变量，单击“确定”按钮，即可得到年龄分布的条形图，如图 3-31 所示。

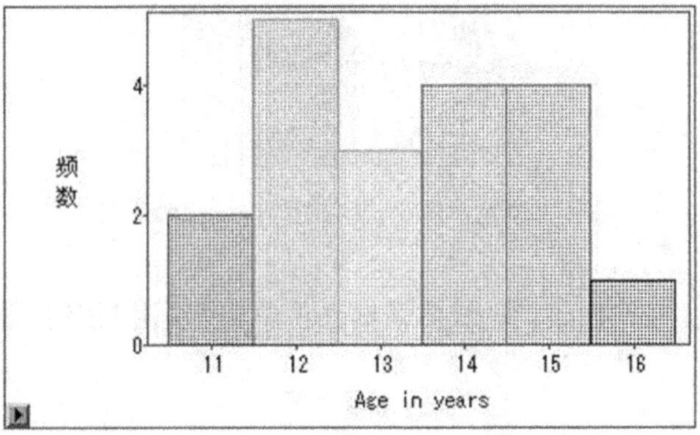

图 3-31　用 Insight 绘制条形图

若分析变量为连续变化的数值型，如身高、体重等，则可以先根据这些变量计算并生成一个新的列名型变量，再以新变量为分析变量绘制条形图。

2. 绘制盒形图和马赛克图

Insight 使用同一个设置界面绘制盒形图和马赛克图，如果分析变量类型为区间型，则绘制盒形图；如果分析变量类型为列名型，则绘制马赛克图。

【例 3-21】　以学生体检表中的体重为分析变量，绘制盒形图。

在 Insight 中打开 class 数据集。

选择菜单“分析”→“盒形图/马赛克图”，打开“盒形图/马赛克图”对话框，如图 3-32 所示。

选择 class 下变量列表中的 weight，单击“Y”按钮作为分析变量，单击“输出”按钮，打

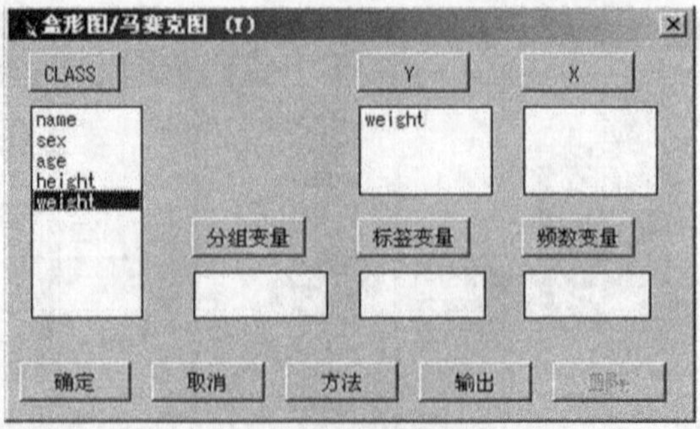

图 3-32　盒形图/马赛克图对话框

开盒形图/马赛克图输出设置对话框，如图 3-33 所示。通过该对话框可以设置值类型、变量显示、方向等。

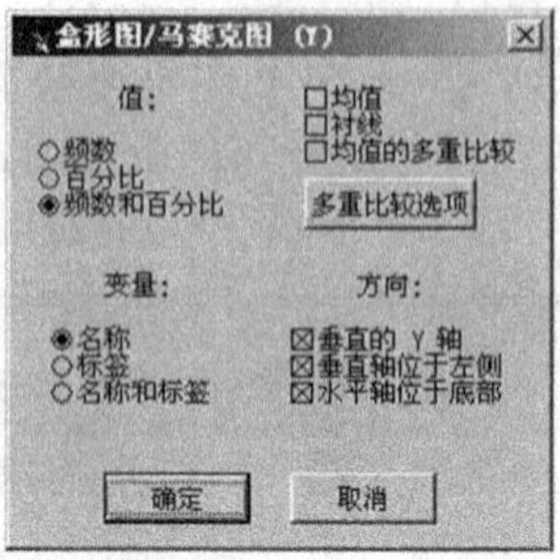

图 3-33　盒形图/马赛克图输出设置对话框

选择后单击"确定"按钮回到上一级对话框，再单击"确定"按钮，即可得到盒形图，如图 3-34 所示。

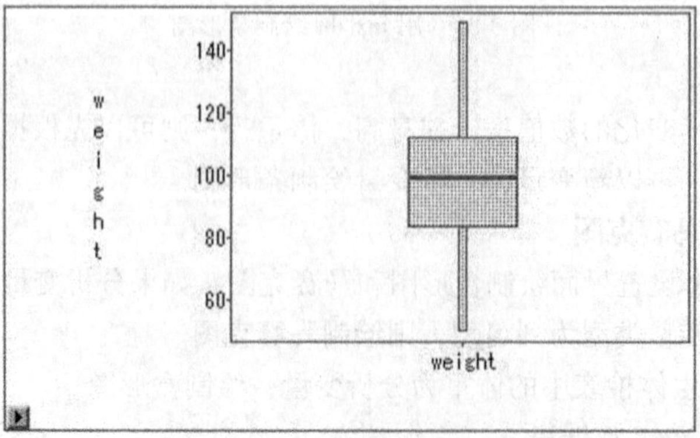

图 3-34　用 Insight 绘制盒形图

单击图形左下方的三角形按钮，可以打开图形设置菜单，如图 3-35 所示。

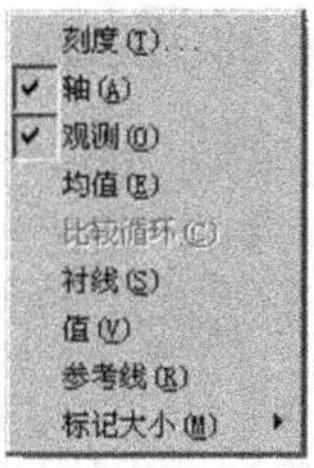

图 3-35　盒形图设置菜单

其中许多功能与图 3-28 相同。选中均值和值，图形如图 3-36 所示。

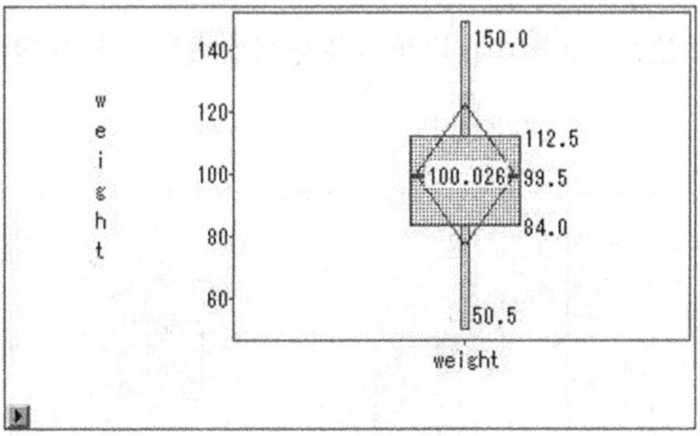

图 3-36　选择了均值和值的盒形图

从图 3-36 中可以看出，体重的均值为 100. 026，最大值为 150，最小值为 50. 5，中位数为 99. 5，上、下四分位数分别为 112. 5 和 84. 0。

若选择多个分析变量，则将多个盒形图绘制在一张图中，如图 3-37 所示，为身高和体重的盒形图。

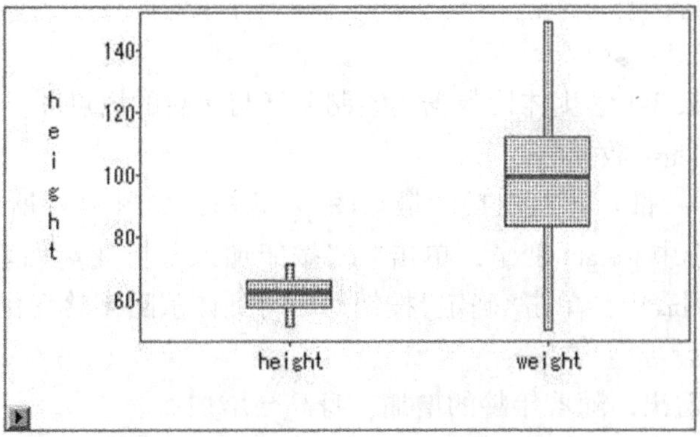

图 3-37　身高和体重的盒形图

另外，也可以按指定的变量分组绘制盒形图。只需在如图 3-32 所示的对话框中作分组变量选中后单击“分组变量”即可。如图 3-38 所示，即为按性别分组绘制的身高盒形图。

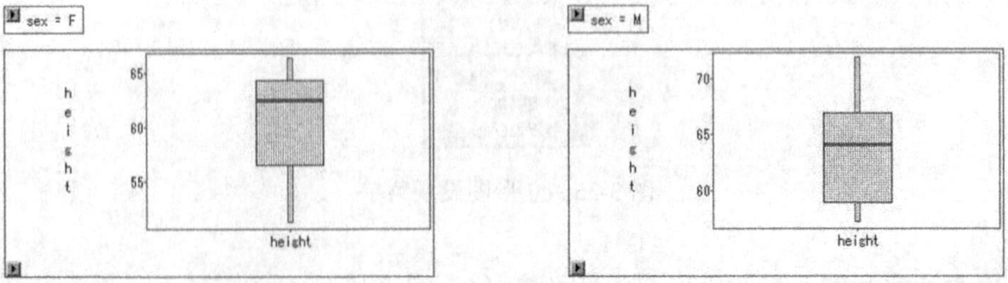

图 3-38　分组绘制盒形图

若要将两个盒形图绘在一张图中，则可以将分组变量加入 X 列表中。绘制的图形如图 3-39 所示。

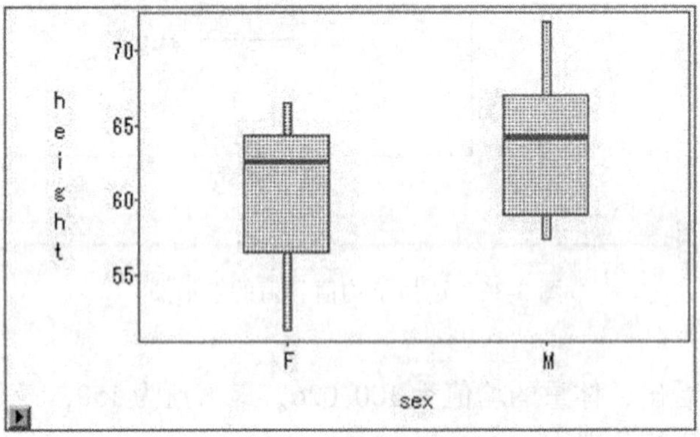

图 3-39　将分组变量加入 X 列表中绘制盒形图

从图 3-39 中可以看出，25%的男生的身高高于最高的女生；25%的女生的身高低于最矮的男生。

3. 绘制散点图

【例 3-22】 根据表 3-1 学生体检数据，绘制身高与年龄的散点图。

在 Insight 中打开 class 数据集。

选择菜单“分析”→“散点图”，打开“散点图”对话框，如图 3-40 所示。

在变量名列表中选中 weight 变量，单击“Y”按钮加入分析变量列表中，选中 age 变量，单击“X”按钮加入 X 列表中，单击“确定”按钮即可得到体重随年龄变化的散点图，如图3-41所示。

从图 3-41 中可以看出，随着年龄的增加，身高会增加。

4. 绘制线图

【例 3-23】 根据表 3-1 学生体检数据，绘制体重随身高变化的线图。

在 Insight 中打开 class 数据集。

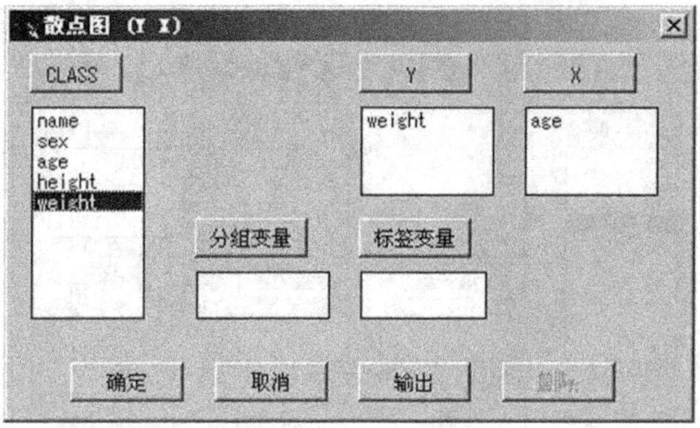

图 3-40　散点图对话框

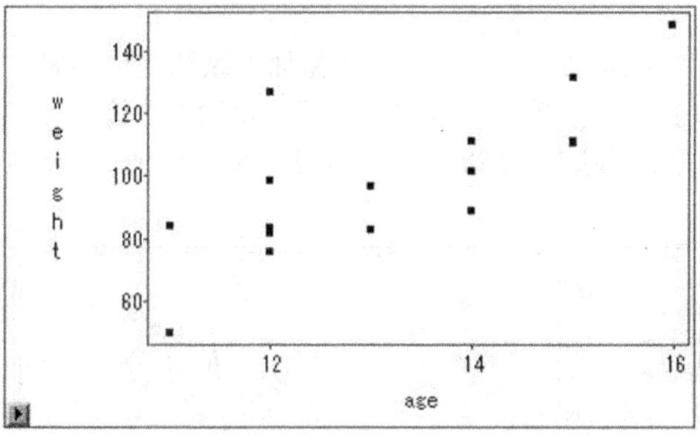

图 3-41　用 Insight 绘制散点图

将数据集按身高排序。单击数据集窗口左上角的三角形按钮，弹出菜单，选择“排序…”打开“排序”对话框，如图 3-42 所示。在变量列表中选中 height 变量，单击“Y”按钮，将其加入排序变量表，单击“确定”按钮实现排序。

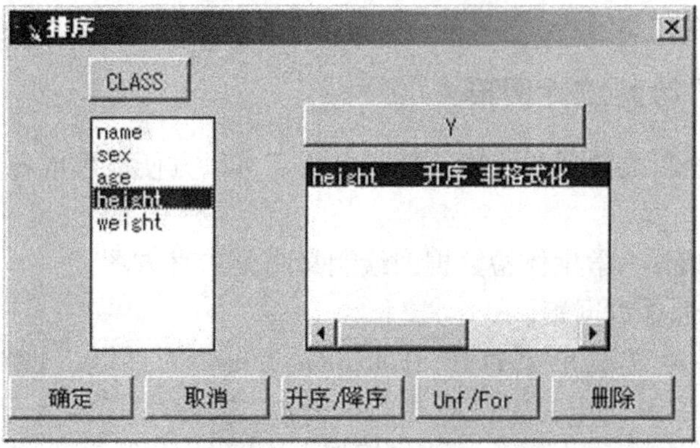

图 3-42　排序对话框

选择菜单“分析”→“线图”，打开线图对话框，如图 3-43 所示。

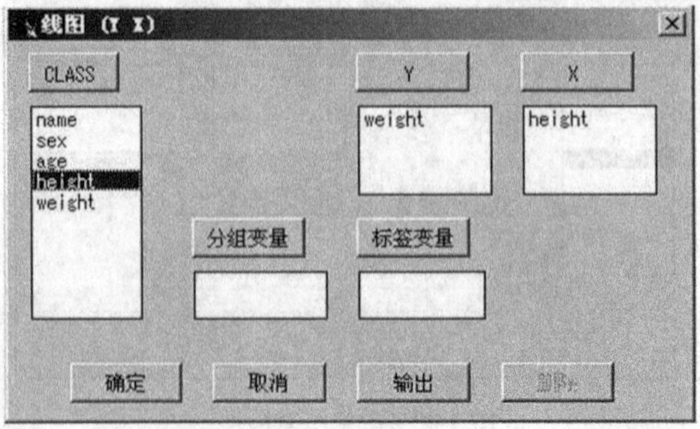

图 3-43　线图对话框

在变量列表中选中 weight 变量，单击“Y”按钮加入纵轴变量列表，选中 height 变量，单击“X”按钮加入横轴变量列表。单击“确定”按钮即可得到散点图，如图 3-44 所示。

从图 3-44 中可以看出，随着身高的增加，体重一般会增加。

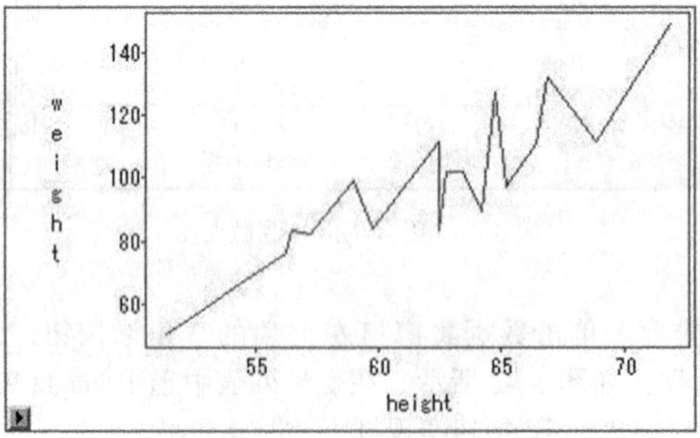

图 3-44　用 Insight 绘制线图

3.4.2　用“分析家”绘制统计图形

分析家也提供了绘制统计图的功能，通过分析家可以方便地生成各种统计图。

1. 绘制直方图

【例 3-24】　根据表 3-1 学生体检数据，绘制身高分布直方图。

在分析家中打开 class 数据集。

选择菜单“图形”→“直方图…”打开“Histogram：class”对话框，如图 3-45 所示。

在变量列表中选中 height 变量，单击“Analysis”按钮将其加入分析变量列表，单击“Display”按钮，打开“Histogram：Display”对话框，如图 3-46 所示。

通过“Histogram：Display”对话框可以设置图形显示的选项，如矩形的颜色、外框颜色、轴线选项等。单击“OK”按钮完成设置，回到上一对话框。单击“OK”按钮即可生成直方图，如图 3-47 所示。

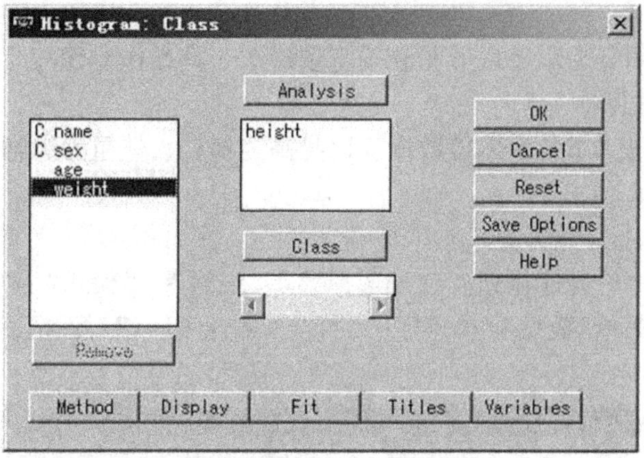

图 3-45　直方图对话框

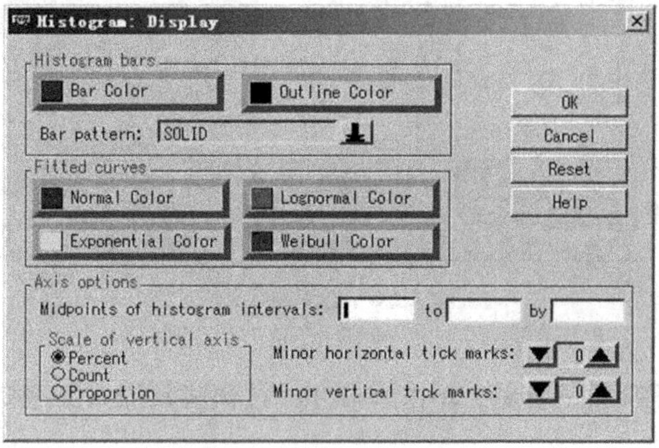

图 3-46　直方图显示设置对话框

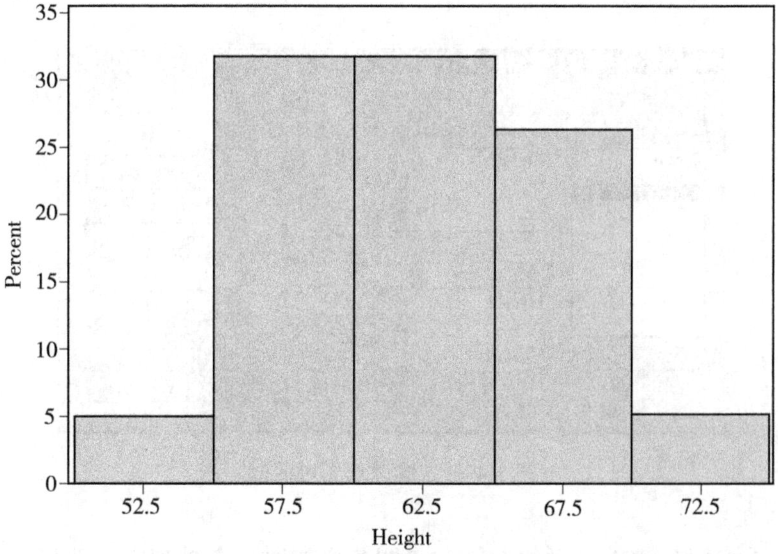

图 3-47　分析家绘制直方图

2. 绘制条形图

分析家绘制条形图分为水平条形图和垂直条形图。其操作步骤与绘制直方图相同。

3. 绘制散点图(线图)

【例 3-25】 根据表 3-1 学生体检数据，以身高为横轴、体重为纵轴，分别绘制散点图和线图。

在分析家中打开 class 数据集。

以身高为关键字进行升序排列。首先选择菜单“编辑”→“模式”→“编辑”将数据集改为编辑模式；然后选择菜单“数据”→“排序…”打开“Sort：Class”对话框，如图 3-48 所示。

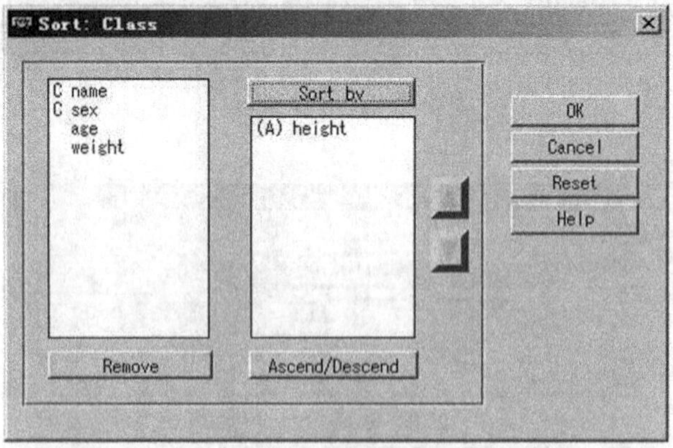

图 3-48 排序对话框

从变量列表中选择 height 变量，单击“Sort by”按钮将其加入排序变量列表，单击“OK”按钮实现排序。

选择菜单“图形”→“散点图”→“二维”，打开“2-D Scatter Plot：Class”对话框，如图3-49 所示。

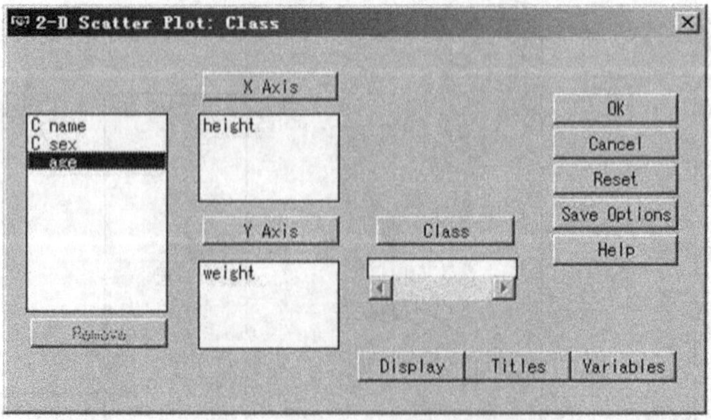

图 3-49 二维散点图对话框

在变量列表中选择 height，单击“X Axis”按钮将其加入 X 轴列表，选择 weight，单击“Y Axis”按钮将其加入 Y 轴列表。单击“OK”按钮得到散点图，如图 3-50 所示。

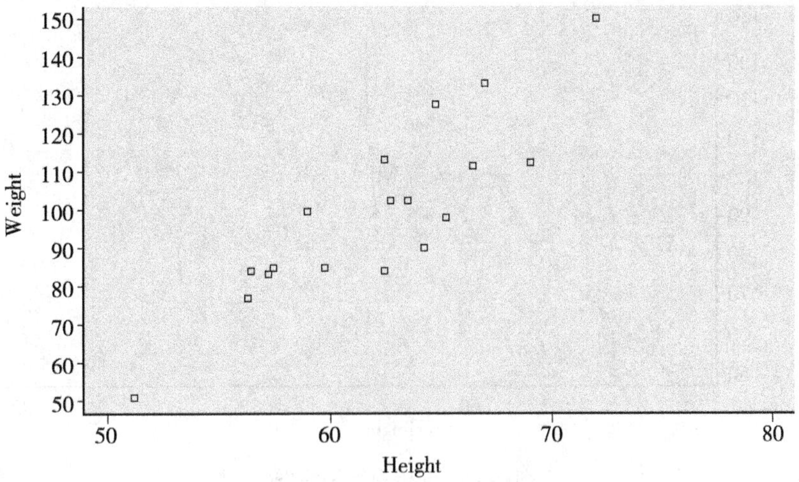

图 3-50 分析家绘制散点图

在图 3-49 所示的对话框中单击“Display”按钮，打开“2-D Scatter Plot：Display”对话框，如图 3-51 所示。

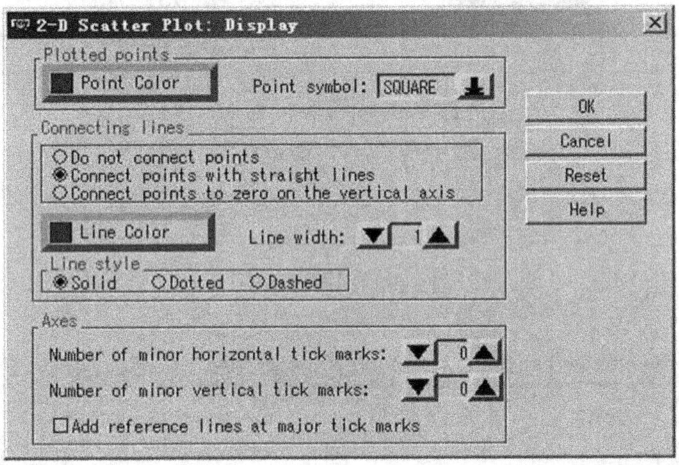

图 3-51 散点图显示设置对话框

在“Connecting lines”中选择“Connect points with straight lines”，单击“OK”按钮，回到上一对话框，在单击“OK”按钮即可得到线图，如图 3-52 所示。

4. 绘制饼图

【例 3-26】 根据表 3-1 学生体检数据，按身高分类绘制饼图。

在分析家中打开 class 数据集。

选择菜单“图形”→“饼图…”，打开 Pie Chart：Class 对话框，如图 3-53 所示。

从变量列表中选择 height，单击“Chart”按钮，将其列为分析变量，单击“Option”按钮，打开“Pie Chart：Option”对话框，如图 3-54 所示。

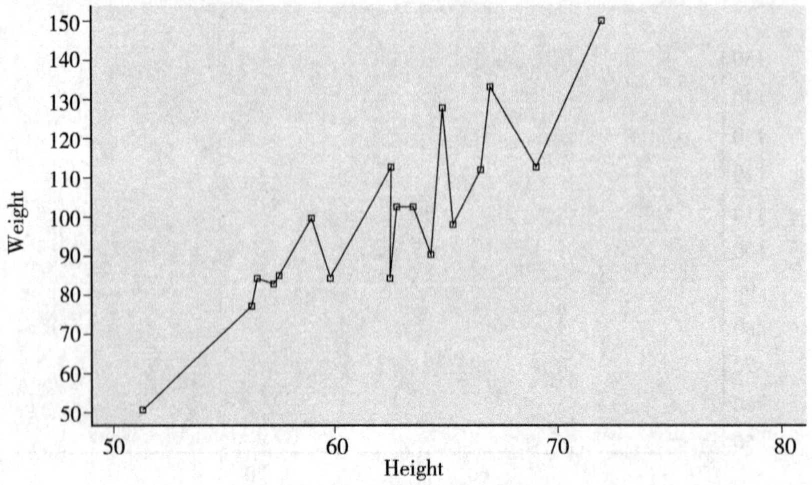

图 3-52　分析家绘制线图

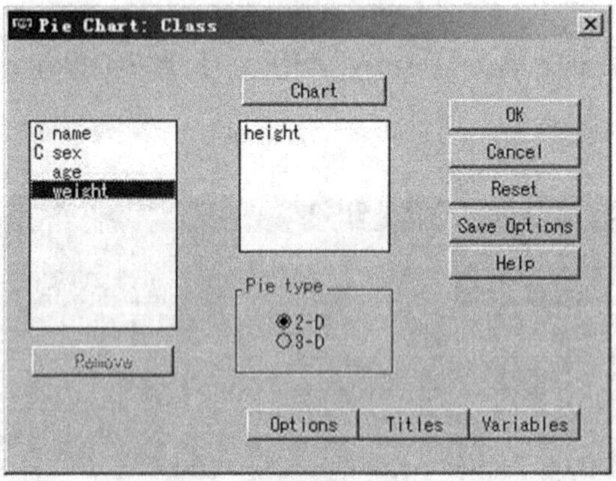

图 3-53　饼图对话框

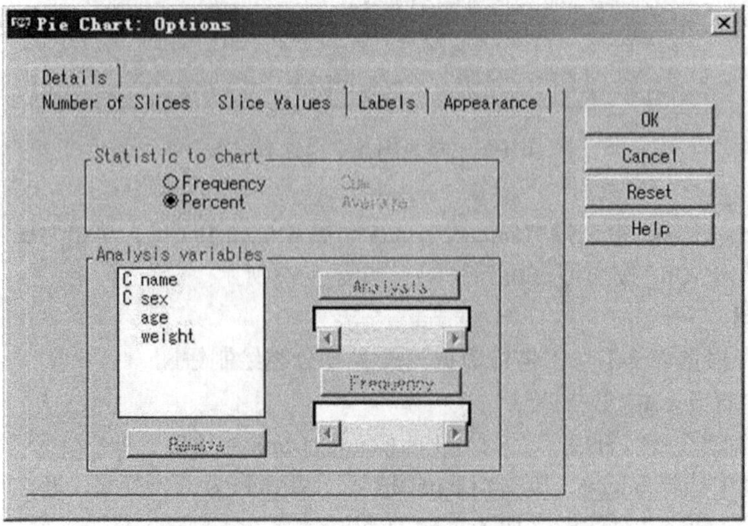

图 3-54　饼图选项设置对话框

单击“Slice Values”选项卡，在 Statistic to chart 中选 Percent，设置图形显示百分比而不是频数，单击“OK”按钮回到上一对话框，再单击“OK”按钮即可得到饼图，如图 3-55 所示。

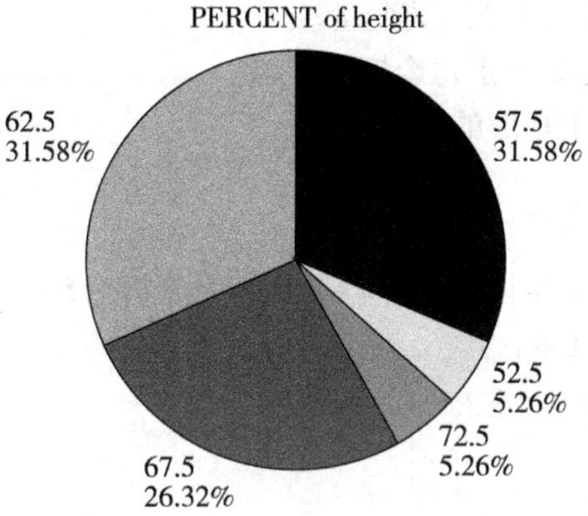

图 3-55　用分析家绘制饼图

从图 3-55 中可以看到，身高在 60~65 的占体检人数的 31.58%，身高 65~70 的占体检人数的 26.32%。

3.4.3　编程绘制统计图形

在 SAS/GRAPH 的支持下，SAS 可以制作散点图、曲线图、直方图、扇形图、三维曲面图、等高线图等。

1. GChart 过程

(1)语法格式。

PROC GCHART DATA=<数据集名>;

　　<图形关键字><变量名>/<选项列表>;

RUN;

gchart 可以绘制方块图、条形图、饼图、环形图等，不同的图形关键字表示绘制不同图形，图形关键字及其所绘制的图形类型见表 3-4。

表 3-4　**gchart 过程可以使用的图形关键字及其图形类型**

图形关键字	图形类型	图形关键字	图形类型
block	方块图	pie	饼图
hbar	水平条形图	pie3d	三维饼图
hbar3d	三维水平条形图	donut	环形图
vbar	垂直条形图	star	星形图
vbar3d	三维垂直条形图		

变量名：指定需要绘制图形的分析变量。

选项列表：根据不同的图形关键字有不同的选项。常用的选项有：

type=统计量关键字，常用的统计量关键字有 Freq(频数)、mean(均值)、sum(总和)、percent(频数百分比)，默认为频数。

group=变量：指定分组变量。

subgroup=变量：指定第二次分组的变量。

midpoints=值列表：指定条形图每个矩形中点。

levels=值：指定条形图中矩形的个数。

(2)gchart 过程应用。

①绘制条形图。

【例 3-27】 根据表 3-1 学生体检数据，以身高为分析变量绘制频数条形图。

```
proc gchart data=mylib. class;
    vbar height;
run;
```

运行结果如图 3-56 所示。

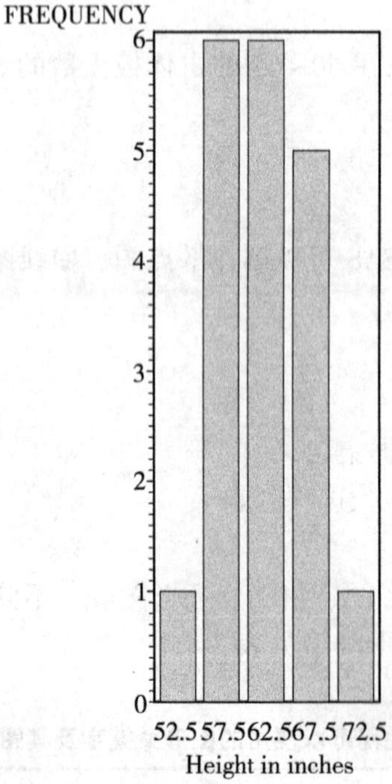

图 3-56 身高频数条形图

在绘制条形图时，亦可自定义每个矩形块的中点值。例如：

```
proc gchart data=mylib. class;
    vbar height/midpoints=50 55 60 65 70;
run;
```

运行结果如图 3-57 所示。

【例 3-28】 根据表 3-1 学生体检数据，按性别分组，绘制身高的频数条形图。

```
proc gchart data=mylib. class;
```

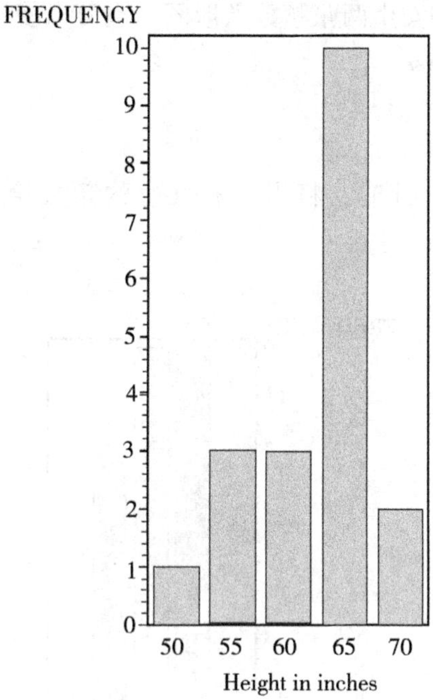

图 3-57 自定义条形图

```
    vbar height/group=sex;
run;
```

运行结果如图 3-58 所示。

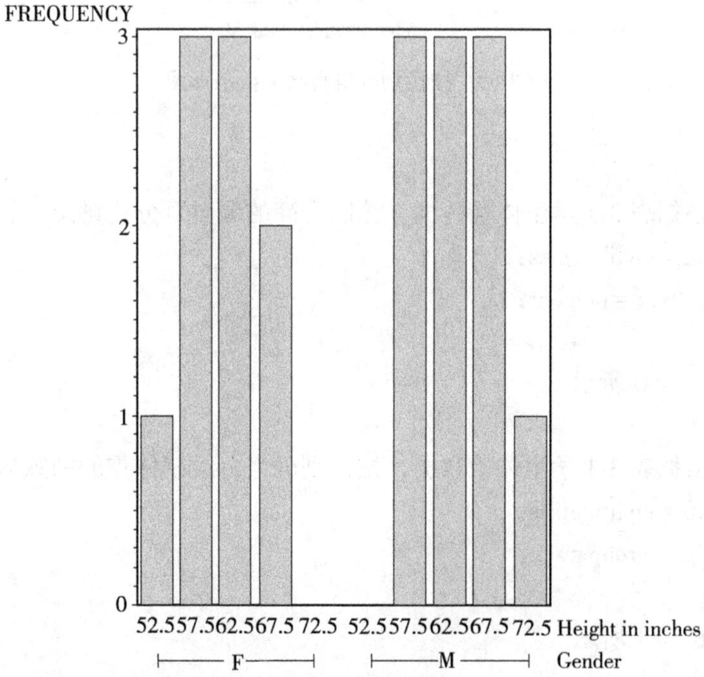

图 3-58 按性别分组身高频数条形图

此时，分别绘制出男生和女生两张频数条形图。也可以使用 subgroup 选项设置分组。

```
proc gchart data=mylib. class;
     vbar height/subgroup=sex;
run;
```

运行结果如图 3-59 所示。此时，将男生和女生的频数绘制在一张条形图中，用颜色区分。

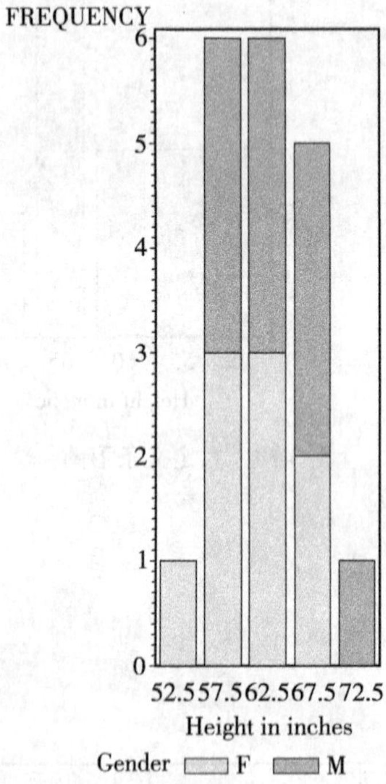

图 3-59　按性别分组身高频数条形图

②绘制饼图。

【例 3-29】　根据表 3-1 学生体检数据，绘制身高的频数百分比饼图。

```
proc gchart data=mylib. class;
     pie height/type=percent;
run;
```

运行结果如图 3-60 所示。

③绘制方块图。

【例 3-30】　根据表 3-1 学生体检数据，按性别分组，绘制体重的频数方块图。

```
proc gchart data=mylib. class;
     block weight/group=sex;
run;
```

运行结果如图 3-61 所示。

2. GPlot 过程

gplot 过程可绘制散点图和连线图等包含两个变量的图形。每个点对应一个观测，由横

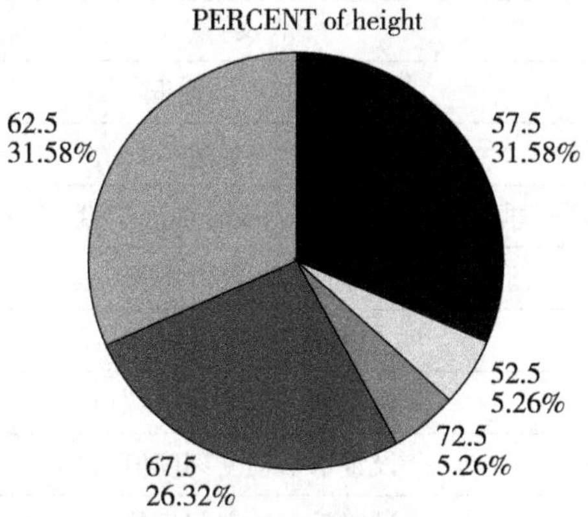

图 3-60　身高的频数饼图

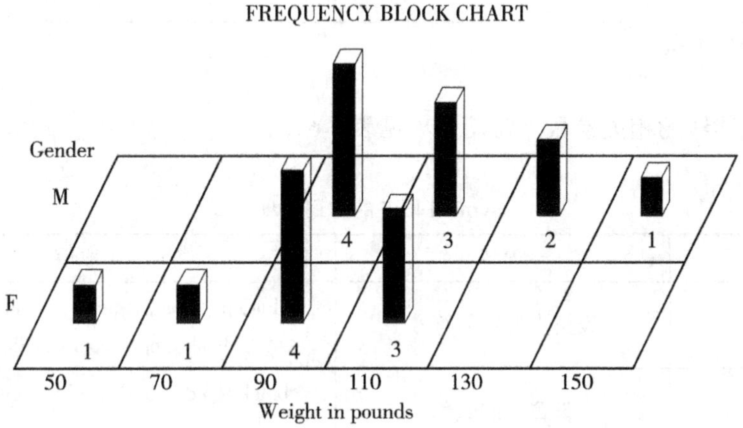

图 3-61　按性别分组体重的频数方块图

坐标和纵坐标定位，构成一幅平面散点图或连线图。主要表示：

一个变量随另一个变量的变化；

变量之间的关系；

数据值的分布。

(1)语法格式。

PROC GPLOT DATA=<数据集名>;

　　PLOT <纵轴变量> * <横轴变量>[=<分组变量>][/<选项 1>];

　　[SYMBOL<N><选项 2>;]

RUN;

其中：

分组变量可以使用字符型，也可以使用数值型，当使用数值型分组变量时，每个数值分为一组。

选项 1 用来设置图形的整体特性，例如坐标轴的值、颜色，外框颜色、填充色等，常用选项见表 3-5。

表 3-5　　**plot 语句的常用选项**

选项	含义	说明
FRAME | NOFRAME	图形加/不加边框	默认为加边框
CFRAME=<颜色>	图形背景色	默认为白色
AUTOHREF(AUTOVREF)	在水平(垂直)轴的每个主刻度处加入垂直(水平)参考线	
NOAXIS	取消坐标轴及相关的图形元素	
CAXIS=<颜色>	设置坐标轴颜色	
CTEXT=<颜色>	设置与轴相关的文字颜色	
HAXIS=<值列表>	设置水平轴主刻度值	
VAXIS=<值列表>	设置垂直轴主刻度值	
OVERLAY	多个图形绘在一张图中	
LEGEND	显示图例	

注：颜色值参看表 3-6。

选项 2 点或连线的相关参数。常用选项见表 3-6。

表 3-6　　**symbol 语句的常用选项**

选项	含义	取值
V=<符号>	设置点使用的符号	plus，x，star，square，diamond，triangle，hash，paw，point，dot，circle
CV=<颜色>	设置点的颜色	black，red，green，blue，cyan，magenta，gray，pink，orange，brown，yellow
H=<n><单位>	设置点的大小	单位取值：cell，cm，pct，pt，in
POINTLABEL	在点附近标明 Y 轴值	
I=<连线方式>	设置连线方式	none，join，spline，needle
CI=<颜色>	设置连线颜色	
C=<颜色>	设置点和线的颜色	
L=<n>	n 为线的序号	0-无连线，1-实线，2-虚线
W=<n>	n 表示线宽度	

由于 symbol 语句为全局语句，即如果未设置 symbol 选项，将以最后一次设置的选项作为本次的参数。若要恢复初始设置，可执行以下语句：

```
goptions reset=symbol;
```

(2)GPLOT 过程的应用。

①绘制简单散点图。

【例 3-31】 根据表 3-1 学生体检数据，以身高为横轴，体重为纵轴绘制散点图。

```
proc gplot data=mylib. class;
```

```
    plot weight * height;
run;
```

运行结果如图 3-62 所示。

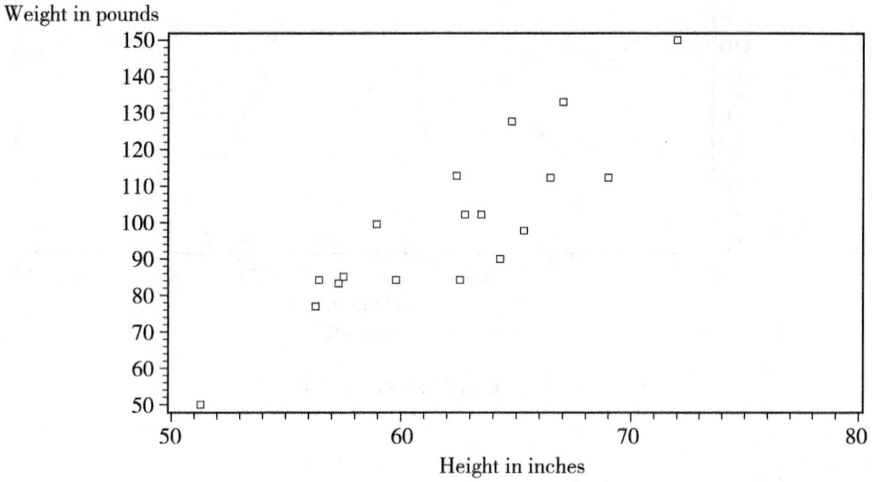

图 3-62　身高体重散点图

②绘制分组散点图。

【例 3-32】　根据表 3-1 学生体检数据，按性别分组绘制体重随身高变化的散点图。

```
proc gplot data=mylib.class;
    plot weight * height=sex;
    symbol1 cv=black v=x;
    symbol2 cv=blue v=dot;
run;
```

运行结果如图 3-63 所示。

③绘制多散点图。

【例 3-33】　根据表 3-1 学生体检数据，以年龄为横轴，以身高和体重为纵轴，在一张图中绘制散点图。

```
proc gplot data=mylib.class;
    plot (weight height) * age/overlaylegend;
    symbol1 cv=black v=x;
    symbol2 cv=blue v=plus;
run;
```

运行结果如图 3-64 所示。

④绘制连线图。

【例 3-34】　根据表 3-1 学生体检数据，以身高为横轴，体重为纵轴绘制连线图。

在绘制连线图时，为避免图形混乱，最好先按横轴变量升序排序。

```
proc sort data=mylib.class;
    by height;
```

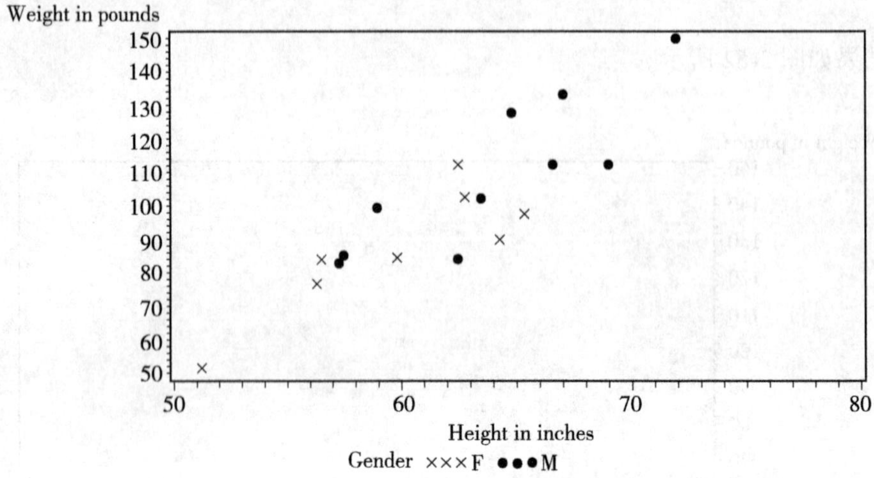

图 3-63　按性别分组的身高体重散点图

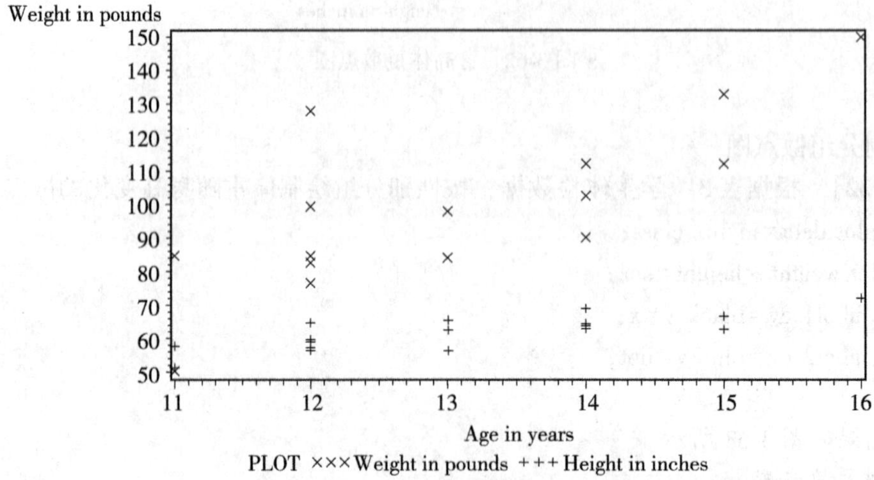

图 3-64　两个纵轴变量的散点图

```
proc gplot data=mylib.class;
    plot weight * height;
    symbol v=dot i=join;
run;
```

运行结果如图 3-65 所示。

⑤在一幅图中绘制纵轴不同的两个连线图。

【例 3-35】　根据表 3-1 学生体检数据，以年龄为横轴，以身高和体重为纵轴，在一幅图中绘制两个纵轴各异的连线图。

```
proc sort data=mylib.class;
    by age;
proc gplot data=mylib.class;
```

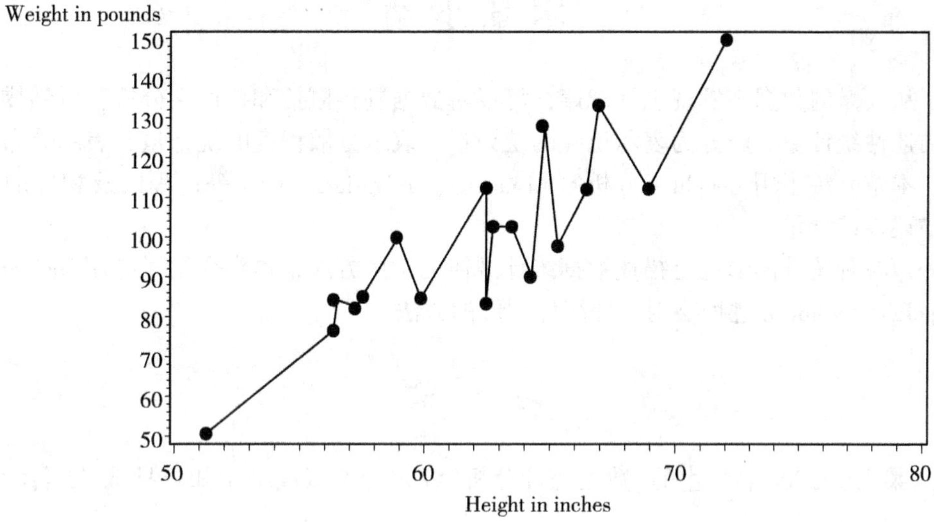

图 3-65 身高体重连线图

```
    plot weight * age=1/overlaylegend;
    plot2 height * age=2/overlaylegend;
    symbol1 cv=black v=x i=join;
    symbol2 cv=blue v=dot i=join;
run;
```

运行结果如图 3-66 所示。

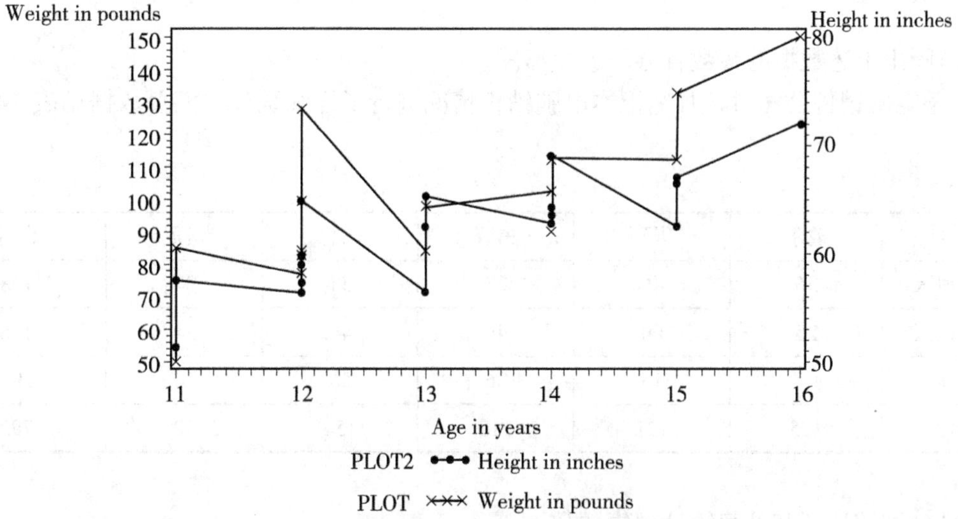

图 3-66 一幅图中使用不同的纵轴坐标系

本章小结

为了从大量的数据中发现统计规律，可以对数据进行概括和描述性分析，得到描述性统计量。描述性统计量一般分为表示位置的统计量、表示分散程度的统计量、表示分布形状的统计量，本章介绍了用Insight、分析家和means、univariate、freq等过程以及相应的函数计算各种描述性统计量。

另外，各种统计图形也是描述数据统计规律的常用方法，本章介绍了应用Insight、分析家以及gchart、gplot等过程绘制各种统计图形的方法。

习　题

1. 从某大学2000名学生的“数据统计分析”课程的考试成绩中随机抽取72名学生的成绩见表3-7：

表3-7

60	91	90	73	80	81	58	48	90	89	72	89	91	92	91	89	96	92
91	95	94	93	94	77	55	87	82	74	76	88	53	82	94	87	90	95
68	82	80	86	92	92	86	82	89	91	93	86	84	90	93	78	77	73
90	60	92	83	81	84	83	93	91	84	89	97	72	94	75	72	90	93

(1)求出上述数据的平均值、中位数、最高分、最低分、四分之一分位数、四分之三分位数。

(2)画出上述数据的频数直方图、盒形图。

2. 某电脑销售公司对某月笔记本电脑销售情况进行了详细统计，汇总数据见表3-8：

表3-8

地区	戴尔	华硕	惠普	联想	索尼	合计
东部地区	36	46	28	54	34	198
西部地区	25	60	46	44	24	198
中部地区	64	15	36	56	14	396
合计	125	121	110	154	72	792

(1)分别按地区和品牌统计销售频数。

(2)分别按地区和品牌绘制条形图和饼图。

3. 利用数据集Sasuser. gpa，画出各数值型变量的散点图，简述gpa数据与各变量间的直观相互关系。

4. 某高校对学生逃课情况进行抽查，调查结果见表3-9：

表 3-9

项目	2013 级	2014 级	男	女	总计
从不逃课	20	30	40	10	50
偶尔逃课	13	17	10	20	30
经常逃课	12	8	15	5	20

(1)利用统计图形从整体上对逃课情况进行分析。

(2)利用统计图形对两个年级逃课状况进行比较分析。

(3)利用统计图形对男女生逃课状况进行比较分析。

第 4 章 假设检验

实际生产和科学实验中，人们常常需要根据带随机性的观测数据(样本)以及问题的条件和假定(模型)，对总体分布或分布的数字特征等作出以概率形式表述的推断，即统计推断。由于统计推断是由部分(样本)推断整体(总体)，因此根据样本对总体所作的推断，不可能是完全精确和可靠的，其结论要以概率的形式表达。统计推断的基本问题可以分为两大类：一类是参数估计问题；另一类是假设检验问题。

本章重点介绍 SAS 系统的参数估计、假设检验和总体的正态性检验。

4.1 参数估计与假设检验的基本概念

统计推断是从总体中抽取部分样本，通过对抽取部分所得到的带有随机性的数据进行合理的分析，进而对总体作出科学的判断，它是伴随着一定概率的推测，特点是：由样本推断总体。统计推断的目的，是利用问题的基本假定及包含在观测数据中的信息，作出尽量精确和可靠的结论。

例如，我国 6 岁儿童的体重构成一个总体，体重通常是服从正态分布的，为了知道这个总体的均值，随机抽取部分 6 岁儿童，测得体重的值，用这些数据来估计我国 6 岁儿童的平均体重，这就是一种统计推断形式，即参数估计。若感兴趣的问题是“6 岁儿童的平均体重是否超过 20 千克”，就需要通过样本检验此命题是否成立，这是另一种推断形式——假设检验。

4.1.1 参数估计

在质量活动和管理实践中，人们关心的是特定产品的质量水平，如产品质量特性的平均值、不合格次品率等。这些都需要从总体中抽取样本，以样本统计量(即样本数字特征)作为未知总体参数(即总体数字特征)的估计量，并通过对样本观察值分析来估计和推断，即根据样本来推断总体分布的未知参数，称为参数估计(parameter estimation)。参数估计是根据从总体中抽取的样本估计总体分布中包含的未知参数的方法。它是统计推断的一种基本形式，是数理统计学的一个重要分支。参数估计有两种基本形式：点估计和区间估计。

1. 点估计

点估计是用样本统计量估计总体分布中所含的未知参数。因为样本统计量为数轴上某一点，估计的结果也以一个点的数值表示，所以称为点估计。通常它们是总体的某个特征值，如均值、方差和相关系数等。点估计问题就是要构造一个只依赖于样本的量，作为未知参数或未知参数的函数的估计值。

2. 区间估计

区间估计是通过从总体中抽取的样本，根据一定的正确度与精确度的要求，以一定可靠程度推断总体参数所在的区间范围，作为总体分布的未知参数或参数的函数的真值所在范围的估计。例如，人们常说的有百分之多少的把握保证某值在某个范围内，即是区间估计的最简单的应用。它虽不具体指出总体参数等于什么，但能指出未知总体参数落入某一区间的概率有多大。比如说按照某一个标准估计某个人的身高，有99%的可能是在165~183厘米之间，犯错误的概率为1%，这个概率是可以设定的。

区间估计是从点估计值和抽样标准误出发，按给定的概率值建立包含待估计参数的区间。其中，这个给定的概率值称为置信度或置信水平(confidence level)，指总体参数值落在样本统计值某一区内的概率。这个建立起来的包含待估计参数的区间称为置信区间(confidence interval)，表示总体参数的可能范围。置信区间是指在某一置信水平下，样本统计值与总体参数值间误差范围。

按预先给定的概率 $1-\alpha$(通常取值为0.95或0.99)，估计未知参数值的可能范围，这个范围称为被估计参数范围的 $100(1-\alpha)\%$ 置信区间。$1-\alpha$ 称为置信度或置信水平，α 称为显著性水平，也是估计出错的概率。划定置信区间的两个数值分别称为置信下限(lower confidence limit，LCL)和置信上限(upper confidence limit，UCL)。置信水平越高，置信区间长度越大。总体(或样本)方差越大，置信区间长度越大。在相同的置信水平和总体方差的条件下，增加样本的容量 n 可以减小置信区间的长度。

总的来说，点估计用某个估计值作为总体参数的估计；区间估计是以点估计值加减边际误差，给出总体参数估计的一个区间范围。

4.1.2 假设检验

假设检验是抽样推断中的一项重要内容，是一种基本的统计推断形式，用来判断样本与样本、样本与总体的差异是由抽样误差引起还是本质差别造成的统计推断方法。其基本原理是先依据原资料对总体的参数或分布作出某种假设，然后再利用样本对总体提供的信息，用适当的统计方法计算出有关检验的统计量，依据一定的概率原则，以较小的风险来对假设作出应该拒绝或不拒绝推断。从这个意义上，假设检验又称为显著性检验，它的目的是排除抽样误差的影响，区分差别在统计上是否成立，并了解事件发生的概率。

1. 假设检验的基本思想

假设检验的基本思想是小概率反证法思想。小概率原理是指概率很小的事件在一次试验中几乎不会发生。如果一个小概率事件只做一次试验就发生了，即被认为是不合理的，因此认为原来的假设不成立。在作假设检验之前需事先指定小概率事件的概率，在统计学上，一般把小概率事件的概率取值为0.05或0.01，记为 α，称为显著性水平或检验水平。反证法思想是先提出假设，再用适当的统计方法确定假设成立的可能性大小；如果可能性小，则认为假设不成立；如果可能性大，则还不能认为假设成立。

2. 假设检验的基本步骤

假设检验是研究利用样本得到的统计量来检验之前对总体参数作的假设是否正确，常用的假设检验方法有 U 检验法、t 检验法、χ^2 检验法(卡方检验)、F 检验法、秩和检验等。假设检验的基本步骤如下：

(1)根据所研究问题的需要对待推断的总体参数或分布提出原假设 H_0 与备择假设 H_1，即说明需要检验的假设的具体内容；

(2)选择合适的检验统计量，且该统计量一定服从某种已知分布；

(3) 按问题的具体要求，利用收集到的样本数据和基本假设计算检验统计量的值及概率 p 值，即：检验统计量在某个特定的极端区域取值在 H_0 成立时的概率；

(4)根据计算结果作出统计决策。如果概率 p 值大于用户给定的显著性水平 α，则不拒绝 H_0，即认为差别很可能是由于抽样误差造成的，在统计上不成立；如果概率 p 值小于 α，则拒绝 H_0，接受 H_1，认为此差别不大可能仅由抽样误差所致，很可能是实验因素不同造成的，故在统计上成立。

概率 p 值是SAS系统根据样本分布和样本数据自动计算一个实际的显著性水平，在SAS系统中进行假设检验，p 值提供了一个直观的判断依据：

①当 $p<\alpha$，说明实际计算的显著性水平比理论的显著性水平更小，小概率事件在一次实验中发生的几率更小(比理论设定的概率还小)。此时，在 p 值的显著性水平条件下，如果还能够观测到小概率事件发生，则说明假设更加不可靠，应拒绝原假设；

②当 $p\geqslant\alpha$，在 p 值的显著性水平条件下，如果能够观测到小概率事件发生，则说明假设可能没有任何问题。因为观测一个概率比较大的事件，其发生的可能性本来就比较大，故不能对假设作出否定的判断。

3. 假设检验的数学模型

t 检验是用于两组数据均数间差异的显著性检验，亦称学生 t 检验(Student's t test)，主要用于样本含量较小(如 $n<30$)，总体标准差 σ 未知的正态分布资料。t 检验是用于小样本(样本容量小于30)的两个平均值差异程度的检验方法。它是用 t 分布理论来推断差异发生的概率，从而判定两个平均数的差异是否显著。它常用于以下情况：

(1)单样本 t 检验。

单样本 t 检验所采用的方法是，抽取一组数据作为一个样本，对样本均数与理论上的总体均数的差别作显著性检验，检验所测得的一组连续资料是否抽样于均数已知的总体。根据大量实验调查的结果或一般规律，可以得到某一事物的平均数，以此作总体均数看待。t 统计量的计算公式如下：

$$t=\frac{|\bar{x}-\mu|}{s_{\bar{x}}}$$

式中，$\bar{x}$ 表示样本均值；μ 表示总体均值；$s_{\bar{x}}$ 表示样本均值的标准差。

如果用程序方法作单样本 t 检验，则可在SAS系统中采用MEANS过程，计算出观察与总体均数的差值，再对该差值的均数进行 t 检验。

(2)两配对样本的 t 检验。

两配对样本 t 检验包括两种情况，即配对资料差异的显著性检验(配对比较检验)和同一组对象实验前后差异的显著性检验(自身对照比较)。

在药物临床实验中，一般需要对同一个病人在服用药物后的某一个生理指标进行测量。例如，鉴定减缓心跳的药物疗效，需要将同一个患者在服药前和服药后的心跳值进行配对，比较其实验结果。t 统计量的计算公式如下：

$$t=\frac{|\bar{d}|}{s_{\bar{d}}}$$

式中，$\bar{d}$ 表示配对资料每对参数之差的均值；$s_{\bar{d}}$ 表示差数的标准误差。

SAS系统中采用MEANS过程，计算出两样本观察的差值(如服药前、后实验数据的差值)，再对该差值的均数进行 t 检验。

(3)两独立样本的 t 检验。

两独立样本的 t 检验是指对两样本均数的差异作显著性检验。作为两样本均数差异比较的两组数据，它是分别取自两个独立样本，没有成对关系，两组数据的个数可以相等，也可以不一样。

设 $\bar{x}_1$，$\bar{x}_2$ 分别为两个样本均数，n_1，n_2为两个样本例数，s_1^2，s_2^2 为两个样本方差。t 统计量的计算公式如下：

方差齐时，

$$t = \frac{|\bar{x}_1 - \bar{x}_2|}{s_{\bar{x}_1 - \bar{x}_2}}$$

方差不齐时，

$$t = \frac{|\bar{x}_1 - \bar{x}_2|}{\sqrt{w_1 + w_2}}$$

式中，$s_{\bar{x}_1 - \bar{x}_2} = \sqrt{s^2(1/n_1 + 1/n_2)}$，

$s^2 = [(n_1 - 1)s_1^2 + (n_2 - 1)s_2^2]/(n_1 + n_2 - 2)$，

$w_1 = s_1^2/n_1$，

$w_2 = s_2^2/n_2$。

方差齐性检验用 F 检验，f统计量的计算公式如下：

$$F = \frac{\max(s_1^2,\ s_2^2)}{\min(s_1^2,\ s_2^2)}$$

SAS 系统中采用 TTEST 过程，先作方差齐性检验(F 检验)。当方差齐性时，f应接近于1，f特大或特小都是极端情况。同时，f的分布不依赖未知参数。统计上称它为自由度(n_1-1，n_2-1)的分布。n_1，n_2分别对应独立样本的两个样本个数。利用f分布，对统计量f的观测值可以得到它的 p 值并由此对原假设作出判断。然后根据方差齐(equal)和方差不齐(unequal)输出 t 值和 p 值以及基本统计量。

4. TTEST 过程

T 过程是专门进行 t 检验的 SAS 过程，它可以作单样本均值的 t 检验、两配对样本均值的 t 检验和两独立样本均值的 t 检验。其语句格式为：

```
PROC  TTEST  <选项列表>；
    CLASS 分组变量名；
    PAIRED 变量名列表；
    BY 分组变量名；
    VAR 分析变量名列表；
    FREQ 变量名列表；
    WEIGHT 变量名列表；
RUN；
```

其中，PROC TTEST 和 RUN 语句是必需的，其余语句都是可选的，而且可调换顺序。

语句说明：

(1)PROC TTEST 语句后可跟的选项及其表示的含义如表 4-1 所示。

表 4-1　　选项及其含义

选项	代表的含义
data =	等号后为 SAS 数据集名，指定 TTEST 过程所要处理的数据集，默认值为最近处理的数据集
alpha =	等号后为 0~1 之间的任何值，指定置信水平，默认为 0.05
ci =	等号后为"equal，umpu，none"中的一个，表示标准差的置信区间的显示形式，默认为 ci = equal
cochran	有此选项时，TTEST 过程对方差不齐时的近似 t 检验增加 cochran 近似法
h0 =	等号后为任意实数，表示检验假设中对两均值差值的设定，默认值为 0

(2) CLASS 语句所指定的分组变量是用来进行组间比较的；

(3) PAIRED 语句用来指定配对 t 检验中要进行比较的变量对，其后所带的变量名列表一般形式及其产生的效果如表 4-2 所示。

表 4-2　　变量名列表一般形式及其产生的效果

变量名列表形式	产生的效果
a * b	a-b
a * b c * d	a-b，c-d
(a b) * (c d)	a-c，a-d，b-c，b-d
(a b) * (c b)	a-c，a-b，b-c

(4) BY 语句所指定的分组变量是用来将数据分为若干个更小的样本，以便 SAS 分别在各小样本内进行各自独立的处理；

(5) VAR 语句引导要检验的所有变量列表，SAS 将对 VAR 语句所引导的所有变量分别进行组间均值比较的 t 检验；

(6) FREQ 指定作为频数的变量；

(7) WEIGHT 指定作为权数的变量。

4.2　单样本正态总体的参数估计与假设检验

参数估计与假设检验都是根据样本信息推断总体参数，并且都是以抽样分布为理论依据，建立在概率论基础之上的推断，二者可相互转换，形成对偶性。参数估计与假设检验主要区别在于参数估计是以样本数据估计总体参数的真值，假设检验是以样本数据检验总体参数的原假设是否成立；区间估计求得的是以样本估计值为中心的双侧置信区间，假设检验既有双侧检验，也有单侧检验；区间估计立足于大概率，假设检验立足于小概率。

4.2.1　单样本正态总体的参数估计

参数的区间估计大多是对正态总体的参数进行估计，如对单总体均值、方差的估计、两总体均值差的估计和两总体方差比的估计等。

1. 单样本正态总体均值的置信区间

【例 4-1】 某小学要对各年级的学生健康状况进行评测，其中一项评测需要对五年级男生的平均体重进行估计，五年级男生体重的总体方差未知，现随机抽取 20 名男生的体重数据如表 4-3 所示。

表 4-3 **20 名男生的体重** （单位：千克）

32	38	34	28	35	29	38	41	31	33
38	39	37	44	30	36	39	50	36	31

假定男生体重数据存放在数据集 mylib. boy_w 中，重量变量名为 weight，求该校五年级男生的平均体重在 95%置信水平下的置信区间。

(1) INSIGHT 模块求单样本正态总体均值的置信区间，其步骤如下：

①在 INSIGHT 模块中打开数据集 mylib. boy_w。

②选择菜单“分析”→“分布”命令，打开“分布”对话框。

③在“分布”对话框中可以进行区间估计设置，选择变量 weight 作为分析变量填入“Y”框中，如图 4-1 所示。

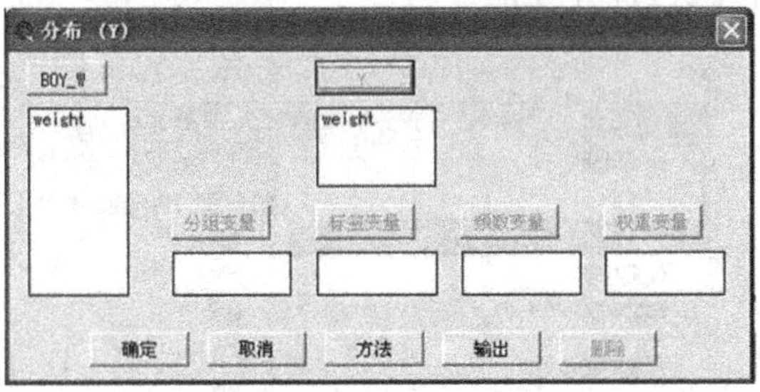

图 4-1 INSIGHT 的分布对话框

④单击“输出”按钮，打开输出结果控制对话框，在“描述性统计量”选项中选择“基本置信区间”复选框，即可按照默认设置计算置信区间，如图 4-2 所示。默认的显著性水平 α 为

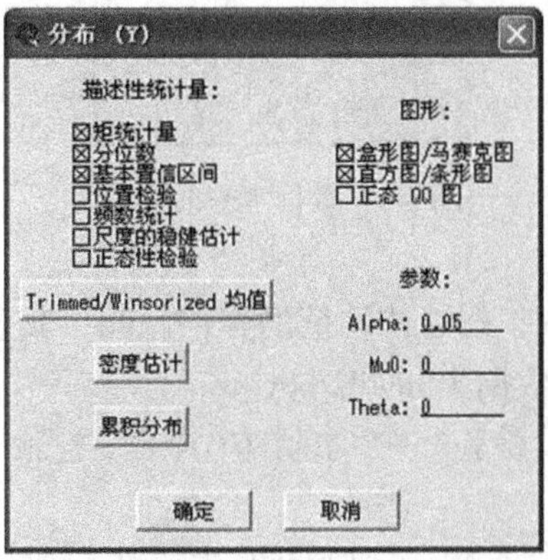

图 4-2 单样本均值 95%置信区间的设置

0.05，如果想以 99%的置信水平计算置信区间，可以在对话框右下方的“参数”选项中把“Alpha”的值改为 0.01。

⑤单击“确定”按钮，返回到“分布”对话框，再次单击“确定”按钮，得到置信区间的输出结果如图 4-3 所示。

95% 置信区间			
参数	估计值	置信下限	置信上限
均值	35.9500	33.4435	38.4565
标准偏差	5.3555	4.0728	7.8221
方差	28.6816	16.5879	61.1855

图 4-3　INSIGHT 中单样本均值的 95%置信区间结果

图中显示了在 95%的置信水平下，分别对均值、标准偏差和方差这 3 个总体参数进行参数估计的结果。估计值是对总体参数的点估计，置信下限和置信上限是对总体参数的区间估计。因此结果表明，该校五年级男生平均体重在 95%置信水平下的置信区间为 33.4435 ~ 38.4565 千克。

此外，在结果输出窗口中，还可以选择“表”菜单重新设置不同的置信水平。如图 4-4 所示，选择菜单“表”→“基本置信区间”命令，在级联菜单中选择置信水平；或选择“other”命令，在打开的“基本置信区间”对话框中指定置信水平，如图 4-5 所示，就会在结果输出窗口中显示出在该置信水平下的参数估计结果。

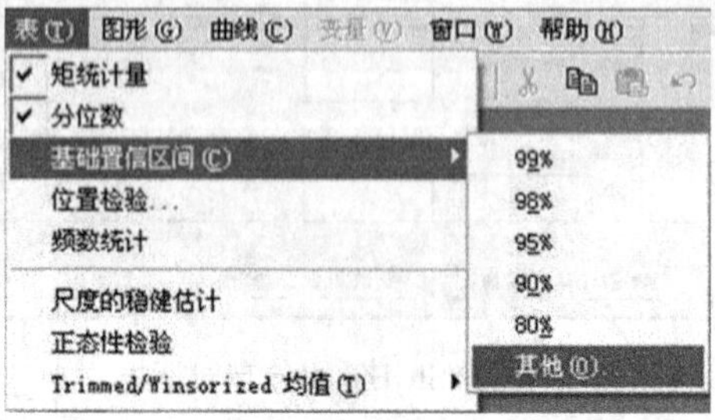

图 4-4　“表”菜单

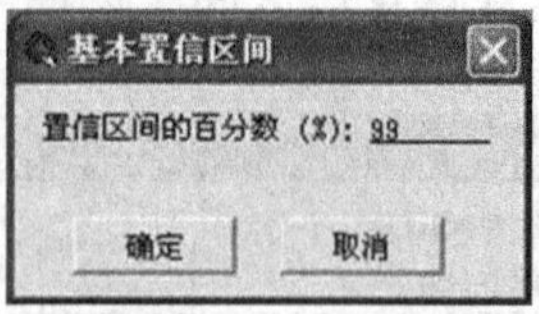

图 4-5　置信水平的设置

(2)用分析家模块求单样本正态总体均值的置信区间，其步骤如下：

①在“分析家”模块中打开数据集 mylib.boy_w。

②选择菜单“统计”→“假设检验”→“均值的单样本 t-检验”命令，打开“One Sample t-test for a Mean”对话框。

③在“One Sample t-test for a Mean”对话框中，选择变量 weight 作为分析变量填入“Variable”框中，如图 4-6 所示。

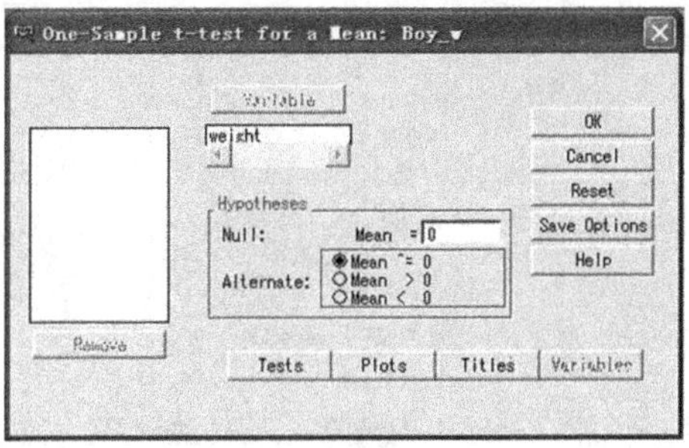

图 4-6 分析家的单样本 t-检验对话框

④“Variable”框下面是 Hypotheses 假设检验设置框，“Null”表示原假设，“Alternate” 表示备择假设。本例只求置信区间，因此不需设置原假设和备择假设。

⑤单击“tests”按钮，打开“tests”对话框，在对话框的“Confidence Intervals”选项卡中可以设置置信区间类型和置信水平。如图 4-7 所示，置信区间类型供选择的选项有 None、Interval、Lower bound 和 Upper bound。None 是系统默认选项，即不输出区间估计的结果；Interval 选项是输出置信区间；Lower bound 选项只输出置信区间的下限；Upper bound 选项只输出置信区间的上限。置信水平的默认值为 95%，还可根据需要设置 90%、99%或其他数值的置信水平。本例选择置信区间类型是 Interval，置信水平为默认值 95%。

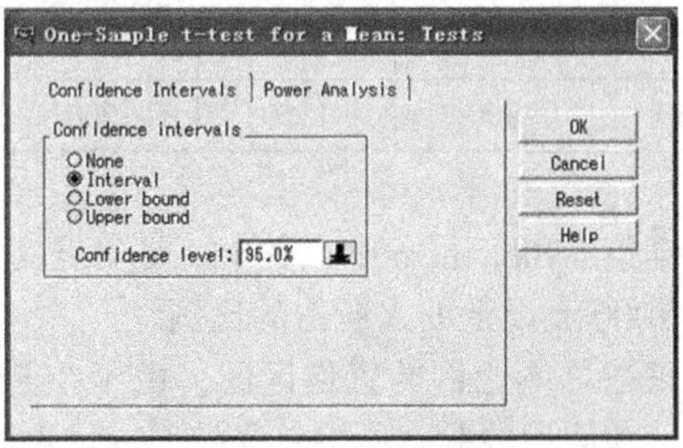

图 4-7 单样本均值 95%置信区间的设置

⑥单击“OK”按钮，返回到“One Sample t-test for a Mean”对话框，再次单击“OK”按钮，得到置信区间的输出结果如图 4-8 所示。

```
95 % Confidence Interval for the Mean

     Lower Limit:          33.44
     Upper Limit:          38.46
```

图 4-8 分析家的单样本均值的 95%置信区间结果

结果表明，单样本均值的 95%置信区间的下限是 33.44，上限是 38.46，因此该校五年级男生平均体重在 95%置信水平下的置信区间为 33.44~38.46 千克。

(3)用 TTEST 过程步求单样本正态总体均值的置信区间，程序如下：

proc ttest data=mylib.boy_w alpha=0.05; /* alpha =0.05 用于指定显著性水平为 0.05 */

var weight;

run;

输出结果如图 4-9 所示。

```
                              The TTEST Procedure

                                  Statistics

                     Lower CL          Upper CL  Lower CL            Upper CL
Variable        N        Mean    Mean      Mean   Std Dev  Std Dev   Std Dev  Std Err  Minimum  Maximum

weight         20      33.444   35.95    38.456    4.0728   5.3555    7.8221   1.1975       28       50
```

图 4-9 TTEST 过程步的 95%置信区间结果

图中显示了在 95%的置信水平下，变量 weight 的均值和标准偏差的参数估计结果。其中，均值的 95%置信区间的下限是 33.444，上限是 38.456，因此该校五年级男生平均体重在 95%置信水平下的置信区间为 33.444~38.456 千克。

2. 单样本正态总体比例的置信区间

【例 4-2】 某大学要对其 1000 名在校学生的月支出进行调查，随机抽取 16 名学生调查后结果如表 4-4 所示。

表 4-4 **16 名学生的月支出** （单位：元）

1000	960	1200	800	750	1500	1100	900
950	970	1150	900	1350	1200	850	1250

设月支出数据存放于数据集 mylib.outgo 中，其中，月支出变量名为 exp。在 95%置信水平下推断该校学生月支出在 1000 元以上的人所占的比例。

用分析家模块求单样本正态总体比例的置信区间。由于在 SAS 中只能对包含两个水平的分类变量作比例的区间估计和假设检验，所以首先按照变量生成一个新的分类变量，步骤如下：

①在“分析家”模块中打开数据集 mylib.outgo。

②选择菜单“编辑”→“模式”→“编辑”命令，使数据集处于可以修改的编辑状态。

③选择菜单“数据”→“变换”→“重编码范围”命令，打开“Recode Ranges Information”对话框，如图 4-10(a)所示，在 Column to recode 列表框中选择变量 exp，在 New column name 框输入新变量名 exp_recoded，在 new column type 栏设置新变量类型为 character，在 Number of groups to be formed 框输入分组数目 2。

④单击“OK”按钮，打开“recode ranges”对话框，输入新变量的取值，如图 4-10(b)所示。

⑤单击“OK”按钮，得到新变量 exp_recoded。

⑥选择菜单“统计”→“假设检验”→“比例的单样本检验”命令，打开“One-Sample Test for a Proportion”对话框。

⑦在“One-Sample Test for a Proportion”对话框中，选择变量 exp_recoded 作为分析变量填

入“Variable”框中，如图 4-11 所示。

⑧单击“Level of interest”右侧下拉按钮，选择要研究总体的某种属性。因为要对月支出在 1000 元以上的学生比例作区间估计，所以选择“>1000”。

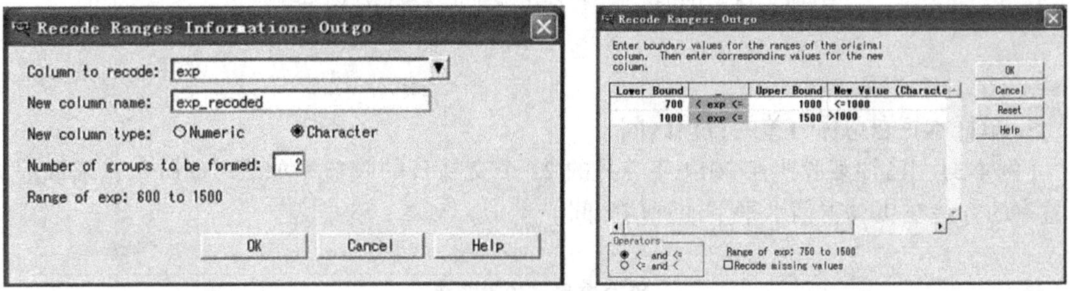

（a）　　　　　　　　　　　　　　　　（b）

图 4-10　重编码范围对话框

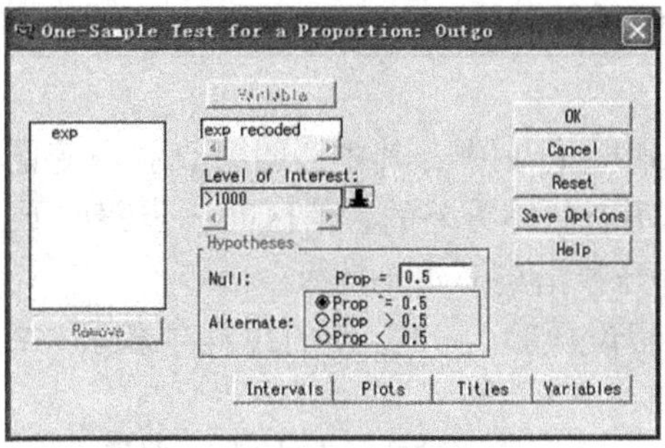

图 4-11　分析家的单样本比例检验对话框

⑨单击“Intervals”按钮，在打开的对话框中设置置信区间类型和置信水平，如图 4-12 所示。本例选择置信区间类型是 Interval，置信水平为 95%。

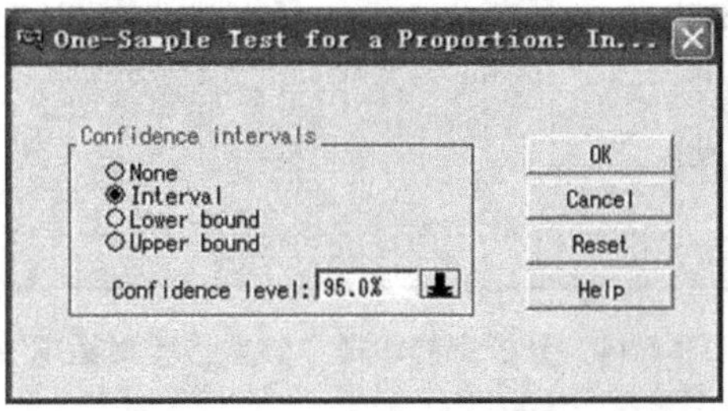

图 4-12　单样本比例 95%置信区间的设置

⑩单击“OK”按钮，返回到“One-Sample Test for a Proportion”对话框，再次单击“OK”按钮，得到输出结果如图 4-13 所示。

结果表明，在 95%置信水平下变量 exp_recoded 取值为“>1000”的比例的置信区间是(0.194，0.681)，即在 95%置信水平下估计该校学生月支出在 1000 元以上的人所占比例在

```
95% Confidence Interval for the Proportion
exp_recoded      Lower limit    Upper limit
-------------------------------------------
>1000               0.194          0.681
```

图 4-13　分析家的单样本比例的 95%置信区间结果

19. 4%~68. 1%之间。

3. 单样本正态总体方差的置信区间

【例 4-3】　已知某股票在 2014 年 3 月的 22 个交易日的收益率如表 4-5 所示，求该股票收益率的方差在 99%置信水平下的置信区间。

表 4-5　　**22 个交易日的收益率**

0. 0078	−0. 002	−0. 0136	0. 0025	0. 0138	0. 0402	0. 0169	0. 0225
−0. 0213	−0. 117	−0. 0079	0. 0157	−0. 0123	0. 0314	−0. 0401	−0. 007
0. 0106	0. 003	−0. 0254	0. 0041	0. 0052	−0. 0478		

设数据存放于数据集 mylib. stock 中，其中，股票收益率变量名为 yield。

用分析家模块求单样本正态总体方差的置信区间，步骤如下：

①在“分析家”模块中打开数据集 mylib. stock。

②选择菜单“统计”→“假设检验”→“方差的单样本检验”命令，打开“One-Sample Test for a Variance”对话框。

③在“One-Sample Test for a Variance”对话框中选择变量 yield 作为分析变量填入 Variable 框中，如图 4-14 所示。

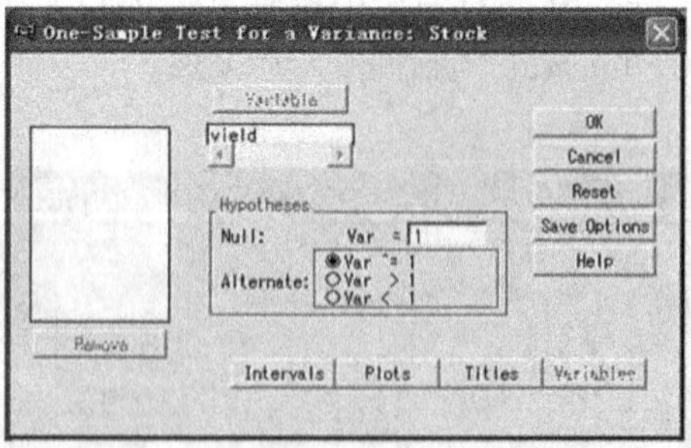

图 4-14　分析家的单样本方差检验对话框

④“Variable”框下面是 Hypotheses 假设检验设置框，“Null”表示原假设，“Alternate”表示备择假设。本例只求置信区间，因此不需设置原假设和备择假设，只需在“Var =”右侧文本框中输入任意正数，例如 1，如图 4-14 所示。

⑤单击“Intervals”按钮，在打开的对话框中选择置信区间类型为 Interval，置信水平设置为 99%，如图 4-15 所示。

⑥单击“OK”按钮，返回到“One-Sample Test for a Variance”对话框，再次单击“OK”按

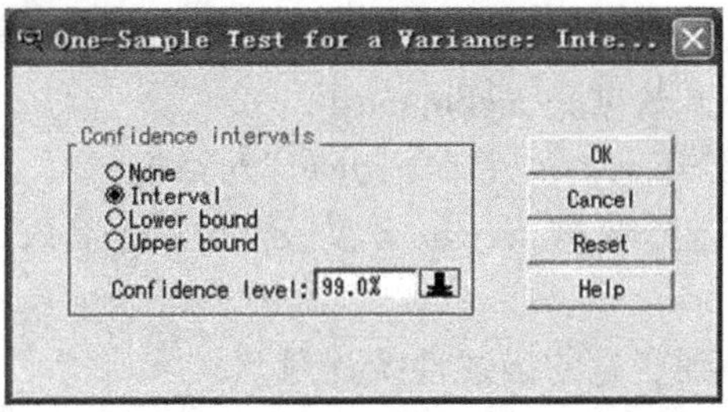

图 4-15 单样本方差 99%置信区间的设置

钮，得到分析结果如图 4-16 所示。

```
99% Confidence Interval for the Variance

          Lower Limit     Upper Limit
          -----------     -----------
            0.0005          0.0028
```

图 4-16 分析家的单样本方差的 99%置信区间结果

结果显示，该股票收益率的方差在 99%置信水平下的置信区间为(0.0005，0.0028)。

4.2.2 单样本正态总体的假设检验

对正态总体的参数进行假设检验是假设检验的重要内容，如对单总体均值、方差的检验、两总体均值之差的检验和两总体方差比的检验等。

对于正态总体均值检验问题，较为常用的情况是总体方差未知，已知样本均值，这样需要用到独立样本的均值 t 检验。已知总体均数(一般为理论值、标准值或经过大量观察所得的稳定值等)与样本均数，比较的目的是推断样本所代表的未知总体均数 μ 与已知的总体均数 μ_0 有无差别。

1. 单样本正态总体均值的假设检验

【例 4-4】 市质监部门对超市袋装大米的净含量准确性进行抽检，随机从几家超市抽取了 20 袋大米，每袋标示的重量都是 5 千克。工作人员对这些大米进行了称重测试。测试过程为：先把每袋大米连包装一起称重，记录下大米的毛重以后，再把大米倒出来，称包装袋的重量。最后根据两项称重值的差得出大米的实际净重。测试结果如表 4-6 所示。

表 4-6 **20 袋大米重量**

5.005	5.022	5.030	4.984	5.050	5.043	5.005	5.029	5.012	5.024
4.992	5.016	5.031	5.018	4.980	5.045	5.020	5.036	4.990	5.048

假定大米重量数据存放在数据集 mylib.dmzl 中，重量变量名为 weight，试从检验的样本数据出发，检验变量 weight 的均值与 5 千克是否有显著差异。

设变量 weight 的均值为 μ，根据题意作如下假设：

H_0：$\mu=5$

H_1：$\mu\neq5$

(1)用 INSIGHT 模块对单样本正态总体均值进行假设检验，其步骤如下：

①在 INSIGHT 模块中打开数据集 mylib. dmzl。

②选择菜单“分析”→“分布”命令，打开“分布”对话框。

③在“分布”对话框中选择变量 weight 作为分析变量填入 Variable 框中，如图 4-17a 所示。

④单击“确定”按钮，得到变量的描述性统计量。

⑤选择菜单“表”→“位置检验”命令，在弹出的“位置检验”对话框中输入 5，如图 4-17b 所示，单击“确定”按钮，得到输出结果如图 4-18 所示。

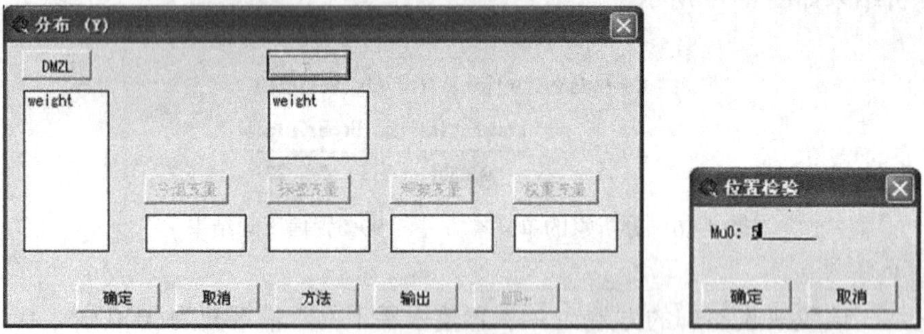

(a)　　(b)

图 4-17　INSIGHT 的单样本均值假设检验设置

位置检验: Mu0=5		
观测数 (!= Mu0):20		
观测数 (> Mu0):16		
检验	统计量	P 值
学生 T 检验	4.01	0.0007
符号检验	6.00	0.0118
符号秩检验	82.00	0.0012

图 4-18　INSIGHT 中单样本均值的假设检验结果

结果显示，观测值不等于 5 千克的观测有 20 个，其中 16 个观测值大于 5 千克。定量包装的产品，1~10 千克的，允许短缺量为总重量的 1.5%，此次抽检大米为 5 千克包装，因此允许短缺量为 75 克。

此外，图中还显示出学生 t 检验、符号检验和符号秩检验的结果，其中，学生 t 检验的 p 值为 0.0007，符号检验的 p 值为 0.0118，符号秩检验的 p 值为 0.0012。如果分析变量是正态分布的，那么只需看 t 检验的结果；否则，只需看符号检验的结果；而在没有具体数值，仅有两两比较大小的结果时看符号秩检验的结果。由于这三个检验的结论都是 p 值小于 0.05，所以拒绝原假设，即总体的均值与 5 千克有显著差异。大米随着存放时间的长短以及存放条件的变化，本身的重量会发生变化。比如晚稻米，存放时间长了，其中的水分会挥发，重量会比包装的时候要轻，所以一般正规的厂家在包装大米的时候，会考虑到这些因素，稍微多装一些。

(2)用分析家模块对单样本正态总体均值进行假设检验，其步骤如下：

①启动分析家模块，并打开数据集 mylib. dmzl。

②选择菜单“统计”→“假设检验”→“均值的单样本 t-检验” 命令，打开 “One-Sample ttest for a Mean"对话框。

③在"One-Sample t-test for a Mean"对话框中选择变量 weight 作为分析变量填入 Variable 框中，在假设框中设置原假设的均值 Mean=5，如图 4-19(a)所示。

④单击"Plots"按钮，在打开的对话框中选中 t distribution plot 复选框，如图 4-19(b)所示，选中此选项将会输出 t 统计量抽样分布的密度曲线图形。

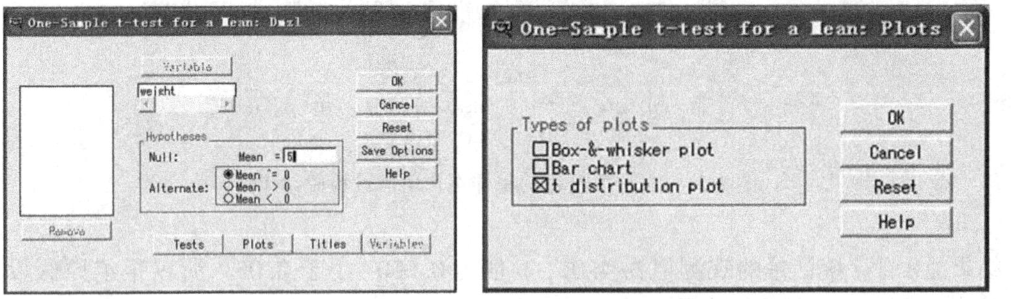

(a)　　　　　　　　(b)

图 4-19　分析家的单样本均值假设检验设置

⑤单击"OK"按钮，返回到"Onc-Sample t-test for a Mean"对话框，再次单击"OK"按钮，得到分析结果如图 4-20(a)、(b)所示。

```
Sample Statistics for weight

     N        Mean      Std. Dev.     Std. Error
 ---------------------------------------------------
    20        5.02        0.02          0.00

Hypothesis Test

   Null hypothesis:    Mean of weight =  5
   Alternative:        Mean of weight ^= 5

        t Statistic      Df      Prob > t
       ---------------------------------
          4.015          19       0.0007
```

(a)

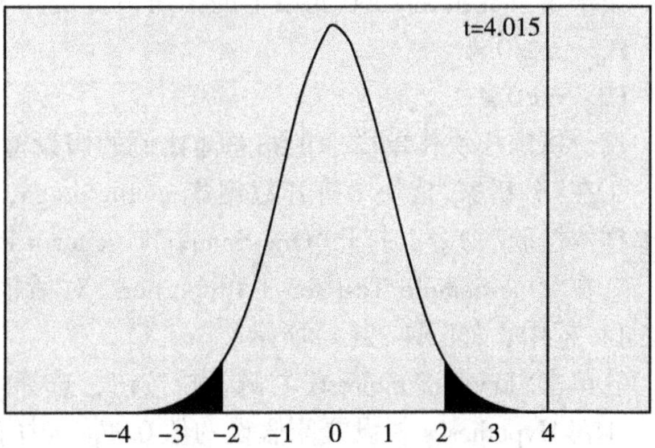

(b)

图 4-20　分析家的单样本均值的假设检验结果

结果的第一部分是变量 weight 的简单描述统计量。第二部分显示了原假设条件与对立假设条件，显示了 t 统计量的观测值为 4.015，p 值为 0.0007 小于 0.05，所以拒绝原假设，即总体的均值与 5 千克有显著差异。

结果的图形部分显示出 t 统计量抽样分布的密度曲线图形，两侧的阴影区域为拒绝域，占总面积的 5%，竖线显示 t 统计量的观测值的位置落在阴影区域，因此拒绝总体的均值为 5 千克的原假设。

(3)用 TTEST 过程步对单样本正态总体均值进行假设检验，程序如下：

```
proc  ttest  h0=5  data=mylib.dmzl ;
```

```
    var  weight;
run;
```

结果如图 4-21 所示。

The TTEST Procedure

Statistics

Variable	N	Lower CL Mean	Mean	Upper CL Mean	Lower CL Std Dev	Std Dev	Upper CL Std Dev	Std Err	Minimum	Maximum
weight	20	5.0091	5.019	5.0289	0.0161	0.0212	0.0309	0.0047	4.98	5.05

T-Tests

Variable	DF	t Value	Pr > |t|
weight	19	4.01	0.0007

图 4-21　TTEST 过程的单样本均值假设检验结果

结果显示了 t 统计量的观测值为 4.01，p 值为 0.0007 小于 0.05，所以拒绝原假设，即总体的均值与 5 千克有显著差异。

2. 单样本正态总体比例的假设检验

【例 4-5】　某大学要对其 1000 名在校学生的月支出进行调查，随机抽取 16 名学生的调查数据如例 4-2 表 4-4 所示。设月支出数据存放于数据集 Mylib. outgo 中，其中，月支出变量名为 exp。在 95%置信水平下推断该校学生月支出在 1000 元以上的人所占比例是否超过 40%。

设学生月支出在 1000 元以上的人所占比例为 π，根据题意作如下假设：

H_0：$\pi \geqslant 0.4$

H_1：$\pi < 0.4$

用分析家模块作单样本正态总体比例的假设检验，步骤如下：

①在"分析家"模块中打开数据集 mylib. outgo，选择菜单"统计"→"假设检验"→"比例的单样本检验"命令，打开"One-Sample Test for a Proportion"对话框。

②在"One-Sample Test for a Proportion"对话框中选择变量 exp_recoded 作为变量填入 Variable 框中，如图 4-22(a)所示。

③单击"Level of interest"右侧下拉按钮，选择>1000。

④在 Hypotheses 栏设置原假设的值 0.4，选择备择假设 Prop <0.4，如图 4-22(a)所示。

⑤单击"Plots"按钮，在打开的对话框中选择 Normal distribution plot，如图 4-22(b)所示。

⑥单击"OK"按钮，返回到"One-Sample Test for a Proportion"对话框，再次单击"OK"按钮，得到分析结果如图 4-23(a)、(b)所示。

结果显示，检验用的 z 统计量 p 值为 0.6203 >0.05，所以不能拒绝原假设，该校学生月支出在 1000 元以上的人所占比例在 0.05 的显著性水平下超过 40%。

3. 单样本正态总体方差的假设检验

【例 4-6】　某工厂生产的人造纤维强度服从标准差为 5 的正态分布，为检测生产的人造纤维强度是否符合要求，某日随机抽取 12 根人造纤维进行检验，测得纤维强度如下：

278　285　284　282　285　286　290　292　289　280　275　293

设测量数据存放于数据集 Mylib. strength 中，其中纤维强度变量名为 str。

这是一个单样本正态总体方差的假设检验，根据题意，设置假设：

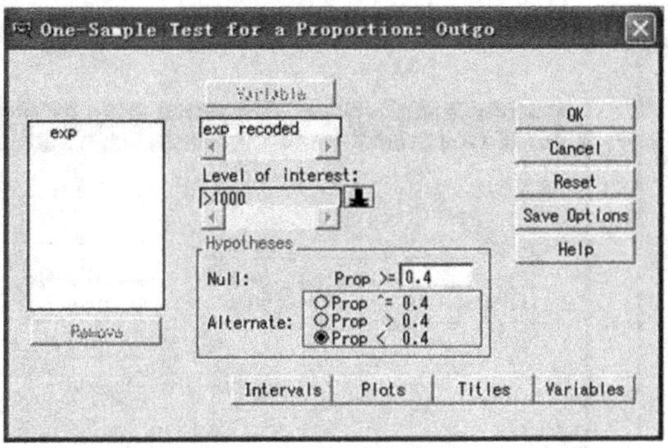

(a)

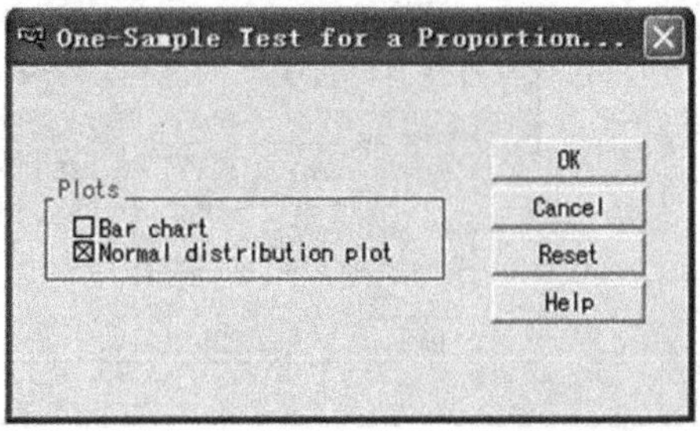

(b)

图 4-22　分析家的单样本比例假设检验设置

Hypothesis Test

Null Hypothesis: Proportion => 0.4
Alternative: Proportion < 0.4

exp_recoded	Proportion	Z Statistic	Pr > Z
>1000	0.4375	0.31	0.6203

(a)

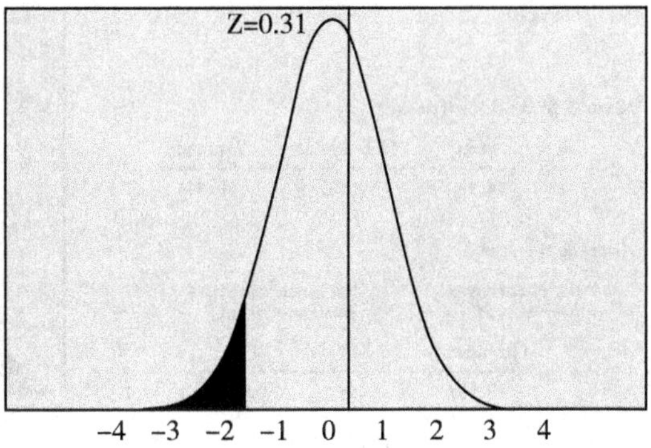

(b)

图 4-23　分析家的单样本比例的假设检验结果

H_0: $\sigma^2 = 25$

H_1: $\sigma^2 \neq 25$

用分析家作单样本正态总体方差的假设检验，步骤如下：

①选择菜单“统计”→“假设检验”→“方差的单样本检验”命令，打开“One-Sample Test for a Variance”对话框。

②在“One-Sample Test for a Variance”对话框中选择变量 str 作为分析变量填入 Variable 框中，如图 4-24(a)所示。

③在 Hypotheses 栏设置原假设的值 Var = 25，选择备择假设 Var ^= 25，如图 4-24(a)所示。

④单击“Plots”按钮，在打开的对话框中选择 Probability distribution plot，如图 4-24(b)所示。

⑤单击“OK”按钮，返回到“One-Sample Test for a Variance”对话框，再次单击“OK”按钮，得到分析结果如图 4-25(a)、(b)所示。

结果显示，样本方差为 30.811，由于 p 值为 0.5170，所以不能拒绝原假设，即生产的人造纤维强度是符合要求的。

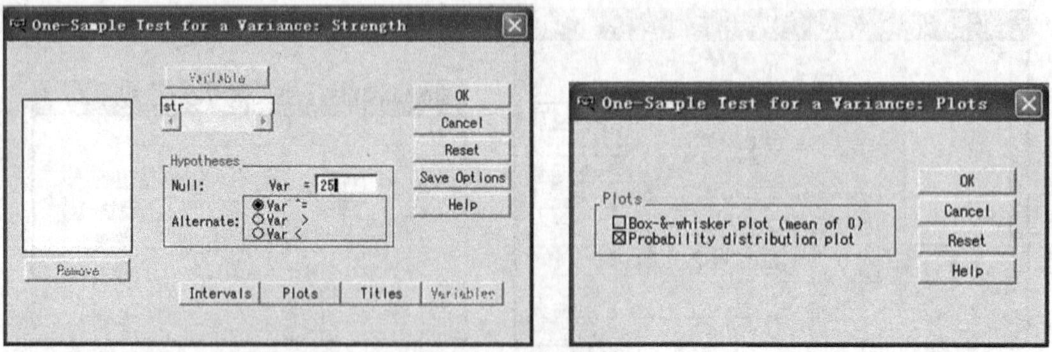

(a)　　　　　　　　　　　　(b)

图 4-24　分析家的单样本方差假设检验设置

```
Sample Statistics for str

     N      Mean      Std. Dev.      Variance
  -------------------------------------------
    12    284.92       5.5507         30.811

Hypothesis Test

  Null hypothesis:         Variance of str =  25
  Alternative:             Variance of str ^= 25

       Chi-square         Df         Prob
       ---------------------------------
         13.557           11       0.5170
```

(a)

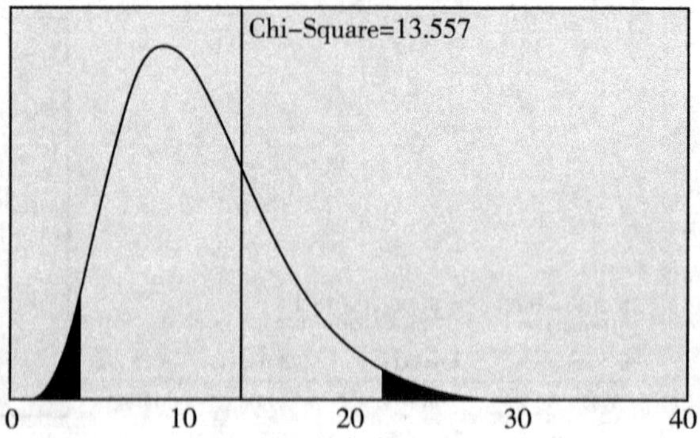

(b)

图 4-25　分析家的单样本方差的假设检验结果

4.3　两样本正态总体的参数估计与假设检验

两个样本包括独立样本和配对样本两种情况，下面从 INSIGHT 模块、分析家模块和 TTEST 过程步三个方面，分别介绍在 SAS 系统中如何作两独立样本和两配对样本的参数估计与假设检验。

4.3.1　两独立样本正态总体的参数估计与假设检验

独立样本的统计分析也称成组资料的统计分析。在独立样本分析中，因两组受试对象之间未按重要的非处理因素进行两两配对，无法消除个体差异对观测结果的影响。因此，其检验效率将低于配对样本分析。

在分析独立样本前，需考察资料是否满足下述两个前提条件：

- 正态性，即各组数据应该独立抽自正态总体。
- 方差齐性，即两组资料的总体方差应该相等。

1. 两独立样本正态总体均值的比较

【例 4-7】　为比较大一新生男女生身高有无明显差别，分别抽取 10 名男生和 8 名女生为两个样本，数据如表4-7所示。

表4-7　　**18名学生身高**　　（单位：厘米）

男生	172	176	169	183	174	178	165	187	170	172
女生	165	163	160	170	169	159	173	167		

建立数据集mylib. height，男女生身高数据记录在同一分析变量A下，分类变量B的值用以区分两个样本，试以0.05的显著性水平推断男女生身高是否存在明显差别。

根据题意，设置假设：

H_0：男生平均身高与女生平均身高无显著差异，$\mu_1-\mu_2=0$

H_1：男生平均身高与女生平均身高有显著差异，$\mu_1-\mu_2\neq 0$

编程建立数据集：

```
data   mylib. height;
    input   A   B $   @@;
    cards;
172 1 176 1 169 1 183 1 174 1 178 1 165 1 187 1 170 1 172 1
165 2 163 2 160 2 170 2 169 2 159 2 173 2 167 2
;
run;
```

建好的数据集如图4-26所示。

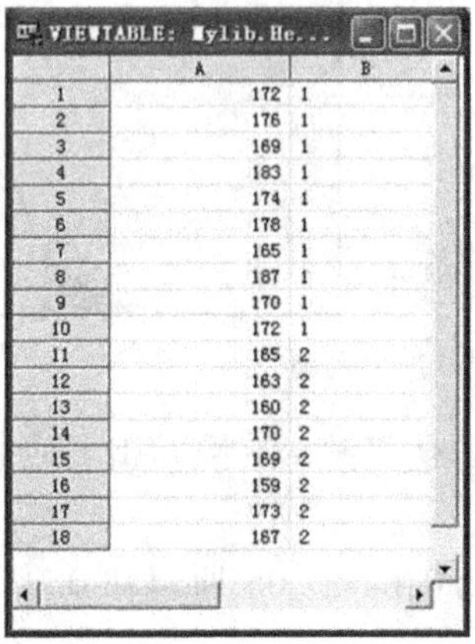

	A	B
1	172	1
2	176	1
3	169	1
4	183	1
5	174	1
6	178	1
7	165	1
8	187	1
9	170	1
10	172	1
11	165	2
12	163	2
13	160	2
14	170	2
15	169	2
16	159	2
17	173	2
18	167	2

图4-26　数据集mylib. height

(1)用分析家模块对两独立样本正态总体均值进行比较，其步骤如下：

①在分析家模块中打开数据集mylib. height。

②选择菜单“统计”→“假设检验”→“均值的双样本t-检验”命令，打开“Two-Sample t-test for Means”对话框。

③在“Two-Sample t-test for Means”对话框中选择变量A填入Dependent框中，选择变量B填入Group框中，如图4-27(a)所示。

④单击“Plots”按钮，在打开的对话框中选中 t distribution plot 复选框，如图 4-27(b)所示。

⑤单击“OK”按钮，返回到“Two-Sample t-test for Means”对话框，再次单击“OK”按钮，得到分析结果如图 4-28(a)、(b)所示。

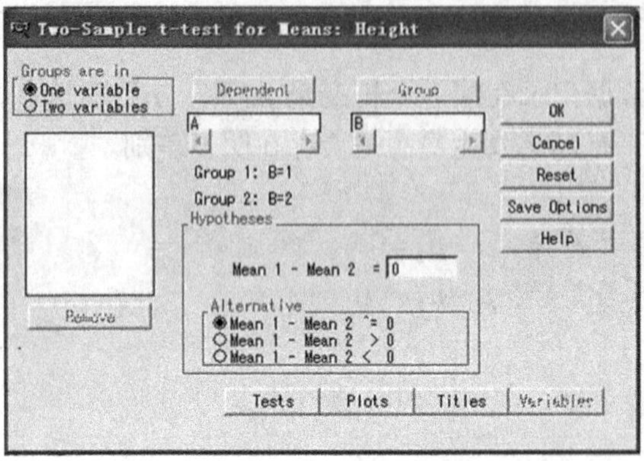

(a)

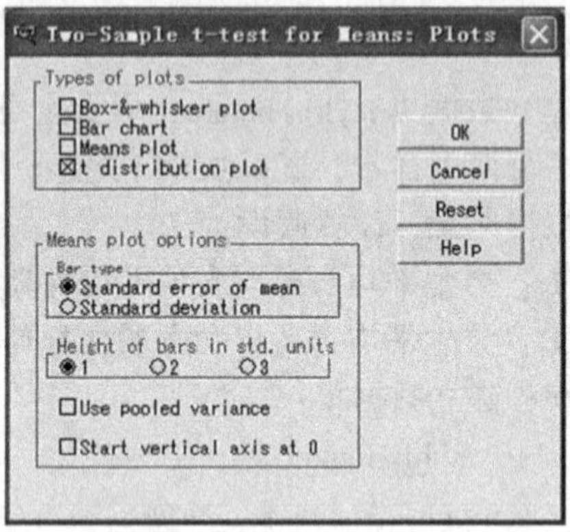

(b)

图 4-27 两独立双样本均值 t-检验的设置

```
Sample Statistics

    Group         N       Mean     Std. Dev.    Std. Error
    ----------------------------------------------------------
    1            10      174.6       6.6366        2.0987
    2             8     165.75       4.9208        1.7398

Hypothesis Test

    Null hypothesis:     Mean 1 - Mean 2 =  0
    Alternative:         Mean 1 - Mean 2 ^= 0

    If Variances Are     t statistic      Df        Pr > t
    ----------------------------------------------------------
    Equal                   3.137          16        0.0064
    Not Equal               3.246       15.94        0.0051
```

(a)

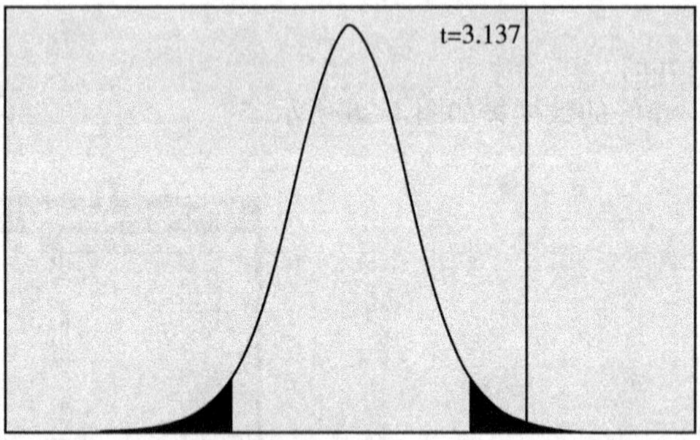

(b)

图 4-28 两独立样本均值比较的结果

结果显示，t 统计量的 p 值 $=0.0064<0.05$ 所以在 0.05 的显著性水平下拒绝原假设，男女生身高存在明显差别。

图形中表示 t 统计量观测值位置竖线落在拒绝域，所以拒绝原假设，在 0.05 的显著性水平下男女生身高存在明显差别。

(2)用 TTEST 过程步对两独立样本正态总体均值进行假设检验，程序如下：

```
PROC TTEST DATA = <数据集名>;
    CLASS <分组变量名>;
    VAR <分析变量名列>;
RUN;
```

使用这一格式要求将两个样本中被比较均值的变量的观测值记在同一分析变量下，不同的样本用另一个分类变量的不同值加以区分，而且分类变量只能取两个值，否则将报错。

```
proc  ttest  data=mylib.height;
    class  B;
    var  A;
run;
```

结果如图 4-29 所示。

```
                                The TTEST Procedure

                                    Statistics

                                Lower CL           Upper CL  Lower CL             Upper CL
Variable  B                 N       Mean     Mean      Mean   Std Dev  Std Dev   Std Dev  Std Err

A         1                10     169.85    174.6    179.35    4.5649   6.6366    12.116   2.0987
A         2                10     162.33    165.6    168.87     3.147   4.5753    8.3527   1.4468
A         Diff (1-2)              3.6446        9    14.355    4.3069   5.6999    8.4292   2.5491

                                      T-Tests

              Variable    Method           Variances      DF    t Value    Pr > |t|

              A           Pooled           Equal          18       3.53      0.0024
              A           Satterthwaite    Unequal        16       3.53      0.0028

                               Equality of Variances

                 Variable    Method       Num DF    Den DF    F Value    Pr > F

                 A           Folded F          9         9       2.10    0.2830
```

图 4-29　TTEST 过程的两独立样本均值比较结果

从检验结果来看，关于方差齐性的检验结果，相应的 p 值 = 0.2830>0.05 所以不能拒绝方差相等的假设。

在方差相等的前提下，检验 t 均值，相应的 P 值 = 0.0024<0.05 所以在 0.05 的显著性水平下拒绝原假设，男女生身高存在明显差别。

【例 4-8】 为调查两种不同识字教学法的效果，在小学一年级的两个班分别试验这两种教学方法，并在每班各随机抽取了 10 名小学生，记录下他们使用两种教学法的成绩如表 4-8 所示。试以 0.05 的显著性水平推断两种教学法是否有显著差异？

表 4-8　　**10 名小学生的成绩**

A 方法	97	95	99	92	89	97	91	88	90	93
B 方法	89	92	87	88	90	95	94	85	88	91

由于两样本大小一致，所以在数据集 mylib.score 中分别用变量 A 和变量 B 存储两个样本，推断两种教学法的考试成绩是否存在明显差别。根据题意，设置假设：

H_0：方法 A 和方法 B 的考试成绩无显著差异，$\mu_1-\mu_2=0$

H_1：方法 A 和方法 B 的考试成绩有显著差异，$\mu_1-\mu_2\neq 0$

编程建立数据集：

```
data  mylib.score;
    input  A  B  @@;
```

```
    cards;
97 89 95 92 99 87 92 88 89 90
97 95 91 94 88 85 90 88 93 91
;
run;
```

建好的数据集如图 4-30 所示。

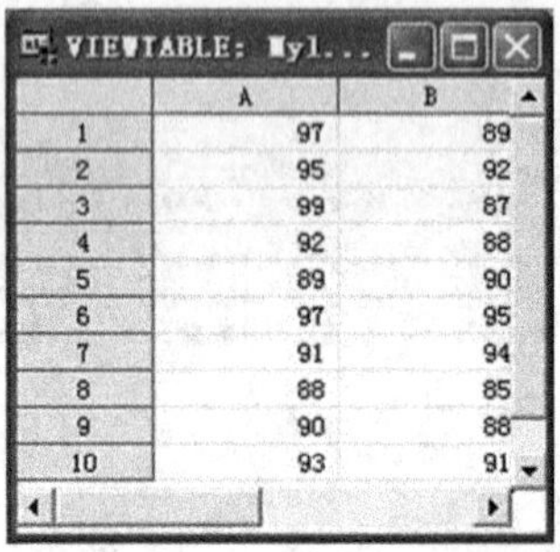

	A	B
1	97	89
2	95	92
3	99	87
4	92	88
5	89	90
6	97	95
7	91	94
8	88	85
9	90	88
10	93	91

图 4-30　数据集 mylib. score

用分析家模块对两独立样本正态总体均值进行比较，步骤如下：

①启动分析家模块，并打开数据集 mylib. score。

②选择菜单“统计”→“假设检验”→“均值的双样本 t-检验”命令，打开“Two-Sample t-test for Means”对话框。

③在“Two-Sample t-test for Means”对话框中，选择“Groups are in”中的 Two variables，并将变量 A 和 B 分别填入 Group1 和 Group2 中，如图 4-31(a)所示。

④单击“Plots”按钮，在打开的对话框中选中 t distribution plot 复选框，如图 4-31(b)所示。

⑤单击“OK”按钮，返回到“Two-Sample t-test for Means”对话框，再次单击“OK”按钮，得到分析结果如图 4-32(a)、(b)所示。

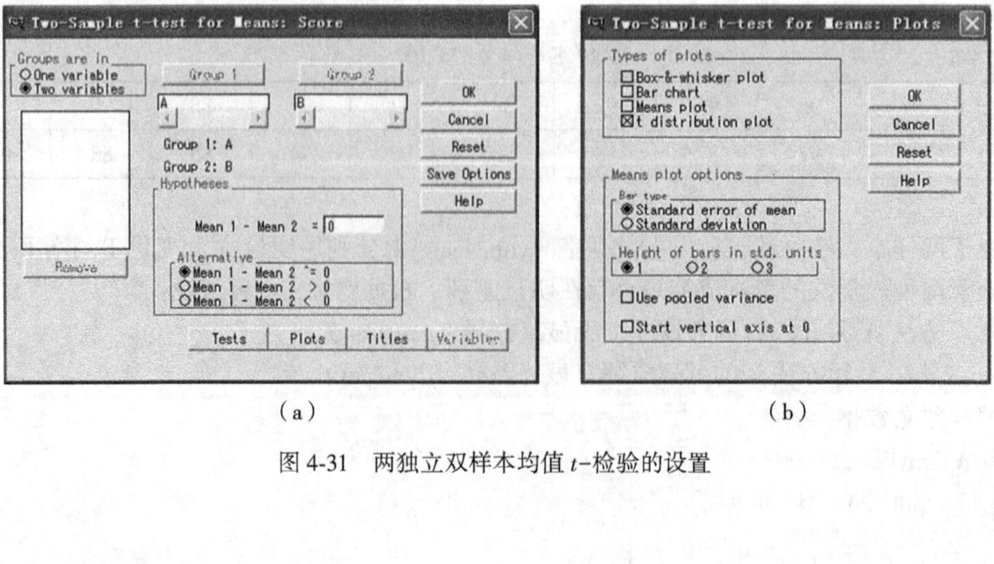

(a)　　　　　　　　　　(b)

图 4-31　两独立双样本均值 t-检验的设置

```
Sample Statistics

Group          N      Mean     Std. Dev.    Std. Error
---------------------------------------------------------
A             10      93.1       3.755        1.1874
B             10      89.9       3.1429       0.9939

Hypothesis Test

Null hypothesis:    Mean 1 - Mean 2 = 0
Alternative:        Mean 1 - Mean 2 ^= 0

If Variances Are    t statistic    Df       Pr > t
---------------------------------------------------------
Equal                 2.067        18       0.0535
Not Equal             2.067       17.46     0.0539
```

(a)

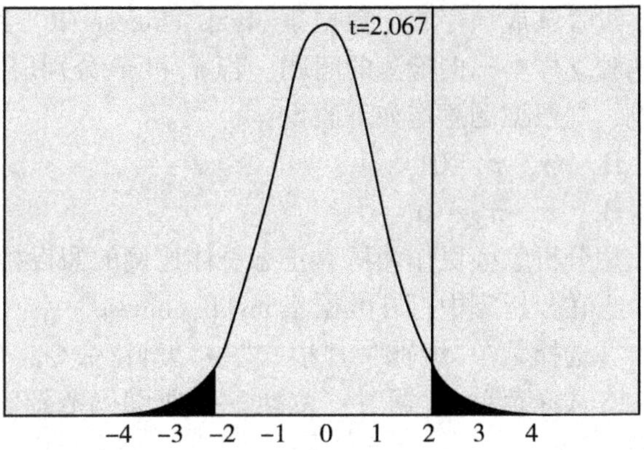

(b)

图 4-32 两独立样本均值比较的结果

结果显示，t 统计量的 p 值>0.05，所以在 0.05 的显著性水平下不能拒绝原假设，两种教学法的考试成绩的平均值没有显著差异，即两种教学法没有显著差异。

2. 两独立样本正态总体比例的比较

【例 4-9】 为调查男女生语文学习情况，在小学一年级随机抽取了 27 名男生和 20 名女生，记录下他们语文考试的成绩如表 4-9 所示。

表 4-9 **47 名学生语文考试成绩**

id	sex	chinese	id	sex	chinese	id	sex	chinese
1	男	96.5	17	男	84	33	女	99
2	男	100	18	男	92.5	34	女	98.5
3	男	98.5	19	男	94	35	女	97
4	男	89	20	男	99	36	女	60
5	男	95	21	男	88.5	37	女	99
6	男	100	22	男	98	38	女	89.5
7	男	82	23	男	97	39	女	84.5
8	男	99.5	24	男	88	40	女	97.5
9	男	79	25	男	90	41	女	87
10	男	89	26	男	94	42	女	96
11	男	96	27	男	100	43	女	98.5
12	男	96	28	女	97	44	女	98
13	男	86.5	29	女	98.5	45	女	95.5
14	男	88	30	女	95.5	46	女	93.5
15	男	77.5	31	女	98	47	女	89.5
16	男	88	32	女	84			

试以 0.05 的显著性水平推断考试成绩在 90 分以上的男女生所占比例是否有显著差异？

设考试成绩存放于数据集 Mylib. chinese 中，其中，语文成绩变量名为 chinese。这是一个两独立样本比例检测的问题，若 π_1 和 π_2 分别表示男生和女生语文成绩 90 分以上的人所占比例，则根据题意作如下假设：

H_0：$\pi_1-\pi_2=0$

H_1：$\pi_1-\pi_2\neq 0$

用分析家模块作两样本正态总体比例的假设检验，步骤如下：

①在分析家中打开数据集 mylib. chinese。

②选择菜单"编辑"→"模式"→"编辑"命令，使数据集处于编辑模式。

③选择菜单"数据"→"变换"→"重编码范围"命令，打开"Recode Ranges Information"对话框。

④在"Column to recode"列表框中选择变量 chinese，设置如图 4-33(a)所示。

⑤单击"OK"按钮，打开 Recode Ranges 对话框，输入新变量的取值，设置如图 4-33(b)所示。单击"OK"按钮，得到新变量 chinese_recoded。

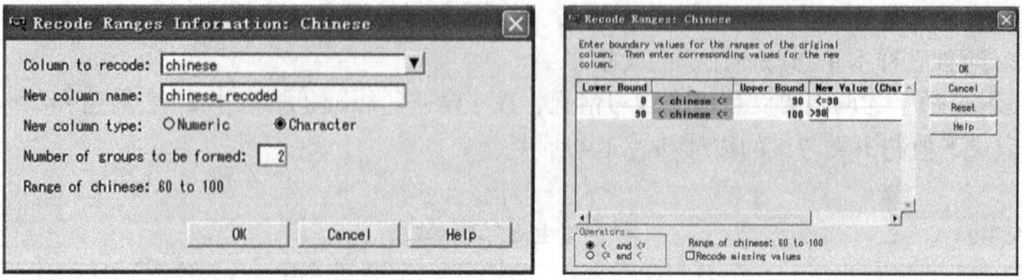

(a)　　　　　　　　　　　　(b)

图 4-33　重编码范围对话框的设置

⑥选择菜单"统计"→"假设检验"→"比例的双样本检验"命令，打开"Two-Sample test for Proportions"对话框。

⑦在"Two-Sample test for Proportions"对话框中选择分析变量 chinese_recoded，sex 作为分组变量，如图 4-34(a)所示。

⑧单击"Level of interest"右侧下拉按钮，选择>90。在 Hypotheses 栏设置原假设的值 prop 1-prop2=0，选择备择假设 prop1-prop2≠ 0，如图 4-34(a)所示。

⑨单击"Plots"按钮，在打开的对话框中选择 Normal distribution plot，如图 4-34(b)所示。

⑩单击"OK"按钮，返回到"Two-Sample test for Proportions"对话框，再次单击"OK"按钮，得到分析结果如图 4-35(a)、(b)所示。

结果显示，z 统计量的 p 值为 0.3138，所以在 0.05 的显著性水平下不能拒绝原假设，考试成绩在 90 分以上的男女生所占比例没有显著差异。

3. 两独立样本正态总体方差的比较

【例 4-10】　一家机床厂以生产某种圆形零件为主，每天的产量大约是 8000 个，每个零件的尺寸规格为直径 21.5 毫米。生产厂家现购进一台新的机床进行生产，为了分析新机床生产的零件的尺寸是否比旧机床生产的零件尺寸偏差更小，现从某天新旧机床生产的零件中

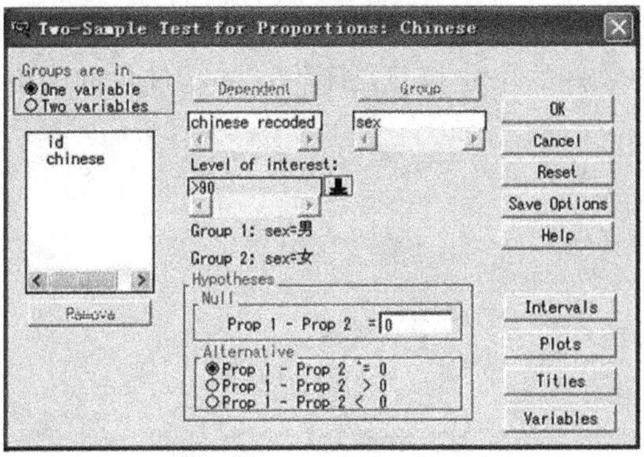

（a）

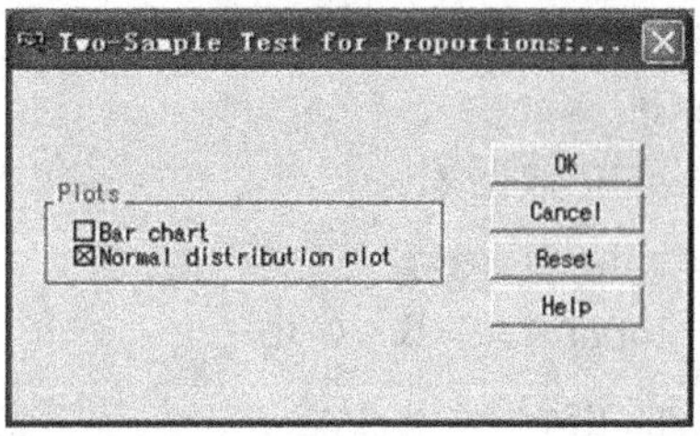

（b）

图 4-34　两独立样本比例假设检验的设置

```
Sample Statistics

          - Frequencies of chinese_recoded for sex -
  Value             男                女
  -----------------------------------------
  <=90              12                 6
  >90               15                14

Hypothesis Test

  Null hypothesis:
          Proportion of chinese_recoded(sex=男) - Proportion of chinese_recoded(sex=女) =  0
  Alternative:
          Proportion of chinese_recoded(sex=男) - Proportion of chinese_recoded(sex=女) ^= 0

          - Proportions of chinese_recoded for sex -
  Value             男           女          Z      Prob > Z
  ----------------------------------------------------------
  >90           0.5556       0.7000      -1.01     0.3138
```

（a）

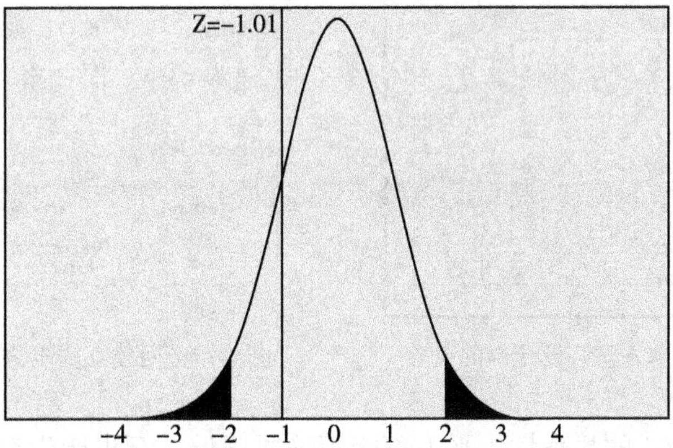

（b）

图 4-35　两独立样本比例假设检验的结果

各随机抽取了 10 个，测得每个零件尺寸如表 4-10 所示。

表 4-10　　**零 件 尺 寸**　　（单位：毫米）

旧机床	21.6	21.3	21.5	21.2	21.7	21.4	21.1	21.9	21.3	21.4
新机床	21.5	21.6	21.6	21.4	21.7	21.5	21.4	21.2	21.3	21.4

由于两样本大小一致，所以在数据集 mylib. size 中分别用变量 A 和变量 B 存储两个样本，如果 σ_1^2 和 σ_2^2 分别表示新机床生产的零件的尺寸和旧机床生产的零件尺寸的方差，根据题意，设置假设：

H_0：$\sigma_1^2 \geqslant \sigma_2^2$

H_1：$\sigma_1^2 < \sigma_2^2$

编程建立数据集：

```
data   mylib. size;
    input   A   B   @@;
    cards;
21. 6 21. 5 21. 3 21. 6 21. 5 21. 6 21. 2 21. 4 21. 7 21. 7
21. 4 21. 5 21. 1 21. 4 21. 9 21. 2 21. 3 21. 3 21. 4 21. 4
;
run;
```

用分析家模块作单样本正态总体方差的假设检验，步骤如下：

①选择菜单“统计”→“假设检验”→“方差的双样本检验”命令。

②在打开的“Two-Sample Test for Variances”对话框中，选择“Groups are in”中的 Two variables，选择分析变量 A 和 B 分别填入 Group1 和 Group2 中，如图 4-36 所示。

③在 Hypotheses 栏设置选择备择假设 Variance1/Variance2 <1，如图 4-36 所示。

④单击“OK”按钮，得到分析结果如图 4-37 所示。

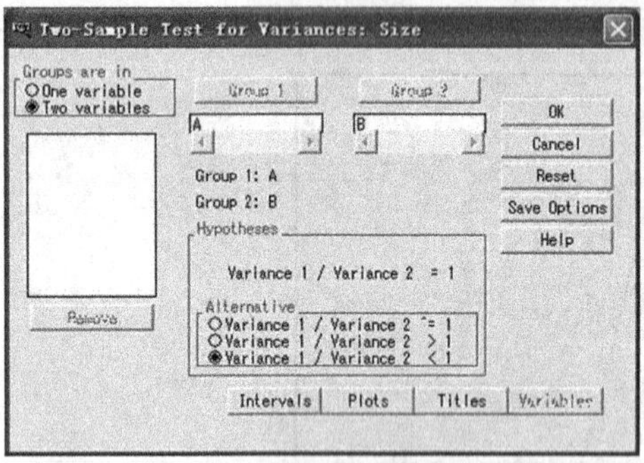

图 4-36　两独立样本方差假设检验的设置

```
Sample Statistics

     Group          N        Mean     Std. Dev.     Variance
     -------------------------------------------------------
     A             10       21.44       0.2413      0.058222
     B             10       21.46       0.1506      0.022667

Hypothesis Test

     Null hypothesis:     Variance 1 / Variance 2 => 1
     Alternative:         Variance 1 / Variance 2 <  1

                       - Degrees of Freedom -
              F           Numer.     Denom.          Pr < F
     -------------------------------------------------------
           2.57             9          9             0.9119
```

图 4-37　两独立样本方差假设检验的结果

结果显示，在 0. 05 的显著性水平下不能拒绝原假设，新机床生产的零件的尺寸比旧机床生产的零件尺寸偏差更小。

4. 3. 2　两配对样本正态总体的参数估计与假设检验

对于配对样本的均值 t 检验而言，它的数据来源比较特殊，一般有两种情况：一种是同源配对；另一种是自身配对。其配对检验目的也有两种：一种是推断配对样本接受两种处理的效果有无差异；另一种是判断配对样本接受该处理有无作用。所以这类问题用配对样本均值 t 检验法。

配对样本检验用于检验两样本所得的均值间是否有显著性差异，它主要输出结果有：均值，t 值，p 值。在对配对样本进行分析时，可先考虑一个指标的情况，无论采用的是哪一种配对方法，都可将每对中的两个数据相减求出差值 d，如果处理的两个水平之间本质上没有差别，而且，配对的条件又非常严格，由每对数据所得的差值 d 都应接近于零，那么，可以把 d 的均值看成样本均数，把零看做理论均值，使配对样本 t 检验转变成单组样本 t 检验问题，即作 d 的总体均值与零比较的假设检验。

【例 4-11】 为探究两种公式还原魔方所需时间差异，随机选取 10 名实力相当的魔方爱好者分别采用两种公式进行操作实验，每个爱好者还原魔方所需的时间如表 4-11 所示，试分析这两种公式还原魔方所需时间有无显著差异。

表 4-11 **10 名魔方爱好者还原魔方时间** （单位：分）

公式 A	10	15	12	11	13	12	16	17	14	10
公式 B	13	13	14	11	10	12	14	15	11	14

建立数据集 mylib. time，两种公式还原魔方测得的时间分别用变量 A 和 B 存储，变量 d 为变量 A 和 B 的差值，根据题意对变量 d 的均值作如下假设：

H_0：$u_d=0$ 即 $\mu_1-\mu_2=0$

H_1：$u_d\neq0$ 即 $\mu_1-\mu_2\neq0$

编程建立数据集：

```
data   mylib. time;
       input   A   B @@ ;
       d=A-B;
       cards;
10  13  15  13  12  14  11  11  13  10
12  12  16  14  17  15  14  11  10  14
;
run;
```

(1)用 INSIGHT 模块对两配对样本正态总体均值进行比较，其步骤如下：

①在 INSIGHT 模块中打开数据集 mylib. time。

②选择菜单“分析”→“分布”命令，打开“分布”对话框。

③在“分布”对话框中设置分析变量 d，如图 4-38(a)所示。

④单击“输出”按钮，在弹出的对话框中选择“位置检验”复选框，如图 4-38(b)所示。

⑤单击“确定”按钮，返回“分布”对话框，再次单击“确定”按钮，得到输出结果如图 4-39所示。

结果显示三个检验的结论都是 p 值大于 0.05，所以拒绝原假设，即两种公式还原魔方所需时间之差的均值与 0 有显著差异。因此，在 0.05 的显著性水平下不能拒绝原假设，两种公式还原魔方所需时间无显著差异。

(2)用分析家模块对两配对样本正态总体均值进行比较，其步骤如下：

①在分析家模块中打开数据集 mylib. time。

②选择菜单“统计”→“假设检验”→“均值的双样本成对 t-检验”命令，打开“Two-Sample Paired t-test for Means”对话框。

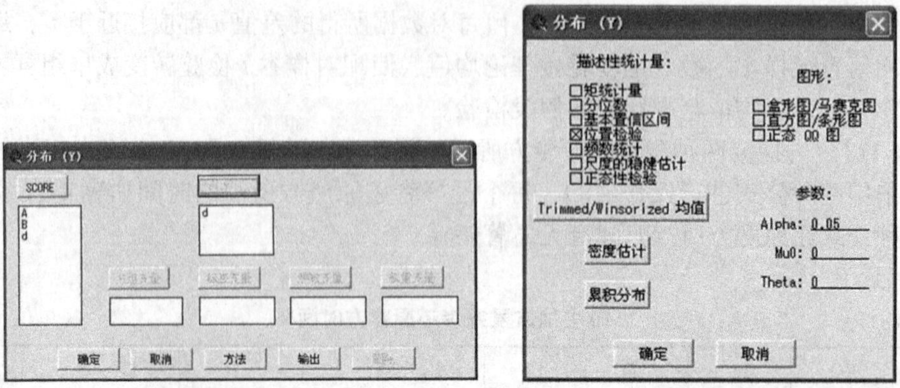

(a) (b)

图 4-38 INSIGHT 的两配对样本均值 t-检验设置

位置检验: Mu0=0		
观测数 (!= Mu0):8		
观测数 (> Mu0):5		
检验	统计量	P 值
学生 T 检验	0.37	0.7175
符号检验	1.00	0.7266
符号秩检验	1.50	0.8516

图 4-39 INSIGHT 中两配对样本均值比较的结果

③在"Two-Sample Paired t-test for Means"对话框中选择变量 A 和 B 分别填入 Group1 和 Group2 中，如图 4-40(a)所示。

④单击"Plots"按钮，在打开的对话框中选中 t distribution plot 复选框，如图 4-40(b)所示。

⑤单击"OK"按钮，返回到"Two-Sample Paired t-test for Means"对话框，再次单击"OK"按钮，得到分析结果如图 4-41 所示。

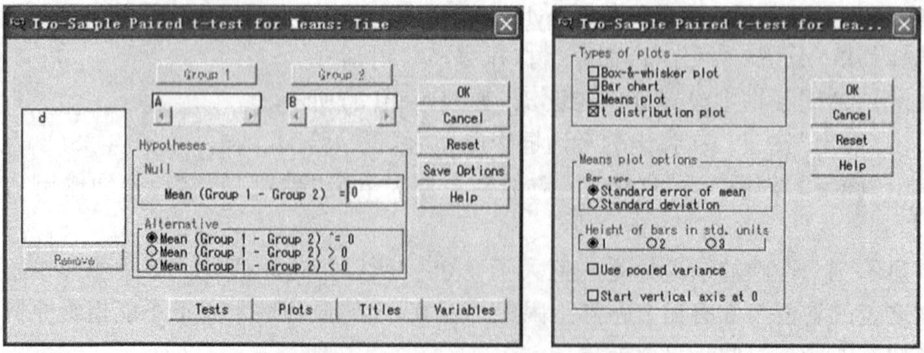

(a) (b)

图 4-40 分析家的两配对样本均值 t-检验设置

结果显示 t 统计量的 p 值 $=0.7175>0.05$，因此在 0.05 的显著性水平下不能拒绝原假设，

Sample Statistics

Group	N	Mean	Std. Dev.	Std. Error
A	10	13	2.4495	0.7746
B	10	12.7	1.6364	0.5175

Hypothesis Test

Null hypothesis: Mean of (A - B) = 0
Alternative: Mean of (A - B) ^= 0

t Statistic	Df	Prob > t
0.373	9	0.7175

(a)

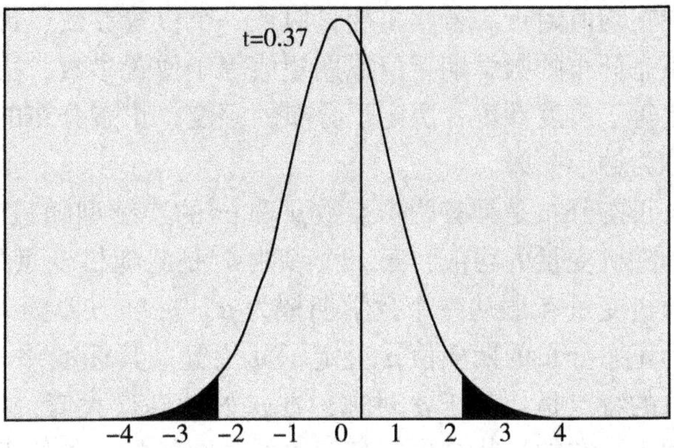

(b)

图 4-41　分析家的两配对样本均值比较的结果

两种公式还原魔方所需时间无显著差异。

(3)用 TTEST 过程步对两配对样本正态总体均值进行比较，程序如下：

```
proc   ttest   data=mylib.time;
    paired   A*B;
run;
```

结果如图 4-42 所示。

The TTEST Procedure

Statistics

Difference	N	Lower CL Mean	Mean	Upper CL Mean	Lower CL Std Dev	Std Dev	Upper CL Std Dev	Std Err
A - B	10	-1.518	0.3	2.1176	1.7476	2.5408	4.6385	0.8035

T-Tests

Difference	DF	t Value	Pr > |t|
A - B	9	0.37	0.7175

图 4-42　TTEST 过程的两配对样本均值比较结果

结果显示 t 统计量的 p 值=0.7175>0.05，因此在 0.05 的显著性水平下不能拒绝原假设，两种公式还原魔方所需时间无显著差异。

4.4　分布检验

通常在对总体参数作假设检验之前，需要对总体数据的分布进行检验，判断总体分布是否符合正态分布。下面介绍正态分布和正态性检验的方法。

4.4.1　正态分布

正态分布(Normal distribution)又名高斯分布(Gaussian distribution)，是一个在数学、物理及工程等领域都非常重要的概率分布，在统计学的许多方面有着重大的影响力。该分布由两个参数——平均值和方差决定。概率密度函数曲线以均值为对称中线，方差越小，分布越集中在均值附近。若随机变量服从一个位置参数、尺度参数的概率分布，则其概率密度函数为正态分布的数学期望值或期望值等于位置参数，决定了分布的位置；其方差的开平方或标准差等于尺度参数，决定了分布的幅度。正态分布的概率密度函数曲线呈钟形，因此又经常被称为钟形曲线。

正态分布是具有两个参数 μ 和 σ^2 的连续型随机变量的分布，第一参数 μ 是遵从正态分布的随机变量的均值，第二个参数 σ^2 是此随机变量的方差，所以正态分布记为 $N(\mu,\ \sigma^2)$。若随机变量 X 服从一个数学期望为 μ、标准方差为 σ^2 的高斯分布，记为：则其概率密度函数为正态分布的期望值 μ 决定了其位置，其标准差 σ 决定了分布的幅度。正态分布的密度函数的特点是：关于 μ 对称，在 μ 处达到最大值，在正(负)无穷远处取值为 0，在 $\mu\pm\sigma$ 处有拐点。它的形状是中间高两边低，图像是一条位于 x 轴上方的曲线，因其曲线呈钟形，因此人们又经常称之为钟形曲线。我们通常所说的标准正态分布是 $\mu = 0$，$\sigma = 1$ 的正态分布。服从正态分布的随机变量的概率规律为取与 μ 邻近的值的概率越大，而取离 μ 越远的值的概率越小；σ 越小，分布越集中在 μ 附近，σ 越大，分布越分散。

1. 正态分布的概率密度函数

$$f(X) = \frac{1}{\sigma\sqrt{2\pi}} e^{\frac{-(X-\mu)^2}{2\sigma^2}} \quad -\infty < X < +\infty$$

则称 X 服从正态分布，记为 $X \sim N(\mu,\ \sigma^2)$。其中，μ 为 X 的总体均数，σ^2 为总体方差(见图 4-43)。

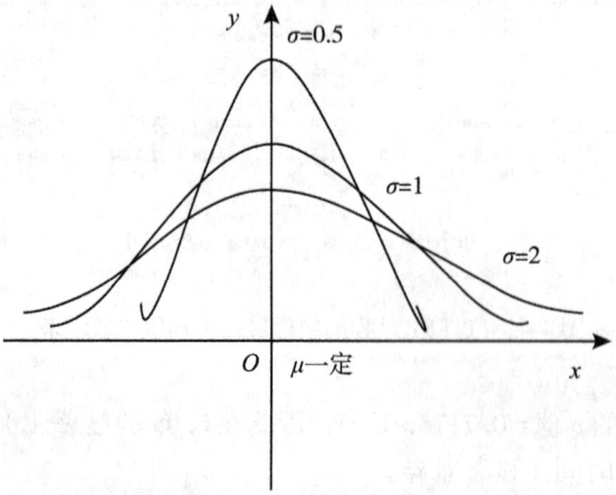

图 4-43　正态分布曲线

2. 正态分布曲线的性质

(1)曲线在 x 轴上方，与 x 轴不相交。

(2)曲线关于直线 $x=\mu$ 对称。

(3)在 $x=\mu$ 时位于最高点。

(4)当 $x<\mu$ 时，曲线上升；当 $x>\mu$ 时，曲线下降，并且当曲线向左、右两边无限延伸时，以 x 轴为渐近线，向它无限靠近。

(5)当 μ 一定时，曲线的形状由 σ 确定。σ 越大，曲线越“扁平”，表示总体的分布越分散；σ 越小，曲线越"尖陡"，表示总体的分布越集中。

3. 标准正态分布

当 $\mu=0$，$\sigma=1$ 时，正态总体称为标准正态总体；其相应的曲线称为标准正态曲线(见图4-44)。

$$\varphi(x)=\frac{1}{\sqrt{2\pi}}\exp\left(\frac{-x^2}{2}\right)$$

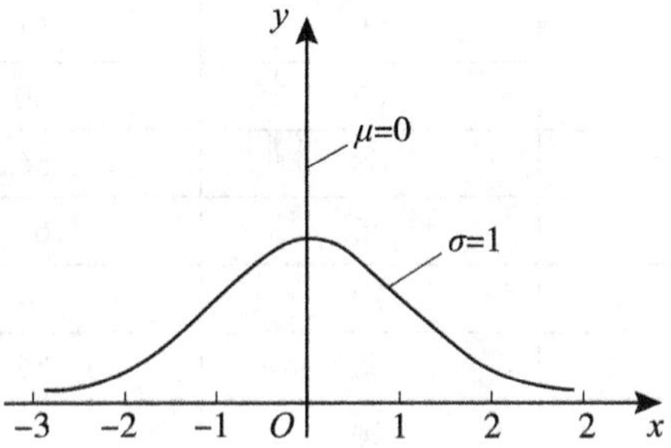

图 4-44 标准正态分布曲线

标准正态总体 $N(0,1)$ 在正态总体的研究中占有重要地位。任何正态分布的问题均可转化成标准总体分布的概率问题。

正态分布有极其广泛的实际背景，生产与科学实验中很多随机变量的概率分布都可以近似地用正态分布来描述。例如，在生产条件不变的情况下，产品的强力、抗压强度、口径、长度等指标；同一种生物体的身长、体重等指标；同一种种子的重量；测量同一物体的误差；弹着点沿某一方向的偏差；某个地区的年降水量；以及理想气体分子的速度分量，等等。一般来说，如果一个量是由许多微小的独立随机因素影响的结果，那么就可以认为这个量具有正态分布。从理论上看，正态分布具有很多良好的性质，许多概率分布可以用它来近似；还有一些常用的概率分布是由它直接导出的，例如，t 分布、F 分布都是在正态分布的基础上推导出来的，U 检验也是以正态分布为基础的。此外，t 分布、二项分布、Poisson 分布的极限为正态分布，在一定条件下，可以按正态分布原理来处理。

4.4.2 正态性检验

正态分布是连续型变量的理论分布，有些统计方法只适用于正态分布或近似正态分布资料，因此在用这些方法前，需考虑进行正态性检验。进行正态性检验的方法有非参数检验中的 K-S 检验，探索性描述统计中的 P-P 图，Q-Q 图。

对于正态性检验，原假设为 H_0：数据服从正态分布；备择假设 H_1：数据不服从正态分布。当样本含量 $n\leqslant 2000$ 时，结果以 Shapiro-Wilk（W 检验）为准，当样本含量 $n>2000$ 时，结果以 Kolmogorov-Smirnov（D 检验）为准。

可以使用 UNIVARIATE 过程对变量进行正态分布检验，其一般格式为：

```
PROC  UNIVARIATE  DATA=数据集 NORMAL;
    VAR  变量;
RUN;
```

【例 4-12】 随机抽取某班 22 名学生 3 门功课的成绩如表 4-12 所示。

表 4-12　　**22 名学生 3 门功课的成绩(单位：分)**

Stu_id	sex	Subjects1	Subjects2	Subjects3
103	m	73	64	74
114	m	79	71	85
104	m	87	89	91
124	m	60	61	65
123	m	65	60	76
134	m	68	56	60
115	m	46	65	66
116	m	79	74	89
127	m	68	55	60
108	m	60	64	71
130	m	73	60	75
121	m	81	84	89
133	m	60	60	66
144	f	87	84	85
135	f	75	62	66
146	f	79	77	73
137	f	82	81	84
128	f	75	74	67
119	f	71	71	69
140	f	70	75	69
121	f	76	76	79
142	f	71	60	60

将数据集保存在 mylib. exam 中，分析该班 3 门功课的成绩分布是否符合正态分布。

1. 用 INSIGHT 模块进行正态性检验，其步骤如下：

①在 INSIGHT 模块中打开数据集 mylib. exam。

②选择菜单“分析”→“分布”命令，打开“分布”对话框。

③在“分布”对话框中选择分析变量 Subjects1，Subjects2，Subjects3，如图 4-45(a)所示。

④单击“输出”按钮，在打开的对话框中选中正态性检验复选框，如图 4-45(b)所示。

⑤单击“确定”按钮，返回到“分布”对话框，再次单击“确定”按钮，得到分析结果如图 4-46 所示。

这里有变量 Subjects1，Subjects2，Subjects3 的四种正态性检验结果，例如，变量 Subjects1 的正态性检验结果：

Shapiro-Wilk 统计量的值为 0. 951236，相应的 p 值为 0. 3341>0. 05；

Kolmogorov-Smirnov 统计量的值为 0. 112307，相应的 p 值为 0. 1500>0. 05；

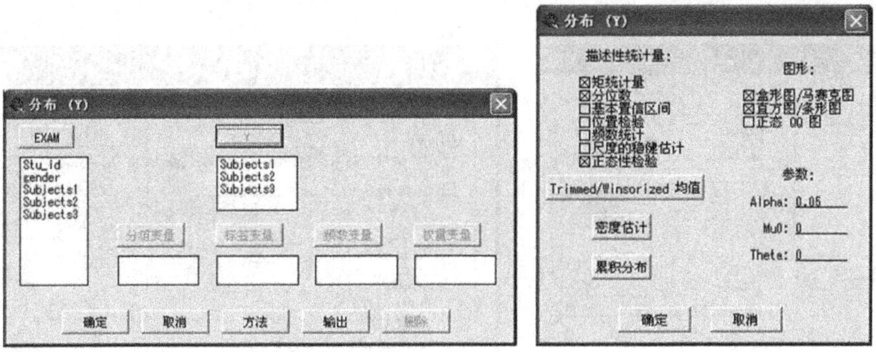

(a)　　　　　　　　(b)

图 4-45　INSIGHT 的正态性检验设置

Subjects1

正态性检验		
检验统计量	值	P 值
Shapiro-Wilk	0.951236	0.3341
Kolmogorov-Smirnov	0.112307	>.1500
Cramer-von Mises	0.045722	>.2500
Anderson-Darling	0.331048	>.2500

Subjects2

正态性检验		
检验统计量	值	P 值
Shapiro-Wilk	0.935836	0.1623
Kolmogorov-Smirnov	0.164946	0.1194
Cramer-von Mises	0.095257	0.1253
Anderson-Darling	0.559211	0.1358

Subjects3

正态性检验		
检验统计量	值	P 值
Shapiro-Wilk	0.927263	0.1076
Kolmogorov-Smirnov	0.132358	>.1500
Cramer-von Mises	0.079701	0.2058
Anderson-Darling	0.531237	0.1601

图 4-46　INSIGHT 的正态性检验结果

Cramer-von Mises 统计量的值为 0.045722，相应的 p 值为 0.2500>0.05；

Anderson-Darling 统计量的值为 0.331048，相应的 p 值为 0.2500>0.05。

变量 Subjects1 的四种正态性检验 p 值均大于 0.05，因此在 0.05 显著性水平下不能拒绝变量 Subjects1 分布为正态分布的原假设。

结果表明，变量 Subjects2 和变量 Subjects3 的四种正态性检验结论也是不能拒绝变量的分布为正态分布的原假设，所以三个科目的考试成绩均符合正态分布。

2. 用分析家模块进行正态性检验，其步骤如下：

①在“分析家”模块中打开数据集 mylib. exam。

②选择菜单“统计”→“描述性统计”→“分布”命令，在打开的“分布”对话框中选择分析变量 Subjects1，Subjects2，Subjects3，如图 4-47(a)所示。

③单击“Fit”按钮，在打开的对话框中选择“normal”复选框，如图 4-47(b)所示。

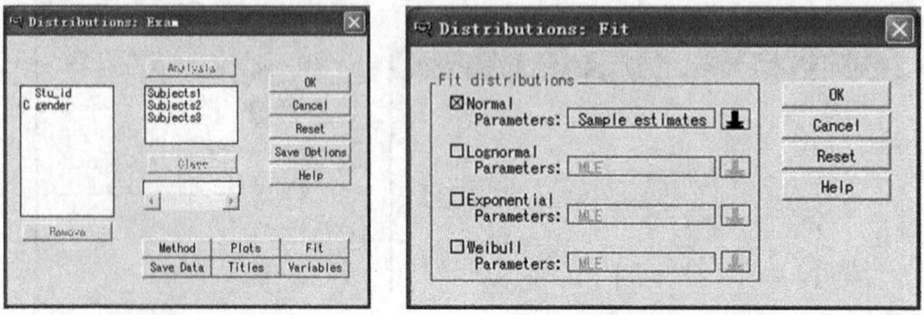

（a）　　　　　　　　（b）

图 4-47　分析家的正态性检验设置

④单击“OK”按钮，返回到“分布”对话框，再次单击“OK”按钮。

⑤在分析家窗口的项目管理器中双击“Fitted Distributions of Exam”，查看检验结果如图 4-48(a)、(b)、(c)所示。

UNIVARIATE 过程
Fitted Distribution for Subjects1

“正态”分布的参数

参数	符号	估计值
均值	Mu	72.04545
标准偏差	Sigma	9.780823

“正态”分布的拟合优度检验

检验	-----统计量-----		-------P 值-------	
Kolmogorov-Smirnov	D	0.11230684	Pr > D	>0.150
Cramer-von Mises	W-Sq	0.04572203	Pr > W-Sq	>0.250
Anderson-Darling	A-Sq	0.33104787	Pr > A-Sq	>0.250

（a）

UNIVARIATE 过程
Fitted Distribution for Subjects2

“正态”分布的参数

参数	符号	估计值
均值	Mu	69.22727
标准偏差	Sigma	9.92319

“正态”分布的拟合优度检验

检验	-----统计量-----		-------P 值-------	
Kolmogorov-Smirnov	D	0.16494585	Pr > D	0.119
Cramer-von Mises	W-Sq	0.09525736	Pr > W-Sq	0.125
Anderson-Darling	A-Sq	0.55921078	Pr > A-Sq	0.136

（b）

UNIVARIATE 过程
Fitted Distribution for Subjects3

“正态”分布的参数

参数	符号	估计值
均值	Mu	73.59091
标准偏差	Sigma	9.945849

“正态”分布的拟合优度检验

检验	-----统计量-----		-------P 值-------	
Kolmogorov-Smirnov	D	0.13235794	Pr > D	>0.150
Cramer-von Mises	W-Sq	0.07970120	Pr > W-Sq	0.206
Anderson-Darling	A-Sq	0.53123730	Pr > A-Sq	0.160

（c）

图 4-48　分析家的正态性检验结果

这里有变量 Subjects1，Subjects2，Subjects3 的检验拟合分布的结果和三种正态性检验结果，例如，变量 Subjects2 拟合正态分布，均值为 69.22727，标准差为 9.92319，正态性检验结果：

Kolmogorov-Smirnov 统计量的值为 0.16494585，相应的 p 值为 0.119>0.05；

Cramer-von Mises 统计量的值为 0.09525736，相应的 p 值为 0.125>0.05；

Anderson-Darling 统计量的值为 0.55921078，相应的 p 值为 0.136>0.05。

变量 Subjects2 的三种正态性检验 p 值均大于 0.05，因此在 0.05 显著性水平下不能拒绝变量 Subjects2 的分布为正态分布的原假设。

结果表明，变量 Subjects1 和变量 Subjects3 的三种正态性检验结论也是不能拒绝变量的分布为正态分布的原假设，所以三个科目的考试成绩均符合正态分布。

3. 用 univariate 过程步进行正态性检验，程序如下：

```
proc  univariate  data=mylib.exam  normal;
    var  Subjects1  Subjects2  Subjects3;
run;
```

检验结果如图 4-49(a)、(b)、(c)所示。

正态性检验

检验	----统计量----		-------P 值-------	
Shapiro-Wilk	W	0.951236	Pr < W	0.3341
Kolmogorov-Smirnov	D	0.112307	Pr > D	>0.1500
Cramer-von Mises	W-Sq	0.045722	Pr > W-Sq	>0.2500
Anderson-Darling	A-Sq	0.331048	Pr > A-Sq	>0.2500

(a)

正态性检验

检验	----统计量----		-------P 值-------	
Shapiro-Wilk	W	0.935836	Pr < W	0.1623
Kolmogorov-Smirnov	D	0.164946	Pr > D	0.1194
Cramer-von Mises	W-Sq	0.095257	Pr > W-Sq	0.1253
Anderson-Darling	A-Sq	0.559211	Pr > A-Sq	0.1358

(b)

正态性检验

检验	----统计量----		-------P 值-------	
Shapiro-Wilk	W	0.927263	Pr < W	0.1076
Kolmogorov-Smirnov	D	0.132358	Pr > D	>0.1500
Cramer-von Mises	W-Sq	0.079701	Pr > W-Sq	0.2058
Anderson-Darling	A-Sq	0.531237	Pr > A-Sq	0.1601

(c)

图 4-49　TTEST 过程的正态性检验结果

这里有变量 Subjects1，Subjects2，Subjects3 的四种正态性检验结果，例如，变量 Subjects3 的正态性检验结果：

Shapiro-Wilk 统计量的值为 0.927263，相应的 p 值为 0.1076>0.05；

Kolmogorov-Smirnov 统计量的值为 0.132358，相应的 p 值为 0.1500>0.05；

Cramer-von Mises 统计量的值为 0.079701，相应的 p 值为 0.2058>0.05；

Anderson-Darling 统计量的值为 0.531237，相应的 p 值为 0.1601>0.05。

变量 Subjects3 的四种正态性检验 p 值均大于 0.05，因此在 0.05 显著性水平下不能拒绝变量 Subjects3 的分布为正态分布的原假设。

结果表明，变量 Subjects1 和变量 Subjects2 的四种正态性检验结论也是不能拒绝变量的分布为正态分布的原假设，所以三个科目的考试成绩均符合正态分布。

本章小结

本章主要介绍了参数估计的基本概念、假设检验的基本原理和总体的正态性检验方法，并从 INSIGHT 模块、分析家模块和 TTEST 过程步三个方面，结合具体实例演示了 SAS 系统的统计推断功能。通过本章的学习，能掌握如何使用 SAS 系统实现单样本正态总体的参数估计与假设检验、两独立样本正态总体的参数估计与假设检验，以及两配对样本正态总体的参数估计与假设检验。

习　题

1. 从一批钉子中随机抽取 20 枚，测得其长度见表 4-13：(单位：厘米)

表 4-13

2.12	2.11	2.14	2.15	2.13	2.12	2.13	2.10	2.14	2.15
2.14	2.12	2.15	2.10	2.13	2.11	2.14	2.11	2.11	2.12

假设这批钉子的长度服从正态分布，试以 90% 的置信水平求钉子平均长度的置信区间。

2. 有一批袋装糖果，标准重量为每袋 500 克，现从中随机地抽取 20 袋，称得重量见表 4-14：(单位：克)

表 4-14

505	506	498	513	502	511	497	512	490	499
512	508	492	498	504	509	510	496	501	500

假设袋装糖果重量服从正态分布，试从样本数据出发，检验这批糖果的重量是否符合标准。

3. 某工厂以生产直径为 20 毫米的圆形零件为主，每天的产量大约是 5000 个。为了分析该厂产品质量是否符合要求，质检部门对生产的零件进行抽检，现从某天生产的一批零件中随机抽取了 27 个，测得每个零件的直径见表 4-15：(单位：毫米)

表 4-15

20.2	20.1	20.3	20.2	20.0	20.2	20.5	19.5	19.8
20.6	20.0	20.1	20.2	20.1	20.2	20.0	20.4	19.8
19.6	20.5	20.3	19.9	19.5	20.4	20.3	20.1	19.9

试从抽检的样本数据出发，以 0.05 的显著性水平检验零件直径的均值是否与 20 毫米有显著差异。

4. 体育课上随机记录了 16 名小学生一分钟跳绳的数据见表 4-16：(单位：个)

表 4-16

男生	141	90	103	78	118	97	136	155	89
女生	135	126	80	107	90	117	119		

假设男女生一分钟跳绳次数的数据相互独立且均服从正态分布，试比较在 95% 的置信水平下，男女生一分钟跳绳次数是否有显著差异。

5. 测得两批电子器材的随机抽样样本的电阻见表 4-17：(单位：Ω)

表 4-17

第一批	0.141	0.137	0.143	0.142	0.140	0.137
第二批	0.136	0.139	0.140	0.138	0.142	0.139

试以 0.05 的显著性水平检验这两批电子器材的电阻有无显著差异。

6. 某工厂为检验开展工人技能培训活动的效果，随机抽取 8 名工人技能培训前后的产量数据见表 4-18：(单位：个)

表 4-18

工人	1	2	3	4	5	6	7	8
培训前	86	87	66	93	75	83	75	79
培训后	89	87	65	99	89	92	76	96

根据以上数据，试以 0.05 的显著性水平分析此项培训是否有效?

7. 由 10 名同学组成一个随机样本，让他们分别在上午和下午进行 50 米跑步测验，测验的成绩见表 4-19：(单位：秒)

表 4-19

上午	9.0	8.9	8.5	8.7	8.6	8.4	8.6	8.8	9.5	9.3
下午	8.7	8.3	7.9	8.2	8.9	8.7	9.2	9.4	10.0	9.6

试从样本数据出发，以 0.05 的显著性水平分析上午和下午的 50 米跑步测验所用时间是否有显著性差异。

8. 已知两只股票在 2014 年 3 月的 22 个交易日的收益率见表 4-20：

表 4-20

A	B	A	B	A	B	A	B
0.0078	-0.002	-0.0136	0.0025	0.0138	0.0402	0.0169	0.0225
-0.0213	-0.117	-0.0079	0.0157	-0.0123	0.0314	-0.0401	-0.007
0.0106	0.003	-0.0254	0.0041	0.0052	-0.0478	0.0025	0.0133
-0.0135	0.0023	0.0136	0.0412	0.0109	0.003	0.0157	-0.0103
-0.0078	0.0158	-0.0125	0.0304	-0.0136	0.0025		
-0.0251	0.0044	0.0051	-0.0468	-0.0079	0.0157		

试以 0.05 的显著性水平比较股票 A 的风险是否高于股票 B。

第5章 方差分析

方差分析(Analysis of Variance, ANOVA),又称"F检验",由英国统计学家R. A. Fisher首先提出。方差分析是检验多个总体均值是否相等的一种统计方法,用于两个及两个以上样本均数差别的显著性检验。

方差分析的主要目的是通过对试验或观测数据的分析,弄清影响研究指标有关的各个因素,以及各个因素之间的交互作用对该指标的影响,鉴别因素影响的显著性和各水平效应,从而选取最优方案。方差分析对于比较不同生产工艺或设备条件下产量、质量的差异,分析不同计划方案效果的好坏,以及比较不同地区、不同人员有关的数量指标差异是否显著时是非常有用的。

5.1 方差分析概述

前一章所讨论的t检验是比较两个平均数差异的统计方法。数据来自两种不同的实验处理,这种实验是最简单的设计。然而,在大多数实验中,包含两种以上的实验处理,需要同时比较两个以上的样本平均数,这种情况下,能否采用t检验对多组均数进行两两比较呢?

例如,要同时比较A、B、C、D四个平均数两两之间的差异,需分别进行六次t检验,即A—B,A—C,A—D,B—C,B—D,C—D,如果每次t检验犯第一类错误①的概率为0.05,则不犯第一类错误的概率为0.95,6次都不犯第一类错误的概率为0.95的6次方,即0.7351,因此,在6次t检验中至少有一次犯第一类错误的概率高达0.2649。由此可见,用两两t检验的方式进行多组间的比较会增大犯第一类错误的概率,即可能把本来无差别的两个总体均数判为有差别,使结论的可信度降低。所以这种多个样本平均数差异的检验需通过方差分析进行,可以把方差分析看做是t检验的增强版。

在实际应用中,对多组(≥3组)均数比较时,单纯地使用多次t检验的方法是不可靠的。应该首先进行方差分析,当统计量F值有显著意义时,再选用合适的多重比较方法。

5.1.1 方差分析的原理

方差分析的基本思想是通过分析研究中不同来源的变异对总变异的贡献大小,从而确定可控因素对研究结果影响力的大小。作为一种统计方法,方差分析把实验数据的总变异分解为两部分:

(1)组内变异:又称为误差平方和,仅包括随机性因素,是由实验中一些希望加以控制

① 在进行假设检验时,由于检验统计量是随机变量,有一定的波动性,即使原假设H_0为真,在正常的情况下,计算的统计量仍有一定的概率α(α称为显著性水平)落入拒绝域内,因此也有可能会错误地拒绝原假设H_0,这种当原假设H_0为真而拒绝原假设的错误,称为假设检验的第一类错误,又称为拒真错误。

的非实验因素和一些未被有效控制的未知因素造成的变异，如个体差异、随机误差 。组内变异是具体某一个处理水平之内的，因此在对总体变异进行估计的时候不涉及研究的处理效应。

(2)组间差异：又称为模型平方和，不仅包括组内变异的误差因素，而且还包括了不同组所接受的实验处理条件不同造成的影响。如果研究数据的总变异是由处理效应造成的，那么组间变异在总变异中应该占较大比例。

方差是离均差平方和除以自由度，在方差分析中常简称为均方 MS(mean square)。根据效应的可加性，将总的离均差平方和分解成若干部分，每一部分都与某一种效应相对应，总自由度也被分成相应的各个部分，各部分的离均差平方除以相应部分的自由度得出各部分的均方，然后列出方差分析表算出 F 值，作出统计推断。

方差分析的关键是总离均差平方和的分解，分解越细致，各部分的含义就越明确，对各种效应的作用就越了解，统计推断就越准确。方差分析表的一般形式如表 5-1 所示：

表 5-1　**方差分析表形式**

变异来源 source	离均差平方和 SS	自由度 df	均方 MS	F 统计量 F	P 概率值 P
效应 S_1	SS_1	df_1	$MS_1 = SS_1/df_1$	$F_1(df_1, df_e) = MS_1/MS_e$	P_1
效应 S_2	SS_2	df_2	$MS_2 = SS_2/df_2$	$F_2(df_2, df_e) = MS_2/MS_e$	P_2
…	…	…	…	…	
效应 S_m	SS_m	df_m	$MS_m = SS_m/df_m$	$F_m(df_m, df_e) = MS_m/MS_e$	P_m
误差 S_e	SS_e	df_e	$MS_e = SS_e/df_e$		
总变异 S_T	$SS_T = SS_1 + SS_2 + \cdots + SS_m + SS_e$	$df_T = df_1 + df_2 + \cdots + df_m + df_e$	$MS_T = SS_T/df_T$	$F_T(df_T, df_e) = MS_T/MS_e$	P_T

表中变异来源一栏，可分为总变异(total)，误差(residual)，各个效应(effect)相对应的项。效应项与试验设计或统计分析的目的有关，一般有：主效应(包括各种因素)，交互影响项(因素间的多级交互影响)，协变量(来自回归的变异项)，等等。

当分析和确定了各个效应项 S 后，根据原始观察资料可计算出各个离均差平方和 SS，再根据相应的自由度 df，由公式 $MS = SS/df$，求出均方 MS，最后由相应的均方，求出各个变异项的 F 值，F 值实际上是两个均方之比值，通常情况下，分母的均方是误差项的均方。根据 F 值的分子、分母均方的自由度 f_1 和 f_2，在确定显著性水平为 α 情况下，由 $F(f_1, f_2)$ 临界值表查得单侧 F_α 界限值。当 $F < F_\alpha$ 时，则 $P > \alpha$，不拒绝原假设 H_0，说明不拒绝这个效应项的效应为 0 的原假设，也即这个效应项是可能对总变异没有实质影响的；如果 $F \geqslant F_\alpha$，则 $P \leqslant \alpha$，拒绝原假设 H_0，说明拒绝这个效应项的效应为 0 的原假设，也即这个效应项是很可能对总变异有实质影响的。

简单地说，方差分析是用组间差异除以组内变异的 F 与 1 进行比较，若 F 值接近 1，则说明实验条件的变化(因素水平的不同)对实验结果影响不大；若 F 值远大于 1，则说明系统误差大得多，系统条件变化引起的误差不可忽略。

进行实验时，把可控制的实验条件称为因素(Factor)，因素变化的各个等级为水平(Level)。例如，某工厂的原料来自四个不同的地区，那么用不同地区的原料生产的产品质量是否一致呢？所要比较的地区就是因素，四个地区便是地区这一因素的四个水平。若在实验中只有一个因素在变化，其他可控制的条件不变，则称它为单因素方差分析；若实验中变化的因素有两个或两个以上，则称为双因素或多因素方差分析。根据实验结果，怎样找出有显著作用的因素，以及找出在怎样的水平和工艺条件下能使指标最优以达到优质和高产的目的，这就是方差分析所要解决的问题。

5.1.2 单因素方差分析问题与模型

单因素方差分析用来检验以一个分类变量得到的多个分类总体的均值是否相等。

在实际工业应用中，为了比较不同配方和工艺条件对产品产量和质量的影响，往往需要进行多个总体均值的比较，方差分析就是进行正态总体均值比较常用的一种统计方法。

例如，有 m 种不同的工艺条件，统计上也称每种工艺条件为一个水平。假设在第 i 种水平下，产品产量记录全体为一个总体。对此总体得到了产品产量记录的样本为 X_{i1}，X_{i2}，…，X_{in}，希望由此对不同水平下总体的均值进行比较，对此，观测到的 X_{ij} 常用以下的模型来表示：

$$X_{ij}=\mu_i+\varepsilon_{ij},\quad 1\leqslant j\leqslant n,\quad 1\leqslant i\leqslant m$$

其中，μ_i 表示第 i 种水平下产量的均值，ε_{ij} 为产量记录所包含的随机误差，它可以是抽样或观测引起的误差，也可以是影响产量的其他因素引起的误差。在方差分析中为了得到有效的检验法还常假定 ε_{ij} 满足两个条件：①ε_{ij} 是相互独立的；②ε_{ij} 都服从正态分布，且 ε_{ij} 的均值都为0，方差都相同。

我们所观测到的数据 $\{X_{ij}\}$ 的均值受一个因素不同水平的影响，即 μ_i 依赖于一个变量 i，这类问题称为单因素问题，用以处理这类问题的统计方法称为单因素的方差分析。在方差分析中，要分析的变量 X_{ij} 称为因变量或分析变量，表示因素取不同值的变量称为自变量或分类变量。

要比较 μ_i，自然想到使用其估计量

$$X_{i+}=\frac{1}{n}\sum_{j=1}^{n}X_{ij},\quad 1\leqslant i\leqslant m。$$

若记

$$X_{++}=\frac{1}{m}\sum_{j=1}^{m}X_{i+},$$

则 $v_i=X_{i+}-X_{++}$ 反映了均值间的差异，即组间的差异。

这样，比较不同水平下均值是否相同问题的假设检验：

H_0：　$\mu_1=\mu_2=\cdots=\mu_m$，

H_1：　μ_1，μ_2，…，μ_m 不全相等

就可以表示为：

H_0：　$v_1=v_2=\cdots=v_m$，

H_1：　v_1，v_2，…，v_m 不全相等

在单因素方差分析中，用以下的统计量汇总了组间和组内差异：

模型平方和：

$$SS_m = \sum_{i=1}^{m} n(X_{i+} - X_{++})^2$$

误差平方和：

$$SS_e = \sum_{i=1}^{m}\sum_{j=1}^{n}(X_{ij} - X_{i+})^2$$

全部校正平方和：

$$SS_t = \sum_{i=1}^{m}\sum_{j=1}^{n}(X_{ij} - X_{++})^2$$

模型平方和汇总了组间差异，误差平方和汇总了组内差异，以适当的因子规范后，它就是各总体的共同方差的估计量：

$$SS_t = \sum_{i=1}^{m}\sum_{j=1}^{n}(X_{ij} - X_{i+})^2 = n\sum_{i=1}^{m}(X_{i+} - X_{++})^2 + \sum_{i=1}^{m}\sum_{j=1}^{n}(X_{ij} - X_{i+})^2 = SS_m + SS_e$$

5.1.3 双因素方差分析问题与模型

在实际问题中，影响总体均值的因素往往不止一个，这时就要在多种因素的不同水平条件下进行观测，从而得到多种因素对试验结果的影响程度，这就是多因素方差分析。这里，为简单起见，仅考虑两个因素的情况。根据因素之间是否存在交互作用，分为两种情况来讨论：

1. 无交互作用的双因素方差分析

如果影响试验结果的两因素之间彼此相互独立，没有必然的联系，则这种双因素方差分析比较简单。

例如，要观测五种不同配方的驱虫剂中哪种驱虫剂最长效，通常是通过驱虫剂使用一周后药效损耗的百分比来衡量。但是除了配方外，环境条件对驱虫剂的长效性也有一定的影响，不同配方的驱虫剂在不同的住宅可能有不同的效果。而配方和环境之间是没有什么联系的。如果将不同驱虫剂使用于不同的住宅，则会将驱虫剂配方不同的差异与住宅不同的影响混淆在一起，无法区分出好的驱虫剂。

为此可在每个住宅的不同房间随机地试用一种驱虫剂，用方差分析将驱虫剂配方不同的差异与住宅不同的影响区分开来。这种试验方式又称随机化试验，每个住宅称为一个区组。

若 X_{ij} 表示用第 i 种驱虫剂在第 j 个住宅中使用后的药效损耗的记录，考虑到驱虫剂和住宅的影响及随机的误差，则将 X_{ij} 表示为：

$$X_{ij} = \mu+\alpha_i+\tau_j+\varepsilon_{ij}$$

其中，μ 反映平均的效应，α_i 为第 i 种配方的附加效应，τ_j 为第 j 个住宅的附加效应，ε_{ij} 为随机误差。

较为一般的是考虑有重复观测的情形。若第一个因素 A 有 p 个水平，第二个因素 B 有 m 个水平，则在因素 A 的第 i 个水平和因素 B 的第 j 个水平下进行了多次观测，记为 $\{X_{ijk}, 1 \leqslant k \leqslant n\}$。类似于单因素问题，对 X_{ijk} 考虑如下的模型：

$$X_{ijk} = \mu+\alpha_i+\tau_j+\varepsilon_{ijk} \quad 1\leqslant k\leqslant n,\ 1\leqslant i\leqslant p,\ 1\leqslant j\leqslant m$$

其中，μ 反映平均的效应，α_i 为第一个因素的附加效应，τ_j 为第二个因素的附加效应，ε_{ijk} 为随机误差，也称残差。在方差分析中也假定残差 $\{\varepsilon_{ijk}\}$ 是独立的、具有相同的正态分布 $N(0, \sigma^2)$。

对于观测数据，要说明第一个因素 A 无显著影响，就是检验如下的假设：

H_0：$\alpha_1=\alpha_2=\cdots=\alpha_p$ H_1：α_1，α_2，…，α_p不全相等

要说明第二个因素 B 无显著影响，就是检验如下的假设：

H_0：$\tau_1=\tau_2=\cdots=\tau_m$ H_1：τ_1，τ_2，…，τ_m不全相等

而模型无显著效果是指上述的两个原假设同时成立。

因为μ，α_i，τ_j都有任意性，有时为了确定起见，还附加如下限制：

$$\sum_{i=1}^{p}\alpha_i=0,\qquad\sum_{j=1}^{m}\tau_j=0$$

方差分析也将全部校正平方和进行分解，并分出了反映第一个因素和第二个因素不同水平间差异的平方和以及组内误差平方和。而两个因素不同水平间差异的平方和就可分别用以检验两个因素不同水平差异是否显著的问题，即检验原假设 H_0。以下就是这一分解式：

$$X_{i++}=\frac{1}{mn}\sum_{j=1}^{m}\sum_{k=1}^{n}X_{ijk},\ X_{+j+}=\frac{1}{pn}\sum_{i=1}^{p}\sum_{k=1}^{n}X_{ijk},\ X_{+++}=\frac{1}{pmn}\sum_{i=1}^{p}\sum_{j=1}^{m}\sum_{k=1}^{n}X_{ijk}$$

$$\begin{aligned}SS_{\text{total}}&=\sum_{i=1}^{p}\sum_{j=1}^{m}\sum_{k=1}^{n}(X_{ijk}-X_{+++})^2\\&=mn\sum_{i=1}^{p}(X_{i++}-X_{+++})^2+pn\sum_{j=1}^{m}(X_{+j+}-X_{+++})^2\\&\quad+\sum_{i=1}^{p}\sum_{j=1}^{m}\sum_{k=1}^{n}(X_{ijk}+X_{i++}-X_{+j+}+X_{+++})^2\\&=SS(A)+SS(B)+SS_{\text{error}}\\&=SS_{\text{model}}+SS_{\text{error}}\end{aligned}$$

其中，SS(A)，SS(B)分别表示反映因素 A 和因素 B 不同水平间差异的平方和。注意在上述分解式中是允许 $n=1$ 的。

各个平方和除以相应的自由度可得到平均平方和，进而将平均平方和除以误差的平均平方和就可得到检验因素显著性和模型显著性的 F 统计量。

这些计算结果和相应的 p 值，都可汇总在方差分析表中显示。利用软件提供的这些结果，就可对有关的假设进行检验。

2. 有交互作用的双因素方差分析

前面介绍影响驱虫剂长效性的因素配方和环境之间是没有什么联系的，而如果考察添加剂和工艺条件对产品产量的影响，不同的添加剂会要求不同的工艺条件，在一种工艺条件下有效的添加剂，在另一种工艺条件下可能是完全无效的。这种现象，就是两者对产量的影响不是两者效果的简单叠加，在方差分析中称为两个因素存在交互作用。

对于交互作用的观测$\{X_{ijk}\}$采用如下的模型：

$$X_{ijk}=\mu+\alpha_i+\tau_j+\gamma_{ij}+\varepsilon_{ijk}\quad 1\leqslant k\leqslant n,\ 1\leqslant i\leqslant p,\ 1\leqslant j\leqslant m$$

其中，μ，α_i，τ_j，ε_{ijk}与无交互作用中的含义相同。γ_{ij}表示因素 A 的第 i 个水平和因素 B 的第 j 个水平交互作用的附加效应。这里也假定$\{\varepsilon_{ijk}\}$是独立的、具有相同的正态分布 $N(0,\sigma^2)$。

其中，μ，α_i，τ_j，γ_{ij}也有任意性，为了确定起见，还常附加如下限制：

$$\sum_{i=1}^{p}\alpha_i=0,\ \sum_{j=1}^{m}\tau_j=0$$

$$\sum_{j=1}^{m}\gamma_{ij}=\sum_{i=1}^{p}\gamma_{ij}=0,\ 1\leqslant i\leqslant p,\ 1\leqslant j\leqslant m$$

对观测数据，要说明第一个因素 A 与第二个因素 B 的交互作用无显著影响，就是检验如下的假设：

H_0：$\gamma_{11}=\gamma_{12}=\cdots=\gamma_{pm}=0$，　H_1：γ_{11}，γ_{12}，…，γ_{pm}不全相等

除了检验上述假设，也可通过假设检验来分别查看因素 A 和 B 的各个水平下的响应是否有显著差异。

全部校正平方和的分解式为：

$$X_{ij+}=\frac{1}{n}\sum_{k=1}^{n}X_{ijk}$$

$$\begin{aligned}SS_{\text{total}}&=\sum_{i=1}^{p}\sum_{j=1}^{m}\sum_{k=1}^{n}(X_{ijk}-X_{+++})^2\\&=mn\sum_{i=1}^{p}(X_{i++}-X_{+++})^2+pn\sum_{j=1}^{m}(X_{+j+}-X_{+++})^2\\&\quad+k\sum_{i=1}^{p}\sum_{j=1}^{m}(X_{ij+}-X_{i++}-X_{+j+}+X_{+++})^2+\sum_{i=1}^{p}\sum_{j=1}^{m}\sum_{k=1}^{n}(X_{ijk}-X_{ij+})^2\\&=SS(A)+SS(B)+SS(A*B)+SS_{\text{error}}\\&=SS_{\text{model}}+SS_{\text{error}}\end{aligned}$$

其中 SS(A)，SS(B)分别表示反映因素 A 和因素 B 不同水平间差异的平方和，SS(A * B)反映交互作用大小的平方和。注意为了使上述分解中 SS_{error} 不为零，n 必须大于 1，即为了检验交互作用必须有重复观测。

5.1.4　方差分析中的基本假定

本章所讲的方差分析主要指的是参数方差分析，对数据进行方差分析时有一定的条件限制，数据必须满足一些基本的假定，否则，由它得出的结论将会产生错误，这时可改用方差分析的非参数方法，如用 NPAR1WAY(单因素非参数)过程进行 Wruskal_Wallisjian 检验。方差分析中常用的基本假定是：

1. 总体的正态性

若 A 因素有 k 个水平 A_1，A_2，…，A_k，则在每一个水平下考察的指标可以看成一个总体，现有 k 个水平，故有 k 个总体，每一个总体均服从正态分布，且从每一个总体中抽取的样本相互独立。因为方差分析只能估计随机误差，顺序排列或顺序取样总体不能作方差分析。应用方差分析的总体应服从正态分布，即每一个观测值 X_{ij} 应围绕相应的平均数呈正态分布。有证据表明总体分布不是正态时，可以将数据作某种转换，经过转换以后的数据就可以接近正态分布了，亦可进行方差分析。

总体的正态性可以用上一章介绍的方法来验证，也可通过本章介绍的“残差的正态性检验”来验证。

2. 方差齐性

各个总体的方差相同。所有实验数据的方差应具备同质性，也称方差齐性，即 $\sigma_1^2=\sigma_2^2=\cdots=\sigma_n^2$。因为方差分析是将各个处理的实验误差合并以得到一个共同误差的方差，所

以必须假定总体中有这样一个共同方差存在。方差异质将使假设检验中某些处理效应得出不正确的结果，如果发现方差不同质的现象，则可将变异性特别明显的数据剔除，或将实验分成几个部分进行分析，使每个部分满足方差齐性，以进行方差分析。

方差齐性可以在方差分析的过程中进行验证，常用的方法有 Levene's 检验法，Bartlett's 检验法等，后续实例中具体介绍。

3. 变异的可加性

方差分析所依据的一个基本原理就是变异的可加性。处理效应与误差效应应该是可加的，并服从方差分析的数学模型，即 $x_{ij}=\mu+\alpha_i+\varepsilon_{ij}$，这样才能将实验的总变异分解为各因素引起的变异，以确定各变异在总变异中所占的比例，对实验结果作出客观评价。

变异的可加性是否显著有专门的统计方法，这里不详细讨论。

有时会遇到一些样本，其所来自的总体和上面提到的三个基本假定相抵触，这些数据在做方差分析前必须经过适当的处理，如进行相应的数据转换。常用的数据转换方法有平方根转换、对数转换和反正弦转换。有时总体的非正态性、变异的不可加性和方差的异质性通常连带出现，分析时主要考虑变异的可加性，其次考虑方差齐性。

5.2 单因素方差分析

在 SAS 中，可以使用三种方法来进行单因素方差分析，下面分别介绍。

5.2.1 用 INSIGHT 作单因素方差分析

【例 5-1】 某卫生研究机构研究棉布、府绸、的确良、尼龙四种衣料内棉花吸附十硼氢量，每种衣料各进行五次测量，所得数据见表 5-2。试检验各种衣料间棉花吸附十硼氢量有没有显著差别？

表 5-2 **各种衣料间棉花吸附十硼氢量**

棉布	府绸	的确良	尼龙
2.33	2.48	3.06	4.00
2.00	2.34	3.06	5.13
2.93	2.68	3.00	4.61
2.73	2.34	2.66	2.80
2.33	2.22	3.06	3.60

首先建立相应的数据集。将表 5-2 中的数据整理成图 5-1 所示结构的数据集，存放在 mylib. cotton 中。

1. 多个总体差异的图形表现

在使用方差分析比较各种衣料间棉花吸附十硼氢量之前，可以先利用图形直观地比较这些结果。

(1)选择“解决方案/分析”菜单下的“交互式数据分析”项或在 SAS 的命令框中输入“INSIGHT”命令，系统将提示选择所用数据集，选择 mylib 库的 cotton 数据集，点击“打开”

	type	quantity
1	棉布	2.33
2	棉布	2
3	棉布	2.93
4	棉布	2.73
5	棉布	2.33
6	府绸	2.48
7	府绸	2.34
8	府绸	2.68
9	府绸	2.34
10	府绸	2.22
11	的确良	3.06
12	的确良	3.06
13	的确良	3
14	的确良	2.66
15	的确良	3.06
16	尼龙	4
17	尼龙	5.13
18	尼龙	4.61
19	尼龙	2.8
20	尼龙	3.6

图 5-1　创建数据集 mylib. cotton

按钮，打开该数据集；

(2)选择菜单栏中的“分析”菜单的“盒形图/马赛克图(Y)”项，在出现的对话框中选中变量“”，点击“X”按钮，将 type 变量放入 X 栏，用同样的方法将 quantity 变量放入 Y 栏，如图 5-2 所示。点击“确定”按钮，出现如图 5-3 所示的盒形图。

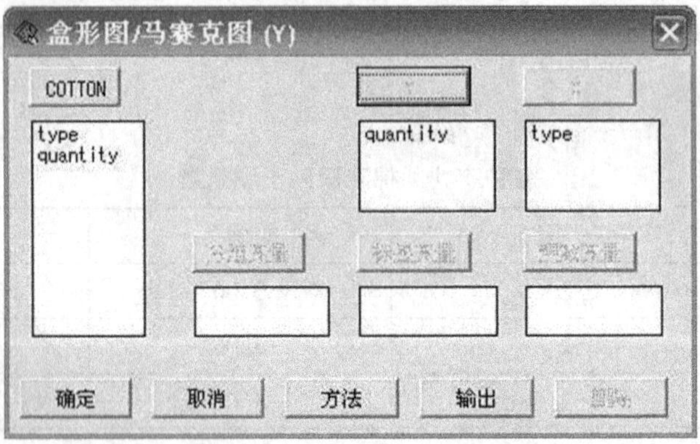

图 5-2　设置盒形图参数

图 5-3 显示的是按四种不同衣料测试结果分别制作的盒形图，如果想更清楚地显示不同衣料的均值和方差的信息，则可作以下处理。

(3)点击图 5-3 左下角的箭头，在出现的下拉菜单中选中“均值”；

(4)点击图 5-3 左下角的箭头，在出现的下拉菜单中点击“观测”，取消其前的钩号；

(5)点击图 5-3 左下角的箭头，在出现的下拉菜单中选中“值”；

经上述操作后，盒形图变为如图 5-4 所示统计图。

图 5-4 就清楚地显示了不同衣料的均值和方差的信息，从图中可以看出四种衣料中尼龙吸附十硼氢量的差异比较显著(菱形的高度差异较大)，均值间有一定的差异。但在统计上

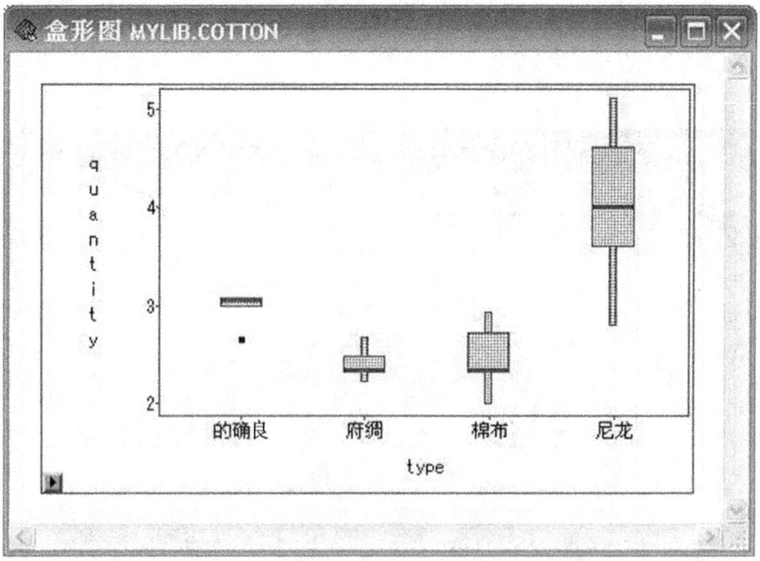

图 5-3　盒形图

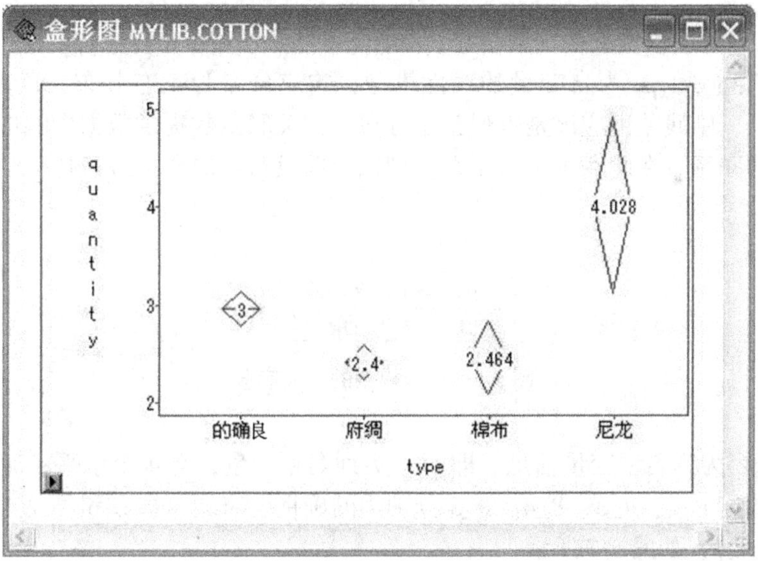

图 5-4　均值和方差统计图

差异是否显著需要进行方差分析。

2. 方差分析

在用 INSIGHT 进行方差分析时，表示因素的变量必须是列名型的，这一变量取的每个值就对应一个水平。例如，用数据集 mylib. cotton 比较各种衣料间棉花吸附十硼氢量时，衣料是表示因素的，每一种衣料就是一个水平，记录衣料的变量将作为自变量，即分类变量；而记录棉花吸附十硼氢量的变量将作为因变量，即分析变量。

为了用方差分析比较四种衣料间棉花吸附十硼氢量均值是否有差异，选择菜单栏中"分析”菜单下的“拟合(Y X)”项，在出现的对话框中，将 type 变量放入 X 栏，quantity 变量放入 Y 栏，点击“确定”按钮即可，如图 5-5 所示。以下将对运行结果中的各表进行简要的分析。

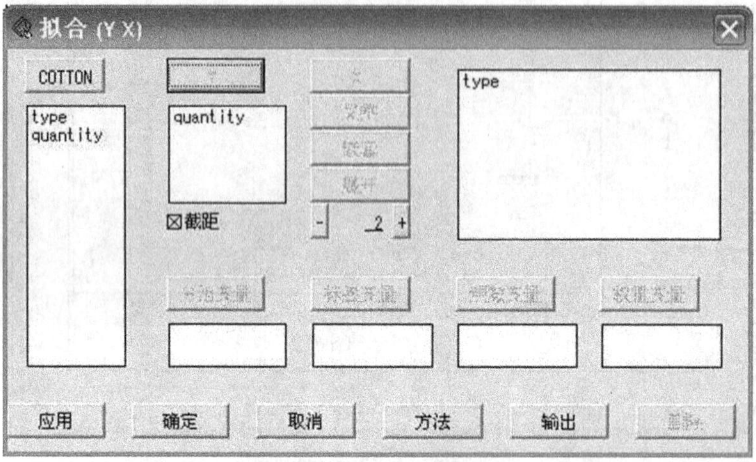

图 5-5　方差分析的变量选择

(1)第一张表说明该模型的一般信息，如图 5-6 所示。quantity = type 表示这个分析是以 quantity 为响应变量，type 为自变量的线性模型；响应分布为正态分布，这是默认的分布，若这一假设成立，则残差项应该是近似正态分布的；关联函数提供数据中响应变量和模型中的响应变量间的联系。在此例中，由于在模型拟合前没对响应变量进行任何变换，所以关联函数是恒等的。

quantity	= type
响应分布:	正态
关联函数:	恒等

图 5-6　拟合模型的一般信息

(2)第二张表为列名型变量信息，即 type 为列名型变量，有 4 个水平；第三张表提供参数信息，并且约定 P_2、P_3、P_4、P_5 分别为的确良、府绸、棉布和尼龙 4 种布料的标识变量(也称哑变量)，如图 5-7 所示。

列名型变量信息

水平	type
1	的确良
2	府绸
3	棉布
4	尼龙

参数信息

参数	变量	type
1	Intercept	
2	type	的确良
3		府绸
4		棉布
5		尼龙

图 5-7　列名型变量信息表与参数信息表

(3)第四张表给出响应变量均值关于自变量不同水平的模型方程式，如图 5-8 所示。

(4)第五张表是汇总的信息，如图 5-9 所示：

模型方程
quantity = 4.0280 - 1.0600 P_2 - 1.6160 P_3 - 1.5640 P_4

图 5-8 模型方程

- 响应变量的均值(Mean of Response)即变量 quantity 的均值;
- 均方误差平方根(Root MSE)为误差项(假定误差项有等方差)的标准差 σ 的估计值。
- R 平方(R^2)为判定系数，阐明了自变量所能描述的变化(模型平方和)在全部变差平方和中的比例，它的值在 0 和 1 之间，其值越大，说明自变量的信息对说明因变量信息的贡献越大，即分类变量取不同的值对因变量的影响越显著。
- 校正 R 平方(Adj R-Sq)是类似于 R^2的，但它随参数的个数而修正。

拟合汇总			
响应变量的均值	2.9680	R 平方	0.6767
均方误差平方根	0.5018	校正 R 平方	0.6161

图 5-9 拟合汇总表

(5)第六张表是方差分析表，如图 5-10 所示。表中 F 统计量数值为 11.16，相应的 p 值为 0.0003，小于 0.05(显著水平)，所以拒绝原假设，即不同衣料间棉花吸附十硼氢量有显著差别。

方差分析

源	自由度	平方和	均方	F 统计量	Pr > F
模型	3	8.4338	2.8113	11.16	0.0003
误差	16	4.0292	0.2518		
C 合计	19	12.4629			

图 5-10 方差分析表

(6)第七张表如图 5-11 所示，提供Ⅲ型检验，它是方差分析表的细化，给出了各因素的平方和及 F 统计量，因为本例是单因素的，所以这一行与图 5-10 的"模型"一行相同。

III 型检验

源	自由度	平方和	均方	F 统计量	Pr > F
type	3	8.4338	2.8113	11.16	0.0003

图 5-11 Ⅲ型检验表

(7)第八张表为参数估计表，如图 5-12 所示，其中，有关于不同衣料棉花吸附十硼氢量的估计和检验:

- 根据标识变量规定的方法，Intercept 后的估计值 4.028 是对应于尼龙衣料的棉花吸附十硼氢量的均值，其后的 T 检验是检验这一均值是否为 0，这里 p 值<0.0001<0.05(显著水平)，故显著非 0;
- 的确良后的估计值-1.06，是的确良与尼龙的棉花吸附十硼氢量均值之差的估计值，其后的 T 检验也是检验这两种衣料的棉花吸附十硼氢量均值之差是否为 0。由于 p 值

参数估计值								
变量	type	自由度	估计值	标准误差	T 统计量	Pr >|t|	容差	方差膨胀因子 (VIF)
Intercept		1	4.0280	0.2244	17.95	<.0001	.	0
type	的确良	1	-1.0600	0.3174	-3.34	0.0042	0.6667	1.5000
	府绸	1	-1.6160	0.3174	-5.09	0.0001	0.6667	1.5000
	棉布	1	-1.5640	0.3174	-4.93	0.0002	0.6667	1.5000
	尼龙	0	0	.	.	.	.	.

图 5-12　参数估计表

的绝对值为 0.0042<0.05，所以的确良与尼龙的棉花吸附十硼氢量有显著差别。其他分析类似；

- 表中还有容差和方差膨胀因子，在这类分析中无须考虑。

3. 检验模型假定

(1)方差齐性的假定。

在分析结果的最后有一个残差(Residual，响应变量值减预测值)和预测值的散点图，如图 5-13 所示，该图可以帮助校验方差齐性的假定，但并不提供精确的数据支持。从图 5-13 中看出，残差不是均匀散布在 0 轴上下，它表明等方差的假定可能有问题，具体的数据支持可以通过分析家的方法或者编程的方法得到，后面的例 5-3 针对该结论给出了精确的数据说明。

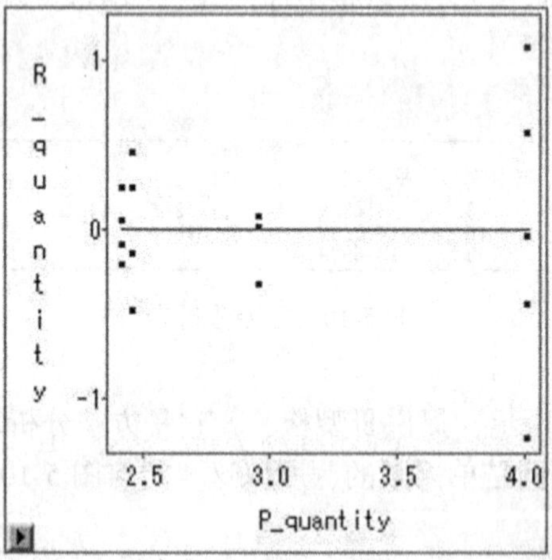

图 5-13　残差和预测值的散点图

(2)正态分布的假定。

为了验证残差为正态分布的假定，回到数据窗口。可以看到 R_quantity(残差)和 P_quantity(预测值)这两列已经加到数据集中，下面用上一章学到的方法来验证残差的正态性：

①选择菜单“分析”→“分布”；

②在打开的对话框中选定分析变量：R_quantity；

③单击“确定”按钮；

④选择菜单“曲线”→“分布检验”，在打开的分布检验对话框中直接单击“确定”按钮。

在检验结果中可看到如图 5-14 所示的分布检验表，由于 p 值为 0.1276，大于 0.05，所以不能拒绝原假设，表明残差是正态分布的。

分布检验					
曲线	分布	均值/Theta	Sigma	Kolmogorov D	Pr > D
————	正态	-7.105E-16	0.4605	0.1708	0.1276

图 5-14 残差的正态性检验

5.2.2 用“分析家”作单因素方差分析

1. 方差分析

【例 5-2】 为了比较 4 种不同品牌的轮胎质量，从每种品牌中随机抽取 4 个样品进行耐磨性试验，表 5-3 记录了轮胎磨损指数的试验数据。试用分析家方法检验 4 种不同品牌的轮胎质量是否有显著性差异。

表 5-3 **轮胎磨损试验数据**

富民	联合	长城	创想
2.3	2.2	2.2	2.4
2.1	2.3	2.0	2.7
2.4	2.4	1.9	2.6
2.5	2.6	2.1	2.7

我们在 SAS 中首先建立如图 5-15 所示数据集 mylib. ltms，这个数据集中包含两个变量：brand 记录测量的轮胎品牌，wear 记录了每次测量得到的磨损指数。下面介绍在“分析家”中的操作步骤：

	brand	wear
1	富民	2.3
2	富民	2.1
3	富民	2.4
4	富民	2.5
5	联合	2.2
6	联合	2.3
7	联合	2.4
8	联合	2.6
9	长城	2.2
10	长城	2
11	长城	1.9
12	长城	2.1
13	创想	2.4
14	创想	2.7
15	创想	2.6
16	创想	2.7

图 5-15 数据集 mylib. ltms

(1) 在“分析家”中，打开数据集 mylib. ltms；

(2) 选择菜单 统计→方差分析→单向方差分析，打开“One-Way ANOVA”对话框；

(3)选中分类变量 brand，单击“Independent”按钮，将其移到“Independent(自变量)”框中；选中数值变量 wear，单击按钮“Dependent”，将其移到“Dependent(因变量)”框中，如图 5-16 所示；

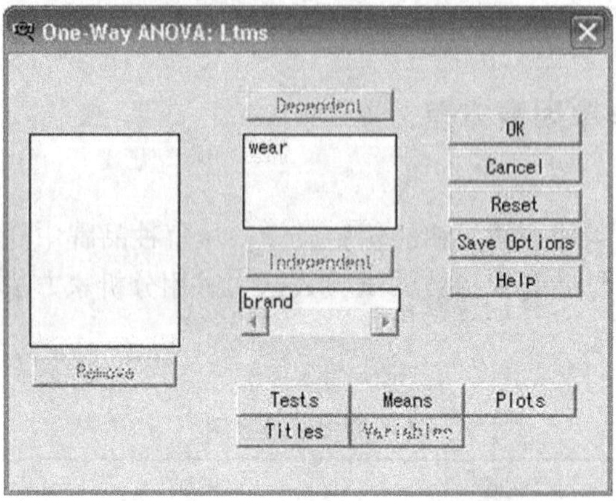

图 5-16 One-Way ANOVA 对话框

(4)为了检验方差分析中关于方差齐性的假定，单击“Tests”按钮，打开“One-Way ANOVA：Tests”对话框，选中“Tests for equal variance”栏下的“Levene's test”复选框，常用于一元方差分析，如图 5-17a 所示，单击“OK”按钮返回；

(5)单击“Plots”按钮，打开“One-Way ANOVA：Plots”对话框，可以选择图形类型，选中“Types of plots”栏下的“Box-&-whisker plot”复选框(制作各水平的盒形图)，如图 5-17(b)所示，单击“OK”按钮返回，再次单击“OK”按钮。

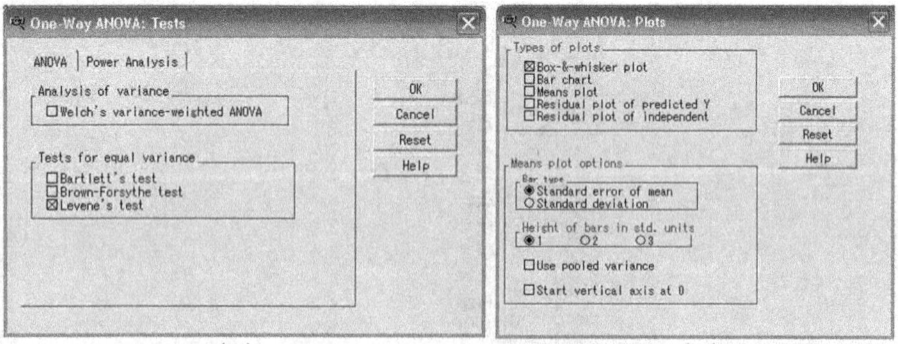

(a) (b)

图 5-17 Tests 和 Plots 对话框

在图 5-18 显示的结果中，提供了自变量的各个水平和单因素方差分析表，结果分为五个部分：

第一部分是因素水平的信息，可以看到只有一个因素 brand，它的 4 个水平分别是长城、创想、富民、联合，共有 16 个观测。

第二部分就是经典的方差分析表。这里，检验均值相等的 F 统计量的值为 8.60，相应

的 p 值为 0.0026，小于 0.05(显著水平)，所以原假设被拒绝，即四种品牌轮胎的磨损指数有显著的差异。

The ANOVA Procedure

Class Level Information

Class	Levels	Values
brand	4	长城 创想 富民 联合

Number of Observations Read 16
Number of Observations Used 16

The ANOVA Procedure

Dependent Variable: wear wear

Source	DF	Sum of Squares	Mean Square	F Value	Pr > F
Model	3	0.61250000	0.20416667	8.60	0.0026
Error	12	0.28500000	0.02375000		
Corrected Total	15	0.89750000			

R-Square	Coeff Var	Root MSE	wear Mean
0.682451	6.592956	0.154110	2.337500

Source	DF	Anova SS	Mean Square	F Value	Pr > F
brand	3	0.61250000	0.20416667	8.60	0.0026

图 5-18 单因素方差分析的结果

第三部分是一些与模型有关的简单统计量，第一个是复相关系数平方 R^2，代表总变差中能被模型解释的比例；第二个是指标的变异系数；第三个是根均方误差；第四个是均值。

第四部分是方差分析表的细化，给出了各因素的平方和及 F 统计量，因为是单因素所以这一行与上面的"Model(模型)"一行相同。

第五部分是对方差齐性假定检验的结果，如图 5-19 所示。方差齐性检验的原假设 H_0 即各个总体的方差相同，其备择假设 H_1 是各个总体的方差有显著差异。结果表明使用 Levene's 检验法的 p 值为 0.8641，所以不同水平下观测结果的方差无显著差异，即方差齐性假定成立。

Levene's Test for Homogeneity of wear Variance
ANOVA of Squared Deviations from Group Means

Source	DF	Sum of Squares	Mean Square	F Value	Pr > F
brand	3	0.000277	0.000092	0.24	0.8641
Error	12	0.00454	0.000378		

图 5-19 方差齐性的检验结果

在分析家窗口的项目管理器中双击"Boxplot of wear by brand"选项，得到响应变量关于自变量各水平的盒形图如图 5-20 所示。图 5-20 中从左到右依次为长城、创想、富民、联合等水平的盒形图，可以从中对不同水平下均值的差异以及方差的差异有一个直观的了解。

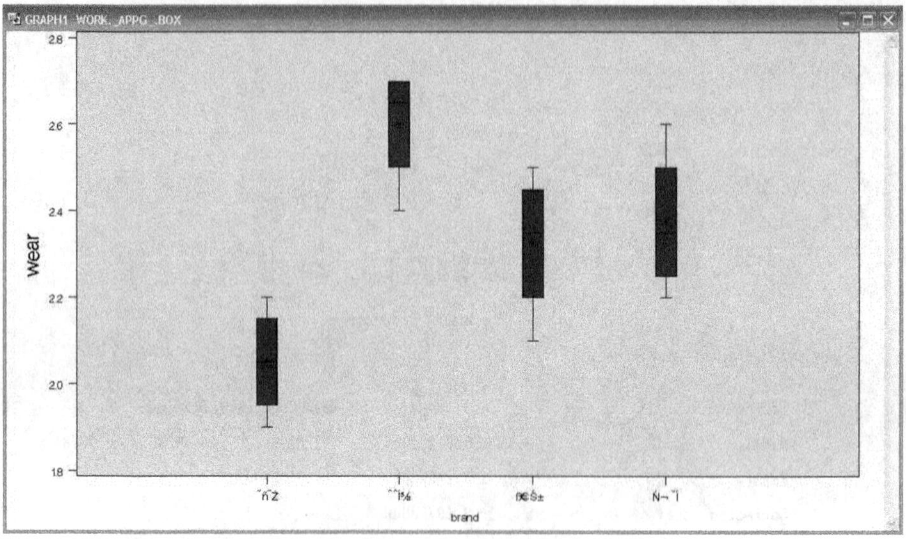

图 5-20　各水平的盒形图

5.2.3　用编程进行单因素方差分析

1. ANOVA 过程和 GLM 过程

SAS 系统的 STAT 软件提供了 ANOVA 过程和 GLM 过程进行方差分析。ANOVA 过程主要处理均衡数据，所谓均衡数据是指自变量(或称分类变量)的每种组合中的观察数是相等的，如果不相等，则称为非均衡数据。虽然 GLM 过程能够处理均衡和不均衡的两种数据，但是 ANOVA 过程考虑到均衡设计的特殊构造，对于均衡数据使用 ANOVA 比使用 GLM 计算快且占用存储少。因此，无论何时作方差分析，一旦可能都应该用 ANOVA 过程来完成。如果试验设计不均衡，则应该使用 GLM 过程。

①方差分析的 ANOVA 过程。

ANOVA 过程对各种试验设计所获得的平衡资料数据进行方差分析，其过程格式为：

```
proc   anova[data=<数据集>];
     class   <自变量列表>;
     model   <因变量名>=<自变量表达式>[/<选项列表>];
     means   <效应>[/<选择项>];
run;
```

过程说明：

(1)在程序中，class 语句和 model 语句是必需的，而且 class 语句必须出现在 model 语句之前。

(2)class 语句中的变量是分类变量，变量类型可以是数据型或字符型，若使用字符型变量，则不能超过 16 个字符。分类变量的个数反映了方差分析的因素个数。

(3)model 语句给出模型表达式，它指明因变量和自变量(因子变量)效应。效应是分类变量的各种组合，效应可以是主效应、交互效应、嵌套效应和混合效应。对应的效应模型如下：

- 主效应模型：model y=a b c;
  模型中，a，b，c 是主效应，y 是因变量。
- 交互模型：model y=a b c a*b a*c a*b*c;
  模型中，a*b，a*c，a*b*c 是交互效应。
- 嵌套效应模型：model y=a b c(a b);
  模型中，c(a b)是嵌套效应。
- 混合效应模型：model y=a b(a) c(a) b*c(a);

(4)means 语句是选择语句，计算并输出所列的效应对应的因变量均数，若指明了选择项，则将进行主效应均数间的检验。选择项有多种情况，在后面的使用中加以介绍。

ALPHA=p 确定检验的显著性水平。缺省值是 0.05。

② 方差分析的 GLM 过程。

GLM 过程是分析符合一般线性模型(General Linear Models)的数据，因此取名 GLM。在 SAS/STAT 中 GLM 过程分析功能最多，它包括简单回归、加权回归、多重回归及多元回归、多项式回归、方差分析、偏相关分析、协方差分析、多元方差分析、反应面模型分析和重复测量方差分析。在这里，由于篇幅限制，只介绍有关 GLM 过程在方差分析中的应用。

GLM 过程的调用格式如下：

```
proc   GLM[DATA=<数据集>][ALPHA=p];
    class   <自变量列表>;
    model   <因变量名>=<自变量表达式>[/<选项列表>];
    means   <效应>[/<选择项>];
run;
```

过程说明：

(1)程序中，class 语句和 model 语句是必需的，而且 class 语句必须出现在 model 语句之前。

(2)class 语句中的变量是分类变量，变量类型可以是数据型或字符型，若使用字符型变量，则不能超过 16 个字符。分类变量的个数反映了方差分析的因素个数。

(3)model 语句指明因变量和自变量(因子变量)效应。其效应可以是主效应、交互效应、嵌套效应和混合效应。model 语句的使用形式如下：

```
model   Y=A   B   C;          主效应
model   Y=A   B   A*B;        交互效应
model   Y=A   B   A(B);       嵌套效应
model   Y1   Y2=A   B;        多元方差分析
model   Y=A   X;              协方差分析
```

其中，A，B，C 是分类变量，X，Y 是数值变量。

(4)means 语句是选择语句，计算所列的效应对应的因变量均数，若指明了选择项，则将进行主效应均数间的检验。常用的选择项如下：

BON、DUNCAN、LSD、RDGWF、REGWQ、SNK(Q 检验)、SCHEF、SIDAK、SMM(GT2)、TUKEY、WALLER、DUNNETT(1-n 检验)

以上选择项在实际应用中，一般选择一种或两种方法即可。

ALPHA=p 给出检验的显著性水平。缺省值是 0.05。

2. 实际应用

【例 5-3】 针对【例 5-1】的数据，使用过程 ANOVA 进行方差分析的程序为：

```
proc anova data=mylib. cotton;
    classtype;
    modelquantity=type;
run;
```

提交上述程序运行后在输出窗口中显示图 5-21 所示结果。

The ANOVA Procedure

Dependent Variable: quantity quantity

Source	DF	Sum of Squares	Mean Square	F Value	Pr > F
Model	3	8.43376000	2.81125333	11.16	0.0003
Error	16	4.02916000	0.25182250		
Corrected Total	19	12.46292000			

R-Square	Coeff Var	Root MSE	quantity Mean
0.676708	16.90765	0.501819	2.968000

Source	DF	Anova SS	Mean Square	F Value	Pr > F
type	3	8.43376000	2.81125333	11.16	0.0003

图 5-21 例 5.3 方差分析结果

上述结果的第一部分为分类的信息，说明分类变量 a 有 4 个水平。

第二部分为方差分析表，检验均值相等的 F 统计量的值为 11.16，相应的 p 值为 0.0003 <0.01，可得出各衣料组间有非常显著的差异，说明各种衣料间棉花吸附十硼氢量是不同的。接着是 R-Square（R 平方）等汇总信息，R-Square（R 平方）对单向方差分析时，描述组间变异占总变异的比例越接近 1，说明变异越归因于组间变异，该例的比例为 67.6708%。分析结果与前面 INSIGHT 方法的结果基本一致。

3. 方差齐性检验

方差分析的模型要求不同水平下观测结果的方差是相同的，过程 GLM 和 ANOVA 都提供了这方面的功能。为了进行不同水平下观测结果的方差是否相同的检验，只需加入如下的 means 语句和 hovtest 选项：

means 分类变量名 /hovtest = levene｜bf｜obrien｜bartlett

其中，hovtest 参数选择的是检验方差相等的各个检验法的名称。若不指明检验法也不加等号，则使用缺省的 Levene 检验法。假如，要同时使用 Levene 和 Brown-Forsythe 检验法，可编写如下程序代码：

```
proc glm data=mylib. cotton;
    class type;
    model quantity=type;
    means type /hovtest = levene hovtest = bf;
run;
```

提交上述程序运行后输出结果中除包含一般方差分析的结果外，关于方差齐性检验的结果如下：

```
                          The GLM Procedure

            Levene's Test for Homogeneity of quantity Variance
              ANOVA of Squared Deviations from Group Means

                          Sum of        Mean
Source            DF     Squares      Square    F Value    Pr > F

type               3      1.3585      0.4528       3.93    0.0280
Error             16      1.8418      0.1151

        Brown and Forsythe's Test for Homogeneity of quantity Variance
             ANOVA of Absolute Deviations from Group Medians

                          Sum of        Mean
Source            DF     Squares      Square    F Value    Pr > F

type               3      1.0576      0.3525       3.78    0.0317
Error             16      1.4919      0.0932
```

图 5-22　方差齐性的检验结果

上述结果的第一部分提供了用 Levene 检验法的 F 统计量的值为 3.93，相应的 p 值为 0.0280<0.05；第二部分提供了用 Brown-Forsythe 检验法的 F 统计量的值为 3.78，相应的 p 值为 0.0317<0.05，所以两种检验法都可得出各衣料组间的方差有显著差异，说明方差齐性的假设是不成立的。这些数据也印证了前面残差和预测值的散点图所展示的结论，这里的数据说明更精确有力!

4. 非参数检验

当方差分析的正态分布假定或方差相等假定不能满足时，对单因素问题，可以使用非参数方差分析的 Kruskal-Wallis 检验方法。这种检验不要求观测来自正态分布总体，不要求各组的方差相等，甚至指标可以是有序变量(变量取值只有大小之分而没有差距的概念，比如，磨损量可以分为大、中、小三档，得病的程度可以分为重、轻、无，等等)。

若要对两个或多个均值(或中位数)和等式用非参数方法进行检验，则过程 NPAR1WAY (单因素非参数检验)可提供这一功能。NPAR1WAY 过程的调用与 ANOVA 过程不同，因为它是单因素方差分析过程，所以只要用 CLASS 语句给出分类变量(因素)，用 VAR 语句给出指标就可以了，它的基本用法为：

```
proc npar1way [data = 数据集名]  选项;
     class 变量名;
     var  因变量名列;
run
```

其中，选项指定采用的非参数检验法的名称，可供选择的有 median(中位数检验法)，wicoxon(秩得分检验法)，anova(通常的方差分析)等。若不加检验法的选项，则将提供所有6种非参数检验法和通常的方差分析检验。

对前例的数据使用非参数方法比较各种衣料间棉花吸附十硼氢量的程序为：

```
proc npar1way data=mylib.cotton median wilcoxon;
    class type;
    var quantity;
run;
```

这一程序使用了中位数得分和秩得分两种检验法，提交上述程序后输出结果如图 5-23 所示。

The NPAR1WAY Procedure

Wilcoxon Scores (Rank Sums) for Variable quantity
Classified by Variable type

type	N	Sum of Scores	Expected Under H0	Std Dev Under H0	Mean Score
棉布	5	30.0	52.50	11.430568	6.00
府绸	5	29.0	52.50	11.430568	5.80
的确凉	5	66.0	52.50	11.430568	13.20
尼龙	5	85.0	52.50	11.430568	17.00

Average scores were used for ties.

Kruskal-Wallis Test

Chi-Square	13.1852
DF	3
Pr > Chi-Square	0.0043

The NPAR1WAY Procedure

Median Scores (Number of Points Above Median) for Variable quantity
Classified by Variable type

type	N	Sum of Scores	Expected Under H0	Std Dev Under H0	Mean Score
棉布	5	1.0	2.50	0.993399	0.20
府绸	5	0.0	2.50	0.993399	0.00
的确凉	5	4.0	2.50	0.993399	0.80
尼龙	5	5.0	2.50	0.993399	1.00

Average scores were used for ties.

Median One-Way Analysis

Chi-Square	12.9200
DF	3
Pr > Chi-Square	0.0048

图 5-23　方差分析结果

输出的第一张表为秩得分的检验结果，第一部分是关于每个水平下秩得分和的有关结果。检验用的统计量是χ^2统计量，其值为 13. 1852，对应的 p 值为 0. 0043<0. 01，所以依然得到各衣料组间有非常显著差异的结论。

输出的第二张表为中位数得分的检验结果，第一部分是关于每个水平下中位数得分和的有关结果。检验用的统计量是χ^2统计量，其值为 0. 0048<0. 01，也得到各衣料组间有非常显著差异的结论。

以上的方差齐性检验和非参数检验用的统计量，在计算 p 值时其分布都是基于大样本下的近似分布，样本数较小时不完全合适。当样本数比较小时，过程还提供了 exact 语句，表示计算 p 值时要使用统计量的精确分布。但是由于对稍大的样本，统计量精确分布的计算会耗费大量时间和资源，甚至是机器无法承受的，所以使用时要十分注意，若经一定时间运算未得到结果，则应强制中断计算。

5.3　双因素方差分析

在双因素方差分析时，因素之间可能没有交互作用，也可能存在交互作用，因此在进行双因素方差分析时，要考虑两种情况：无交互作用的双因素方差分析和有交互作用的双因素方差分析。

5.3.1　无交互作用的双因素方差分析

1. INSIGHT 模块下无交互作用的双因素方差分析

【例 5-4】　为了研究火箭的射程在其他条件基本相同时，与燃料种类(因素 A)及推进器型号(因素 B)的关系，对 3 种不同的燃料及 4 种不同的推进器进行搭配，每种搭配各发射了火箭 2 次，测得射程数据如表 5-4 所示：

表 5-4　　**火箭射程试验数据**

A：燃料	B：推进器			
	1	2	3	4
1	31，33	34，36	35，36	39，38
2	33，34	36，37	37，39	38，41
3	35，37	37，38	39，40	42，44

要用方差分析将不同燃料和不同推进器对火箭射程的影响区分开来，要进行以下检验：

H_{0A}：不同燃料对火箭射程无影响；

H_{1A}：不同燃料对火箭射程有显著影响；

H_{0B}：不同推进器对火箭射程无影响；

H_{1B}：不同推进器对火箭射程有显著影响。

在 INSIGHT 模块下的操作过程如下：

(1)将表 5-3 中的数据整理成图 5-24(a)所示结构的数据集，存放在 mylib. rocket 中；

(2)在 INSIGHT 模块中打开数据集 mylib. rocket。由于 INSIGHT 中，要求方差分析中的自变量必须是列名型的。因此在打开数据集后，点击 a、b 列顶部的类型，在弹出菜单中选择“列名型”，就可将区间型变为列名型；

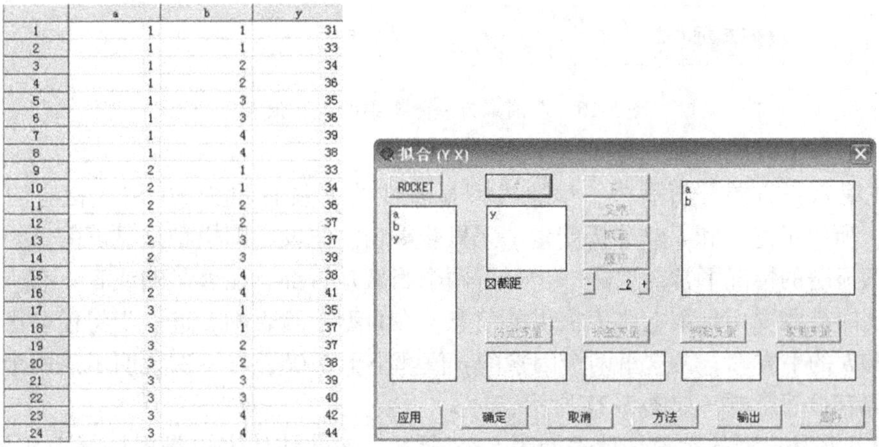

(a)　　　　　　　　　　(b)

图 5-24　数据集 mylib. rocket 与拟合参数设置

(3)在“分析”菜单中选择“拟合(Y X)”；在出现的对话框中选择数值型变量作因变量，分类型变量作自变量：选择变量 y，单击“Y”按钮，选择变量 a 和 b，单击“X”按钮，分别将变量移到列表框中，如图 5-24(b)所示；

(4)最后，点击“确定”按钮，即可得到分析结果。

分析结果中表的含义与单因素方差分析相应表的功能类似。结果首先给出了因素的变量名和各水平值、观测数。然后是总的方差分析表，指明指标为变量 y，给出了模型、误差、总平方和、F 统计量值和 p 值。从 p 值可知模型是显著的。为了分析各因素作用的显著性，可根据后面详细的Ⅲ型检验表中各因素(a、b)的 F 统计量值和 p 值来判断。可以看出，两个因素的主效应都是显著的。

(1)第一张表提供了模型的一般信息；第二张表列举了作为分类变量的 a 和 b 的水平的信息；第三张参数信息表给出了标识变量 P_i 的定义，如图 5-25 所示；

y = a b	
响应分布：	正态
关联函数：	恒等

列名型变量信息		
水平	a	b
1	1	1
2	2	2
3	3	3
4		4

参数信息			
参数	变量	a	b
1	Intercept		
2	a	1	
3		2	
4		3	
5	b		1
6			2
7			3
8			4

图 5-25　双因素方差分析第一、二、三张表

(2)第四张表给出了方差分析模型，利用参数信息表中标识变量的定义可以推算出在各个因素不同水平下变量 y 均值的信息；第五张拟合汇总表中给出变量 y 的均值为 37.0417，判定系数 R^2 为 0.8945 等，如图 5-26 所示；

模型方程										
y	=	42.2917	-	3.7500 P_2	-	2.1250 P_3	-	6.5000 P_5		
			-	4.0000 P_6	-	2.6667 P_7				

拟合汇总			
响应变量的均值	37.0417	R 平方	0.8945
均方误差平方根	1.1118	校正 R 平方	0.8652

图 5-26　双因素方差分析第四、五张表

(3)在第六张方差分析表中，检验模型显著性的 F 统计量为 30.53，相应的 p 值小于 $0.05=\alpha$，所以拒绝 a 和 b 对分析变量 y 无显著影响的假设，即模型是显著的；

在模型显著的情况下常需要进一步分析两个因素是否都有显著影响或者只有一个因素是显著的，这时就需要用到第七张表提供的信息。在Ⅲ型检验表中，进一步将模型平方和分解为属于 a 和 b 的平方和。在这里两个因素的 p 值都小于 0.05，再一次说明了这两个因素对分析变量 y 都有显著影响，如图 5-27 所示；

(4)第八张是模型的参数估计表如图 5-28 所示，参数估计表也是根据标识变量的定义，对参数或对各因素不同水平下的参数之差进行估计和检验。可以根据 t 统计量的 p 值来检验不同水平下均值是否有显著差异。结果表明两个因素在各水平下的均值都有显著差异。

方差分析					
源	自由度	平方和	均方	F 统计量	Pr > F
模型	5	188.7083	37.7417	30.53	<.0001
误差	18	22.2500	1.2361		
C 合计	23	210.9583			

III 型检验					
源	自由度	平方和	均方	F 统计量	Pr > F
a	2	56.5833	28.2917	22.89	<.0001
b	3	132.1250	44.0417	35.63	<.0001

图 5-27　双因素方差分析第六、七张表

参数估计值									
变量	a	b	自由度	估计值	标准误差	T 统计量	Pr >|t|	容差	方差膨胀因子 (VIF)
Intercept			1	42.2917	0.5559	76.08	<.0001	.	0
a	1		1	-3.7500	0.5559	-6.75	<.0001	0.7500	1.3333
	2		1	-2.1250	0.5559	-3.82	0.0012	0.7500	1.3333
	3		0	0	.	.	.	.	.
b		1	1	-6.5000	0.6419	-10.13	<.0001	0.6667	1.5000
		2	1	-4.0000	0.6419	-6.23	<.0001	0.6667	1.5000
		3	1	-2.6667	0.6419	-4.15	0.0006	0.6667	1.5000
		4	0	0	.	.	.	.	.

图 5-28　双因素方差分析第八张表

(5)考察模型假定：在显示窗的底部有一个残差和预测值的散点图，如图 5-29 所示，可以像单因素分析一样考察残差分布的正态性假定。

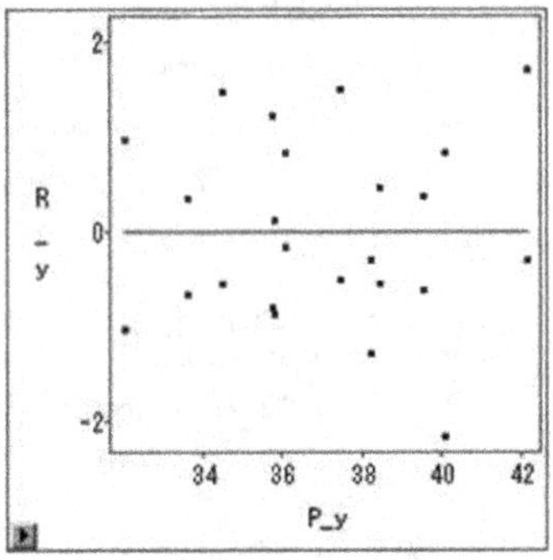

图 5-29　残差和预测值的散点图

从这些结果中可得到以下结论：

在方差分析表中，检验模型显著性的 F 统计量为 30. 53，相应的 p 值小于 0. 05，所以模型是显著的。在Ⅲ型检验表中，a 和 b 两个因素的 p 值都小于 0. 05，再一次说明了这两个因素对分析变量 y 都有显著影响，即不同燃料和不同推进器对火箭射程都有显著影响。

2. 分析家下无交互作用的双因素方差分析

【例 5-5】 用分析家作双因素方差分析与单因素方差分析十分相似，仍采用前面的数据集 mylib. rocket 为例，介绍相互独立的双因素方差分析。

(1)在分析家中，打开数据集 mylib. rocket。

(2)选择菜单“统计”→“方差分析”→“因子方差分析”，打开 Factorial ANOVA 对话框。

(3)选中变量 a、b，单击 Independent(自变量)按钮，将其移到 Independent 框中。选中

变量 *y*，单击按钮 Dependent(因变量)，将其移到 Dependent 框中，如图 5-30 所示。

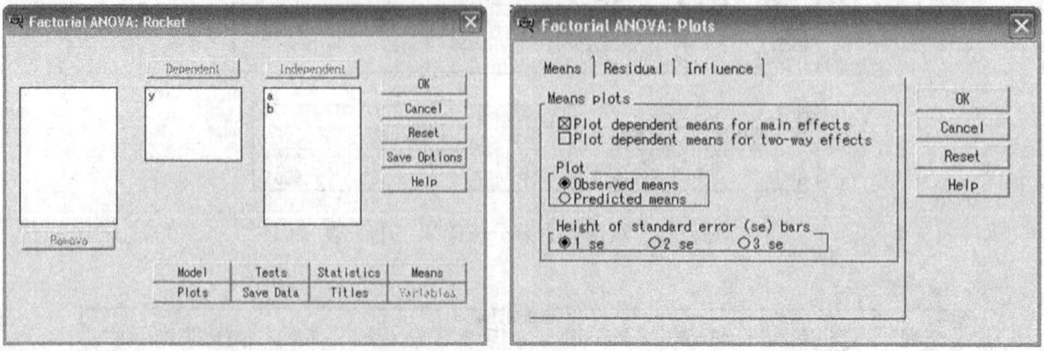

图 5-30　Factorial ANOVA 对话框

若要得到用图形表示的两个因素不同水平下均值和标准差的信息，可以单击“Plots”按钮，在打开的“Factorial ANOVA：Plots”对话框中，选中“Means plots”栏下的“Plots Dependent Means for Main Effects(作主效应响应均值图)”。

(4)设置完成后，两次单击“OK”按钮，得到如图 5-31 的分析结果，可以看出结论与用 INSIGHT 分析得到的一样，其中的内容前面已讲，这里不再赘述。

The GLM Procedure

Class Level Information

Class	Levels	Values
a	3	1 2 3
b	4	1 2 3 4

Number of Observations Read	24
Number of Observations Used	24

The GLM Procedure

Dependent Variable: y　y

Source	DF	Sum of Squares	Mean Square	F Value	Pr > F
Model	5	188.7083333	37.7416667	30.53	<.0001
Error	18	22.2500000	1.2361111		
Corrected Total	23	210.9583333			

R-Square	Coeff Var	Root MSE	y Mean
0.894529	3.001499	1.111805	37.04167

Source	DF	Type III SS	Mean Square	F Value	Pr > F
a	2	56.5833333	28.2916667	22.89	<.0001
b	3	132.1250000	44.0416667	35.63	<.0001

图 5-31　方差分析结果

(5)在分析家窗口的项目管理器中依次双击“Means Plots”下的两个选项，得到响应变量关于自变量 *a*、*b* 的均值图如图 5-32 所示。图中描述了变量 *a*、*b* 不同水平下的均值和标准差的图形，从而可以对不同水平下均值的差异有一个直观的了解。

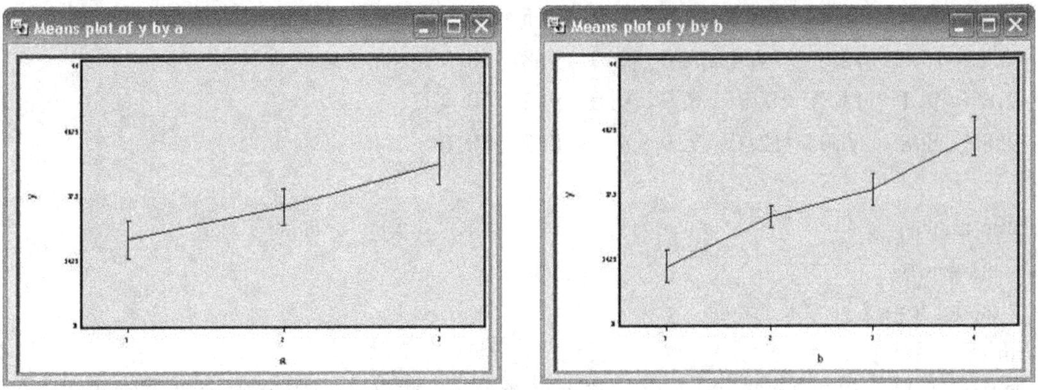

图 5-32 响应变量 y 关于自变量 a、b 的均值图

3. 编程实现无交互作用的双因素方差分析

前面已经介绍过单因素方差分析的编程方法，双因素方差分析与其十分相似。

双因素方差分析的 ANOVA 过程(均衡数据的方差分析)如下：

【例 5-6】 用 4 种不同方法治疗 8 名患者，其血浆凝固时间的资料见表 5-5，试分析影响血浆凝固的因素。

表 5-5 **4 种方法 8 名患者血浆凝固时间(分)资料**

受试者编号(区组)	处理组			
	1	2	3	4
1	8.4	9.4	9.8	12.2
2	12.8	15.2	12.9	14.4
3	9.6	9.1	11.2	9.8
4	9.8	8.8	9.9	12.0
5	8.4	8.2	8.5	8.5
6	8.6	9.9	9.8	10.9
7	8.9	9.0	9.2	10.4
8	7.9	8.1	8.2	10.0

使用过程 ANOVA 进行方差分析的程序为：

```
data mylib.blood;
  do b = 1 to 8;
    do a = 1 to 4;
      input x @@ ;
      output;
    end;
  end;
cards;
```

```
8.4   9.4   9.8   12.2  8.4  8.2  8.5  8.5
12.8  15.2  12.9  14.4  8.6  9.9  9.8  10.9
9.6   9.1   11.2  9.8   8.9  9.0  9.2  10.4
9.8   8.8   9.9   12.0  7.9  8.1  8.2  10.0
;
proc anova;
  class a b;
  model x=a b;
run;
```

其中，变量 a 代表不同治疗方法，其水平数是 4，变量 b 代表区组因素不同患者，其水平数是 8。

提交上述程序运行后在输出窗口中显示以下结果：

从图 5-33 的结果中可得到以下结论：

```
                    The ANOVA Procedure
                 Class Level Information
            Class        Levels    Values
            a                 4    1 2 3 4
            b                 8    1 2 3 4 5 6 7 8

            Number of Observations Read        32
            Number of Observations Used        32

Dependent Variable: x

                                    Sum of
    Source                DF       Squares     Mean Square   F Value   Pr > F
    Model                 10    92.0050000       9.2005000     14.03   <.0001
    Error                 21    13.7737500       0.6558929
    Corrected Total       31   105.7787500

              R-Square     Coeff Var     Root MSE      x Mean
              0.869787      8.103786     0.809872    9.993750

    Source                DF      Anova SS     Mean Square   F Value   Pr > F
    a                      3   13.01625000      4.33875000      6.62   0.0025
    b                      7   78.98875000     11.28410714     17.20   <.0001
```

图 5-33 程序运行结果

总体间：$F = 14.03$，$P \leqslant 0.0001$，故总体有非常显著差异；

A 因素：$F = 6.62$，$P \leqslant 0.0025$，故认为因素 A(治疗方法)对血浆凝固时间影响很大；

B 因素：$F = 17.20$，$P \leqslant 0.0001$，故认为因素 B(不同患者)对血浆凝固时间影响很大；

如果需要对 4 种方法进行两两比较，可在 model 语句后增加一个 means 语句。

5.3.2 有交互作用的双因素方差分析

1. INSIGHT 模块下有交互作用的双因素方差分析

【例 5-7】 研究饮食和健美操对减肥的作用。现有三套饮食方案称为 a、b、c，五种不同的健美操标记为 1、2、3、4、5。构成了 3×5＝15 种水平组合，选择了情况基本相同的 90 个胖人进行试验，将他们随机地指派到这 15 个组中且每组 6 人。经过一段时间后，体重的下降结果见表 5-6。

表 5-6　　**饮食和健美操对减肥的作用**

饮食方案 food	健美操 train				
	1	2	3	4	5
a	22.1	27.1	22.3	19.8	20.0
	24.1	15.1	25.8	28.3	17.0
	19.1	20.6	22.8	26.8	24.0
	22.1	28.6	28.3	27.3	22.5
	25.1	15.1	21.3	26.8	28.0
	18.1	24.6	18.3	26.8	22.5
b	13.5	16.9	15.7	15.1	21.8
	14.5	17.4	10.2	6.5	22.8
	11.5	10.4	16.7	17.1	18.8
	6.0	19.4	19.7	7.6	21.3
	27.0	11.9	18.2	13.6	16.3
	18.0	15.4	12.2	21.1	14.3
c	19.0	20.0	16.4	24.5	11.8
	22.0	22.0	14.4	16.0	14.3
	20.0	25.5	21.4	11.0	21.3
	14.5	16.5	19.9	7.5	6.3
	19.0	18.0	10.4	14.5	7.8
	16.0	17.5	21.4	15.5	13.8

我们认为饮食对减肥肯定有一定作用，适当的健美操对减肥也有效果。如果用饮食加上健美操作为减肥的手段，就存在哪一种饮食配上哪一样健美操最为有效的问题，因为饮食与健美操这两种减肥手段之间存在着交互作用，会强化减肥的作用。用方差分析将不同饮食和不同健美操对减肥效果的影响区分开来，要进行以下检验：

H_{0A}：不同饮食对减肥效果无影响；

H_{1A}：不同饮食对减肥效果有显著影响；

H_{0B}：不同健美操对减肥效果无影响；

H_{1B}：不同健美操对减肥效果有显著影响。

首先将表 5-6 中的数据整理成图 5-34(a)所示结构的数据集，存放在 mylib. fatness 中(该数据集一共有 90 条观测，没有全部展现)。以下是在 INSIGHT 模块下的操作步骤：

(1)在 INSIGHT 模块中打开数据集 mylib. fatness。由于 INSIGHT 中，要求方差分析中的自变量必须是列名型的。因此在打开数据集后，点击 train 列顶部的类型，在弹出菜单中选择“列名型”，就可将区间型变为列名型；

(2)在“分析”菜单中选择“拟合(Y X)”；在出现的对话框中选择数值型变量作因变量，

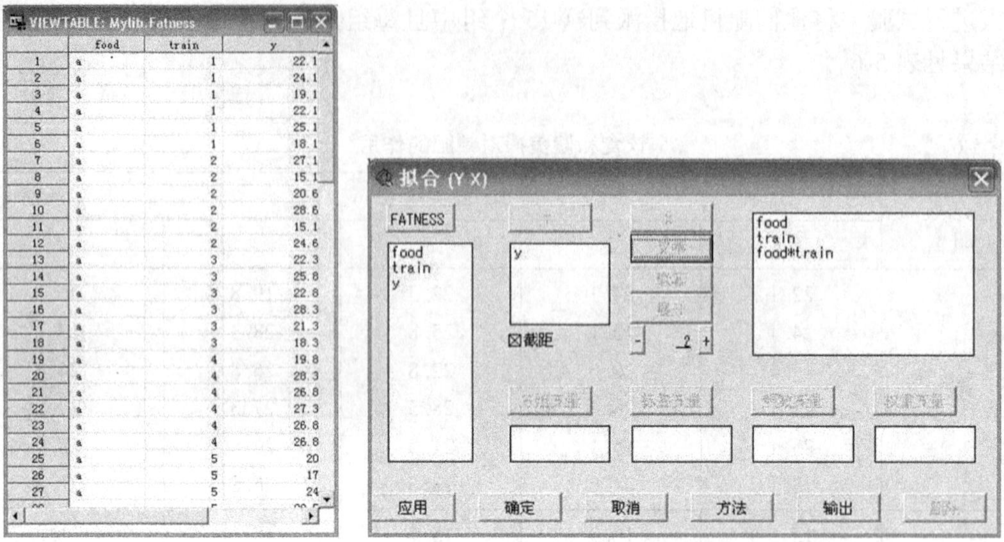

VIEWTABLE: Mylib.Fatness

	food	train	y
1	a	1	22.1
2	a	1	24.1
3	a	1	19.1
4	a	1	22.1
5	a	1	25.1
6	a	1	18.1
7	a	2	27.1
8	a	2	15.1
9	a	2	20.6
10	a	2	28.6
11	a	2	15.1
12	a	2	24.6
13	a	3	22.3
14	a	3	25.8
15	a	3	22.8
16	a	3	28.3
17	a	3	21.3
18	a	3	18.3
19	a	4	19.8
20	a	4	28.3
21	a	4	26.8
22	a	4	27.3
23	a	4	26.8
24	a	4	26.8
25	a	5	20
26	a	5	17
27	a	5	24

(a)　　　　　　　　　　　　(b)

图 5-34　数据集 mylib. fatness 与拟合参数设置

分类型变量作自变量：选择变量 y，单击“Y”按钮，选择变量 food 和 train，单击“X”按钮，分别将变量移到列表框中，为了考虑变量 food 和 train 的交互作用，同时选上 food 和 train，然后单击“叉乘”按钮，注意到在右框中多了 food * train 一行，如图 5-34(b)所示；

(3)最后点击“确定”按钮，即可得到分析结果。

①在参数信息表中较无交互作用的情形多了表示两个因素各个水平组合下的标识变量，而在模型方程表中也就多了许多的参数，如图 5-35 所示；

y = food train food*train	
响应分布:	正态
关联函数:	恒等

列名型变量信息

水平	train	food
1	1	a
2	2	b
3	3	c
4	4	
5	5	

参数信息

参数	变量	train	food
1	Intercept		
2	food		a
3			b
4			c
5	train	1	
6		2	
7		3	
8		4	
9		5	
10	food*train	1	a
11		2	a
12		3	a
13		4	a
14		5	a
15		1	b
16		2	b
17		3	b
18		4	b
19		5	b
20		1	c
21		2	c
22		3	c
23		4	c
24		5	c

模型方程

```
y  =  12.5500       +  9.7833  P_2   +  6.6667  P_3   +   5.8667  P_5
   +   7.3667  P_6  +  4.7667  P_7   +  2.2833  P_8   -   6.4333  P_10
   -   7.8500  P_11 -  3.9667  P_12  +  1.3500  P_13  -  10.0000  P_15
   -  11.3500  P_16 -  8.5333  P_17  -  8.0000  P_18
```

拟合汇总

响应变量的均值	18.4378	R 平方	0.4760
均方误差平方根	4.4329	校正 R 平方	0.3782

图 5-35　双因素方差分析前 5 张表

②在方差分析表中，检验模型显著性的 F 统计量为 4.87，相应的 p 值<0.05，所以模型的效应是显著的，如图 5-36 所示；

③在Ⅲ型检验表中，将模型平方和分解为两个因素和它们的交互作用，表中看出，检验 train 变量效应的 p 值为 0.9648 > 0.05，所以从总体上看 train 变量的效应不显著；检验 food 变量效应的 p 值为<0.0001<0.05，所以变量 food 的效应是显著的；检验两者交互作用的 p 值为 0.0241<0.05，所以交互作用的影响也是显著的，如图 5-37 所示。

④在模型方程(图 5-35)和参数估计表(图 5-38)中也提供了双因素不同水平组合下因变量 y 均值的估计和比较的信息。因为这里是考虑存在交互作用的情形，所以较为复杂一些。

方差分析					
源	自由度	平方和	均方	F 统计量	Pr > F
模型	14	1339.0249	95.6446	4.87	<.0001
误差	75	1473.7667	19.6502		
C 合计	89	2812.7916			

图 5-36 方差分析表

III 型检验					
源	自由度	平方和	均方	F 统计量	Pr > F
food	2	953.1562	476.5781	24.25	<.0001
train	4	11.3804	2.8451	0.14	0.9648
food*train	8	374.4882	46.8110	2.38	0.0241

图 5-37 Ⅲ型检验表

参数估计值									
变量	train	food	自由度	估计值	标准误差	T 统计量	Pr >|t|	容差	方差膨胀因子 (VIF)
Intercept			1	12.5500	1.8097	6.93	<.0001	.	0
food		a	1	9.7833	2.5593	3.82	0.0003	0.1500	6.6667
		b	1	6.6667	2.5593	2.60	0.0111	0.1500	6.6667
		c	0	0	.	.	.	.	.
train	1		1	5.8667	2.5593	2.29	0.0247	0.2083	4.8000
	2		1	7.3667	2.5593	2.88	0.0052	0.2083	4.8000
	3		1	4.7667	2.5593	1.86	0.0665	0.2083	4.8000
	4		1	2.2833	2.5593	0.89	0.3752	0.2083	4.8000
	5		0	0	.	.	.	.	.
food*train	1	a	1	-6.4333	3.6194	-1.78	0.0795	0.2679	3.7333
	2	a	1	-7.8500	3.6194	-2.17	0.0333	0.2679	3.7333
	3	a	1	-3.9667	3.6194	-1.10	0.2766	0.2679	3.7333
	4	a	1	1.3500	3.6194	0.37	0.7102	0.2679	3.7333
	5	a	0	0	.	.	.	.	.
	1	b	1	-10.0000	3.6194	-2.76	0.0072	0.2679	3.7333
	2	b	1	-11.3500	3.6194	-3.14	0.0024	0.2679	3.7333
	3	b	1	-8.5333	3.6194	-2.36	0.0210	0.2679	3.7333
	4	b	1	-8.0000	3.6194	-2.21	0.0301	0.2679	3.7333
	5	b	0	0	.	.	.	.	.
	1	c	0	0	.	.	.	.	.
	2	c	0	0	.	.	.	.	.
	3	c	0	0	.	.	.	.	.
	4	c	0	0	.	.	.	.	.
	5	c	0	0	.	.	.	.	.

图 5-38 参数估计表

⑤考察模型假定：在显示窗的底部有一个残差和预测值的散点图，如图 5-39 所示，可以像单因素分析一样考察残差分布的正态性假定。

从这些结果中可得到以下结论：总的模型方差分析结果表明，$F=4.87$，$p<0.0001$，模型效应是显著的。模型中有三个效应：两个主效应 food 和 train 及一个交互效应 food * train，其中，主效应 food 和交互效应 food * train 是显著的，而主效应 train，$F=0.14$，$p=0.9648$，是不显著的。所以我们可以得出：饮食控制和健美操对减肥是有作用的，3 种不同的饮食控制方案对减肥效果是有区别的，而 5 种不同的健美操对减肥效果是没有区别的，同时，饮食

方案和健美操的不同组合对减肥效果也是有区别的。

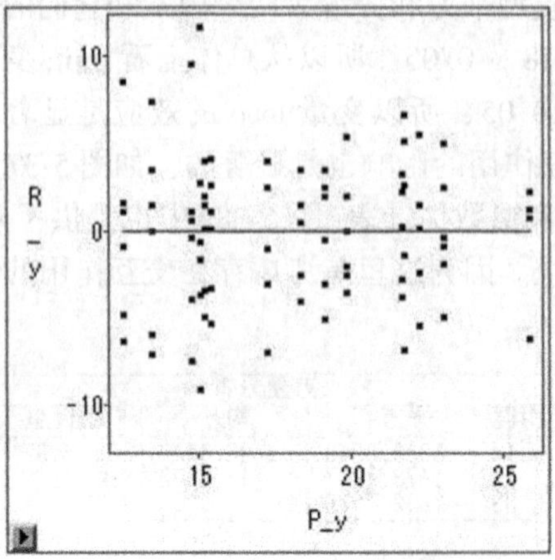

图 5-39　残差和预测值的散点图

2. 分析家下有交互作用的双因素方差分析

【例 5-8】　仍采用前面的数据集 mylib. fatness 为例，介绍在分析家下存在交互作用的多因素方差分析，并通过图形分析得到饮食和健美操减肥的最佳组合方案。

(1)在分析家中，打开数据集 mylib. fatness；

(2)选择菜单"统计"→"方差分析"→"因子方差分析"，打开"Factorial ANOVA"对话框；

(3)选中变量 food 和 train，单击"Independent(自变量)"按钮，将其移到"Independent"框中。选中变量 y，单击按钮"Dependent(因变量)"，将其移到"Dependent"框中，如图 5-40 所示；

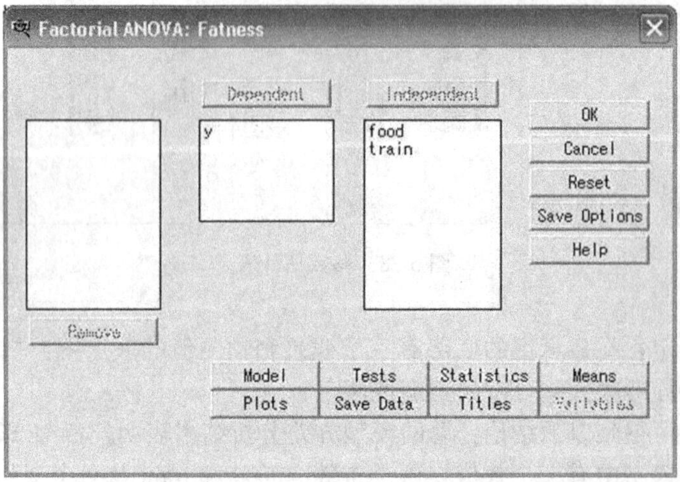

图 5-40　Factorial ANOVA 对话框

(4)考虑因素间的交互作用：单击"Model"按钮，打开"Factorial ANOVA：Model"对话框。单击“Standard Models”按钮，在弹出的菜单中选择“Effects up to two-way interactions”项，表示交互作用的 food * train 加入了模型效应栏，如图 5-41(a)所示，单击“OK”按钮返回；

(5)绘制各因素不同水平下均值差异的连线图：单击“Plots”按钮，在打开的“Factorial ANOVA：Plots”对话框中，选中“Plot dependent means for two-way effects(双因素效应的因变量均值连线图)”复选框，并选择“Height of standard error (se) bars”中的“2 se”，附加上以均值为中心的二倍标准差为长度的竖线图，如图 5-41(b)所示，单击“OK”按钮返回；

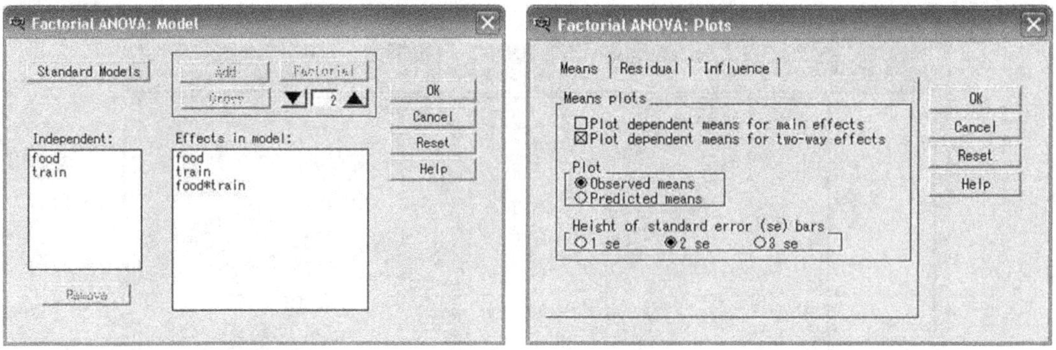

(a) (b)

图 5-41 选择模型与图形

(6)设置完成后，单击“OK”按钮，得到如图 5-42 所示的分析结果，可以看出结论与用 INSIGHT 分析得到的一样，其中内容前面已讲，这里不再赘述。

```
                         The GLM Procedure

                      Class Level Information

                 Class         Levels    Values

                 food               3    a b c

                 train              5    1 2 3 4 5

              Number of Observations Read          90
              Number of Observations Used          90
                         The GLM Procedure

Dependent Variable: y

                                       Sum of
    Source                  DF        Squares     Mean Square    F Value    Pr > F

    Model                   14    1339.024889       95.644635       4.87    <.0001

    Error                   75    1473.766667       19.650222

    Corrected Total         89    2812.791556

                R-Square     Coeff Var      Root MSE       y Mean

                0.476048      24.04225      4.432857     18.43778

    Source                  DF    Type III SS     Mean Square    F Value    Pr > F

    food                     2    953.1562222     476.5781111      24.25    <.0001
    train                    4     11.3804444       2.8451111       0.14    0.9648
    food*train               8    374.4882222      46.8110278       2.38    0.0241
```

图 5-42 方差分析结果

(7)在分析家窗口的项目管理器中双击“Means Plot of y by food and train”，得到双因素不同水平下因变量均值差异的连线图如图 5-43 所示。

图中，在因素 food 的三个水平位置 a、b、c 上有 3 条竖线，还有对应于因素 train 的 5 个水平的 5 条不同颜色的连线。每条连线与竖线的交点处，纵坐标是因变量 y 在因素 food 相应水平与因素 train 相应水平下的均值。每条竖线上还标出因变量 y 的均值的二倍标准差的位置。由连线图可直观地看到：food-a 的减肥效果明显高于 food-b 和 food-c；减肥效果最好的组合方案是 food-a 和 train-4 搭配。

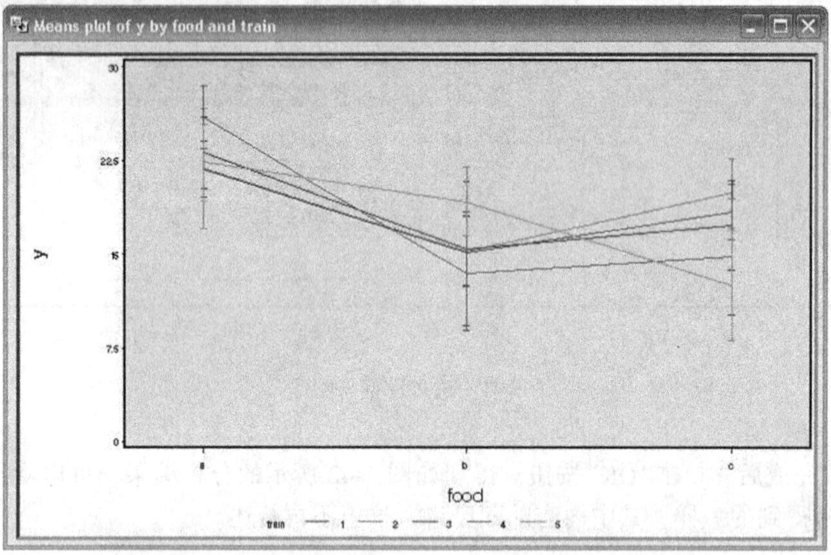

图 5-43　双因素不同水平下因变量均值差异的连线图

3. 编程实现有交互作用的双因素方差分析

双因素方差分析的 GLM 过程(非均衡数据的方差分析)

【例 5-9】 对表 5-7 中的假设数据作双因素方差分析：

表 5-7　**双因素方差分析假设数据**

因素 A	因素 B											
	b_1				b_2				b_3			
a_1	3.3	2.6	1.5	3.6	3.1	1.9	0.8	1.6	3.2	2.6	5.2	4.7
a_2	2.2	1.3	4.2	4.3	5.3	2.8	2.0	2.9	4.4	3.8	4.4	5.1
	3.9	2.9	3.1	2.9	3.5	4.9	2.5	4.8	4.6	5.6	3.9	3.0

由表 5-7 中的数据可见，因素的不同水平抽出的样本容量并不相同，对于这种典型的非均衡数据，使用过程 GLM 进行方差分析的程序为：

```
data an;
   do a = 1 to 2;
```

```
      do b = 1 to 3;
        input n;
        do i = 1 to n;
          input x @@ ;
          output;
        end;
      end;
    end;
    drop i n ;
    cards;
3
3.3  2.6  1.5
4
3.6  3.1  1.9  0.8
5
1.6  3.2  2.6  5.2  4.7
6
2.2  1.3  4.2  3.9  2.9  3.1
8
4.3  5.3  2.8  2.0  2.9  3.5  4.9  2.5
10
2.9  4.4  3.8  4.4  5.1  4.8  4.6  5.6  3.9  3.0
;
proc glm;
  class a b;
  model x = a b a*b;
run;
```

其中，变量 a 代表因素 a，其水平数是 2，变量 b 代表因素 b，其水平数是 3，变量 n 是每组的重复次数。建立好的数据集如图 5-44 所示。

提交上述程序运行后，在 Output 窗口中显示图 5-45 的结果。

通常 GLM 过程按两种方法输出各因素所引起的离差平方和(Type Ⅰ SS，Type Ⅲ SS)。Type Ⅰ SS 按累积效应(有交互效应)输出，Type Ⅲ SS 按独立效应(只有主效应)输出。即若有充分的理由将所有因素按主次顺序排列在 Model 语句中，应选择 Type Ⅰ SS 的结果，否则选择 Type Ⅲ SS 的结果。这里我们选择 Type Ⅰ SS 的输出。

从上述结果中可得到以下结论：

因 $F = 2.50$，P 值 0.0523 大于 0.05，故总体无显著差异，但 A 因素、B 因素均有显著差异，而 A * B 因素无显著差异，这样可以排除交互因素再作一次方差分析。

修改上述程序中的 Model 语句：Model x = a b，运行后相关结果如图 5-46 所示。

	a	b	x
1	1	1	3.3
2	1	1	2.6
3	1	1	1.5
4	1	2	3.6
5	1	2	3.1
6	1	2	1.9
7	1	2	0.8
8	1	3	1.6
9	1	3	3.2
10	1	3	2.6
11	1	3	5.2
12	1	3	4.7
13	2	1	2.2
14	2	1	1.3
15	2	1	4.2
16	2	1	3.9
17	2	1	2.9
18	2	1	3.1
19	2	2	4.3
20	2	2	5.3
21	2	2	2.8
22	2	2	2
23	2	2	2.9
24	2	2	3.5
25	2	2	4.9
26	2	2	2.5
27	2	3	2.9
28	2	3	4.4
29	2	3	3.8
30	2	3	4.4
31	2	3	5.1
32	2	3	4.8
33	2	3	4.6
34	2	3	5.6
35	2	3	3.9
36	2	3	3

图 5-44　例 5-9 的数据集 an

```
                              The GLM Procedure

Dependent Variable: x

                                         Sum of
     Source                   DF        Squares     Mean Square    F Value    Pr >

     Model                     5    15.69800000      3.13960000       2.50    0.05

     Error                    30    37.64200000      1.25473333

     Corrected Total          35    53.34000000

                      R-Square     Coeff Var      Root MSE        x Mean

                      0.294301      32.94555      1.120149      3.400000

     Source                   DF      Type I SS     Mean Square    F Value    Pr > F

     a                         1     5.61125000      5.61125000       4.47    0.0429
     b                         2     9.50044444      4.75022222       3.79    0.0342
     a*b                       2     0.58630556      0.29315278       0.23    0.7931

     Source                   DF    Type III SS     Mean Square    F Value    Pr > F

     a                         1     5.03234279      5.03234279       4.01    0.0543
     b                         2     8.33852778      4.16926389       3.32    0.0497
     a*b                       2     0.58630556      0.29315278       0.23    0.7931
```

图 5-45　程序运行结果

从上述结果中可得到以下结论：

因 $F=4.22$，$P\leqslant 0.0127$，故总体有显著差异，而且 A 因素、B 因素的 F 值和 P 值分别为 $F = 4.70$　$P\leqslant 0.0378$，$F = 3.98$　$P\leqslant 0.0287$，故认为两因素对分析指标都有显著影响。

The GLM Procedure

Dependent Variable: x

Source	DF	Sum of Squares	Mean Square	F Value
Model	3	15.11169444	5.03723148	4.22
Error	32	38.22830556	1.19463455	
Corrected Total	35	53.34000000		

R-Square	Coeff Var	Root MSE	x Mean
0.283309	32.14686	1.092993	3.400000

Source	DF	Type I SS	Mean Square	F Value	Pr > F
a	1	5.61125000	5.61125000	4.70	0.0378
b	2	9.50044444	4.75022222	3.98	0.0287

Source	DF	Type III SS	Mean Square	F Value	Pr > F
a	1	5.61125000	5.61125000	4.70	0.0378
b	2	9.50044444	4.75022222	3.98	0.0287

图 5-46 修改后的运行结果

5.4 均值估计与多重比较

一般来说，方差分析的主要目的是通过 F 检验讨论组间变异在总变异中的作用，借以对两组以上的平均数进行差异检验。得到一个整体性的检验结果。如果 F 检验的结果差异不显著，则说明实验中的自变量对因变量没有显著影响，检验就此结束，但是如果 F 检验的结果差异显著时，则往往不能就此结束，因为它只表明几个实验处理组的两两比较中至少有一对平均数间的差异达到了显著水平，至于是哪一对却没有回答。若想找出究竟是哪一对或哪几对的差异显著，哪几对不显著，则需要进一步对各实验处理组的平均数作多重比较。

多重比较与方差分析联系密切，因而大部分教科书将这种统计分析方法放在方差分析之中。但多重比较并不限于在 F 检验以后进行，只要是对多个平均数进行两两比较，都应当使用多重比较的方法。

5.4.1 概述

同时比较任意两个水平均值间有无显著性差异的问题称为多重比较，即要以显著性水平 α，同时检验以下 C_k^2 个假设：

$$H_0^{ij}: \mu_i = \mu_j \qquad i < j, \qquad i, j = 1, 2, \cdots, k$$

均值间的多重比较的方法从形式上可分为几类：临界值相对固定的两两比较、临界值不固定的多级检验、全部处理组均值与一个对照组均值比较。每一种类型中，根据所控制误差的类型和大小不同，又有许多不同的具体方法。如 T(成组比较 t 检验法)、Bon(Bonforroni t 检验法)、Dunnett(与对照组均数比较)、SNK(Student-Newman-Keuls 或称 q 检验法)、Tukey

（学生化极差 HSD 或称最大显著差）、Duncan（新多极差检验法）、LSD（最小显著差）、SIDAK（Sidak 不等式进行校正 t 检验法）、SCHEFFE（Scheffe 的多重对比检验）、Waller-Duncan（k 比率 t 检验）、GT2 或 SMM（学生化最大模数和 Sidak 不等式进行校正 t 检验法）、REGWF（多重 F 检验）、REGWQ（多重极差检验）。

在多重比较时，选用什么样的检验方法，首先要注意每种方法适用的试验设计条件，其次要关心所要控制的误差类型和大小。例如，某因素有 10 个水平，若采用通常的 t 检验进行多重比较，共需要比较的次数为 $C_{10}^2=45$ 次，即使每次比较时都把第一类错误 α 控制在 0.05 水平上，但经过 45 次多重比较后，犯第一类错误的概率上升到：$1-(1-0.05)^{45}=0.90$。从中我们可以看到选用 t 检验法进行多重比较，仅仅控制了每次比较的显著水平，但却大大增加了整体的显著水平。

下面是所要控制的几种误差类型和选用的检验方法：

- 第一类误差率——即犯第一类错误的概率 α。
- 比较误差率——即每一次单独比较时，所犯第一类错误的概率。可使用 T 法、LSD 法、DUNCAN 法。
- 试验误差率——即完成全部比较后，整体所犯第一类错误的概率。
- 完全无效假设下的试验误差率——即在 H_0 假设完全无效下的试验误差率。可使用 SNK 法。
- 部分无效假设下的试验误差率——即在 H_0 假设部分无效下的试验误差率。
- 最大试验误差率——即在 H_0 假设完全或部分无效下，完成全部比较后所犯第一类错误的最大概率。可使用 BON 法、SIDAK 法、SCHEFFE 法、TUKEY 法、GT2/SMM 法、GABRIEL 法、REGWQ 法、REGWF 法、DUNNETT 法。

（1）t 检验和 Bonforroni 检验。

当因素有 k 个水平时，对任意两个水平均值间的差异的显著性检验，可用 t 作为统计量

$$t_{ij}=\frac{\bar{y}_{i\cdot}-\bar{y}_{j\cdot}}{\sqrt{\frac{S_e}{n-k}\left(\frac{1}{n_i}+\frac{1}{n_j}\right)}}\sim t(n-k)$$

两两比较的次数共有 $m=C_k^2=k(k-1)/2$，因此，共有 m 个置信水平，每次比较的显著水平：t 检验的方法取 α。完成所有比较后的整体显著水平等于

$$1-(1-\alpha)^m$$

当比较次数 m 越大，试验误差就越大。而 Bonforroni 检验的方法取 α/m。完成所有比较后的整体显著水平等于

$$1-(1-\alpha/m)^m<\alpha$$

即最大试验误差率小于 α。

（2）LSD 检验。

既可以通过两两比较的显著水平的特定限制来控制最终的试验误差率，也可以通过两两比较的绝对差异界限来判别显著性。最容易想到的这个界限就是在两两比较中采用 t 检验而得到的 Fisher 最小显著差（LSD）为

$$\mathrm{LSD}_{ij} = t_{\frac{\alpha}{2}}(n-k)\sqrt{\frac{S_e}{n-k}\left(\frac{1}{n_i}+\frac{1}{n_j}\right)}$$

当 $|\bar{y}_{i\bullet} - \bar{y}_{j\bullet}| \geq \mathrm{LSD}_{ij}$ 时，则 $P \leq \alpha$。

(3)SNK 检验和 Duncan 检验。

SNK 法和 Duncan 法都属于多级检验法中的一种，使用多级检验可以获得同时检验的更高效率。多级检验分为步长增加法和步长减少法，SAS 系统采用步长减少法。当因素有 k 个水平时，即有 k 个均值需要比较，检验步骤为：

①将均值由大到小排列，即 $\bar{y}_{1\bullet} \geq \bar{y}_{2\bullet} \geq, \cdots, \geq \bar{y}_{k\bullet}$。

②比较 $\bar{y}_{1\bullet}$ 与 $\bar{y}_{k\bullet}$ 是否有显著差异。此时，跨度 $a=k$。若两者之间无显著差异，说明其他均值之差与比它小的任何两个水平均值之间的差别也无显著性，所以停止一切比较；反之，则继续进行下一步。

③比较 $\bar{y}_{1\bullet}$ 与 $\bar{y}_{k-1\bullet}$，比较 $\bar{y}_{2\bullet}$ 与 $\bar{y}_{k\bullet}$ 是否有显著差异。此时，这 2 个比较的跨度 $a=k-1$。若两者之间的比较无显著差异，则停止一切比较。如果每一步都有不满足停止比较的对比组存在，那么最后应到达跨度为 2 的所有需要比较的相邻两水平均值间都作完比较时为止。

多级检验在作每一级比较时，通过控制比较误差率 γ_a 的显著水平来实现其最终要控制的试验误差率。要注意的是 γ_a 在每一级比较时可能是不同的，它是跨度 a 和整体试验误差率 α 的函数，即 $\gamma_a = f(a, \alpha)$。另外，要注意的是 γ_a 其实就是每一级比较时特定统计量分布的显著水平。常用的两种方法是 SNK 检验和 Duncan 检验。它们的检验统计量为 q(也称学生化极差统计量)，如下

$$q_{ij} = \frac{\bar{y}_{i\bullet} - \bar{y}_{j\bullet}}{\sqrt{\frac{S_e}{2(n-k)}\left(\frac{1}{n_i}+\frac{1}{n_j}\right)}} \sim q(a, n-k)$$

其中，a 是 $\bar{y}_{i\bullet}$ 和 $\bar{y}_{j\bullet}$ 之间的跨度值，q 分布的自由度是 a 和 $n-k$，显著水平为 γ_a。SNK 检验和 Duncan 检验的区别主要在于 γ_a 的取值。

- SNK 检验：$\gamma_a = \alpha$。注意，当比较次数很大时，最大试验误差率将趋向于 1。
- Duncan 检验：$\gamma_a = 1-(1-\alpha)^{a-1}$。

5.4.2 均值估计与多重比较的方法

1. 在分析家下进行均值比较

【例 5-10】 在分析家下对例 5-2 作单因素方差分析的均值比较。具体操作步骤如下：

(1)在“分析家”中，打开数据集 mylib. ltms；

(2)选择菜单 统计→方差分析→单向方差分析，打开“One-Way ANOVA：ltms”对话框；选中分类变量 brand，单击“Independent”按钮，将其移到“Independent(自变量)”框中；选中数值变量 wear，单击按钮“Dependent”，将其移到“Dependent(因变量)”框中，如图 5-47(a)所示；

(3)单击 Means 按钮，在打开的“One-Way ANOVA：Means”对话框中选中“Comparisons

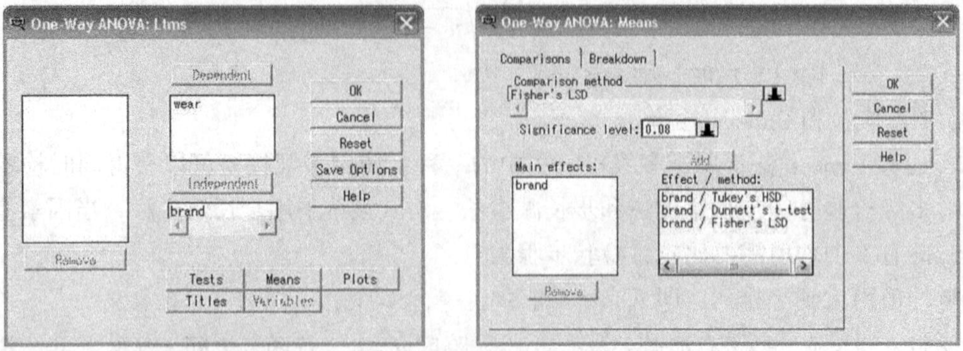

(a)　　　　　　　　　　　　(b)

图 5-47　One-Way ANOVA 对话框

(比较)"选项卡。按图 5-47(b)所示设置。首先修改置信水平为 0.08；然后，在 Comparison method 下拉列表中选择一种比较方法，例如，Tukey's HSD，在 Main effects(主效应)栏中选择变量 brand，单击"Add"按钮，加到主效应框中；再在 Comparison method 下拉列表中选择比较法 Dunnett's t-test，在 Main effects(主效应)栏中选择变量 brand，单击"Add"按钮，加到主效应框中；最后，在 Comparison method 下拉列表中选择比较法 Fisher's LSD，在 Main effects(主效应)栏中选择变量 brand，单击"Add"按钮，加到主效应框中；

(4)两次单击"OK"按钮，得到分析结果。在分析结果中的方差分析之后，就是关于均值比较的结果。

结果分析：

①使用 Tukey's HSD 检验法的结果，如图 5-48 所示。

```
                 Tukey's Studentized Range (HSD) Test for wear

NOTE: This test controls the Type I experimentwise error rate, but it generally has a higher Type
                              II error rate than REGWQ.


                 Alpha                                    0.08
                 Error Degrees of Freedom                   12
                 Error Mean Square                     0.02375
                 Critical Value of Studentized Range   3.80945
                 Minimum Significant Difference         0.2935


            Means with the same letter are not significantly different.

               Tukey Grouping          Mean      N    brand

                         A           2.6000      4    创想
                         A
                         A           2.3750      4    联合
                         A
                    B    A           2.3250      4    富民
                    B
                    B                2.0500      4    长城
```

图 5-48　Tukey's HSD 检验法

它先提示这一检验法是控制整体的第一类错误的，但它的第二类错误一般比 REGWQ 方法要高。

然后，指出根据所用的方法，两个均值间显著差异最小值为 0.2935，即不同水平间均值之差超过 0.2935，就表明这两个水平下的均值是有显著差异的。

最后，不同水平下响应变量的均值自大至小排成一列，无显著效应的水平在左侧用同一字母标出。例如，创想与联合无显著差异，富民与长城无显著差异，其他品牌之间均有显著性差异。

②使用 Dunnett's t-test 检验法的结果，如图 5-49 所示。

用这一方法给出 t 的临界值为 2.41549，两个均值间显著差异最小值为 0.2632。以下显示成组比较的结果，凡是达到 0.08 显著性水平的则在最右边一栏加标三个星号 ***。可以看出，长城与其他三个品牌之间都有显著差异。其他品牌之间均无显著差异。

```
                        Dunnett's t Tests for wear

NOTE: This test controls the Type I experimentwise error for comparisons of all treatments against
                                      a control.

                     Alpha                                0.08
                     Error Degrees of Freedom               12
                     Error Mean Square                 0.02375
                     Critical /alue of Dunnett's t     2.41549
                     Minimum Significant Difference     0.2632

          Comparisons significant at the 0.08 level are indicated by ***.

                              Difference      Simultaneous
                  brand         Between      92% Confidence
               Comparison        Means           Limits

               创想 - 长城       0.5500      0.2868  0.8132  ***
               联合 - 长城       0.3250      0.0618  0.5882  ***
               富民 - 长城       0.2750      0.0118  0.5382  ***
```

图 5-49 Dunnett's t-test 检验法

③使用 Fisher 的最小显著差异(LSD)检验法的结果，如图 5-50 所示。

用这一方法给出 t 的临界值为 1.91231，两个均值间显著差异最小值为 0.2084。以下显示成组比较的结果，可以看出，除了联合与富民间无显著差异，其他品牌之间均有显著差异。

在本例中，介绍了分析家下对单因素方差分析的均值比较方法，双因素方差分析的均值比较与此类似，不再赘述。

2. 用编程实现均值比较

在 ANOVA 过程和 GLM 过程中合理使用 means 语句可以实现均值的多重比较。

该语句是用来计算在 means 语句后列出的每个效应所对应的因变量均值。ANOVA 过程可以对出现在 model 语句等号右边的任一效应计算因变量的均值。不过这些均值没有针对模型中的效应进行修正。如果需要修正的均值，则应该调用 GLM 过程，使用其中的 lsmenas 语句。在 ANOVA 过程里可以使用任意多个 means 语句，它们放在 model 语句后面。

means 语句的选项列表主要有两个内容：一是选择多重比较的检验方法；二是规定这些检验的细节，注意这些细节选项只能用于主效应。

多重比较的检验方法：

- bon——对所有主效应均值之差进行 Bonferroni 的 *t* 检验。

```
                    t Tests (LSD) for wear

NOTE: This test controls the Type I comparisonwise error rate, not the experimentwise error rate.

            Alpha                              0.08
            Error Degrees of Freedom             12
            Error Mean Square               0.02375
            Critical Value of t             1.91231
            Least Significant Difference     0.2084

         Means with the same letter are not significantly different.

            t Grouping          Mean      N    brand

                     A        2.6000      4    创想

                     B        2.3750      4    联合
                     B
                     B        2.3250      4    富民

                     C        2.0500      4    长城
```

图 5-50　Fisher 的最小显著差异(LSD)检验法

- duncan——对所有主效应均值进行 Duncan 的多重极差检验。
- dunnett<('格式化对照值')>——进行 Dunnett 的双尾 t 检验。用以检验对所有主效应均值的某个水平作为对照，处理有无显著差异。为了规定这个对照效应的水平，在括号内用单引号把这个水平的格式化值括起来。缺省时，效应的第一个水平作为对照。
- dunnettl<('格式化对照值')>——进行 Dunnett 的单尾 t 检验。它检验是否任一个处理显著地小于这个对照。
- dunnettu<('格式化对照值')>——进行 Dunnett 的单尾 t 检验。它检验是否任一个处理显著地大于这个对照。
- gabriel——对所有主效应均值进行 Gabriel 的多重对比检验。
- regwf——对所有主效应均值进行 Ryan-Einot-Gabriel-Welsch 的多重 F 检验。
- regwq——对所有主效应均值进行 Ryan-Einot-Gabriel-Welsch 的多重极差检验。
- scheffe——对所有主效应均值进行 Scheffe 的多重对比检验。
- sidak——对所有主效应均值水平依据 Sidak 不等式进行调整后，对其均值之差两两进行 t 检验。
- Smm | gt2——当样本量不等时，基于学生化最大模和 Sidak 不相关 t 不等式，等到 Hochberg 的 GT2 方法，对主效应均值进行两两对比检验。
- snk——对所有主效应均值进行 Student-Newman-Keuls 的多重极差检验。
- t | lsd——对所有主效应均值进行两两 t 检验，它相当于在单元观察数相等时 Fisher 的最小显著差(Fisher's least-significant-difference)检验。
- tukey——对所有主效应均值进行 Tukey 的学生化极差检验。
- waller——对所有主效应均值进行 Waller-Duncan 的 k 比率(k-ratio)检验。

多重比较的检验细节：

- alpha = p——给出均值间对比检验的显著性水平。缺省值是 0.05。

- cldiff——要求把两两均值之差的结果用置信区间的形式输出。
- clm——对变量的每个水平的均值按置信区间形式输出。
- e=效应——指定在多重对比检验中所使用的误差均方。如果缺省，则使用残差均方（MS）。指定的效应必须是在 model 语句中出现过的效应。
- kratio=值——给出 Waller-Duncan 检验的类型 1/类型 2 的误差限制比例。Kratio 的合理值为 50、100、500，大约相当于两水平时 alpha 值为 0.1、0.05、0.01。缺省值为 100。
- lines——按下降次序列出所有检验方法产生的均值，并用一条线段在均值旁指出非显著的子集。
- hovtest——要求输出组间方差齐性的 Levene 检验。

【例 5-11】 用编程对例 5-7 中数据集 mylib. fatness 进行均值比较。

程序如下：

```
proc   ANOVA data=mylib. fatness;
  class   food train;
  model   y=food train food * train;
  means food train /snk;
run;
```

程序的运行结果除了给出方差分析结果以外，还对 food 和 train 两个效应进行了 SNK（Student-Newman-Keuls 的多重极差检验）均值比较。

图 5-51 给出了用 SNK 检验法对 food 效应的均值比较结果，表明饮食方案中，b 和 c 无显著差异，但它们与 a 均有显著性差异。

```
                         The ANOVA Procedure

                    Student-Newman-Keuls Test for y

NOTE: This test controls the Type I experimentwise error rate under the complete null hypothesis
                    but not under partial null hypotheses.

                   Alpha                          0.05
                   Error Degrees of Freedom         75
                   Error Mean Square          19.65022

              Number of Means              2              3
              Critical Range       2.2801735      2.7367838

           Means with the same letter are not significantly different.

                SNK Grouping        Mean       N    food

                          A       23.010      30    a

                          B       16.607      30    c
                          B
                          B       15.697      30    b
```

图 5-51 food 的均值比较结果

图 5-52 给出了用 SNK 检验法对 train 效应的均值比较结果，由于 train 的五个水平都在同一分组下，所以 5 种健美操的减肥效果均无显著差异。

```
                         The ANOVA Procedure

                  Student-Newman-Keuls Test for y

NOTE: This test controls the Type I experimentwise error rate under the complete null hypothesis
      but not under partial null hypotheses.

                    Alpha                          0.05
                    Error Degrees of Freedom         75
                    Error Mean Square          19.65022


 Number of Means           2            3            4            5
 Critical Range    2.9436913    3.5331727    3.8825631    4.1303151

          Means with the same letter are not significantly different.

          SNK Grouping          Mean      N    train

                    A         19.000     18    2
                    A
                    A         18.633     18    3
                    A
                    A         18.422     18    1
                    A
                    A         18.100     18    4
                    A
                    A         18.033     18    5
```

图 5-52　train 的均值比较结果

5.5 协方差分析

5.5.1 概述

当定量的影响因素对观察结果有难以控制的影响，甚至还有交互作用时，采用协方差分析，这些影响变量称为协变量，扣除(或消除)协变量的影响，可以得到修正后的均值估计。

1. 协方差分析概念

协方差分析(Analysis of Covariance)又称带有协变量的方差分析(Analysis of Variance with Covariates)，是将回归分析与方差分析结合起来使用的一种分析方法。在各种试验设计中，对主要变量 y 研究时，常常希望其他可能影响和干扰 y 的变量保持一致以达到均衡或可比，使试验误差的估计降到最低限度，从而可以准确地获得处理因素的试验效应。但是有时，这些变量难以控制，或者根本不能控制。为此需要在试验中同时记录这些变量的值，把这些变量看做自变量，或称协变量(Covariate)，建立因变量 y 随协变量变化的回归方程，这样就可以利用回归分析把因变量 y 中受协变量影响的因素扣除掉，从而，能够较合理地比较定性的影响因素处在不同水平下，经过回归分析手段修正以后的因变量的总体均值之间是否有显著性的差别。简单地说，协方差分析是扣除协变量的影响，或者将这些协变量处理成相等，再对修正的 y 的均值作方差分析。

2. 协方差分析的假定

协方差分析需要满足的假定为：

①各样本来自具有相同方差 σ^2 的正态分布总体，即要求各组方差齐性。

②协变量与主要变量 y 间的总体回归系数不等于 0。

③各组的回归线平等，即回归系数 $\beta_1 = \beta_2 = \cdots$。

如果上述的假定满足，就作协方差分析。前述的各种试验设计，如完全随机化设计、随机区组设计、析因设计、拉丁方设计等，都可以带一个或多个协变量，按设计方案扣除协变量的影响后，对主要变量 y 的修正均值作比较，得出统计结论。

3. 协方差分析的模型

最简单的单因素一元协方差分析的模型，是由单因素效应模型 $y_{ij} = \mu + a_i + \varepsilon_{ij}$ 加上协变量的影响因素 $\beta(x_{ij} - \bar{x})$ 而得出：

$$y_{ij} = \mu + a_i + \beta(x_{ij} - \bar{x}) + \varepsilon_{ij} \tag{5.1}$$

其中，x 为协变量，x_{ij} 为协变量在分类水平 i 和 j 上的记录值，$\bar{x}$ 为所有协变量的平均值，β 为相关的回归系数。设 $\beta_0 = \mu - \beta\bar{x}$，为平均截距。上式可以化简成

$$y_{ij} = \beta_0 + a_i + \beta x_{ij} + \varepsilon_{ij} \tag{5.2}$$

设 $\beta_{0i} = \beta_0 + a_i$，上式可以化简成

$$y_{ij} = \beta_{0i} + \beta x_{ij} + \varepsilon_{ij}$$

很明显 β_{0i} 是第 i 组回归线的截距，等于回归线的平均截距 β_0 加上本组的效应 a_i。这个式子揭示了，观察值 y_{ij} 的模型可以表示成一组相似的回归线，且各组具有共同的回归系数 β，和各组自己的截距 $\beta_{0i} = \beta_0 + a_i$。

用 SAS 中的 glm 过程进行协方差分析时，要注意不同试验设计时 class 语句和 model 语句的写法。设分类变量为 A、B，协变量为 X，观察值为 Y，则有：

①单因素 k 水平设计的协方差分析模型。

```
class    A;
model    X  A ;
```

②随机区组设计的协方差分析模型。

```
class    A  B;
model    X  A  B ;
```

③两因素析因设计的协方差分析模型。

```
class    A  B;
        model    X  A  B  A*B;
```

5.5.2 实例分析

1. 一元协方差分析

【例 5-12】 研究牡蛎在不同温度的水中不同位置上的生长情况。有人进行了如下试验：分别在通向发电站的入口处(温度较低)不同位置(底部和表层)和出口处(温度较高)不同位置(底部和表层)及电站附近的深水处(底部和表层的中间)总共 5 个不同位置点上，随机地各放 4 袋牡蛎(每袋中有 10 个)，共 5×4＝20 袋。在将每袋牡蛎放入位置点之前，先洗干净称出每袋的初始体重，放在 5 个不同点一个月后再称出最后体重。试验结果数据如表 5-8 所示。

表 5-8　　牡蛎在不同温度和位置上的生长数据

位置 trt	重复数 rep(x 为初始体重，y 为最后体重)							
	1		2		3		4	
	x	y	x	y	x	y	x	y
1(入口底部)	27.2	32.6	32.0	36.6	33.0	37.7	26.8	31.0
2(入口顶部)	28.6	33.8	26.8	31.7	26.5	30.7	26.8	30.4
3(出口底部)	28.6	35.2	22.4	29.1	23.2	28.9	24.4	30.2
4(出口顶部)	29.3	35.0	21.8	27.0	30.3	36.4	24.3	30.5
5(附近中部)	20.4	24.6	19.6	23.4	25.1	30.3	18.1	21.8

程序如下：

```
data growth;
   do trt=1 to 5;
     do rep=1 to 4;
        input x y @@ ;
        output;
     end;
end;
cards;
27.2 32.6   32.0 36.6   33.0 37.7   26.8 31.0
28.6 33.8   26.8 31.7   26.5 30.7   26.8 30.4
28.6 35.2   22.4 29.1   23.2 28.9   24.4 30.2
29.3 35.0   21.8 27.0   30.3 36.4   24.3 30.5
20.4 24.6   19.6 23.4   25.1 30.3   18.1 21.8
;
proc anova data=growth;
   class trt;
   model y=trt;
proc glm data=growth;
   class trt;
   model y=trt x /solution;
   means trt;
   lsmeans trt /stderr tdiff;
   contrast 'trt12 vs trt34' trt -1 -1 1 1 0;
   estimate 'trt1 adj mean' intercept 1 trt 1 0 0 0 0 x 25.76;
   estimate 'trt2 adj mean' intercept 1 trt 0 1 0 0 0 x 25.76;
   estimate 'adj   trt diff' trt 1 -1 0 0 0;
   estimate 'trt1 unadj mean' intercept 1 trt 1 0 0 0 0 x 29.75;
```

```
    estimate 'trt2 unadj mean' intercept 1 trt 0 1 0 0 0 x 27.175;
    estimate 'unadj   trt diff' trt 1 -1 0 0 0 x 2.575;
run;
```

程序说明：定性变量 trt 的 5 个不同位置点对 y 可能有较大的影响，因此，class 语句中分组变量为 trt，先选用 anova 过程进行方差分析。然而，牡蛎的初始体重 x 对牡蛎的最后体重 y 可能也有一定的影响，故适合选用 glm 过程进行协方差分析，在 model 语句中不仅包括分组变量 trt，而且应包括协变量 x。选择项 solution 要求输出回归系数的估计值及其标准误差和假设检验等结果。means 和 lsmeans 语句要求输出分组变量 trt 各水平下 y 的未修正均值和修正后的均值，选择项 stderr 要求输出 y 的修正均值的标准误差、各修正均值与 0 比较的假设检验结果；选择项 tdiff 要求输出 y 的各修正均值之间两两比较所对应的 t 值和 p 值。

Contrast 语句是用来比较入口处底部和顶部均值之和与出口处底部和顶部均值之和是否相等。前三条 estimate 语句是用来估计入口处底部和顶部调整后的均值及它们之差，并假设检验是否为 0，后三条 estimate 语句是用来估计入口处底部和顶部未调整的均值及它们之差，并假设检验是否为 0。程序输出的主要结果如图 5-53(a)～(d)所示。

The ANOVA Procedure

Dependent Variable: y

Source	DF	Sum of Squares	Mean Square	F Value	Pr > F
Model	4	198.4070000	49.6017500	4.64	0.0122
Error	15	160.2625000	10.6841667		
Corrected Total	19	358.6695000			

R-Square	Coeff Var	Root MSE	y Mean
0.553175	10.59706	3.268664	30.84500

Source	DF	Anova SS	Mean Square	F Value	Pr > F
trt	4	198.4070000	49.6017500	4.64	0.0122

图 5-53(a)　单因素 trt 方差分析

图 5-53(a)中结果分析：对分组变量 trt 的方差分析表明，即使当初始体重 x 不考虑，各分组最后体重均值的区别也统计显著(0.0122<0.05)，其中，分组变量 trt 的平方和为 198.40700000。而在协方差分析中，分组变量 trt 的类型 1 的平方和等于方差分析中的平方和 198.40700000，图 5-53(b)中分组变量 trt 的类型 3 的平方和为 12.08935928，小于类型 1 的平方和，是因为类型 3 的平方和反映了经过共同的协变量 x 调整后的平方和，减去了协变量的影响，所以平方和大幅度减小。类型 1 是一种未经过调整的平方和，因为它的优先级高于协变量的调整。更进一步分析，我们注意到图 5-53(a)中方差分析中均方误差为 10.68416667，而图 5-53(b)中的协方差分析中却缩小到 0.30159452，相应地分组变量 trt 的 F 统计量从 4.64 增加到 10.02，说明包含了协变量后分组的区别更加显著，原因是简单方差分析中，大多数的误差是由于初始体重 x 的变异造成的。

图 5-53(b)中的最后一部分是选择项 solution 的输出结果，对模型中的截距、各分组变量和协变量的回归系数进行估计和检验，在这个单因素 trt 的情况下，估计是以最后一个水平 trt5(trt=5)为对照组，并且设置它的系数为 0，因此截距 intercept 的估计值是分组 trt5 的

估计值。其他四个分组 trt 的系数估计是每一个与 trt5 进行比较而得到的。注意，出口处的 trt3 和 trt4 分组是不同于 trt5 分组。协变量 x 的系数是合并各组内 y 和 x 所得到的回归系数，即是由 5 个独立的 trt 分组，分别回归 y 和 x 后得到回归系数然后加权平均。协变量 x 的系数估计值表明，初始体重变动 1 个单位最后体重 y 相关地要变动 1.083179819 单位。

```
                              The GLM Procedure

     Dependent Variable: y

                                          Sum of
          Source                  DF     Squares      Mean Square    F Value    Pr > F

          Model                    5   354.4471767     70.8894353     235.05    <.0001

          Error                   14     4.2223233      0.3015945

          Corrected Total         19   358.6695000

                    R-Square     Coeff Var      Root MSE       y Mean

                    0.988228      1.780438      0.549176     30.84500

          Source                  DF     Type I SS    Mean Square    F Value    Pr > F

          trt                      4   198.4070000     49.6017500     164.47    <.0001
          x                        1   156.0401767    156.0401767     517.38    <.0001

          Source                  DF   Type III SS    Mean Square    F Value    Pr > F

          trt                      4    12.0893593      3.0223398      10.02    0.0005
          x                        1   156.0401767    156.0401767     517.38    <.0001

                                                      Standard
               Parameter          Estimate               Error    t Value    Pr > |t|

               Intercept       2.494859763 B        1.02786287       2.43      0.0293
               trt       1    -0.244459378 B        0.57658196      -0.42      0.6780
               trt       2    -0.280271345 B        0.49290825      -0.57      0.5786
               trt       3     1.654757698 B        0.42943036       3.85      0.0018
               trt       4     1.107113513 B        0.47175112       2.35      0.0342
               trt       5     0.000000000 B         .                .         .
               x               1.083179819          0.04762051      22.75      <.0001

     NOTE: The X'X matrix has been found to be singular, and a generalized inverse was used to solve
           the normal equations.  Terms whose estimates are followed by the letter 'B' are not uniquely
           estimable.
```

图 5-53(b)　单因素 trt 一元 x 的协方差分析

图 5-53(c)中结果分析：means 语句要求计算按 trt 每个水平分组的未调整的 y 和 x 均值。如 $\bar{y}_{1\bullet}=34.475=(32.6+36.6+37.7+31)/4$，$\bar{x}_{1\bullet}=29.75=(27.2+32+33+26.8)/4$。Lsmeans 语句要求计算调整后的 y 的均值，或称最小二乘均值估计，我们可以由(5.1)式求分组平均得到：

$$\mu+\alpha_i=y_{ij}-\beta(x_{ij}-\bar{x})+\varepsilon_{ij}$$

$$\hat{\bar{y}}_{i\bullet}=\bar{y}_{i\bullet}-\beta(\bar{x}_{i\bullet}-\bar{x})$$

再由(5.2)式求分组平均代入上式：

$$\begin{aligned}\hat{\bar{y}}_{i\bullet}&=\bar{y}_{i\bullet}-\beta(\bar{x}_{i\bullet}-\bar{x})\\&=\bar{y}_{i\bullet}-\beta\bar{x}_{i\bullet}+\beta\bar{x}\\&=\beta_0+\alpha_i+\beta\bar{x}\end{aligned}$$

例如，初始体重的整体平均值为 $\bar{x}=(29.750+27.175+24.650+26.425+20.800)/5=25.76$，

The GLM Procedure

Level of trt	N	y Mean	y Std Dev	x Mean	x Std Dev
1	4	34.4750000	3.18891309	29.7500000	3.20572405
2	4	31.6500000	1.53731367	27.1750000	0.96046864
3	4	30.8500000	2.95578529	24.6500000	2.75862284
4	4	32.2250000	4.29757684	26.4250000	4.04917687
5	4	25.0250000	3.69898635	20.8000000	3.02103735

The GLM Procedure
Least Squares Means

trt	y LSMEAN	Standard Error	Pr > |t|	LSMEAN Number
1	30.1531125	0.3339174	<.0001	1
2	30.1173006	0.2827350	<.0001	2
3	32.0523296	0.2796295	<.0001	3
4	31.5046854	0.2764082	<.0001	4
5	30.3975719	0.3621988	<.0001	5

Least Squares Means for Effect trt
t for H0: LSMean(i)=LSMean(j) / Pr > |t|

Dependent Variable: y

i/j	1	2	3	4	5
1		0.087941	-4.1466	-3.22289	-0.42398
		0.9312	0.0010	0.0061	0.6780
2	-0.08794		-4.76003	-3.55771	-0.56861
	0.9312		0.0003	0.0032	0.5786
3	4.146599	4.76003		1.378002	3.853378
	0.0010	0.0003		0.1898	0.0018
4	3.222892	3.557715	-1.378		2.346817
	0.0061	0.0032	0.1898		0.0342
5	0.42398	0.568608	-3.85338	-2.34682	
	0.6780	0.5786	0.0018	0.0342	

NOTE: To ensure overall protection level, only probabilities associated with pre-planned comparisons should be used.

图 5-53(c) 未调整均值和调整均值及均值之间的比较

以 trt1 分组为例，调整后 $\bar{y}_{1\cdot}=30.1531125=34.475-1.083179819\times(29.75-25.76)$。tdiff 选择项要求对已调整均值的两两比较采用 LSD 检验，可以使用 adjust=duncan/waller 等选项替代 lsd 检验，获得其他多重比较的检验结果。从最后的 5×5 修正均值比较结果表中，可得到($\bar{y}_{1\cdot}$，$\bar{y}_{2\cdot}$，$\bar{y}_{5\cdot}$)中的任何一个与($\bar{y}_{3\cdot}$，$\bar{y}_{4\cdot}$)中的任何一个之间有显著或非常显著性差别。

The GLM Procedure

Dependent Variable: y

Contrast	DF	Contrast SS	Mean Square	F Value	Pr > F
trt12 vs trt34	1	8.59108077	8.59108077	28.49	0.0001

Parameter	Estimate	Standard Error	t Value	Pr > |t|
trt1 adj mean	30.1531125	0.33391743	90.30	<.0001
trt2 adj mean	30.1173006	0.28273504	106.52	<.0001
adj trt diff	0.0358120	0.40722674	0.09	0.9312
trt1 unadj mean	34.4750000	0.27458811	125.55	<.0001
trt2 unadj mean	31.6500000	0.27458811	115.26	<.0001
unadj trt diff	2.8250000	0.38832623	7.27	<.0001

图 5-53(d) 有计划的均值对比和参数估计

图 5-53(d)中结果分析：contrast 语句通过其后的参数项设置，用来假设检验我们自己计划的原假设 H_0：$\bar{y}_{1\cdot}+\bar{y}_{2\cdot}=\bar{y}_{3\cdot}+\bar{y}_{4\cdot}$，结果显示非常显著(0.0001<0.05)，即入口处底部

和顶部均值之和与出口处底部和顶部均值之和是有显著差异的，说明水中的温度不同对牡蛎生长是不同的。本程序中的estimate语句，有计划地设计了对入口处的底部和顶部调整后均值进行估计，及它们之差是否为0的假设检验，结果为不显著。但如果对未调整均值之差是否为0进行假设检验，则结果却为非常显著。因此，我们可以看到使用调整后均值进行估计是必要的。

2. 多元协方差分析

【例5-13】 研究男女儿童的体表面积是否相同。考虑到儿童的身高和体重对体表面积可能有影响，在某地测量了男女各15名初生至3周岁儿童的身高、体重和体表面积，得到测量数据见表5-9所示。

表5-9　　**3周岁男女儿童的身高、体重和体表面积**

男(male)			女(female)		
身高(x_1)	体重(x_2)	体表面积(y)	身高(x_1)	体重(x_2)	体表面积(y)
54.0	3.00	2446.2	54.0	3.00	2117.3
50.5	2.25	1928.4	53.0	2.25	2200.2
51.0	2.50	2094.5	51.5	2.50	1906.2
56.5	3.50	2506.7	51.0	3.00	1850.3
52.0	3.00	2121.0	51.0	3.00	1632.5
76.0	9.50	3845.9	77.0	7.50	3934.0
80.0	9.00	4380.8	77.0	10.0	4180.4
74.0	9.50	4314.2	77.0	9.50	4246.1
80.0	9.00	4078.4	74.0	9.00	3358.8
76.0	8.00	4134.5	73.0	7.50	3809.7
96.0	13.5	5830.2	91.0	12.0	5358.4
97.0	14.0	6013.6	91.0	13.0	5601.7
99.0	16.0	6410.6	94.0	15.0	6074.9
92.0	11.0	5283.3	92.0	12.0	5299.4
94.0	15.0	6101.6	91.0	12.5	5291.5

程序如下：

```
proc format;
  value sexname 1='male' 2='female';
data child;
  do i=1 to 15;
    do sex=1 to 2;
      input x1 x2 y @@;
      format sex sexname.;
```

```
        output;
      end;
    end;
    cards;
54.0 3.00 2446.2    54.0 3.00 2117.3
50.5 2.25 1928.4    53.0 2.25 2200.2
51.0 2.50 2094.5    51.5 2.50 1906.2
56.5 3.50 2506.7    51.0 3.00 1850.3
52.0 3.00 2121.0    51.0 3.00 1632.5
76.0 9.50 3845.9    77.0 7.50 3934.0
80.0 9.00 4380.8    77.0 10.0 4180.4
74.0 9.50 4314.2    77.0 9.50 4246.1
80.0 9.00 4078.4    74.0 9.00 3358.8
76.0 8.00 4134.5    73.0 7.50 3809.7
96.0 13.5 5830.2    91.0 12.0 5358.4
97.0 14.0 6013.6    91.0 13.0 5601.7
99.0 16.0 6410.6    94.0 15.0 6074.9
92.0 11.0 5283.3    92.0 12.0 5299.4
94.0 15.0 6101.6    91.0 12.5 5291.5
;
proc glm data=child;
    class sex;
    model y=sex x1 x2 /solution;
    lsmeans sex /stderr tdiff;
run;
```

程序说明：本例为带有两个协变量 x_1 和 x_2，一个分组变量 sex 的完全随机化设计的多元协方差分析。data 步中为了便于读入数据，sex 分组变量取值为 1 和 2，但又为了显示清楚，用 format 过程自定义了 sexname. 格式，用于 sex 变量的显示格式。在 class 语句中只能有 sex 分组变量，而在 model 语句中应把观察指标放在等号的左边，分组变量和协变量放在等号的右边，solution 选项求回归方程的系数估计。lsmeans 语句求修正后均值，stderr 选项求均值的标准误差，tdiff 选项求均值对比的 t 值和 p 值。程序输出的主要结果如图 5-54 所示。

图 5-54 中结果分析：由类型 3 的平方和计算结果表明，身高、体重对体表面积都有非常显著性的影响（$0.0001<0.05$，$0.0059<0.05$），而男、女两性之间无显著性差别（$0.0762>0.05$）。由回归分析的结果可知道，与 x_1、x_2 相对应的公共偏回归系数为 $\beta_1 = 54.477217$、$\beta_2 = 130.645108$，它们与 0 之间差别的检验结果为 $p=0.0001$ 和 $p=0.0059$。男、女两性体表面积的修正均值分别为 52.32694 和 52.32694，两者之间无显著性差别（$p=0.0762$）。

The GLM Procedure

Dependent Variable: y

Source	DF	Sum of Squares	Mean Square	F Value	Pr > F
Model	3	68523072.11	22841024.04	557.41	<.0001
Error	26	1065399.76	40976.91		
Corrected Total	29	69588471.87			

R-Square	Coeff Var	Root MSE	y Mean
0.984690	5.131187	202.4276	3945.043

Source	DF	Type I SS	Mean Square	F Value	Pr > F
sex	1	714100.41	714100.41	17.43	0.0003
x1	1	67440016.92	67440016.92	1645.81	<.0001
x2	1	368954.79	368954.79	9.00	0.0059

Source	DF	Type III SS	Mean Square	F Value	Pr > F
sex	1	139769.3397	139769.3397	3.41	0.0762
x1	1	938153.7036	938153.7036	22.89	<.0001
x2	1	368954.7895	368954.7895	9.00	0.0059

Parameter		Estimate		Standard Error	t Value	Pr > |t|
Intercept		-1118.730592	B	497.2296650	-2.25	0.0331
sex	female	-136.828607	B	74.0867551	-1.85	0.0762
sex	male	0.000000	B	.	.	.
x1		54.477217		11.3853803	4.78	<.0001
x2		130.645108		43.5387744	3.00	0.0059

NOTE: The X'X matrix has been found to be singular, and a generalized inverse was used to solve the normal equations. Terms whose estimates are followed by the letter 'B' are not uniquely estimable.

The GLM Procedure
Least Squares Means

sex	y LSMEAN	Standard Error	H0:LSMEAN=0 Pr > |t|	H0:LSMean1=LSMean2 t Value	Pr > |t|
female	3876.62903	52.32694	<.0001	-1.85	0.0762
male	4013.45764	52.32694	<.0001		

图 5-54　单因素的多元协方差分析

本章小结

方差分析通过方差比较的方式考察多个总体特征的差异是否显著。方差分析可分为单因素方差分析、多因素方差分析和协方差分析。方差分析可通过多重比较及方差分析模型的参数估计等方法找出影响显著的因素，并对这种影响进行定量衡量。多因素方差分析中的各因素之间可能存在交互作用。在 SAS 系统中可以使用三种方法进行方差分析——INSIGHT、分析家和编程。ANOVA 和 GLM 是方差分析常用的两个过程，其中，ANOVA 适用于均衡数据，其运算速度较快，但功能有限；对于非均衡数据应该使用 GLM 过程，其功能强大。协方差分析是将回归分析和方差分析结合应用的一种统计方法，用以消除协变量(混杂因素)对结果的影响，一般用 GLM 过程进行分析。

习　　题

1. 可否用 t 检验中的两两比较方法来取代方差分析？为什么？简述理由。

2. 方差分析的假设是什么？

3. 考察一个实验，它研究四种广告的效果：当地报纸广告(paper)，当地广播广告(radio)，店内销售员(people)，店内展示(display)，该省共分为144个销售点，每种广告方式随机地在36个销售点实施。在每个销售点以千美元为单位计量其销售水平，见表5-10。考察各种广告方式下其平均销售水平是否有显著差异。

表5-10

序号	店内展示	报纸广告	店内销售员	广播广告	序号	店内展示	报纸广告	店内销售员	广播广告
1	52	75	63	69	19	41	68	58	54
2	61	57	67	51	20	44	75	82	78
3	61	76	85	100	21	86	83	78	79
4	76	77	80	90	22	75	66	87	83
5	57	75	87	77	23	75	66	70	74
6	52	72	62	60	24	63	76	77	69
7	33	76	70	33	25	52	70	68	68
8	69	81	75	79	26	61	86	61	75
9	60	63	40	73	27	43	62	55	65
10	61	94	64	100	28	69	88	76	70
11	66	54	40	61	29	43	56	70	53
12	41	70	67	68	30	51	86	77	73
13	65	87	51	68	31	60	84	42	79
14	58	65	61	63	32	52	77	71	66
15	50	65	75	83	33	55	78	65	65
16	44	79	64	76	34	52	80	78	81
17	45	62	50	73	35	45	62	37	57
18	58	75	62	74	36	60	70	83	65

将表5-10中数据存放在数据集 mylib. adver 中，其中，变量 AD 表示广告类型——共有四个水平，SALES 表示以千美元记录的销售水平。

(1)描述性分析。

①对数据集中的变量 AD 和 SALES 生成直方图/柱状图，用这些直方图/柱状图分析数据，从这些图中可得出什么初步结论？

②对变量 SALES 按广告类型生成并列盒形图，在数据集中是否有异常观测？有什么初

步结论？

(2)进行方差分析。

①检验 4 种广告方式下销售均值相等的假设，原假设和备择假设是什么？

②R2 的值是什么？如何说明这一变量？

③这一检验的 p 值是什么？预设 $\alpha=0.01$，可得到什么结论？

④查看残差-预测值散点图，从图上是否能看出违反假定的根据？

⑤查看残差的分布并作正态性检验，残差是否为正态分布？

⑥以错误概率 $\alpha=0.05$ 对所有广告方式进行两两比较，哪些类型的广告效果有显著的不同？

4. 考虑合成纤维收缩率(因素 A)和总拉伸倍数(因素 B)对纤维弹性 y 的影响。收缩率取 4 个水平：$A_1=0$，$A_2=4$，$A_3=8$，$A_4=12$；总拉伸倍数也取 4 个水平：$B_1=460$，$B_2=520$，$B_3=580$，$B_4=640$。在每个组合 A_iB_j 下重复进行二次试验，弹性数据如表 5-11 所示。

表 5-11

A：收缩率	B：拉伸倍数			
	460	520	580	640
0	71，73	72，73	75，73	77，75
4	73，75	76，74	78，77	74，74
8	76，73	79，77	74，75	74，73
12	75，73	73，72	70，71	69，69

考虑如下问题：

(1)收缩率(因素 A)、拉伸倍数(因素 B)对弹性 y 有无显著性影响？

(2)因素 A 和因素 B 是否有交互作用？

(3)使纤维弹性达到最大的生产条件是什么？

第6章 相关分析与回归分析

现实生活或工作中遇到的很多数据，需要分析它们之间相互影响的关系。相关分析与回归分析都是研究变量之间关系的统计分析方法。相关分析研究随机变量之间相互关系的密切程度，通常用相关系数描述，相关系数可以量化连续型变量之间线性相关的强度，但不能提供两变量间的关系的具体形式；回归分析研究变量之间的数量关系，用回归模型描述，回归模型可以确定一个连续变量与另一些连续变量间的相互依赖关系，这种依赖关系，有确定的值相对应。

6.1 相关分析

相关分析(Correlation Analysis)主要分析两个变量之间的相关程度，用相关系数描述两个变量之间的相关关系。

通过绘制量变量的散点图，可以直观地看到两个变量之间有没有关系，如图6-1(a)、(b)、(c)、(d)、(e)、(f)所示是不同形态的散点图。

图6-1(a)~(f)显示了变量之间各种关系的散点图。当所有观测点落在同一条直线上时，变量之间的关系称为完全正相关(见图6-1(a))和完全负相关(见图6-1(b))，而实际中的数据一般不会如此理想化，通常是正线性相关(见图6-1(c))和负线性相关(见图6-1(d))；如图6-1(e)中显示变量之间的关系，称为非线性相关或曲线相关；如图6-1(f)中显示变量之间的关系，无任何规律，表明这两个变量之间没有任何关系。

如果一个变量完全依赖于另一个变量，各观测点落在一条直线或曲线上，则这两个变量之间是函数关系，而实际的数据一般也不会如此理想化，于是可以将变量之间的关系用函数拟合，称为拟合回归方程，本章6.2节将详细介绍。本节讨论两变量之间的线性关系。

在进行相关分析时，根据数据资料的不同，需采用不同的方法。当数据资料服从正态分布时，用Pearson相关系数r描述两变量之间的线性相关性；对于非正态分布的资料，如数据是分类的或对数资料，需要用到等级相关分析方法。

6.1.1 简单相关分析

1. 相关系数

如果两变量服从正态分布，研究其线性相关的关系，通常采用Pearson提出的相关系数：

$$r=\frac{\sum(x_i-\bar{x})(y_i-\bar{y})}{\sqrt{\sum(x_i-\bar{x})^2\cdot\sum(y_i-\bar{y})^2}}$$

相关系数r描述了这种线性关系的程度和方向。它的值介于-1到1之间。当一个变量

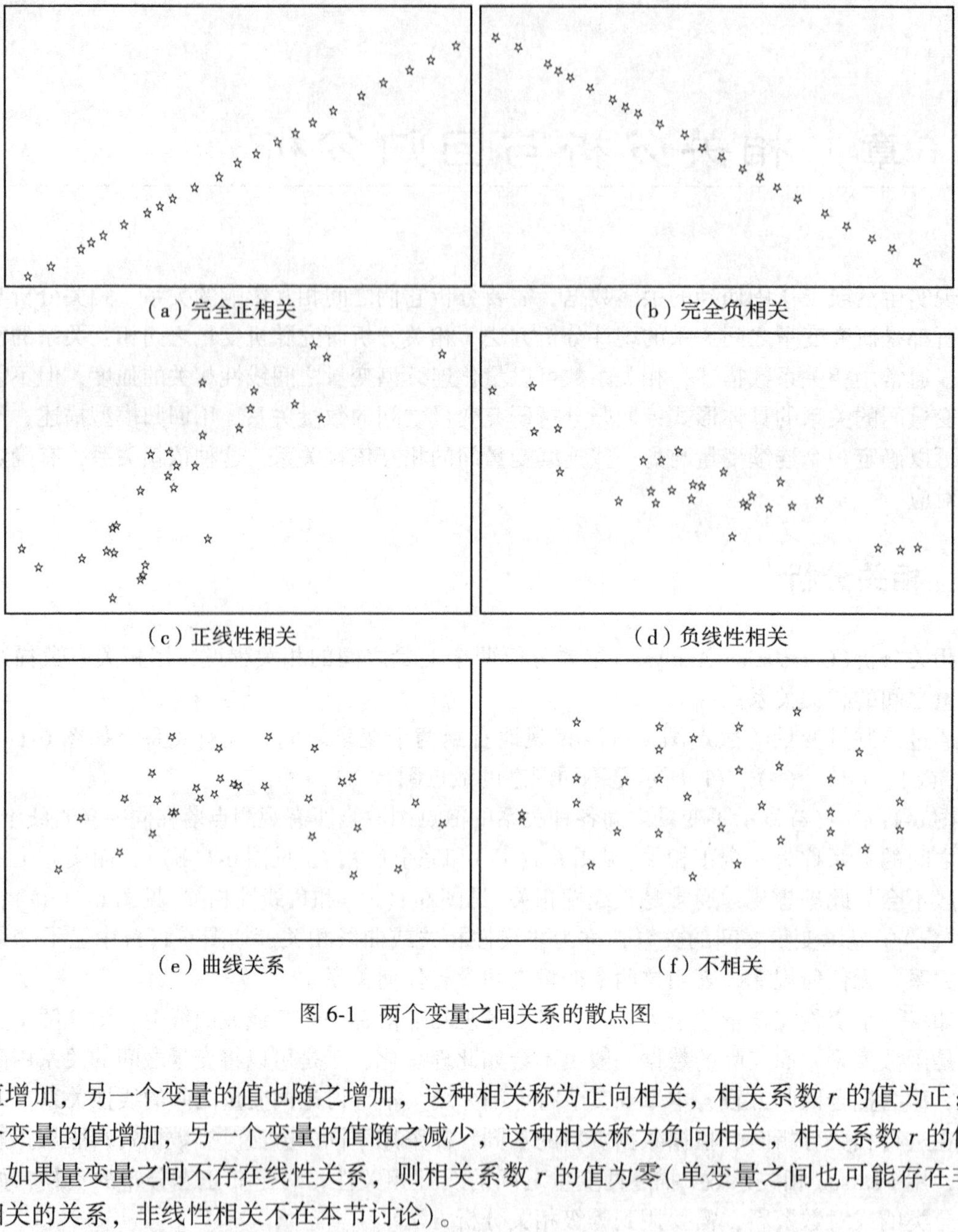

图 6-1　两个变量之间关系的散点图

的值增加，另一个变量的值也随之增加，这种相关称为正向相关，相关系数 r 的值为正；当一个变量的值增加，另一个变量的值随之减少，这种相关称为负向相关，相关系数 r 的值为负；如果量变量之间不存在线性关系，则相关系数 r 的值为零(单变量之间也可能存在非线性相关的关系，非线性相关不在本节讨论)。

一般，根据经验，依相关系数 r 的大小，衡量变量之间线性相关的程度如下：

$|r|<0.3$　低度线性相关

$0.3<=|r|<0.5$　中低度线性相关

$0.5<=|r|<0.8$　中度线性相关

$0.8<=|r|<1.0$　高度线性相关

2. 相关系数的显著性检验

在相关分析中，相关系数是根据样本资料计算的，必然会有抽样误差，为了推断两个变量之间是否真正存在相关关系，必须对相关系数进行显著性检验。即检验两个变量之间样本相关系数 $r(r\neq0)$ 与一个相关系数 $r(r=0)$ 的已知总体之间的差别是不是由于抽样误差所产生的，如果差别有统计学意义，则说明两个变量之间存在相关关系。因此，相关系数的检验问题，可以归结为一假设检验：

原假设：H_0：$r=0$

备择假设：H_1：$r\neq 0$

其结果的分析与假设检验的结果分析相似，在一定的显著性水平下，如果拒绝原假设，则两变量显著相关；如果接受原假设，则两变量之间无线性相关的关系。

3. 相关分析过程

SAS 系统中进行直线相关分析的过程步骤是 corr 过程。corr 过程的语句基本格式如下：

```
PROC CORR <选项列表>;          调用 corr 过程
BY 变量名(列表);                请求分组分析
FREQ 变量名;                    指出频数变量
VAR 变量名(列表);               指出需要作相关分析的变量
PARTIAL 变量名(列表);           对变量进行偏相关分析
WEIGHT 变量名;                  指出加权处理的变量
WITH 变量名(列表);              与语句 VAR 配合，指定相关矩阵的横轴变量
RUN;
```

PROC 语句的选项列表中，常用的参数有：

- Data=table，指明需处理的数据集名。
- Pearson，计算积差相关系数，是缺省值。
- Spearman，计算斯皮尔曼等级相关系数，用于等级相关分析。
- Kendall，计算 Kendall tau-b 等级系数。

4. 应用举例

【例 6-1】 对于儿童的体检数据，进行相关分析。程序如下：

```
Libname mylib "d: \ ";
DATA   mylib. child;
   INPUT   NAME $    AGE   SEX $    HEIGHT    WEIGHT    BUST;
CARDS;
刘明 3      男      0. 94      13. 59      50. 4
蔡行 3      男      0. 91      14. 20      50. 0
李敏 4      女      1. 39      16. 15      51. 6
李涛 4      男      1. 02      15. 44      51. 9
夏天 4      男      1. 06      15. 30      51. 0
郭红 5      女      1. 01      15. 04      51. 9
胡月 5      女      1. 02      15. 07      52. 7
程彬 6      女      1. 07      17. 04      53. 7
杨兵 6      男      1. 12      18. 09      54. 1
刘进 6      男      1. 14      18. 80      53. 5
王苗苗 7    女      1. 16      19. 93      55. 5
张思凡 7    女      1. 15      18. 20      51. 4
RUN;
```

```
PROC CORR DATA=MYLIB. CHILD;
VAR   AGE HEIGHT WEIGHT   BUST;
RUN;
```

程序运行结果如图 6-2 所示。

```
                              CORR 过程

              4 变量:    AGE      HEIGHT    WEIGHT    BUST

                              简单统计量

变量          N          均值       标准偏差          总和        最小值        最大值

AGE          12       5.00000       1.41421      60.00000      3.00000       7.00000
HEIGHT       12       1.08250       0.12563      12.99000      0.91000       1.39000
WEIGHT       12      16.40417       1.98346     196.85000     13.59000      19.93000
BUST         12      52.30833       1.63065     627.70000     50.00000      55.50000

                      Pearson 相关系数, N = 12
                    当 H0: Rho=0 时, Prob > |r|

                    AGE        HEIGHT        WEIGHT        BUST

      AGE         1.00000      0.39910       0.89839       0.78054
                               0.1987        <.0001        0.0027

      HEIGHT      0.39910      1.00000       0.56838       0.36243
                  0.1987                     0.0538        0.2469

      WEIGHT      0.89839      0.56838       1.00000       0.81213
                  <.0001       0.0538                      0.0013

      BUST        0.78054      0.36243       0.81213       1.00000
                  0.0027       0.2469        0.0013
```

图 6-2　儿童体检数据相关分析结果

结果的解释：

程序运行的第一部分结果为简单统计量的计算，显示每个被分析变量的名称，样本含量，均值，标准偏差，总和，最小值，最大值等。

结果的第二部分，是相关分析的结果矩阵，矩阵的上方显示对相关系数进行假设检验的原假设，在矩阵中，行和列交叉处对应的数据为其行变量和对应的列变量之间的 Pearson 相关系数，而相关系数的下面给出的数据为检验其显著性的概率值(“Prob>| r |”)。

结果矩阵中主对角线的值均为 1，表示某变量与其自己之间的相关系数。结果中可以发现，儿童的年龄与体重，年龄与胸围，胸围与体重之间的相关系数分别为 0. 89839、0. 78054、0. 81213，在 α=0. 05 条件下显著相关。年龄与身高的相关系数为 0. 39910，检验概率为 0. 1987，α=0. 05 条件下不显著。

【例 6-2】 美国 1961 年至 2009 年期间失业率与各项经济指标数据如表 6-1 所示，研究失业率与各项经济指标的关系。

表 6-1　　**失业率与各项经济指标数据**

年份 year	失业率 Unem_rate	通货膨胀率 Infl_rate	生产变化率 Pro_change	GDP 变化率 RGDP_change	进口变化率 Impo_change
1961	6. 7	0. 1	3. 1	2. 3	1. 3
1962	5. 6	0. 1	4. 5	6. 1	-0. 7

续表

年份 year	失业率 Unem_rate	通货膨胀率 Infl_rate	生产变化率 Pro_change	GDP 变化率 RGDP_change	进口变化率 Impo_change
1963	5. 6	0. 1	3. 5	4. 4	11. 4
1964	5. 2	0. 1	2. 9	5. 8	2. 7
1965	4. 5	0. 2	3. 1	6. 4	5. 3
1966	3. 8	0. 3	3. 6	6. 5	10. 6
1967	3. 8	0. 3	1. 7	2. 5	14. 9
1968	3. 6	0. 4	4. 3	4. 8	7. 3
1969	3. 5	0. 5	0. 2	3. 1	14. 9
1970	5	0. 5	1. 5	0. 2	5. 7
1971	6	0. 3	4	3. 4	4. 3
1972	5. 6	0. 3	3. 3	5. 3	5. 3
1973	4. 9	0. 7	3. 1	5. 8	11. 3
1974	5. 6	1	-1. 6	-0. 6	4. 6
1975	8. 5	0. 6	2. 8	-0. 2	-2. 3
1976	7. 7	0. 4	3. 3	5. 4	-11. 1
1977	7. 1	0. 5	1. 6	4. 6	19. 6
1978	6. 1	0. 7	1. 3	5. 6	10. 9
1979	5. 9	1	-0. 4	3. 1	8. 7
1980	7. 1	1	-0. 3	-0. 3	1. 7
1981	7. 6	0. 7	1. 4	2. 5	-6. 6
1982	9. 7	0. 3	-1. 1	-1. 9	2. 6
1983	9. 6	0. 3	4. 4	4. 5	-1. 3
1984	7. 5	0. 3	2	7. 2	12. 6
1985	7. 2	0. 3	1. 6	4. 1	24. 3
1986	7	0. 1	3. 1	3. 5	6. 5
1987	6. 2	0. 4	0. 3	3. 2	8. 5
1988	5. 5	0. 4	1. 6	4. 1	5. 9
1989	5. 3	0. 4	0. 8	3. 6	3. 9

续表

年份 year	失业率 Unem_rate	通货膨胀率 Infl_rate	生产变化率 Pro_change	GDP 变化率 RGDP_change	进口变化率 Impo_change
1990	5.6	0.5	1.8	1.9	4.4
1991	6.9	0.2	1.5	-0.2	3.6
1992	7.5	0.2	4	3.4	-0.1
1993	6.9	0.2	0.6	2.9	7
1994	6.1	0.2	1	4.1	8.6
1995	5.6	0.2	0.4	2.5	11.9
1996	5.4	0.3	2.6	3.7	8
1997	5	0.1	1.5	4.5	8.7
1998	4.5	0.1	2.9	4.4	13.5
1999	4.2	0.2	3.3	4.8	11.7
2000	4	0.3	3.4	4.1	11.5
2001	4.7	0.1	2.9	1.1	13
2002	5.8	0.2	4.6	1.8	-2.8
2003	6	0.2	3.7	2.5	3.4
2004	5.5	0.3	2.8	3.6	4.4
2005	5.1	0.3	1.7	3.1	11
2006	4.6	0.2	0.9	2.7	6.1
2007	4.6	0.4	1.8	2.1	6.1
2008	5.8	0	1.8	0.4	2
2009	9.1	0.2	5.6	-3.6	-3.2

用SAS分析家，分析美国失业率与各项经济指标的关系，设表6-1的数据已经存放在数据集mylib. unem中。

操作步骤如下：

(1)在SAS主窗口中，单击菜单“解决方案”，选择“分析家”，进入分析家运行环境；

(2)在分析家窗口中，选择“文件”菜单下的“按SAS名称打开”命令，在弹出的对话框中，选择打开数据集unem，如图6-3所示。

(3)在分析家窗口中，选择菜单“统计”→“描述性统计”→“相关”，在弹出如图6-4所示的对话框，将对话框左边的5个要研究的变量，选到对话框右边的框中；

(4)点击如图6-4对话框中的“Plots”按钮，出现如图6-5所示的对话框；

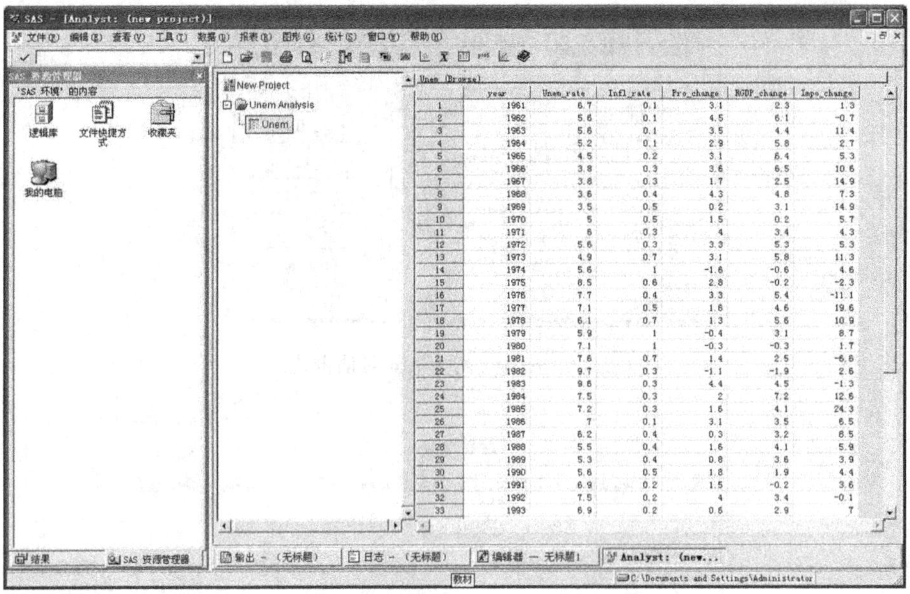

图 6-3　分析家中打开的 unem 数据集

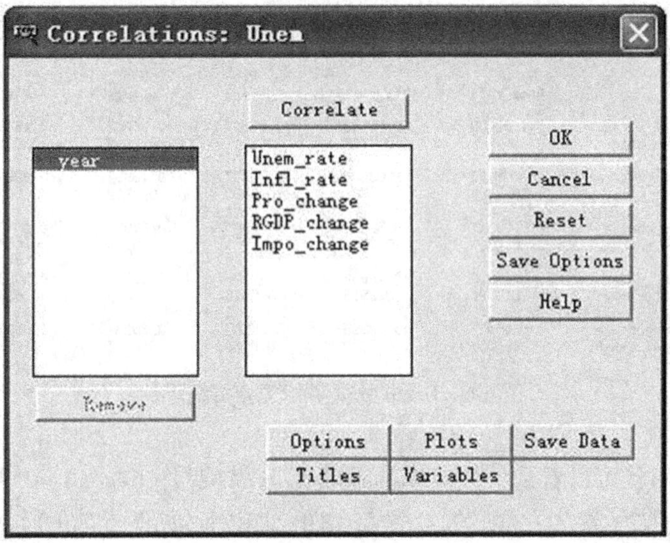

图 6-4　Correlations：Unem 对话框之一

(5)在图 6-5 所示的对话框中，选择“Scatter plots”以及“Add confidence ellipses”，画置信椭圆，点击“OK”按钮回到图 6-4，再点击“OK”按钮，得到如图 6-6 所示的相关分析结果。

由图 6-6 中显示的相关系数矩阵可知，失业率(Unem_rate)与 GDP 变化率(RGDP_change)和进口变化率(Impo_change)显著负相关，而与通货膨胀率(Infl_rate)和生产变化率(Pro_change)的关系不密切。

在分析家窗口中关闭输出结果窗口，可以看到在窗口的左边，总共有 10 个置信椭圆，选择有失业率这个变量的 4 个置信椭圆，如图 6-7(a)、(b)、(c)、(d)所示。

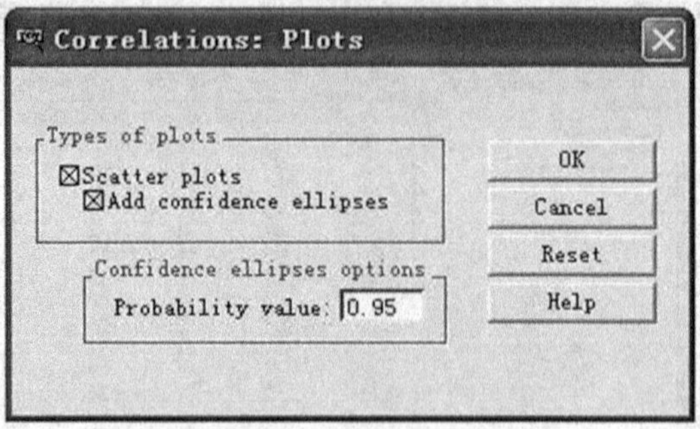

图 6-5 Correlations：Unem 对话框之二

CORR 过程

5 变量: Unem_rate Infl_rate Pro_change RGDP_change Impo_change

简单统计量

变量	N	均值	标准偏差	总和	最小值	最大值	标签
Unem_rate	49	5.92449	1.48121	290.30000	3.50000	9.70000	Unem_rate
Infl_rate	49	0.34082	0.23710	16.70000	0	1.00000	Infl_rate
Pro_change	49	2.21224	1.55960	108.40000	-1.60000	5.60000	Pro_change
RGDP_change	49	3.15918	2.24823	154.80000	-3.60000	7.20000	RGDP_change
Impo_change	49	6.35918	6.46274	311.60000	-11.10000	24.30000	Impo_change

Pearson 相关系数, N = 49
当 H0: Rho=0 时，Prob > |r|

	Unem_rate	Infl_rate	Pro_change	RGDP_change	Impo_change
Unem_rate Unem_rate	1.00000	0.08133 0.5785	-0.00347 0.9811	-0.36830 0.0092	-0.45451 0.0010
Infl_rate Infl_rate	0.08133 0.5785	1.00000	-0.50337 0.0002	-0.16682 0.2519	-0.03696 0.8009
Pro_change Pro_change	-0.00347 0.9811	-0.50337 0.0002	1.00000	0.27976 0.0516	-0.25584 0.0760
RGDP_change RGDP_change	-0.36830 0.0092	-0.16682 0.2519	0.27976 0.0516	1.00000	0.30234 0.0347
Impo_change Impo_change	-0.45451 0.0010	-0.03696 0.8009	-0.25584 0.0760	0.30234 0.0347	1.00000

图 6-6 Unem 数据集相关分析结果

由置信椭圆的形状可以看到，失业率与通货膨胀率(见图 6-7(a))、失业率与生产变化率(见图 6-7(b))并没有多大关系；失业率与 GDP 变化率(见图 6-7(c))、失业率与进口变化率(见图 6-7(d))显著负相关。

从结果看，进口对美国的就业率是有不可忽视的负效应的，GDP 变化率也与失业率有显著相关。通货膨胀率为什么对失业率没有产生多大影响呢？就通货膨胀和失业率之间，理论上的短期相关是有的，但数据集 unem 中选取的是 49 年的长期数据进行分析，从而不会显示出短期上的负相关关系，即通货膨胀在长期并不影响就业情况；生产率的提高之所以对就业不构成威胁，一方面，是因为很多岗位并不是机械能够解决的；另一方面，随着科技的发展，社会上出现了很多以往没有的新型领域，这些新型领域吸收了一大批就业者，从而抵消了那些因科技发展而被取代的就业岗位。

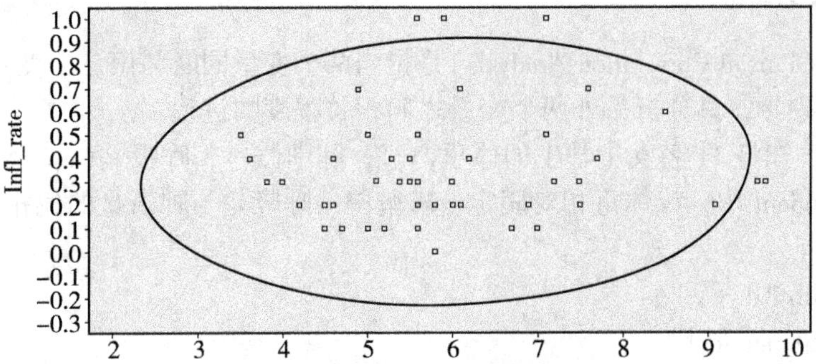

（a）Unem_rate与Infl_rate

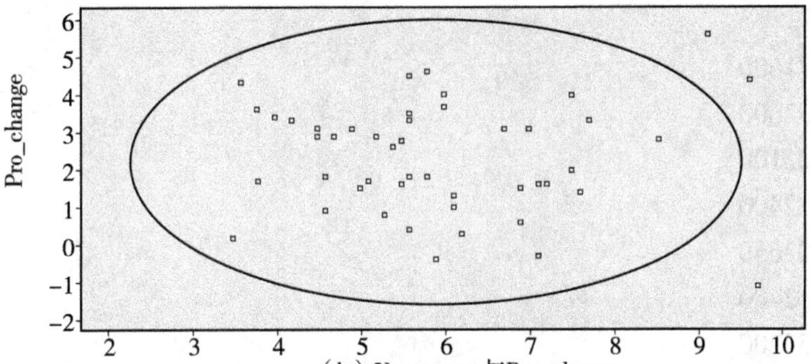

（b）Unem_rate与Pro_change

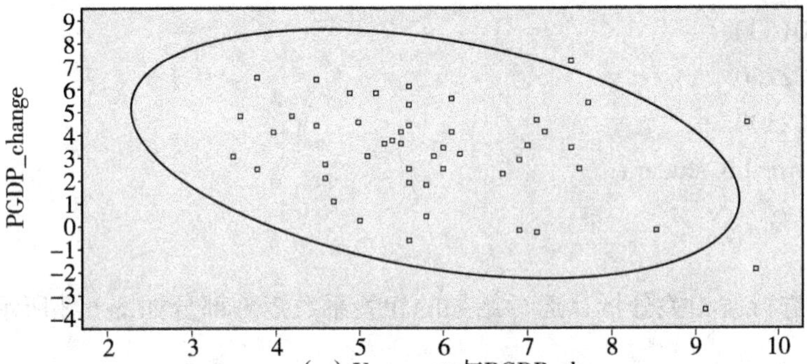

（c）Unem_rate与RGDP_change

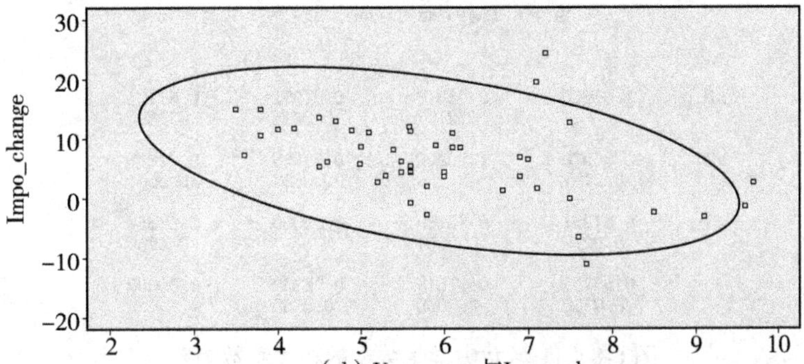

（d）Unem_rate与Impo_change

图 6-7 置信椭圆

6.1.2 偏相关分析

偏相关分析(Partial Correlation Analysis)是指当两个变量同时与第三个变量相关时，将第三个变量的影响剔除，只分析另外两个变量之间相关程度的过程。

【例6-3】 已知将11名女中学生的体重(x_1)，胸围(x_2)，呼吸差(x_3)及肺活量(y)的数据放在数据集student中，设体重相对固定，求胸围、呼吸差与肺活量的偏相关系数。

程序如下：

```
Libname mylib "d: \ ";
DATA    mylib. student;
input x1 x2 x3 y;
cards;
35   60   0. 71600
40   74   2. 52600
40   64   2. 02100
37   72   1. 12400
42   74   3. 02650
37   72   1. 12400
45   68   1. 52200
43   78   4. 32750
37   66   2. 01600
44   70   3. 22750
42   65   3. 02500
proccorrdata=mylib. student;
var x1 x2 x3 y;
run;
```

该程序没有进行偏相关分析，运行结果的相关系数矩阵部分如图6-8所示。

Pearson 相关系数, N = 11
当 H0: Rho=0 时，Prob > |r|

	x1	x2	x3	y
x1	1.00000	0.36078 0.2757	0.67951 0.0215	0.63725 0.0350
x2	0.36078 0.2757	1.00000	0.53955 0.0867	0.77615 0.0050
x3	0.67951 0.0215	0.53955 0.0867	1.00000	0.66350 0.0260
y	0.63725 0.0350	0.77615 0.0050	0.66350 0.0260	1.00000

图6-8 11名女中学生数据的相关系数矩阵

从结果中看出，肺活量与体重、胸围、胸围之呼吸差都是相关的。在考虑肺活量与其他变量的相关关系时，有可能包含了体重因素的影响，因此，考虑剔除体重变量影响的偏相关分析。程序如下：

```
proccorrdata=mylib. student;
var x2 x3 y;
partial x1;
run ;
```

偏相关分析的矩阵结果如图 6-9 所示。

Pearson 偏相关系数, N = 11
当 H0: Partial Rho=0 时, Prob > |r|

	x2	x3	y
x2	1.00000	0.43025 0.2146	0.75999 0.0107
x3	0.43025 0.2146	1.00000	0.40765 0.2423
y	0.75999 0.0107	0.40765 0.2423	1.00000

图 6-9 11 名女中学生数据的偏相关系数矩阵

其中，肺活量与胸围的偏相关系数为 0.75999，*P* 值<0.05，说明两者仍有显著的相关性。结果还提示，肺活量与呼吸差的相关系数 0.40765，*P* 值为 0.2423>0.05，肺活量与呼吸差相关性不显著。

6.1.3 等级相关分析

在实际应用中，有时获得的原始资料没有具体的数据表现，只能用等级来描述。等级相关系数也称为“秩相关系数”，是反映等级相关程度的统计分析指标。常用的等级相关分析方法有 Spearman 等级相关和 Kendall 等级相关等。

【例 6-4】 某城市工作人员文化程度与个人收入数据如表 6-2 所示，试作相关分析。

表 6-2 **某城市工作人员文化程度与个人收入数据**

income \ edu	bachelor	docter	junior	master
1			10	
2	14		6	2
3	13	1		7
4	2	2	1	3
5	2		1	

上述数据，在 SAS 中已建立数据集 edu_income，在 SAS 中打开该数据集窗口如图 6-10 所示。

在数据集“edu_income”中，变量 edu 定义文化程度，1、2、3、4 分别表示大专及以下、本科、硕士及博士；变量 income 定义个人月收入，1、2、3、4、5 分别表示 2000 元以下、2000~5000 元、5000~10000 元、10000~20000 元及 20000 元以上；变量 Freq 表示频数。

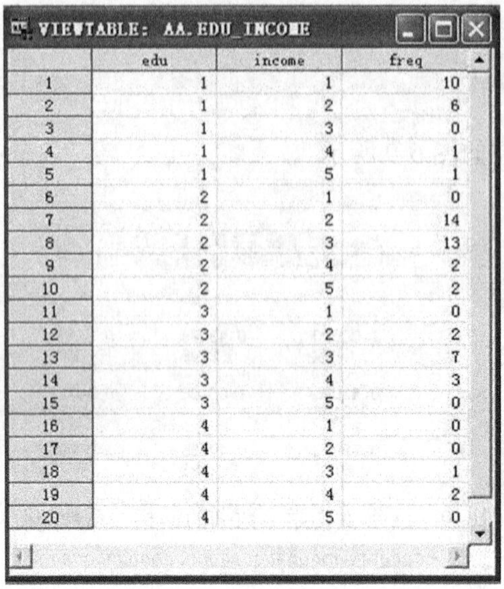

VIEWTABLE: AA.EDU_INCOME

	edu	income	freq
1	1	1	10
2	1	2	6
3	1	3	0
4	1	4	1
5	1	5	1
6	2	1	0
7	2	2	14
8	2	3	13
9	2	4	2
10	2	5	2
11	3	1	0
12	3	2	2
13	3	3	7
14	3	4	3
15	3	5	0
16	4	1	0
17	4	2	0
18	4	3	1
19	4	4	2
20	4	5	0

图 6-10 “edu_income”数据集

在 SAS 的 ASSIST 环境下，操作步骤如下：

(1)在 SAS 主窗口中，单击菜单“解决方案”，选择“ASSIST”，进入 ASSIST 运行环境。

(2)在 ASSIST 窗口的菜单栏，选择菜单“任务/数据分析/基础/相关”，打开“SAS/ASSIST Correlation Coefficients”窗口。

(3)单击 Table，确定 SAS 数据集，选择 mylib. edu _ income，单击 Columns to be correlated，确定作相关分析的变量，选择 edu 和 income。

(4)选择频数变量。点击 Additional Options，系统弹出“Additional Options”对话框，如图 6-11 所示。

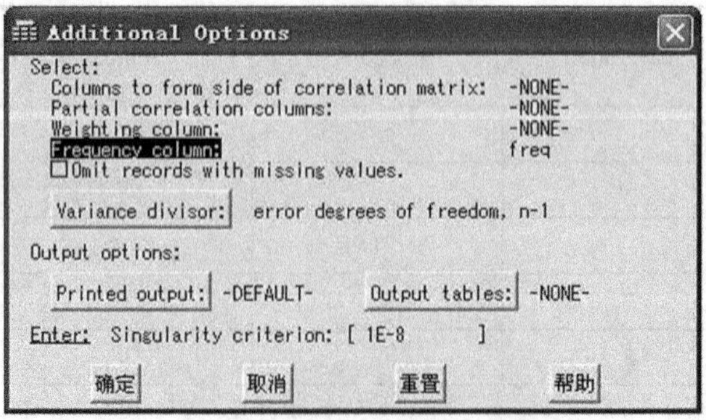

图 6-11 “Additional Options”对话框

选择 Frequency column，在系统弹出的“Select Table Variables”对话框中，选择频数变量 Freq，点击“OK”按钮。

(5)点击“确定”按钮，返回“Additional Options”对话框，再点击“确定”按钮，返回

"SAS/ASSISTCorrelation Coefficients"窗口，选择 Spearman coefficients 和 Candall's tua-b coefficients。

(6)选择"运行"菜单的"提交"命令，得到的结果如图 6-12 所示。

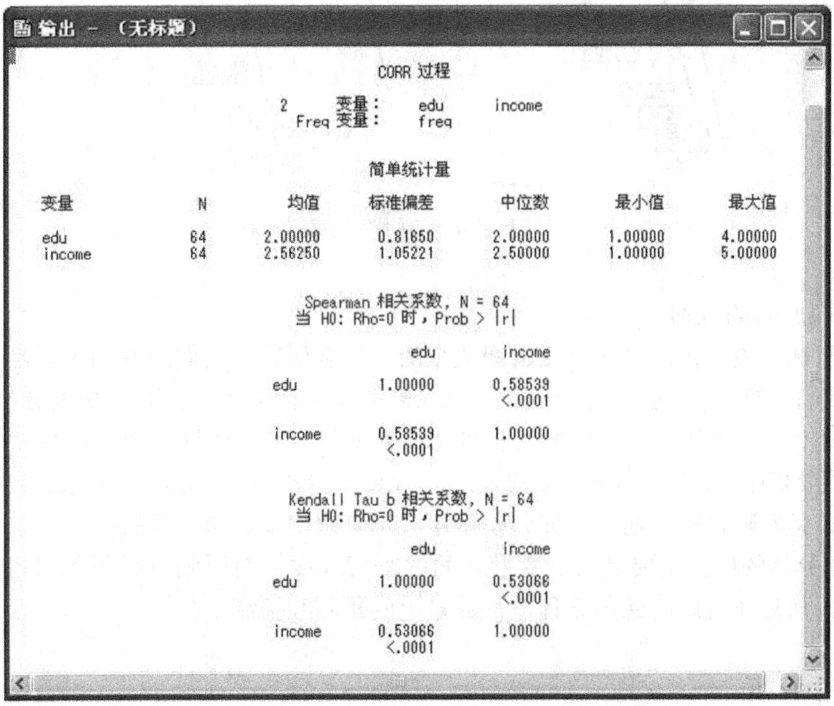

图 6-12 等级相关分析结果

以上分别是用 Spearman 法和 Kendall 法作等级相关分析的结果，文化程度与个人月收入的斯皮尔曼相关系数为 0.58539，P 值为<0.0001；肯德尔 τ_b 系数为 0.53068，P 值为<0.0001。两种结果基本一致，说明文化程度与个人月收入有显著相关性，即个人月收入随文化程度的提高而增多。

6.1.4 相关分析与回归分析

使用相关系数说明问题时要注意以下的问题：

(1)相关系数很强并不表示变量间一定有因果关系，也可能是两个变量同时受第三个变量的影响而使它们有很强的相关(如学习能力和鞋码大小)；

(2)相关系数是说明线性联系程度的。相关系数接近于 0 的变量间可能存在非线性联系(可能是曲线关系)；

(3)有时个别极端数据可能影响相关系数；

(4)强相关并不表示一定存在因果关系；

(5)弱相关并不表示变量间不存在关系。

1. 相关不能回答的问题

(1)相关只能知道两个变量存在某种关系，但不能提供两个变量间的关系的形式。

(2)两幅变量间关系的散点图，如图 6-13 所示，每一幅的相关系数均为 1(数据点正好落在一条直线上)，但变量间的关系式显然不同。

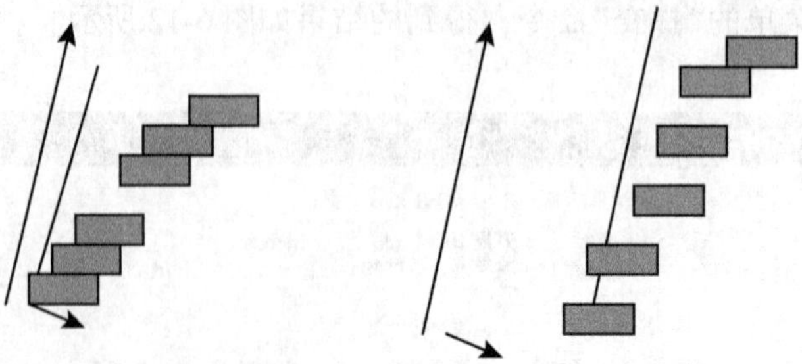

图 6-13　相关系数为 1 的两幅散点图

2. 相关与回归的区别

回归分析和相关分析都是研究变量间关系的统计学课题，它们的差别主要是：

(1)在回归分析中，y 被称为因变量，处在被解释的特殊地位，而在相关分析中，x 与 y 处于平等的地位，即研究 x 与 y 的密切程度和研究 y 与 x 的密切程度是一致的；

(2)相关分析中，x 与 y 都是随机变量，而在回归分析中，y 是随机变量，x 可以是随机变量，也可以是非随机的，通常在回归模型中，总是假定 x 是非随机的；

(3)相关分析的研究主要是两个变量之间的密切程度，而回归分析不仅可以揭示 x 对 y 的影响大小，而且还可以由回归方程进行数量上的预测和控制。

6.2　回归分析

回归分析是研究变量之间的数量关系的统计分析方法。回归分析在实际工作中的应用十分广泛，例如，决策分析问题，决策问题、市场销售情况的预测问题，病因学分析，等等，都可以用回归分析的方法得到解决。

在回归分析中要说明其变化的或对其进行预测的变量称为因变量(Dependent Variable)，用以说明或预测因变量的变量称为自变量(Independent Variable)。

回归分析的主要内容包括：

(1)从一组数据出发，确定因变量与自变量之间的关系式；

(2)对该关系式的可信度进行统计检验；

(3)从影响因变量的自变量中，判别哪些变量的影响是显著的，哪些是不显著的；

(4)利用所求得的关系式对因变量进行预测或控制。

按照实际情况的不同，处理两个变量之间的关系称为一元回归或简单回归；处理多个变量之间的关系称为多元回归；若变量之间呈线性关系称为线性回归，否则称为非线性回归。

6.2.1　线性回归分析

回归分析与相关分析在理论上有其关联性，如果变量之间不存在相关性，就谈不上回归分析。

1. 回归方程的几何解释

在如图 6-14 所示两个变量的散点图中，作一条直线可得一个回归方程，但不同的人所作的回归方程可能不同，如何得到一条唯一的最佳的回归方程？

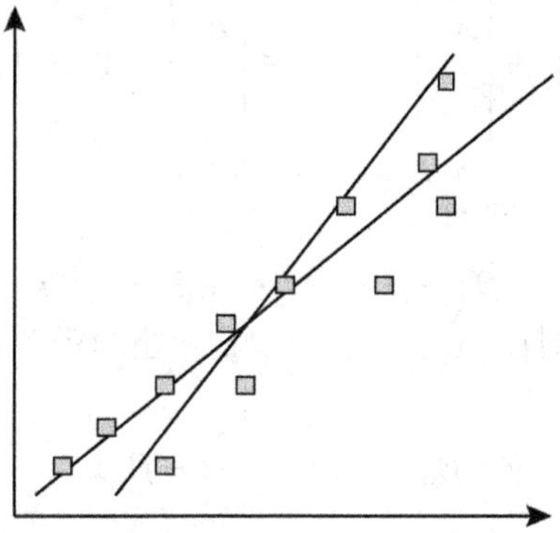

图 6-14　两个变量的散点图

用回归分析的方法，任何人都可得到完全相同的直线，此过程称拟合回归线(Fitting a Regression Line)。

拟合回归线最常用的方法是最小二乘法。

最小二乘法：对每一点求与直线偏差的平方(正值)，最后计算这些偏差的平方和，“最佳”直线是使得偏差的平方和最小的那条直线，如图 6-15 所示。

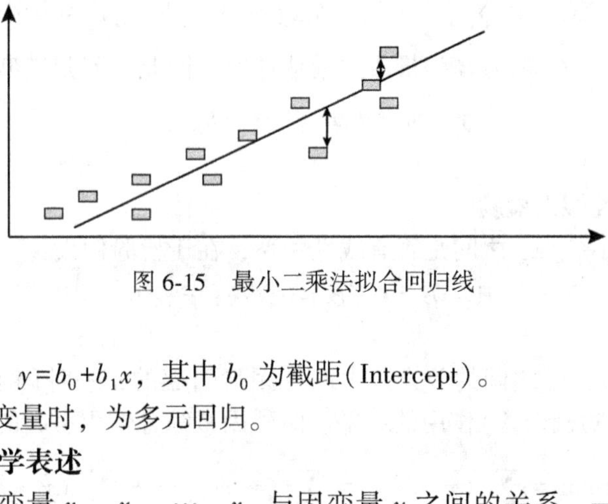

图 6-15　最小二乘法拟合回归线

这条估计直线为：$y=b_0+b_1x$，其中 b_0 为截距(Intercept)。

当有两个以上自变量时，为多元回归。

2. 回归模型的数学表述

设要研究 m 个自变量 x_1，x_2，…，x_m 与因变量 y 之间的关系，一共进行了 n 次试验，每次试验的数据是(y_i，x_{i_1}，x_{i_2}，…，x_{i_m})，$I=1$，2，…，n。如果 y 与 x_1，x_2，…，x_m 之间有线性关系，则上面这 n 组数据应当满足：

$$\begin{cases} y_1=\beta_0+\beta_1x_{11}+\beta_2x_{12}+\cdots+\beta_mx_{1m}+\varepsilon_1 \\ y_2=\beta_0+\beta_1x_{21}+\beta_2x_{22}+\cdots+\beta_mx_{2m}+\varepsilon_2 \\ \cdots \\ y_n=\beta_0+\beta_1x_{n1}+\beta_2x_{n2}+\cdots+\beta_mx_{nm}+\varepsilon_n \end{cases} \tag{6.1}$$

其中，$\varepsilon_i(i=1, 2, \cdots, n)$ 是试验误差，它们互相独立，而且是服从同一正态分布的随机变量；β_0，β_1，…，β_m 是 $m+1$ 个待估计的参数，并且要求 $m<n$。

记

$$y=\begin{pmatrix}y_1\\y_2\\\vdots\\y_n\end{pmatrix},\quad x_i=\begin{pmatrix}x_1\\x_2\\\vdots\\x_n\end{pmatrix},\quad \varepsilon=\begin{pmatrix}\varepsilon_1\\\varepsilon_2\\\vdots\\\varepsilon_n\end{pmatrix}\quad (i=1,\ 2,\ \cdots,\ n)$$

则(6.1)式可以改写成：

$$y=\beta_0+\beta_1x_1+\cdots+\beta_mx_m+\varepsilon \tag{6.2}$$

如果试验误差 ε 不存在，则在$(x_1,\ x_2,\ \cdots,\ x_m)$处的观测值 y 与 $x_1,\ x_2,\ \cdots,\ x_m$ 之间应满足如下线性关系：

$$y=\beta_0+\beta_1x_1+\cdots+\beta_mx_m \tag{6.3}$$

再记

$$\boldsymbol{x}=\begin{pmatrix}1 & x_{11} & x_{12} & \cdots & x_{1m}\\1 & x_{21} & x_{22} & \cdots & x_{2m}\\\cdots & \cdots & \cdots & \cdots & \cdots\\1 & x_{n1} & x_{n2} & \cdots & x_{nm}\end{pmatrix},\ \boldsymbol{\beta}=\begin{pmatrix}\beta_0\\\beta_1\\\vdots\\\beta_m\end{pmatrix}$$

则(6.1)式的矩阵形式为

$$\boldsymbol{y}=x\boldsymbol{\beta}+\boldsymbol{\varepsilon} \tag{6.4}$$

利用最小二乘法准则估计未知参数$\boldsymbol{\beta}$，就是寻找$\boldsymbol{\beta}$使得预测的总的误差平方和为：

$$\text{SS Error}=\sum_{i=1}^{n}(y_i-b_0-b_1x_{i1}-\cdots-b_mx_{im})^2=\text{最小} \tag{6.5}$$

由此确定的 $b_0,\ b_1,\ \cdots,\ b_n$ 称为$\boldsymbol{\beta}$的最小二乘估计值。因此，回归模型(方程)变为：

$$\hat{\boldsymbol{y}}=b_0+b_1x_1+\cdots+b_mx_m \tag{6.6}$$

式中的 $\hat{\boldsymbol{y}}$ 称为估计值。

3. 回归方程的线性假设检验

检验 y 与 $x_1,\ x_2,\ \cdots,\ x_m$ 之间是否有线性关系，在于检验假设：

$$\mathrm{H}_0:\ \beta_1=0,\ \beta_2=0,\ \cdots,\ \beta_m=0$$

是否成立。

观测值 $y_1,\ y_2,\ \cdots,\ y_n$ 之间的差异是由两种因素引起的，一种因素是 x_i 值的变化，另一种因素是其他因素(随机误差)作用的结果。两种因素综合作用引起的总的误差平方和为：

$$\text{SSCTotal}=\sum_{i=1}^{n}(y_i-\bar{y})^2=\sum_{i=1}^{n}(y_i-\hat{y}_i)^2+\sum_{i=1}^{n}(\hat{y}-\bar{y})^2$$

记

$$\text{SSModel}=\sum_{i=1}^{n}(\hat{y}_i-\bar{y})^2,\quad \text{SSError}=\sum_{i=1}^{n}(\hat{y}_i-y_i)^2$$

SSModel 称为回归平方和，其大小反映了自变量 $x_i(i=1,\ 2,\ \cdots,\ m)$ 对 y 的影响程度；SSError 称为剩余平方和，其大小反映了随机误差对 y 的作用大小。显然

$$\text{SSModel}=\text{SSCTotal}-\text{SSError}=R^2\times[\text{SSCTotal}] \tag{6.7}$$

其中，

$$R^2=\frac{\text{SSModel}}{\text{SSCTotal}}$$

利用以下的平均平方和及 F 统计量

$$\mathrm{MSModel}=\frac{\mathrm{SSModel}}{m},\quad \mathrm{MSError}=\frac{\mathrm{SSError}}{n-m-1},\quad F=\frac{\mathrm{MSModel}}{\mathrm{MSErroe}}$$

R^2越大或 SSModel 越大，线性回归效果越显著，SSError 越大，线性回归效果越差。

SAS 在回归分析的计算中，自动地在方差分析表中提供 SSCTotal 的分解式、平均平方和、F 统计量和相应的 p 值。检验结果若拒绝原假设表示回归的作用是显著的，接受原假设表示回归的作用并不显著。

4. 自变量的选择

在建立回归模型时，可能遗漏了某个确能影响 Y 变化的自变量这将使所有的回归系数估计量产生偏差；也可能加入了一些与 Y 无关的变量，这将加大所有的回归系数估计量的方差。所以，在回归分析中，要有变量选择的功能。

对于已拟合的线性回归(8.6)，由于 $\hat{\boldsymbol{b}}$ 为 $\boldsymbol{y}$ 的线性函数，因此 $\hat{\boldsymbol{b}}$ 也是正态分布的，可以对每个回归系数 b_i 作如下的检验：

$$\mathrm{H}_0:\ b_i=0$$

若接受原假设，表示 x_i 在回归方程中的作用是不显著的，可以从回归方程中剔除。值得注意的是，当自变量间有较强的相关时，不宜将不显著的变量同时剔除，而应使用逐个剔除的方法。

常用的回归变量选择方法有：

向前法(Forward)：逐个加入显著的变量直到没有显著的可选变量为止。

向后法(Backward)：将自变量全部加入后，逐个剔除已加入又不显著的变量，直到加入的变量都显著为止。

逐步回归法(Stepwise)：在每一步都同时考虑加入显著的候选变量及剔除已加入又不显著的变量，直到无法加入和剔除为止。

全部可能回归法：对自变量的所有可能的子集拟合回归。

5. REG 过程作回归分析

PROC REG [DATA=数据集名] 选项；	调用 REG 过程
MODEL 因变量名表=自变量名表/选项；	指明回归模型中的因变量与自变量
VAR 变量名表；	用于计算交互过程中的变量
FREQ 变量名；	指明频数处理变量
WEIGHT 变量名；	指明加权变量
ID 变量名；	指明标识变量
OUTPUT OUT=数据集名关键字=变量名表；	输出结果数据集
BY 变量名表；	指明分组变量

(1)PROC REG 语句的主要选项。

OUTSET	将参数估算值输出到数据集里
NOPRINT	不输出所有分析结果
SIMPLE	输出回归过程中的每个变量的描述统计量
ALL	要求输出所有的分析结果

(2)MODEL 语句的主要选项。

NOPRINT	不输出 MODEL 界定的分析结果

NOINT	规定回归模型中不包含截距
XPX	输出 $X'X$ 叉积矩阵
TOL	输出估计的容限值
VIF	输出参数估计的方差膨胀因子
COVB	输出估计的协方差矩阵
CORRB	输出估计的相关矩阵
COLLINOINT	进行回归变量的共线性分析
P	计算输入数据和估算模式中的预测值
R	进行残差分析
CLM	对每个自变量输出因变量均值 95%的置信区间的上限及下限
CLI	对每个预测值输出 95%置信区间的上限和下限
SELECTION=FORWARD	前进法选择变量
=BACKWARD	后退法选择变量
=STEPWISE	逐步筛选变量
INCLUDE=n	强迫前 n 个自变量进入回归模型中
SLENTRY=n	进入方程变量的显著性水平
SLSTRY=n	剔除变量的显著性水平，系统默认 SLS=0.10

(3) OUTPUT 语句的主要选项。

P=变量	预测值
R=变量	残差
L95M=变量	因变量期望值的 95%下限
U95M=变量	因变量期望值的 95%上限
L95=变量	每个预测值的 95%可信下限
U95=变量	每个预测值的 95%可信上限
STDP=变量	平均预测值的标准误
STDB=变量	残差标准误
STUDENT=变量	学生氏统计量(标准残差)
L95=变量	每个预测值的 95%可信下限

【例 6-5】 以例 6-1 中的资料为例，将体重作为因变量，年龄、身高与胸围为自变量，试作多元线性回归分析。

步骤 1：对拟合的回归方程进行一个初步的分析。

程序如下：

```
PROCREGDATA=mylib. Child;
MODEL weight=age height bust;
RUN ;
```

提交该程序，结果如图 6-16 所示。

结果的第一部分是方差分析部分，显示了对线性回归方程的显著性检验结果，$F=20.39$，$P=0.004$，说明所求的回归方程是非常显著的。

Root MSE 是标准差；Dependent Mean 是因变量均值；Coeff Var 是因变量的变异系数，由 Root MSE/Dependent Mean 计算而得；R-Square 是相关系数的平方(R^2)，它衡量的是回

```
                          The REG Procedure
                            Model: MODEL1
                     Dependent Variable: WEIGHT

              Number of Observations Read          12
              Number of Observations Used          12

                         Analysis of Variance

                                     Sum of          Mean
Source                    DF        Squares        Square    F Value    Pr > F

Model                      3       38.26988      12.75663      20.39    0.0004
Error                      8        5.00521       0.62565
Corrected Total           11       43.27509

          Root MSE              0.79098    R-Square     0.8843
          Dependent Mean       16.40417    Adj R-Sq     0.8410
          Coeff Var             4.82183

                         Parameter Estimates

                      Parameter       Standard
Variable      DF       Estimate          Error    t Value    Pr > |t|

Intercept      1       -7.97281       11.25450      -0.71      0.4988
AGE            1        0.85160        0.27531       3.09      0.0148
HEIGHT         1        3.69816        2.07852       1.78      0.1131
BUST           1        0.30809        0.23490       1.31      0.2260
```

图 6-16　儿童体检数据作多元线性回归分析的初步结果

归方程整体的拟合度，是表达因变量与所有自变量之间的总体关系，R^2 的值越接近 1，说明回归直线对观测值的拟合程度越好；反之，R^2 的值越接近 0，说明回归直线对观测值的拟合程度越差。Adj R-Sq 是调整后的 R^2，由 1-(1- R^2)(n-1)/def 计算，其中，def 是误差项的自由度。

结果的第二部分是参数估计部分，显示了截距及各自变量的回归系数，对截距的回归系数作 t 检验，回归系数为 0 的检验概率为 0. 4988，表明不显著，提示该回归方程中应该剔除截距，同时还显示，height 和 bust 的回归系数的 t 检验也不显著，而年龄的回归系数 t 检验的结果是显著的。

步骤 2：剔除截距，对自变量进行初步筛选。

程序如下：

```
PROCREGDATA=mylib. Child;
MODEL weight=age height bust/nointselection=stepwise;
RUN ;
```

提交该程序，结果及其解释如下：

结果的第一部分是方差分析部分，是逐步回归的第一步，胸围变量被引入方程，对线性回归方程的显著性检验结果，F=1273. 80，P<0. 0001，R^2=0. 9914，非常接近于 1，说明所求的回归方程是非常显著的。结果中的 $c(p)$ 综合了进入回归的变量个数和预测误差，模型中希望 $c(p)$ 达到较小值从结果的第一部分看，$c(p)$= 37. 4053，并不理想。

结果的第二部分，是逐步回归的第二步，年龄变量被引入方程，结果显示，胸围和年龄的回归系数 t 检验的结果是显著的，$c(p)$=4. 1644，其值比第一部分中未引入年龄变量时，减少很多。如图 6-18 所示。

结果的第三部分如图 6-19 所示。

The REG Procedure
Model: MODEL1
Dependent Variable: WEIGHT

Number of Observations Read 12
Number of Observations Used 12

Stepwise Selection: Step 1

Variable BUST Entered: R-Square = 0.9914 and C(p) = 37.4053

NOTE: No intercept in model. R-Square is redefined.

Analysis of Variance

Source	DF	Sum of Squares	Mean Square	F Value	Pr > F
Model	1	3244.41780	3244.41780	1273.80	<.0001
Error	11	28.01750	2.54705		
Uncorrected Total	12	3272.43530			

Variable	Parameter Estimate	Standard Error	Type II SS	F Value	Pr > F
BUST	0.31421	0.00880	3244.41780	1273.80	<.0001

Bounds on condition number: 1, 1

图 6-17　结果的第一部分

Stepwise Selection: Step 2

Variable AGE Entered: R-Square = 0.9978 and C(p) = 4.1644

NOTE: No intercept in model. R-Square is redefined.

Analysis of Variance

Source	DF	Sum of Squares	Mean Square	F Value	Pr > F
Model	2	3265.24591	1632.62296	2270.88	<.0001
Error	10	7.18939	0.71894		
Uncorrected Total	12	3272.43530			

Variable	Parameter Estimate	Standard Error	Type II SS	F Value	Pr > F
AGE	1.06183	0.19728	20.82812	28.97	0.0003
BUST	0.21216	0.01953	84.86305	118.04	<.0001

Bounds on condition number: 17.431, 69.723

图 6-18　结果的第二部分

结果的第三部分，是逐步回归的第三步，显示了身高变量被引入方程，值得注意的是，结果的第三部分提示“All variables left in the model are significant at the 0.1500 level”，在 SAS 中，编程的方法筛选自变量，系统缺省的检验概率值为 0.15，若需要将 α 值设为 0.05，则在程序中可根据需要设置，如：

```
PROC REG DATA=mylib.Child;
  MODEL weight=age height bust/noint selection=stepwise
sle=0.05 sls=0.05;
RUN;
```

提交后，程序运行结果如图 6-20 所示。

结果显示，在 0.05 显著性水平下，引入方程的变量分别是胸围和年龄，身高在筛选自变量时，被踢出。假如在研究中，需要特别关注自变量身高与因变量体重之间的关系，上述结果中的模型的准确性，可以进一步采用回归诊断的方法进行更精确的判定。

```
Stepwise Selection: Step 3

Variable HEIGHT Entered: R-Square = 0.9984 and C(p) = 3.0000

NOTE: No intercept in model. R-Square is redefined.
                  The REG Procedure
                   Model: MODEL1
             Dependent Variable: WEIGHT

              Stepwise Selection: Step 3

                 Analysis of Variance

                            Sum of          Mean
Source              DF     Squares        Square    F Value    Pr > F

Model                3  3267.11611    1089.03870    1842.64    <.0001
Error                9     5.31919       0.59102
Uncorrected Total   12  3272.43530

             Parameter    Standard
Variable      Estimate       Error   Type II SS  F Value  Pr > F

AGE            0.99397     0.18289     17.45686    29.54  0.0004
HEIGHT         3.58252     2.01394      1.87020     3.16  0.1090
BUST           0.14452     0.04194      7.01624    11.87  0.0073

        Bounds on condition number: 97.826, 641.22
---------------------------------------------------------------------------------
        All variables left in the model are significant at the 0.1500 level.

             All variables have been entered into the model.

NOTE: No intercept in model. R-Square is redefined.

                        Summary of Stepwise Selection

      Variable  Variable  Number   Partial   Model
Step  Entered   Removed   Vars In  R-Square  R-Square     C(p)   F Value   Pr > F

  1   BUST                   1      0.9914    0.9914   37.4053   1273.80   <.0001
  2   AGE                    2      0.0064    0.9978    4.1644     28.97   0.0003
  3   HEIGHT                 3      0.0006    0.9984    3.0000      3.16   0.1090
```

图 6-19　结果的第三部分

```
         All variables left in the model are significant at the 0.0500 level.

      No other variable met the 0.0500 significance level for entry into the model.

                          The REG Procedure
                           Model: MODEL1
                     Dependent Variable: WEIGHT

NOTE: No intercept in model. R-Square is redefined.

                        Summary of Stepwise Selection

      Variable  Variable  Number   Partial   Model
Step  Entered   Removed   Vars In  R-Square  R-Square     C(p)   F Value   Pr > F

  1   BUST                   1      0.9914    0.9914   37.4053   1273.80   <.0001
  2   AGE                    2      0.0064    0.9978    4.1644     28.97   0.0003
```

图 6-20　指定 α 值后的结果

6.2.2　回归诊断

有许多种方法来判定回归模型能否恰当地表示所分析的数据，在此仅介绍如何使用简单的共线性诊断与残差诊断。

1. 共线性诊断(Collinearity Diagnostics)

共线性问题是指拟合多元回归时，自变量之间存在线性关系或近似的线性关系。共线性诊断是对自变量观测值构成的矩阵 $X'X$ 进行分析，使用各种反映自变量间相关性的指标。常用条件指数(Condition Index)和方差膨胀因子(Variance Inflation Factor，VIF)。

若矩阵 $X'X$ 的特征值为 $d_1^2 \geqslant d_2^2 \geqslant \cdots \geqslant d_k^2$，则 X 的条件数 d_1/d_k 度量了 $X'X$ 的特征根的

散布程度，可以用来检验共线性是否存在以及共线性的严重程度。

条件指数值在10与30间为弱相关；在30与100之间为中等相关；大于100表明有强相关。大的条件指数表示相应的特征值较小，构成这一特征向量的变量间有近似的线性关系。在统计学中是用方差比例来说明各个自变量在构成这个特征向量中的贡献。一般建议，大的条件指数伴随着一个变量超过0.5的方差比例，就可以认为该自变量有共线性问题存在。

方差膨胀因子是对回归系数估计量由于自变量共线性而引起的方差增加的一个相对度量。对第 i 个回归系数，其方差膨胀因子为

$$\mathrm{VIF}_i = \frac{\text{第 } i \text{ 个回归系数的方差}}{\text{自变量不相关时第 } i \text{ 个回归系数的方差}} = \frac{1}{1 - R^2}$$

其中，R^2 是自变量 x_i 关于其他所有的自变量线性回归模型的 R^2。VIF的倒数也称容限(Tolerance)。一般建议，若VIF>10，则表明模型中有很强的共线性问题。

在实际研究中，往往对自变量之间的关系缺乏深入的分析或认识，很可能把一些有共线性关系的自变量引入回归方程。这就是为什么在大型回归问题中，用最小二乘法计算出来的回归系数符号与专业知识中所知道的有时完全相反。有些自变量从专业知识看似乎是重要的，但在回归方程中却认为不重要的一个比较重要的原因。

尽管用数学方法对模型的正确选择可以有一些帮助，但在处理一个具体问题时，模型的正确选择在根本上要依赖于所研究问题本身的专业知识和实践经验。

【例6-6】 将例6-5的程序稍作修改，加上共线性诊断。

```
PROC REG DATA=mylib.Child;
  MODEL weight=age height bust/noint collinoint;
RUN;
```

结果的共线性诊断部分如图6-21所示。

Collinearity Diagnostics (intercept adjusted)

Number	Eigenvalue	Condition Index	---Proportion of Variation--- AGE	HEIGHT	BUST
1	2.95763	1.00000	0.00612	0.00116	0.00116
2	0.03701	8.93979	0.99388	0.04572	0.04542
3	0.00537	23.47863	0.00000384	0.95312	0.95342

图6-21　共线性诊断结果

在共线性诊断部分，比较条件指数最大值所在的那一行的系数，并且随着变量有超过0.5的方差比例，表明结果中存在共线性的变量。结果显示，条件指数为23.47863，身高和胸围的方差比例均接近1，所以，身高与体重之间具有共线性关系。由此可知，若把胸围从方程中剔除，可能会使身高对胸围的影响作用增强，请读者自行验证。

2. 残差诊断

回归模型是对观测点集拟合的关系式。从回归模型出发，可以得到预测值。观测值和预测值之间的差称为残差(Residuals)。一般地说，如果回归方程较好地反映 y 与 x 的线性关系，则残差应该是服从正态分布的。所以较简单的方法是作残差图。

图6-22(a)、(b)、(c)、(d)中显示的三张图都是残差对预测值的散点图。这种基本图形是检查回归模型拟合效果的一种方法。

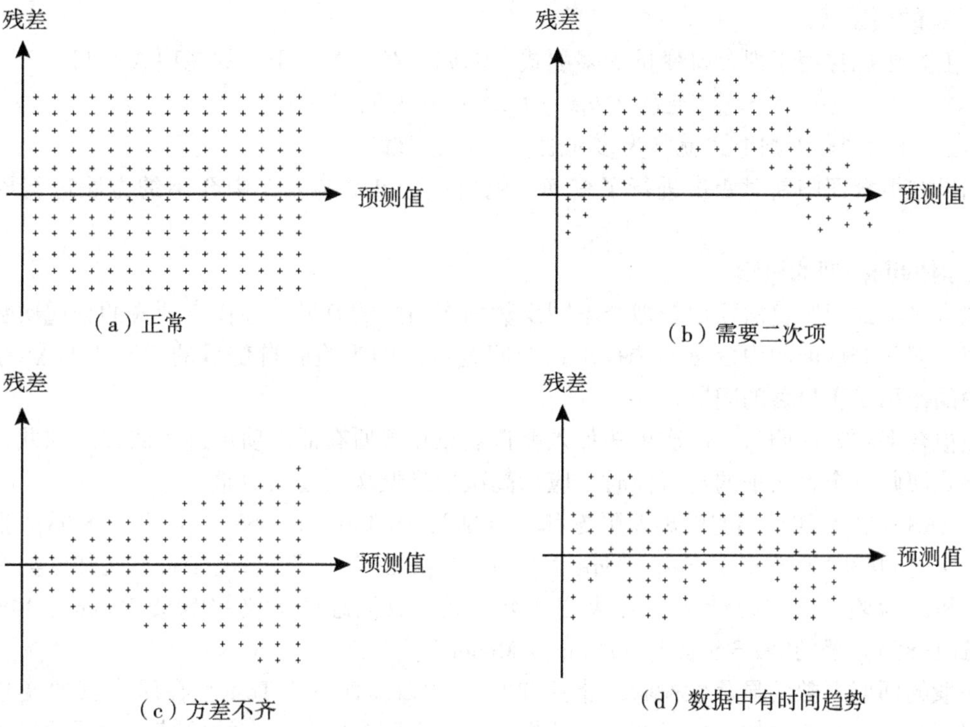

图 6-22　几种残差图

理想的残差图如图 6-22(a)所示，大部分点应是随机分布的，如果出现个别远离的点，这些点往往对估计回归系数有较大影响，称为异常点。对这些异常点要特别注意，如有足够的理由怀疑数据有误，应剔除后重做回归分析。如果残差图出现图 6-22(b)所示的曲线趋势，应考虑在回归模型中增加高次项。残差图出现图 6-22(c)所示的方差不齐的情况，则可能要对数据作变换，而当数据是按时间采集时，数据常有图 6-22(d)所示的时间变化趋势表明观测值不独立。

6.2.3　多项式回归

在很多情况下，变量间的关系往往是曲线性的，或者在某一范围内呈曲线关系，对这一类问题的研究需要用非线性回归分析。在 SAS 中拟合非线性回归有多种方法，本节仅介绍用 SAS/Insight 拟合多项式回归的基本方法。

1. 拟合曲线回归的方法

对变量进行变换是拟合曲线方程时常用的一种做法，这是为了改变函数关系的形式，使之关于未知参数线性化。例如，为了对数据拟合关系式

$$Z = \beta_0 e^{\beta_1 \omega_1} \omega_2^{\beta_2} \varepsilon$$

将上式取对数，

$$\log(Z) = \log(\beta_0) + \beta_1 \omega_1 + \beta_2 \log(\omega_2) + \varepsilon$$

设 $Y=\log(Z)$，$x_2=\log(\omega_2)$，$b_0=\log(\beta_0)$，Y 与 ω_1，x_2间就有线性回归模型的形式：

$$Y = b_0 + \beta_1 \omega_1 + \beta_2 x_2 + \varepsilon$$

则拟合多元线性回归的方法就可用于拟合上述 Y 与 ω_1，x_2 的回归，这样就间接地拟合了 Z 与 ω_1，ω_2 的关系式。

以上方法也常用于拟合自变量的多项式。例如，对于 Y 关于 x 的多项式回归

$$Y = b_0 + b_1 x + b_2 x^2 + \cdots + b_m x^m + \varepsilon$$

令 $x_i = x^i$，$1 \leqslant i \leqslant k$ 则上式就归为多元线性回归的形式。

如果在拟合回归前对变量进行了变换，就可以用 8.2 与 8.3 中介绍的方法进行回归的拟合。

2. 对回归模型的检验

拟合多项式回归也需要比较拟合不同次数的多项式的效果。寻找多项式的合适次数的问题类似于多元线性回归中变量的选择。这个问题可以归为检验自变量的某一次幂 x^i 在回归方程中的作用是否显著的问题。

在拟合多项式回归时，高次项的加入就自然意味着所有低次项也进入回归。因此，在检验多项式回归各个幂次项的显著性时，应从高次项到低次项逐项检验。

在 SAS 中，有四种类型的离差平方和，分别为 SS Type Ⅰ、SS Type Ⅱ、SS Type Ⅲ、SS Type Ⅳ 对应的检验为 Type Ⅰ Test、Type Ⅱ Test、Type Ⅲ Test、Type Ⅳ Test。这种分类是便于统计分析的检验，而非统计学上公认的分类方式。有兴趣的读者可参阅 Freund，Littell 及 Spector(1986)合著的“SAS System for Linear Models”。

一般的回归系数的显著性检验通常用 Type Ⅲ Test，Type Ⅲ Test 是在所有其他变量加入的情况下检验各个变量加入的显著性，若拟合了一个四次回归，在检验其三次项的显著性时是假定四次项已加入的前提下进行的，所以多项式回归不适宜用这种检验方法。

Type Ⅰ Test 将Ⅰ型平方和(SS Type Ⅰ)作如下的分解：

$$SSModel = SS(x_m \mid x_1, \cdots, x_{m-1}) + SS(x_{m-1} \mid x_1, \cdots, x_{m-2}) + \cdots + SS(x_2 \mid x_1) + SS(x_1)$$

其中，$SS(x_j \mid x_1, \cdots, x_{j-1})$ 是表示在变量 $x_1, \cdots, x_{j-1}$ 已进入回归的前提下，变量 x_j 进入回归能说明的因变量 Y 的离差平方和。Type Ⅰ Test 适用于多项式回归分析的检验。

【例 6-7】 某房主记录了 21 天中每天电表读数(kwh)以及空调使用的小时数(ac)和烘干机使用的次数(dryer)，以 kwh 为因变量，ac 和 dryer 为自变量拟合线性回归，用残差分析的方法进行回归诊断，判断模型中是否需要增加一些项。

假定数据已写入 Kilowatt 数据集，并存放在 D：\ 中，实现以上操作的步骤如下：

(1)进入分析家环境。

- 在 SAS 的菜单栏中单击“解决方案/分析/分析家”，进入分析家环境；
- 打开 Kilowatt 数据集，如图 6-23 所示。

(2)确定分析任务。

- 在分析家菜单栏中单击“统计/回归/线性”，系统弹出“Linear Regression：Kilowatt”对话框，如图 6-24 所示；
- 确定模型中的因变量与自变量：将 kwh(因变量)选入 Dependent 栏，ac(自变量)和 dryer(自变量)选入 Explanatory 栏；

(3)请求绘制残差图。

- 在图 6-24 所示的对话框中，单击“plots”按钮，系统弹出“Linear Regression：Plots”对话框，该对话框中有 3 个选项卡。在 Predicted 选项卡中选择参数可以绘制拟合回归线的散点图，还可加上回归均值的置信曲线；在 Influence 选项卡中选择参数可以绘

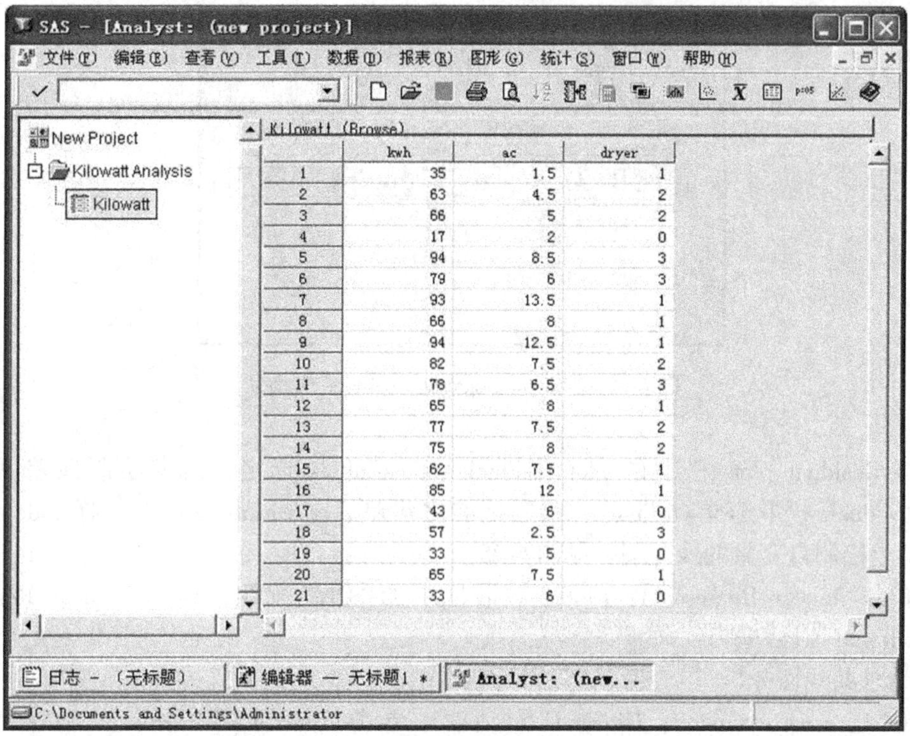

图 6-23　Kilowatt 数据集

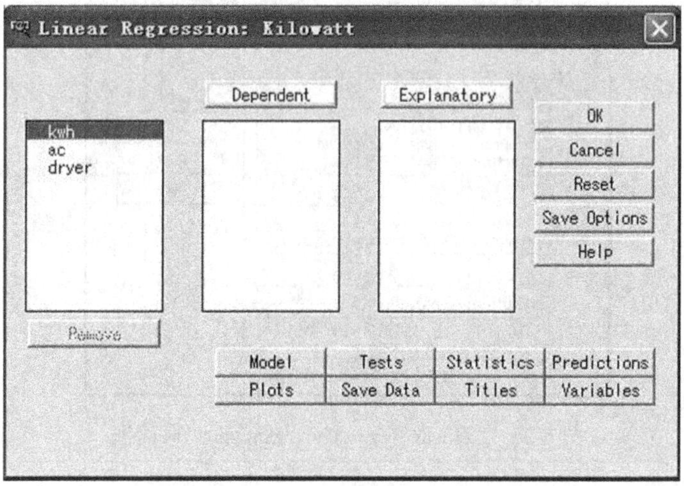

图 6-24　“Linear Regression：Kilowatt”对话框

制因变量和自变量的影响统计量的散点图；在 Residual 选项卡中选择参数可以绘制因变量和自变量的残差图。

- 在“Linear Regression：Plots”对话框中单击“Residual”选项卡，如图 6-25 所示；
- 在 Normal probability and quantile plots 栏中有两个选项，选择 Normal probability-probability plot 绘制正态概率图；选择 Normal quantile-quantile plot 绘制 Q-Q 图；

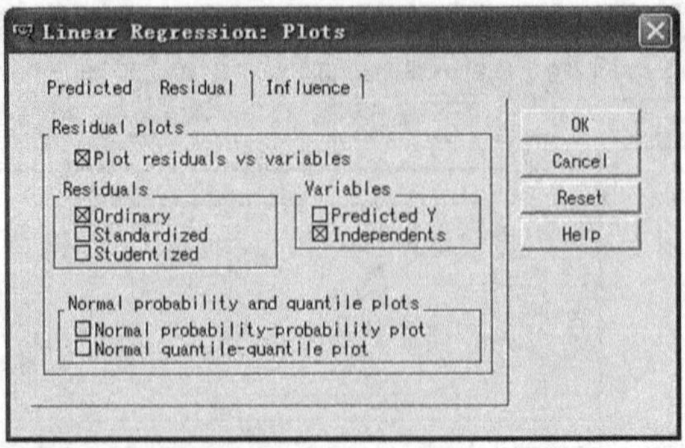

图 6-25 “Linear Regression：Plots”对话框

- 将 Residual plots 栏下的 plot residuals vs variables 选定，请求绘制残差图，再在 Residuals 栏下选择 Ordinary，绘制标准化残差，在 variables 栏下选择 Independents，请求绘制自变量的残差图，见图 6-25。
- 单击“Linear Regression：Plots”对话框中的“OK”按钮，返回“Linear Regression：Kilowatt”对话框。

(4) 请求共线性分析。

- 在“Linear Regression：Kilowatt”对话框中单击“Statistics”按钮，在弹出的“Linear Regression：Statistics”对话框中选择“tests”选项卡，如图 6-26 所示。

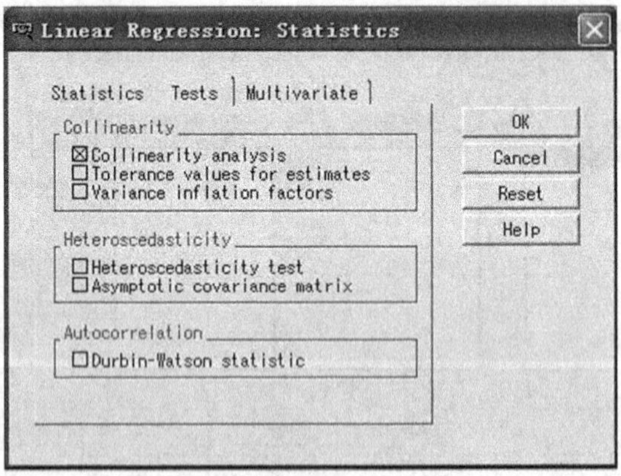

图 6-26 “Linear Regression：Statistics”对话框

- 在“Linear Regression：Statistics”对话框中，选择 Collinearity 栏下的 Collinearit-yanalysis，请求共线性分析，本例的选择如图 6-26 所示。
- 单击“Linear Regression：Statistics”对话框中的“OK”按钮，返回“Linear Regression：Kilowatt”对话框。
- 单击“Linear Regression：Kilowatt”对话框中的“OK”按钮，执行当前的任务。

输出的文字部分在分析家的 Analysis 窗口中，结果如图 6-27 所示。

结果的第一部分是方差分析部分，显示了对线性回归方程的显著性检验结果，

The REG Procedure
Model: MODEL1
Dependent Variable: kwh

Number of Observations Read	21
Number of Observations Used	21

Analysis of Variance

Source	DF	Sum of Squares	Mean Square	F Value	Pr > F
Model	2	9299.80154	4649.90077	300.24	<.0001
Error	18	278.76989	15.48722		
Corrected Total	20	9578.57143			

Root MSE	3.93538	R-Square	0.9709
Dependent Mean	64.85714	Adj R-Sq	0.9677
Coeff Var	6.06777		

Parameter Estimates

Variable	DF	Parameter Estimate	Standard Error	t Value	Pr > |t|
Intercept	1	8.10539	2.48085	3.27	0.0043
ac	1	5.46590	0.28076	19.47	<.0001
dryer	1	13.21660	0.85622	15.44	<.0001

Collinearity Diagnostics

Number	Eigenvalue	Condition Index	Proportion of Variation: Intercept	ac	dryer
1	2.65200	1.00000	0.01606	0.02066	0.03842
2	0.27380	3.11223	0.02121	0.17853	0.78581
3	0.07420	5.97843	0.96273	0.80081	0.17577

图 6-27　分析家窗口中的结果

$F=300.24, P<0.0001$，说明所求的回归方程是非常显著的。

结果的第二部分是参数估计部分，对每一个系数，检验概率均拒绝原假设，因此所求的回归方程为 kwh = 8.1054+5.4659ac+13.2166dryer。

结果的第三部分是共线性诊断，比较条件指数最大值只有 5.97843，并且 ac 变量与 dryer 变量的方差比例值没有同时在 0.5 以上。由此可知，ac 变量与 dryer 变量不存在共线性关系。

将 Analysis 窗口最小化，在 Analyst 窗口的左侧，双击“Plot of RESIDUAL vs ac”图标，显示自变量 ac 的残差图如图 6-28 所示。

水平坐标是 ac 的值，垂直坐标是 ac 的残差，图中显示各点呈随机分布，属于正常情况。

在 Analyst 窗口的左侧，双击“Plot of RESIDUAL vs dryer”图标，显示自变量 dryer 的残差图如图 6-29 所示。

该残差图与图 6-22(b)所示的形状相似，明显不是标准残差图的模式，这种明显的模式表示在回归模型中需要增加高次项。

因此，拟合的回归方程：

kwh = 8.1054+5.4659ac+13.2166dryer 并不合适。

拟合多元线性回归的方法可以用于拟合自变量的多项式回归，由于要进行数据变换，实

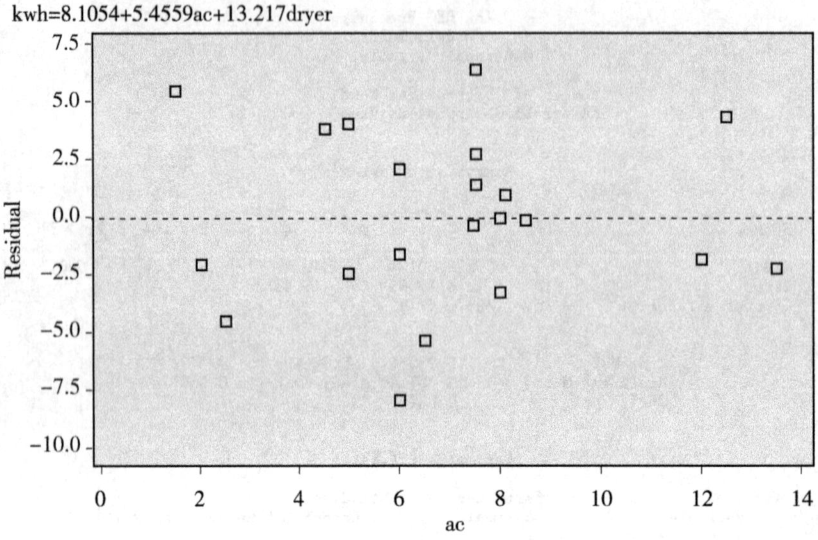

图 6-28　自变量 ac 的残差图

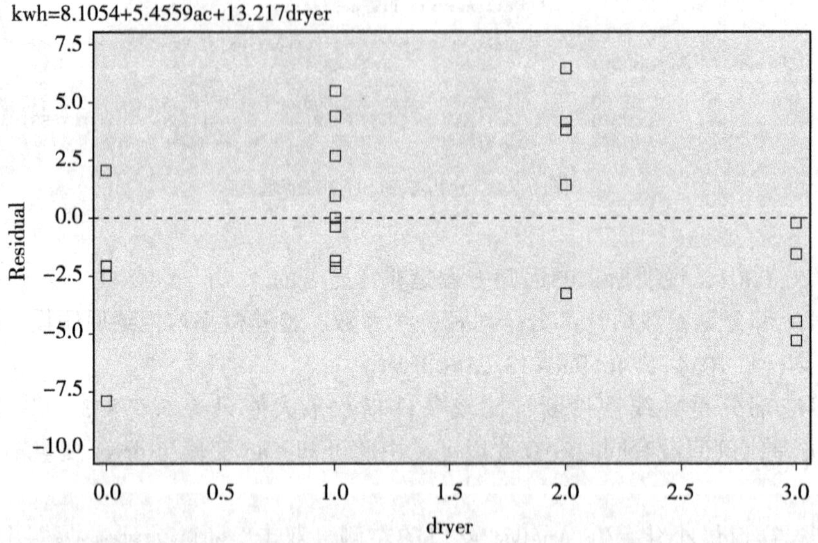

图 6-29　自变量 dryer 的残差图

现起来并不方便。SAS/Insight 中对拟合多项式回归有更简便的方法。

对于例 6-6 中的数据，拟合的回归方程 kwh = 8. 1054+5. 4659ac+13. 2166dryer 并不合适，在回归诊断中得出需要增加自变量 Dryer 的高次项。

在 SAS/Insight 中拟合含有高次项的回归方程的操作步骤如下：

(1) 确定回归模型。

- 在 SAS 主窗口的菜单栏中单击“解决方案/分析/交互式数据分析”，进入 Insight 环境，并打开 Kilowatt 数据集；
- 在 SAS/Insight 窗口的菜单栏中单击“分析/拟合(Y X)，系统弹出“拟合(Y X)”对话框，如图 6-30 所示。

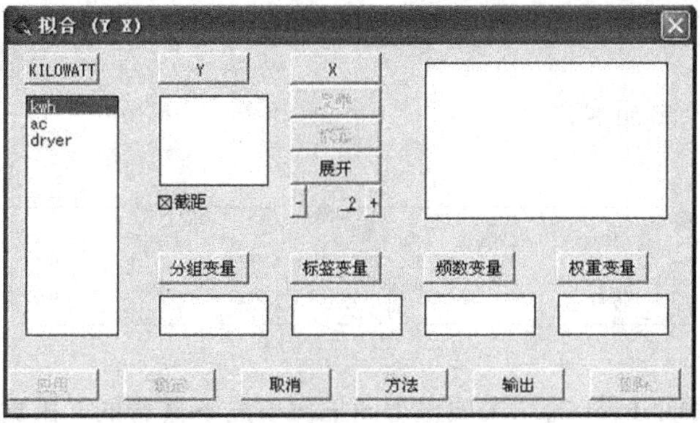

图 6-30 拟合(Y X)对话框

- 在如图 6-30 所示的对话框中，将变量 kwt 选入 Y 栏中；
- 选定自变量 ac，单击“x”按钮，将其选入回归模型(单击“x”按钮选入的变量不含高次项)；
- 选定 dryer 后，单击“x”按钮下方的“2”右边的“+”号按钮，将“2”变为“3”，表明在回归模型中变量 dryer 的最高次幂为 3；
- 单击“展开”按钮，系统自动将 dryer、$dryer^2$、$dryer^3$选入回归模型；
- 单击“确定”。

SAS/Insight 输出的分析结果如图 6-31 所示。

kwh = ac dryer dryer*dryer dryer*dryer*dryer	
响应分布:	正态
关联函数:	恒等

参数信息

参数	变量
1	Intercept
2	ac
3	dryer
4	dryer*dryer
5	dryer*dryer*dryer

模型方程

kwh = 7.0599 + 5.1453 ac + 19.7605 dryer - 1.2200 P_4 - 0.3181 P_5

拟合汇总

响应变量的均值	64.8571	R 平方	0.9831
均方误差平方根	3.1851	校正 R 平方	0.9788

方差分析

源	自由度	平方和	均方	F 统计量	Pr > F
模型	4	9416.2524	2354.0631	232.04	<.0001
误差	16	162.3191	10.1449		
C 合计	20	9578.5714			

III 型检验

源	自由度	平方和	均方	F 统计量	Pr > F
ac	1	3809.7559	3809.7559	375.53	<.0001
dryer	1	124.7810	124.7810	12.30	0.0029
dryer*dryer	1	0.6598	0.6598	0.07	0.8019
dryer*dryer*dryer	1	0.9398	0.9398	0.09	0.7648

参数估计值

变量	自由度	估计值	标准误差	T 统计量	Pr >|t|	容差	方差膨胀因子 (VIF)
Intercept	1	7.0599	2.0315	3.48	0.0031	.	0
ac	1	5.1453	0.2655	19.38	<.0001	0.7318	1.3665
dryer	1	19.7605	5.6344	3.51	0.0029	0.0151	66.1622
dryer*dryer	1	-1.2200	4.7839	-0.26	0.8019	0.0020	489.4149
dryer*dryer*dryer	1	-0.3181	1.0452	-0.30	0.7648	0.0045	224.5415

图 6-31 多项式回归输出结果 1

(2)增加 I 型检验。

以上结果中，Ⅲ型检验的结果表明 dryer 的二次项与三次项都不显著。为了得到利用 Type I Tests 的结果，可在结果窗口中选择菜单：

- 表/I 型检验 s

得到 I 型检验的结果如下：

I 型检验

源	自由度	平方和	均方	F 统计量	Pr > F
ac	1	5609.6626	5609.6626	552.95	<.0001
dryer	1	3690.1389	3690.1389	363.74	<.0001
dryer*dryer	1	115.5110	115.5110	11.39	0.0039
dryer*dryer*dryer	1	0.9398	0.9398	0.09	0.7648

I 型检验的结果表明 dryer 的二次项显著而三次项是不显著的。由此可见，I 型与Ⅲ型检验的结果是不同的。Ⅲ型检验和参数 t 检验提供的信息是不适用的，因为它们都是在其他因素加入的前提下检验某个自变量的显著性的。

(3)剔除模型中不显著的项。

由于 SAS/Insight 是一个交互式软件，用户可以直接在结果窗口中剔除不需要的项：

- 用鼠标选定任何一个结果表中 dryer 的三次项；
- 选择菜单栏中的"编辑/删除"命令，剔除 dryer 的三次项；
- 选择菜单栏中的"表/ I 型检验"命令，请求 I 型检验结果；

系统立即按新的模型拟合回归方程，输出结果如图 6-32 所示。

kwh = ac dryer dryer*dryer	
响应分布:	正态
关联函数:	恒等

参数信息

参数	变量
1	Intercept
2	ac
3	dryer
4	dryer*dryer

模型方程

kwh = 7.0679 + 5.1177 ac + 21.2984 dryer - 2.6563 P_4

拟合汇总

响应变量的均值	64.8571	R 平方	0.9830
均方误差平方根	3.0989	校正 R 平方	0.9799

方差分析

源	自由度	平方和	均方	F 统计量	Pr > F
模型	3	9415.3125	3138.4375	326.80	<.0001
误差	17	163.2589	9.6035		
C 合计	20	9578.5714			

I 型检验

源	自由度	平方和	均方	F 统计量	Pr > F
ac	1	5609.6626	5609.6626	584.13	<.0001
dryer	1	3690.1389	3690.1389	384.25	<.0001
dryer*dryer	1	115.5110	115.5110	12.03	0.0029

III 型检验

源	自由度	平方和	均方	F 统计量	Pr > F
ac	1	4266.0951	4266.0951	444.22	<.0001
dryer	1	740.2653	740.2653	77.08	<.0001
dryer*dryer	1	115.5110	115.5110	12.03	0.0029

参数估计值

变量	自由度	估计值	标准误差	T 统计量	Pr >|t|	容差	方差膨胀因子 (VIF)
Intercept	1	7.0679	1.9763	3.58	0.0023	.	0
ac	1	5.1177	0.2428	21.08	<.0001	0.8283	1.2072
dryer	1	21.2984	2.4259	8.78	<.0001	0.0772	12.9559
dryer*dryer	1	-2.6563	0.7659	-3.47	0.0029	0.0755	13.2520

图 6-32 多项式回归输出结果 2

I型与Ⅲ型检验的结果是相同的，最终拟合的回归方程为

$$kwh=7.0679+5.1177*ac+21.2984*dryer-2.6563*dryer^2$$

6.3 Logistic 回归

实际研究中，经常会遇到因变量为二值或只取有限值的情况。例如，节目是否受欢迎，产品是否被接受，疾病治愈与未愈等。这时，一个重要的统计指标是因变量 Y 取某个特定值的百分率或概率 pi。Logistic 回归模型就是一种概率模型，它是以某种结果发生与否的概率为因变量，影响结果发生的因素为自变量建立回归模型。它特别适用于因变量为二值，多值分类的资料。

6.3.1 Logistic 回归的模型

作为百分率或概率 pi，其值只能在 0 与 1 之间变化，所以简单地将概率表示为自变量 x_1，x_2，…的线性函数已不适宜了。解决这一问题的一种常用的做法是对概率 pi 作一个变换 $f(pi)$，变换 f 的目的是将变量变化范围由(0，1)变到整个数轴(-∞，∞)。这时，$f(pi)$ 就可以表示为自变量 x_1，x_2，…的线性函数了。

1. Logistic 回归模型

统计中一个常用的变换就是以下的 Logit 变换：

$$\mathrm{Logit}(p)=\ln\left(\frac{p}{1-p}\right)$$

当 p 在(0，1)中变化时，Logit(p)就在(-∞，∞)中变化，如图 6-33 所示。

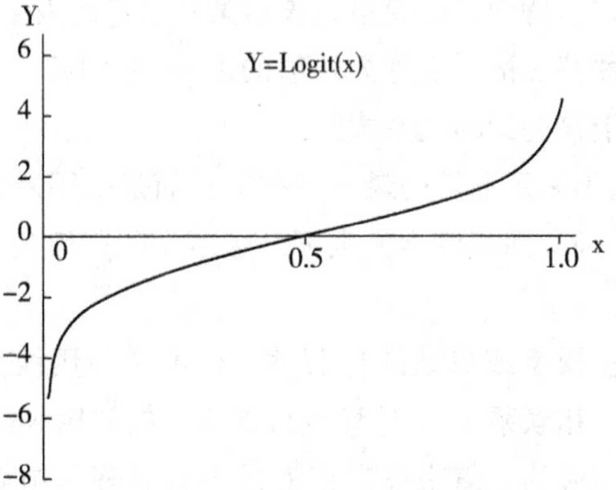

图 6-33 Y=Logit(x)曲线

利用 Logit 变换就可以将变量 Y 取某个值的概率 p 的 Logit 变换表示为自变量的线性函数，即

$$\mathrm{Logit}(p)=b_0+b_1x_1+b_2x_2+\cdots+b_kx_k \tag{6.8}$$

或等价地

$$p=\frac{\exp(b_0+b_1x_1+b_2x_2+\cdots+b_kx_k)}{1+\exp(b_0+b_1x_1+b_2x_2+\cdots+b_kx_k)} \tag{6.9}$$

模型(6.8)就称为 Logistic 回归模型。Logistic 回归函数的一般形式如图 6-34 所示。

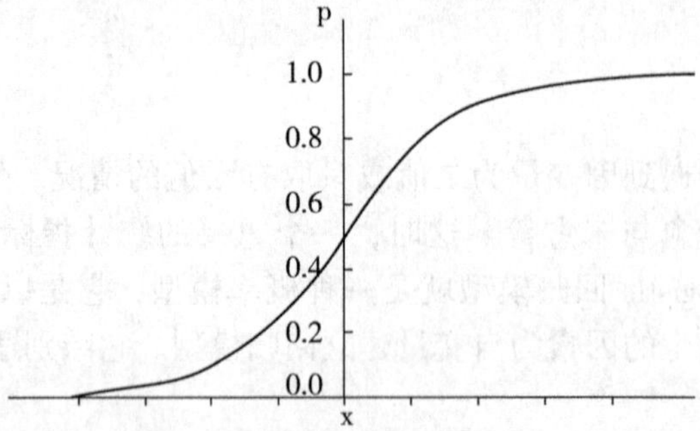

图 6-34　Logistic 函数的一般形式

在拟合 Logistic 回归模型时，是要建立因变量概率 pi 关于自变量的关系式。自变量必须是数值型，这样才可用自变量的函数来说明因变量。若用以预测的变量是只取两个值的变量，通常就将它变换为只取 0，1 两个值的数值变量。若用以预测的自变量可取到多个值 a_1，a_2，…，a_k，则一种常用的做法是引入如下多个标识变量作为自变量。

$$y_i = \begin{cases} 1, & x = a_i \\ 0, & x \neq a_i \end{cases} \quad 1 \leqslant i \leqslant k-1$$

对于 Logistic 回归模型，观测到的不是 pi 本身，而是在自变量的各个不同取值时所关心的因变量出现某一结果或者经过多次观测得到各个结果发生的频率。拟合的任务是对频率建立它依赖于自变量的关系式。特别是因变量只表示某一事件的发生与否，观测到的只有两种结果：发生或不发生。这种特殊情形也称为两值的 Logistic 回归。这时拟合的任务就是建立这一事件发生的频率依赖于自变量的关系式。

拟合 Logistic 回归模型不采用通常的最小二乘法，而是采用最大似然法。

对于多个自变量的 Logistic 回归模型，也可以像多元回归模型一样使用各种变量挑选的方法。

对于拟合的结果，检验模型或参数的显著性，也不是使用线性模型中的方差分析的方法，而是使用与最大似然法相联系 x^2 统计量进行检验。在使用 SAS 软件提供的计算结果时，仍可像其他检验法一样从相应的 p 值来决定模型是否有显著影响或参数是否显著地不为 0。SAS 中的原假设是模型无显著影响或回归系数全为 0。

在一般的线性回归问题中，衡量模型拟合的好坏除了用 R^2 等一些综合的指标外，也可以使用残差值。在 Logistic 回归分析中，一个常用的做法是计算预测和实际观测数据中的一致对与不一致对的比例。若两值 Logistic 回归因变量 Y 可取 1，0，拟合的 Logistic 回归是用以预测 $Y=1$ 的概率 p 的。对每个实际观测(Y_i，x_i)用拟合的回归都可计算得

$$\hat{p}_i = \frac{\exp(\hat{b}_0 + \hat{b}_1 x_i)}{1 + \exp(\hat{b}_0 + \hat{b}_1 x_i)}$$

对于实际和预测的数据 $(Y_i, \hat{p}_i)$，考虑数据对 $(Y_i, \hat{p}_i)$，$(Y_j, \hat{p}_j)$。对 $Y_i \neq Y_j$ 的数据对规定：

若 $(Y_i - Y_j)(\hat{p}_i - \hat{p}_j) > 0$，则称数据对为一致的；

若 $(Y_i - Y_j)(\hat{p}_i - \hat{p}_j) < 0$，则称数据对为不一致的；

若 $(Y_i - Y_j)(\hat{p}_i - \hat{p}_j) = 0$，则称数据对为平分的。

取所有 $Y_i \neq Y_j$ 的数据对 $(Y_i, \hat{p}_i)$，$(Y_j, \hat{p}_j)$，统计其一致、不一致对的总数。这也是衡量拟合的 Logistic 回归是否能反映实际数据趋势的一种方法。SAS 一些拟合的 Logistic 回归的过程都对拟合的结果提供一致对与不一致对的百分数，用以了解拟合的回归与实际数据符合的情况。

2. 优比率

Logistic 回归模型是一种概率模型，在临床医学中可用于鉴别诊断，评价治疗措施的好坏及分析与疾病愈后有关的因素等。

令

$$Y = \begin{cases} 0 & \text{发病(阳性，死亡，治愈等)} \\ 1 & \text{未发病(阴性，生存，未治愈等)} \end{cases}$$

将发病的概率记为 P，可知，不发病的概率为 $1-P$。

令

$$x_i = \begin{cases} 1 & \text{暴露} \\ 0 & \text{非暴露} \end{cases}$$

$x_i=1$ 时的优势为：$P_1/(1-P_1)$；$x_i=0$ 时的优势为：$P_0/(1-P_0)$；流行病学的常用指标优势比(odds ratio)的定义是：暴露人群发病优势与非暴露人群发病优势之比。

即

$$OR = \frac{P_1/(1-P_1)}{P_0/(1-P_0)} \tag{6.10}$$

由于

$$\ln(OR) = \text{logit}[p(1)] - \text{logit}[p(P(0)] = (\beta_0 + \beta_i \times 1) - (\beta_0 + \beta_i \times 0) = \beta_i \tag{6.11}$$

所以

$$OR = \exp(\beta_i)$$

所以，当得到了 Logistic 回归的回归系数估计值后，就可以得到暴露人群发病优势与非暴露人群发病优势的估计值。

6.3.2 用分析家作 Logistic 回归

【例 6-8】 1977 年 Tuyns 等在法国 Ille-et-Vilaine(Brittany)地区的一所医院收集了 200 例食道癌患者与 775 例对照进行病例—对照研究，探讨饮食与发病的关系，考虑到年龄这一混杂因素的干扰，按每 10 岁一组共分为 6 组。危险因素饮酒分为两个水平：每天饮酒量少于 80 毫升者为非接触($x=0$)，≥80 毫升为接触($x=1$)，年龄组范围为：1 组：25～，2 组：

35~，3 组：45~，4 组：55~，5 组：65~，6 组：75~。详细资料列于表 6-2 中。

表 6-2　**饮酒与食道癌发病关系资料**

年龄组	饮酒	病例数	正常数	年龄组	饮酒	病例数	正常数
1	1	1	9	4	1	42	27
1	0	0	106	4	0	34	139
2	1	4	26	5	1	19	18
2	0	5	164	5	0	36	88
3	1	25	29	6	1	5	0
3	0	21	138	6	0	8	31

设在 SAS 数据集中用 age 变量表示年龄组；用 x 变量表示饮酒否($x=1$ 为饮酒，$x=0$ 为不饮酒)；用变量 Y 表示发病与否($Y=0$ 为发病，$Y=1$ 为未发病)；用 count 变量表示每一种情况的频数，该数据集以 logit 为名存放在 D：\ SASDATA 文件夹中。

- 在 SAS 的菜单栏中单击"解决方案/分析/分析家"，进入分析家环境；
- 打开 logitt 数据集(注意数据集中数据的结构)，如图 6-35 所示。

Logit (Browse)

	age	x	count	y
1	1	1	1	0
2	1	1	9	1
3	1	0	0	0
4	1	0	106	1
5	2	1	4	0
6	2	1	26	1
7	2	0	5	0
8	2	0	164	1
9	3	1	25	0
10	3	1	29	1
11	3	0	21	0
12	3	0	138	1
13	4	1	42	0
14	4	1	27	1
15	4	0	34	0
16	4	0	139	1
17	5	1	19	0
18	5	1	18	1
19	5	0	36	0
20	5	0	88	1
21	6	1	5	0
22	6	1	0	1
23	6	0	8	0
24	6	0	31	1

图 6-35　logit 数据集

- 选择菜单栏中的"统计/回归 Logistic 命令，弹出"Logistic Regression：Logit"对话框，如图 6-36 所示；
- 将因变量 Y 选入 Dependent 栏中，将自变量 x 选入 Quantitative 栏中；
- 单击"Variables"按钮，在弹出的对话框中将变量 count 选入 Frequency 栏(指明 count 是频数变量)，单击"OK"按钮返回"Logistic Regression：Logit"对话框；

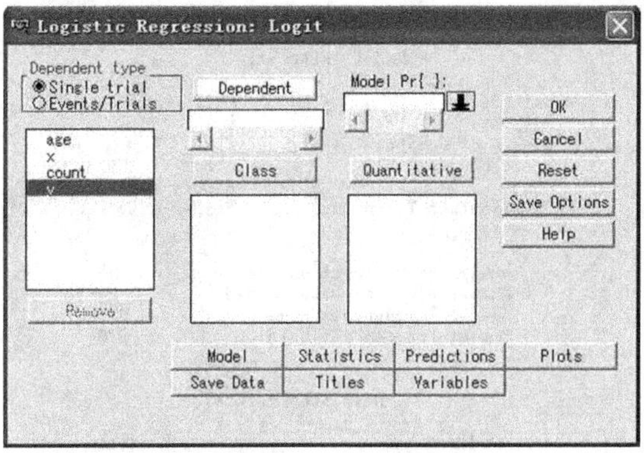

图 6-36　“Logistic Regression：Logit”对话框

- 点击 Model{ }右侧的箭头，并选 0($y=0$ 为发病)
- 单击“OK”执行 Logistic 回归分析。

输出结果如图 6-37 所示。

输出结果的第一部分是关于数据集和因变量的一般信息，因变量有两个水平，对因变量取 1 的概率使用的变换(Link Function)为 Logit。在轮廓响应(Response Profile)表中有一个因变量取值的频数统计。

第二部分是对回归模型进行检验的信息，其中，AIC 和 SC 是两个比较模型的统计量，数值越小表示越合适。接着是对自变量 X 的回归系数的原假设 $H_0: b_1=0$ 的检验结果(本例是显著的)。

回归为第三部分是最大似然估计分析。该部分给出了回归系数的估计值，由此可得拟合的 Logistic 回归方程。

$$\text{logit}(P(Y=1)) = -1.8569+1.7299x$$

检验的 p 值分均为<0.0001，表明回归的两个回归系数都是显著的不为 0。优比率为 5.640 表示利用拟合的回归预测饮酒发病的优比为不饮酒的 5.640 倍。

第四部分给出了利用数据对中预测和实际观测趋向一致与不一致对数的统计及由此导出的统计量数值。因为原始记录中有 200 个观测 $Y=0$，775 个观测 $Y=1$，所以可以配成 $200\times775=155000$ 个对。其中，41.2%用拟合的回归模型预测时其趋势是与实际的结果一致的；7.3%是不一致的，其余是平分的。

本例还可以将 age 作为自变量加入到模型中进行分析，可以得到 age 的回归系数也显著的不为 0。

6.3.3　用程序的方法拟合 Logistic 回归

Logistic 过程无论在功能上还是在基本语法上，都与 SAS 系统中其他回归过程(如 REG 过程)十分类似。

主要语句格式

PROC LOGISTIC [DATA=数据集名] 选项；	调用 LOGISTIC 过程
MODEL 因变量名表=自变量名表/选项；	指明回归模型中的因变量与自变量
WEIGHT 变量名；	指明加权变量

```
                         The LOGISTIC Procedure

                           Model Information

           Data Set                      MYLIB.LOGIT
           Response Variable             y
           Number of Response Levels     2
           Frequency Variable            count
           Model                         binary logit
           Optimization Technique        Fisher's scoring

               Number of Observations Read          24
               Number of Observations Used          22
               Sum of Frequencies Read             975
               Sum of Frequencies Used             975

                            Response Profile

                  Ordered                       Total
                    Value       y           Frequency

                        1       0                 200
                        2       1                 775

                      Probability modeled is y='0'.

NOTE: 2 observations having nonpositive frequencies or weights were excluded since they do not contribute to the analysis.

                        Model Convergence Status

              Convergence criterion (GCONV=1E-8) satisfied.

                          Model Fit Statistics

                                                Intercept
                                 Intercept            and
               Criterion              Only     Covariates

               AIC                 991.488        897.056
               SC                  996.371        906.821
               -2 Log L            989.488        893.056

                 Testing Global Null Hypothesis: BETA=0

         Test                 Chi-Square       DF     Pr > ChiSq

         Likelihood Ratio        96.4328        1         <.0001
         Score                  110.2554        1         <.0001
         Wald                    97.4522        1         <.0001

                         The LOGISTIC Procedure

                 Analysis of Maximum Likelihood Estimates

                                      Standard          Wald
      Parameter    DF    Estimate        Error    Chi-Square    Pr > ChiSq

      Intercept     1     -1.8569       0.1054      310.1652        <.0001
      x             1      1.7299       0.1752       97.4522        <.0001

                          Odds Ratio Estimates

                           Point          95% Wald
               Effect   Estimate      Confidence Limits

               x           5.640       4.001       7.951

        Association of Predicted Probabilities and Observed Responses

           Percent Concordant       41.2    Somers' D    0.339
           Percent Discordant        7.3    Gamma        0.699
           Percent Tied             51.4    Tau-a        0.111
           Pairs                  155000    c            0.670
```

图 6-37 Logistic 回归的输出结果

OUTPUT OUT=数据集名关键字=变量名表/ALPHA=概率值；　　输出结果数据集
BY 变量名表；　　　　　　　　　　　　　　　　　　　　指明分组变量

其中，PROC LOGISTIC 与 MODEL 两条语句是必需的，不可省略。其余三条语句在程序里出现的次序，可由用户自行决定。

1. 主要选项

(1)PROC LOGISTIC 语句的主要选项：

ORDER=DATA	因变量组别的先后次序以输入文件内各组出现的次序决定
ORDER=INTERNAL	因变量组别的先后次序以其值的大小次序决定
ORDER=FORMATTED	因变量组别的先后次序以外部格式决定

(2)MODEL 语句的主要选项：

NOINT	不考虑截距项
SELECTION=NONE	所有自变量均包括在回归模型中，是缺省选项
SELECTION=FORWARD	用前进法拟合回归
SELECTION=BACKWARD	用前后退法拟合回归
SELECTION=STEPWISE	用逐步法拟合回归
SELECTION=SCORE	根据最大可能分数(Likelihood Score，转换成卡方值)拟合回归

2. 应用举例

【例 6-9】 50 例急性淋巴细胞性白血病病人，在入院治疗时取得了外周血中的细胞数 X_1(千个/mm^3)、淋巴结浸润等级 X_2(分别为 0，1，2，3 四级)，出院后巩固治疗 X_3(有巩固治疗为 1，无巩固治疗为 0)，并随访取得病人的生存时间 T(月)，变量 Y(生存时间 1 年以内为 0，1 年以上为 1)，数据资料如表 6-3 所示。

表 6-3　　急性淋巴细胞性白血病人数据资料

X_1	X_2	X_3	Y	X_1	X_2	X_3	Y
2.5	0	0	0	4.7	0	0	0
1.2	2	0	0	6	0	0	0
173	2	0	0	128	2	1	0
3.5	0	0	0	3.5	0	1	0
119	2	0	0	35	0	0	0
39.7	0	0	0	62.2	0	0	1
10	2	0	0	2	0	0	1
62.4	0	0	0	10.8	0	1	1
502.2	2	0	0	8.5	0	1	1
2.4	0	0	0	21.6	0	1	1
4	0	0	0	2	2	1	1
34.7	0	0	0	2	0	1	1
14.4	0	1	0	2	0	1	1
28.4	2	0	0	3.4	2	1	1

续表

X_1	X_2	X_3	Y	X_1	X_2	X_3	Y
2	2	0	0	4.3	0	1	1
0.9	0	1	0	5.1	0	1	1
40	2	0	0	244.8	2	1	1
30.6	2	0	0	2.4	0	0	1
6.6	0	0	0	4	0	1	1
5.8	0	1	0	1.7	0	1	1
21.4	2	1	0	5.1	0	1	1
6.1	0	1	0	1.1	0	1	1
2.8	0	0	0	32	0	1	1
2.7	2	1	0	12.8	0	1	1
2.5	0	0	0	1.4	0	1	1

设上述数据已写入数据集，并以 logit2 为名存放在 D：\ 中。程序如下：

```
proc logistic data=mylib.logit2;
model y=x1 x2 x3;
run;
```

输出结果每一部分的解释与上一题相似。其中，最大似然估计部分给出了回归系数的估计值，检验表明有两个回归系数不显著。值得注意的是系统自动对 Y 的值 0，1 作了排序，所以 $Y=0$ 的概率是给出的预测，所以 0 在前，1 在后。对于优比率部分的结果，以 X_3 为例，优比率为 0.059 表示利用拟合的回归预测无巩固治疗的一年以内的生存时间的优比为有巩固治疗的 0.059 倍。

将程序加以修改，使用逐步法选择变量：

```
proc logistic data=aa.logit2;
model y=x1 x2 x3/selection=stepwise;
run;
```

从该结果可以看到，由于 model 语句中加了“selection=stepwise”选项，采用逐步法挑选变量，因此只挑选了满足显著性水平的变量 X_3 进入方程。

本章小结

相关分析与回归分析都是研究变量之间关系的统计分析方法。本章介绍了相关分析的基本概念，用实例介绍了几种不同的相关分析方法：简单相关分析、偏相关分析和等级相关分析，相关系数不能提供两变量间的关系的具体形式；回归分析研究变量之间的数量关系，本章重点讲述了线性回归分析的基本方法，阐述了回归诊断中常用的共线性诊断和残差分析；对于因变量为二值或只取有限值的情况，本章用 1 小节介绍了拟合回归的分析方法——Logistic 回归分析，通过 SAS 的分析家和编程的方式，给出了相应的应用实例。

习 题

1. 某保险公司投保人年龄与平均每月买保险费用(元)的资料见表6-4:

表6-4

年龄(X)	保险费用(Y)	年龄(X)	保险费用(Y)
20	97	40	115
20	93	40	105
25	99	45	107
25	105	45	101
30	109	48	106
30	106	22	95
35	109	34	105
35	111	38	110

(1)写出相关分析的程序代码。

(2)以该数据为例，试作一元线性回归分析(0.05为显著性水平):

①简述一元线性回归回归分析的步骤。

②给出最终得到的回归方程，并阐明理由。

2. 20名一年级女大学生肺活量及有关变量测量结果见表6-5:

表6-5

编号	体重 X_1(千克)	胸围 X_2(厘米)	肩宽 X_3(厘米)	肺活量 $Y(l)$
1	51.3	73.6	36.4	2.99
2	48.9	83.9	34	3.11
3	42.8	78.3	31	1.91
4	55	77.1	31	2.63
5	45.3	81.7	30	2.86
6	45.3	74.8	32	1.91
7	51.4	73.7	36.5	2.98
8	53.8	79.4	37	3.28
9	49	72.6	30.1	2.52
10	53.9	79.5	37.1	3.27
11	48.8	83.8	33.9	3.1
12	52.6	88.4	38	3.28

续表

编号	体重 X_1(千克)	胸围 X_2(厘米)	肩宽 X_3(厘米)	肺活量 $Y(l)$
13	42.7	78.2	30.9	1.92
14	52.5	88.3	38.1	3.27
15	55.1	77.2	31.1	2.64
16	45.2	81.6	30.2	2.85
17	51.4	78.3	36.5	3.16
18	48.7	72.5	30	2.51
19	51.3	78.2	36.4	3.15
20	45.2	74.7	32.1	1.92

以肺活量为因变量，体重、胸围和肩宽为自变量作回归分析，并给出你的结论。

3. 某公司一年内的销售收入(Income)、销售成本(Cost)、税金(Pay)、销售费用(Tax)数据见表 6-6：

表 6-6

Month	Income	Cost	Pay	Tax
1	8709.81	7156.38	701.72	344.72
2	10995.46	9082.05	266.48	207.36
3	9120.05	8705.85	157.85	214.41
4	8252.45	8553.74	119.14	451.49
5	8477.42	7862.87	54.93	159.71
6	9631.78	7448.25	338.29	460.8
7	11581.9	9421.83	542.58	211.31
8	10358.11	9740.19	410.19	260.62
9	9862.54	6380.27	940.13	139.36
10	10337.2	6510.43	204.87	213.07
11	11486.06	8080.42	265.07	473.96
12	10109.8	8698.44	471.95	374.57

编程进行多元回归分析，并进行共线性诊断和残差分析，然后给出你最终得到的回归方程。

4. 蔗糖在酸性环境下会水解为产物葡萄糖和果糖，蔗糖的比旋光度为 66.6 度，而葡萄糖和果糖的比旋光度之和为-39.4 度，故可以通过测定混合溶液旋光度来代替蔗糖浓度的测量，简化操作。实验中测得的数据见表 6-7：

表 6-7

t	a	t	a
6.83	9.35	32.83	-0.8
8.83	8.6	34.83	-1.3
10.83	7	36.83	-1.4
12.83	5.9	38.83	-2.05
14.83	5	40.83	-2.1
16.83	4	42.83	-2.5
18.83	3.1	44.83	-2.9
20.83	2.7	46.83	-3.05
22.83	1.9	48.83	-3.2
24.83	1.3	50.83	-3.6
26.83	0.9	52.83	-3.8
28.83	0.2	54.83	-3.9
30.83	-0.35	56.83	-4.05

其中，t 表示反应时间，a 表示混合溶液旋光度。

(1)以 a 为因变量，t 为自变量，用分析家模块一元线性回归方程。

(2)作残差分析，画出残差图。

(3)由于反应速度会受浓度影响，所以不会是匀速反应，试在分析家模块中拟合有高次方的一元回归。

5. 关于食管癌与使用咸菜关系的病例—对照研究，不考虑年龄的因素，仅对“吃咸菜”一个变量作 Logistic 回归(见表 6-8)。

表 6-8

年龄组	病例		对照	
	吃咸菜	不吃咸菜	吃咸菜	不吃咸菜
1(25~34)	1	0	8	98
2(35~44)	4	6	24	186
3(45~54)	25	22	32	148
4(55~64)	56	38	28	139
5(65~74)	19	36	18	88
6(75+)	5	8	0	31
合计	110	110	110	690

第7章 聚类分析和判别分析

在通常情况下，人们根据事物现象的一个指标或一个方面，很容易进行分类工作。如按照家庭收入指标把家庭划分为高收入、中等收入、低收入家庭3类。在进行归类时，只需判断新考察的家庭收入指标值属于哪一个类别即可。然而，实际在考察事物或对象时，很难仅依据单一指标便作出分类和归类，而是需要采用多元统计分析的方法进行分类。

聚类分析和判别分析是研究分类问题的多元统计分析方法。

根据学校的师资、学生生源、学科门类、研究成果、设备资源等，将具有相似特征的大学聚为同一层次；根据人们生活支出数据，对多个支出类别：食品、服装、住房、医疗、燃料、文化娱乐等聚类可以进一步研究居民的生活水平和消费结构。这些是聚类分析。

在农业害虫灾害预报中，根据以往的虫情、多种气象因子来差别一个月后的虫情是大面积发生、中等发生还是正常；在医疗诊断中，根据某人多种体检指标(体温、血压、白血球等)来判断此人身体状况如何。这些属于判别分析。

虽然聚类分析和判别分析研究的都是分类问题，但二者的主要区别在于：聚类分析事先不知道事物的类别，也不知道要分成几类，根据数据间的亲疏程度自动产生类别；而判别分析必须事先知道事物类别的数目和类型，根据已知的类别去建立判别函数，从而对新样本进行判别和归类。

7.1 聚类分析概述

聚类分析(Cluster Analysis)实质上是寻找能客观反映元素之间亲疏关系的统计量，然后根据这种统计量把元素分成若干类。

设有 n 个样本，每个样本测得 p 项指标(变量)，习惯上以表格的形式呈现观测数据，如表7-1所示。

表7-1 观测数据

	变量1	变量2		变量 p
样本1	x_{11}	x_{12}		x_{1p}
样本2	x_{21}	x_{22}		x_{2p}
……	……	……		……
样本 n	x_{n1}	x_{n2}		x_{np}

其中，$X_{ij}(i=1, \cdots, n;\ j=1, \cdots, p)$为第 i 个样本的第 j 个指标的观测数据。同样，数学表示为：

$$X=\begin{bmatrix} x_{11} & x_{12} & \cdots & x_{1p} \\ x_{21} & x_{22} & \cdots & x_{2p} \\ \vdots & \vdots & \vdots & \vdots \\ x_{n1} & x_{n2} & \cdots & x_{np} \end{bmatrix}$$

第 i 个样本 X_i 为矩阵 X 的第 i 行所描述。所以任何两个样本 X_K 与 X_L 之间的相似性，可以通过矩阵 X 中的第 K 行与第 L 行的相似程度来描述；任何两个变量 X_K 与 X_L 之间的相似性，则可以通过第 K 列与第 L 列的相似程度来描述。

7.1.1　变量聚类和样本聚类

根据分类对象的不同，聚类分析可分为两种：变量聚类和样本聚类。

样本聚类是对样本（观测）进行的分类处理，又称 Q 型分类，相当于对观测矩阵按行分类。

变量聚类是对变量（指标）进行的分类处理，又称 R 型分类，相当于对观测矩阵按列分类。

例如，在儿童的生长发育研究中，把以形态学为主的指标：身高、体重、胸围等归于一类；把以机能为主的指标：肺活量、血压等归于另一类，属于变量聚类；根据若干指标将样本儿童生长发育状况分为发育合格类和不合格类，属于样本聚类。

这两种聚类在形式上是对称的，在算法上没有任何区别。本章为了便于表述，没有特别指明时，聚类分析均是指样本聚类方式。

7.1.2　系统聚类的一般原理

这里以常用的 Q 型系统聚类法为例，介绍聚类分析的一般原理和步骤。

系统聚类是把 n 个元素（样本或变量）看成 n 类，然后将相似程度最大（或距离最近）的两类合并为一类，得到 $n-1$ 类，再将 $n-1$ 类中相似程度最大的两类合并为一类，得到 $n-2$ 类……重复此过程，直到所有的元素全部聚在一类之中为止。然而，所有元素合并在一个类别就失去了聚类的意义，因此不断聚类过程中何时该聚类结束，或者说，如何确定聚类的个数是一个很复杂的问题，整个聚类过程还可以用谱系聚类图直观地表示出来。

系统聚类的大致步骤概括如下：

① 令每个样本各自成为一个类别；

② 计算类与类之间的距离；

③ 合并距离最近的两个类为一个类，类的数目减 1；

④ 若当前的类的数目大于 1，重复执行②~③步，直到只有一个类时为止；

⑤ 画谱系聚类图，使清晰地描述各个样本点在不同层次上聚合分类的情况；

⑥ 决定类的个数及各类的成员。

7.1.3　聚类分析的关键问题

由系统聚类的原理及步骤可知，聚类分析的关键问题有两个：

- 如何定义样本之间、类与类之间的距离和相似度；
- 如何确定聚类的个数。

1. 距离系数和相似系数

聚类分析中表示元素之间亲疏关系统计量常用距离系数和相似系数。距离系数一般用于将样本分类，而相似系数一般用于对变量聚类。

距离系数的定义有很多，如欧氏距离、马氏距离、明考斯基距离、兰氏距离等。距离系数越小，表示两样本间的相似度越高。以样本 x_i 和 x_j 为例，它们之间的欧氏距离记为 d_{ij} 表示为：

$$d_{ij} = \sqrt{\sum_{k=1}^{p} (x_{ik} - x_{jk})^2}$$

相似系数的定义有相关系数、列联系数、夹角余弦等。夹角余弦的定义如下：

$$\cos\theta_{ij} = \frac{\sum_{k=1}^{p} (x_{ik})(x_{jk})}{\sqrt{\sum_{k=1}^{p} (x_{ik})^2 \sum_{k=1}^{p} (x_{jk})^2}}$$

$\cos\theta$ 值在+1 和-1 之间变化。当 $\cos\theta$ 值越大时，表示二者之间越相似。

同一种聚类方法，因距离的定义方法不同也会得到不同的分类结果。任何观测数据都没有唯一正确的分类方法。实际应用中，常采用不同的分类方法对数据进行分类，可以提出多种分类方案，由实际工作领域和经验决定所需要的分类数和分类情况。

2. 类间距离

系统聚类时，类间距离的计算有多种不同的方法。

(1)类平均法：用两类样本两两观测间距离的平均作为类间距离。

(2)重心法：用两个类重心(均值)之间的(平方)欧氏距离定义类间距离。

(3)最长距离法：用两类观测间最远一对观测的距离定义类间距离。

(4)最短距离法：用两类观测间最近一对观测的距离定义类间距离。

(5)Ward 最小方差法：也叫 Ward 离差平方和，并类时总是使得并类导致的类内离差平方和增量最小。

除此之外，还有最大似然法、可变类平均法、McQuitty 相似分析法、中间距离法、两阶段密度估计法等。其中，类平均法和 Ward 最小方差法使用最为广泛。

3. 系统聚类后的类个数

系统聚类采用自底向上的方式最终得到一个大类。应该分成几个类是一个比较棘手的问题。研究者可以从不同的角度给出分类数。在实际应用中有以下几种方法可确定类个数：

(1)R^2统计量：记为 $R^2 = 1-\frac{P_G}{T}$，其中，P_G 为聚类数为 G 个时的总类内离差平方和，T 为所有样本或变量的总离差平方和。R^2越大，说明总的类内离差平方和相对较小，即 G 个类是合适的。但显然聚类数越多，每个类别越小，R^2也就越大，所以还得综合考虑。取的 G 应该使得 R^2足够大，但 G 本身比较小，且 R^2不再大幅度增加。

(2)半偏 R^2统计量：在把类 G_K和类 G_L合并为下一个水平的类 G_M时，定义半偏相关系数 $R^2 = 1-\frac{B_{KL}}{T}$，其中，B_{KL}为合并类的类内离差平方和的增量。半偏相关系数越大说明这两个类不应该合并。因此，当由 n+1 类合并成 n 类时半偏 R^2很大，则应该保留 n+1 个分类。

(3)伪F统计量：伪F统计量评价分为G个类的效果，记伪$F=\frac{(T-P_G)/(G-1)}{P_G/(n-G)}$。伪$F$统计量越大，表示分为$G$个类越合理。通常取伪$F$统计量较大而类数较小的聚类水平。

(4)伪t^2统计量：记伪$t^2=B_{KL}/((W_K+W_L)/(n_K+n_L-2))$，伪$t_2$统计量评价合并类$G_K$和$G_L$的效果，该值大说明合并的两个类$G_K$和$G_L$是很分开的，本不应该合并，因此应该取合并前的水平。

这些统计量来自于方差分析的思想。在实际应用中，统计员可以从专业领域的经验确定类个数k。从谱系聚类图中可以直观地看到每一次聚类的过程，有了确定的类个数k，就可以找到所有样本归属k类中哪一类。

7.2 SAS聚类分析方法和过程

SAS提供的聚类过程有：

CLUSTER：对坐标数据或距离数据的观测值用11种方法进行系统聚类，当观测值太多时不宜直接采用。

FASTCLUS：用K-MEANS算法对观测值进行逐步聚类，当观测值很多时，一般先用FASTCLUS过程对其进行初步聚类，然后再用CLUSTER过程进行系统聚类。

VARCLUS：基于相关矩阵或协方差矩阵，对变量进行系统聚类或逐步聚类。

TREE：绘制树结构图形。通过CLUSTER或VARCLUS过程计算得到的聚类结果，绘制出系统聚类的谱系图。

7.2.1 CLUSTER过程和TREE过程

CLUSTER过程对SAS数据集中的观测值进行系统聚类。最初每个观测自成一类，然后求两两距离，将距离最近的两个观测合成一类，重复该过程，直至所有观测合成一类为止。

1. CLUSTER过程的基本格式

```
PROC CLUSTER METHOD=method 选项列表;    /* 调用CLUSTER过程 */
VAR 变量名表;                          /* 指明分析变量 */
ID 变量名表;                           /* 用ID变量的值来标识观测值 */
COPY 变量名表;                         /* 将指定的变量复制到OUTTREE数据集中 */
FREQ 变量;                             /* 指明频数处理变量 */
RMSSTD 变量;                           /* 定义表示均方根标准差的变量 */
BY 变量名表;                           /* 指明分组处理变量 */
RUN;
```

通常只有PROC CLUSTER、VAR语句和RUN语句是必要的，其余为可选语句。

2. PROC CLUSTER过程语句中的选项列表

PROC CLUSTER过程语句中的选项比较多，其中，METHOD=method是必须指定的，其余选项为可选。

(1)DATA=SAS数据集：指定一个输入数据集，如果省略此项，则系统默认使用最新建立的数据集。如果数据集是距离矩阵，则变量个数必须与观测值数相同，并且应指明TYPE=DISTANCE，否则数据将被解释成欧几里得空间坐标，并计算欧氏距离。

(2) OUTTREE = SAS 数据集：用于说明一个输出数据集，该数据集中的数据可调用 TREE 过程来绘制成树结构图。如果省略此项，则系统默认使用 DATAn 作为输出的临时数据集；如果不想建立输出数据集，则可以使用 OUTTREE = _NULL_加以说明；如果要永久地保存一个输出数据集，则必须用库逻辑名关联该数据集所保存的路径。

(3) METHOD = method：method 可以是以下 11 个方法中的一个：AVERAGE(平均法)，CENTROID(重心法)，COMPLETE(最大距离法)，DENSITY(密度法)，EML(最大似然法)，FLEXIBLE(可变距离法)，MCQUITTY(相似分析法)，MEDIAN(中间距离法)，SINGLE(最小距离法)，TWOSTAGE(二级密度法)，WARD(离差平方和法)。

(4) STANDARD：标准化变量，使平均值为 0，标准差为 1。

(5) NONORM：阻止距离被正态化成均数为 1 或均方根为 1。

(6) NOSQUARE：阻止类间平方和被总平方和正态化而产生半偏相关平方。

(7) CCC：要求打印聚类判据的立方以及一致无效的假设下的 R2 期望值。

(8) PSEUDO：要求打印伪 F 以及 T2 值。

(9) RMSSTD：要求打印每一类中的标准差均方根。

3. TREE 过程的基本格式

TREE 过程不是一个独立的过程，它可以把 CLUSTER 过程选项“OUTTREE = SAS 数据集”作为输入，画出聚类谱系图，使聚类的过程更加形象。TREE 过程的基本格式如下：

```
PROC TREE 选择项;          调用 VARCLUS 过程
NAME 变量;                 用字符变量标识由每个观测值表示的节点
PARENT 变量;               指明字符变量，标识一个父节点
HIGHT 变量;                指明数值变量，定义节点的顶点
ID 变量名表;               指定树图的叶变量，如果省略，则将使用变量_NAME_。
COPY 变量名表;             将指定的变量复制到 OUT=数据集中去
RUN;
```

仅有 PROC TREE 语句和 RUN 语句是必需的，其余皆为可选择的。

4. 应用举例

【例 7-1】 为了更深入了解我国人口的文化程度状况，现根据 1990 年全国人口普查数据对当时全国 30 个省、直辖市、自治区进行聚类分析。分析选用了三个指标：(1)大学以上文化程度的人口占全部人口的比例(DXBZ)；(2)初中文化程度的人口占全部人口的比例(CZBZ)；(3)文盲半文盲人口占全部人口的比例(WMBZ)，分别用来反映较高、中等、较低文化程度人口的状况。

(1)程序。

```
data  culture;
    input  area $  dxbz  czbz  wmbz @@ ;
    cards;
北京 9.30 30.55 8.70 天津 4.67 29.38 8.92
河北 0.96 24.69 15.21 山西 1.38 29.24 11.30
内蒙古 1.48 25.47 15.39 辽宁 2.60 32.32 8.81
吉林 2.15 26.31 10.49 黑龙江 2.14 28.46 10.87
```

```
上海 6.53 31.59 11.04 江苏 1.47 26.43 17.23
浙江 1.17 23.74 17.46 安徽 0.88 19.97 24.43
福建 1.23 16.87 15.63 江西 0.99 18.84 16.22
山东 0.98 25.18 16.87 河南 0.85 26.55 16.15
湖北 1.57 23.16 15.79 湖南 1.14 22.57 12.10
广东 1.34 23.04 10.45 广西 0.79 19.14 10.61
海南 1.24 22.53 13.97 四川 0.96 21.65 16.24
贵州 0.78 14.65 24.27 云南 0.81 13.85 25.44
西藏 0.57 3.85 44.43  陕西 1.67 24.36 17.62
甘肃 1.10 16.85 27.93 青海 1.49 17.76 27.70
宁夏 1.61 20.27 22.06 新疆 1.85 20.66 12.75
run;
proc cluster   outtree=ntree method=ave   pseudo;
    id area;
run;
proc tree   horizontal;
run;
```

程序用CLUSTER过程对CULTURE数据集进行聚类分析，聚类分析过程中使用了类平均法(Average Linkage)进行聚类，要求输出统计量PSEUDO，并且将聚类树的数据输入到数据集NTREE中；最后用TREE过程画出聚类分析的树状图，用ID子句指明的AREA变量值来标志观测值。

(2)输出结果及其解释。

运行CLUSTER过程执行系统聚类，得到图7-1所示的基本信息和图7-2所示的系统聚类过程。

```
                The CLUSTER Procedure
            Average Linkage Cluster Analysis

         Eigenvalues of the Covariance Matrix

       Eigenvalue    Difference    Proportion    Cumulative

  1    88.0436936    80.3803927        0.8988        0.8988
  2     7.6633009     5.4095096        0.0782        0.9770
  3     2.2537913                      0.0230        1.0000

Root-Mean-Square Total-Sample Standard Deviation = 5.714332
Root-Mean-Square Distance Between Observations   =  13.9972
```

图7-1　系统聚类的基本信息

本例选择类平均法进行聚类分析。图7-1显示了该种方法进行分析的协方差矩阵基本信息：协方差矩阵的特征值(Eigenvalue)，两相邻特征值之差(Difference)，各特征值占总方差的百分比(Proportion)，累计百分比(Cumulative)。最下方两行给出的是总体样本标准差均方根(Root-Mean-Square Total-Sample Standard Deviation)和样本观测值之间距离的均方根(Root-Mean-Square Distance Between Observations)。

图7-2显示CLUSTER过程对全国30个省、直辖市、自治区进行系统聚类过程，"NCL"

列为聚类数，先聚类成 30-1=29 类开始，直至将所有地区聚为一类。“Clusters Joined”标题下面的两列为每一次聚类成一个新类的 2 个样本，标有“CLn”表示是在上面聚类过程中已经聚成的第 n 类；“FREQ”列为新类中所含的样本数；“PSF”列为伪 F 统计量；“PST2”列为伪 t^2统计量；“Norm RMS dist”列为距离的均方根；最后列“Tie”列标注距离最小的候选类对是否有多对，若有系统会自动在该列标注“T”字样以提醒用户，本例全无。

NCL	--Clusters	Joined---	FREQ	PSF	PST2	Norm RMS Dist	Tie
29	浙江	陕西	2	307	.	0.058	
28	河北	内蒙古	2	268	.	0.0682	
27	甘肃	青海	2	252	.	0.0726	
26	山西	黑龙江	2	229	.	0.0836	
25	江苏	河南	2	213	.	0.0894	
24	贵州	云南	2	196	.	0.1013	
23	CL29	山东	3	179	3.9	0.1031	
22	湖北	四川	2	167	.	0.1207	
21	湖南	广东	2	160	.	0.1234	
20	福建	江西	2	147	.	0.1479	
19	CL28	CL25	4	123	6.3	0.1523	
18	CL22	海南	3	118	2.0	0.1583	
17	CL19	CL23	7	99.5	4.6	0.1664	
16	安徽	宁夏	2	101	.	0.1785	
15	CL26	吉林	3	97.9	6.8	0.193	
14	CL21	新疆	3	97.2	3.2	0.2007	
13	CL17	CL18	10	72.2	8.9	0.2512	
12	CL14	广西	4	72.7	2.5	0.2531	
11	天津	上海	2	76.4	.	0.256	
10	CL11	辽宁	3	78.6	1.4	0.2941	
9	CL24	CL27	4	74.7	24.1	0.3123	
8	CL10	CL15	6	68.7	5.3	0.3612	
7	CL16	CL9	6	63.3	6.6	0.4225	
6	CL20	CL12	6	61.7	10.5	0.4325	
5	CL13	CL6	16	51.0	15.4	0.46	
4	北京	CL8	7	62.8	3.5	0.4958	
3	CL4	CL5	23	38.6	29.0	0.7312	
2	CL3	CL7	29	19.1	34.9	1.1055	
1	CL2	西藏	30	.	19.1	2.5275	

图 7-2　系统聚类过程

聚类结果表明，第 29 新类(NCL=29)由原始样本浙江和陕西两类合并产生，包含 2 个样本；第 28，27 新类(NCL=28，NCL=27)分别由原始样本河北和内蒙古合并、甘肃和青海合并，均包含 2 个样本；第 23 新类(NCL=23)由原始样本山东和第 29 旧类(CL29)合并产生，包含 3 个样本：浙江、陕西和山东；最后，由 CL2 类和原始样本西藏合并成一类，其中，CL2 类由 CL4 类和 CL3 类合并。显然，合并成一类无实际意义，接下来的问题是如何选择合适的类数。

合适的聚类数目可以参考 PSF，PST2 等统计量。PSF(伪 F 统计量)用于评价分为 NCL 个类的聚类效果，伪 F 值出现峰值时所对应的分类数较为合适。伪 t^2统计量(PST2)是评价此步合并类的效果，当伪 t^2值大表明是上一次的合并效果好。

但是，在通常情况下，系统聚类往往是通过谱系聚类图来直观描述分类过程，直观选择分类数。谱系聚类图则是通过 TREE 过程输出的树状图，此例系统聚类的谱系聚类图，如图 7-3 所示。从最右端开始，1 类分为 2 类，到了图的最左边则完全是一个观测表示为一个类。该例聚类的过程，就是从左到右一步步进行的，直至所有样本都归为一类为止。

图 7-3 中的横轴表示用于判定类别的距离或相似系数。本例使用的是类平均法，故横轴表示类别之间的平均距离，而纵轴表示用 AREA 变量值标注的每一个样本。用户只需在谱系聚类图中任意画一条竖的直线，该直线与图 7-3 中的横线有多少个交点，就可以把样本分

为多少类。分类的依据便是这条竖的直线所对应的横轴距离，与每个交点相连的样本同属于一类。

如果在该例的谱系聚类图上画一条竖的直线，产生 4 个交点，则可把所有样本分为 4 类。与从上到下的第 1 个交点相连的样本是：北京、天津、上海、辽宁、山西、黑龙江、吉林；与第 2 个交点相连的样本是：河北、内蒙古、江苏、河南、浙江、陕西、山东、湖北、四川、海南、福建、江西、湖南、广东、新疆、广西；与第 3 个交点相连的样本是：安徽、宁夏、贵州、云南、甘肃、青海；与第 4 个交点相连的样本只有西藏。不难看出聚类结果的合理性，第 1 类是直辖市和文化发达地区，第 2 类是文化和经济处于中等水平的地区，第 3 类是西部经济、文化发展较慢的地区，第 4 类是经济、文化较落后的地区。

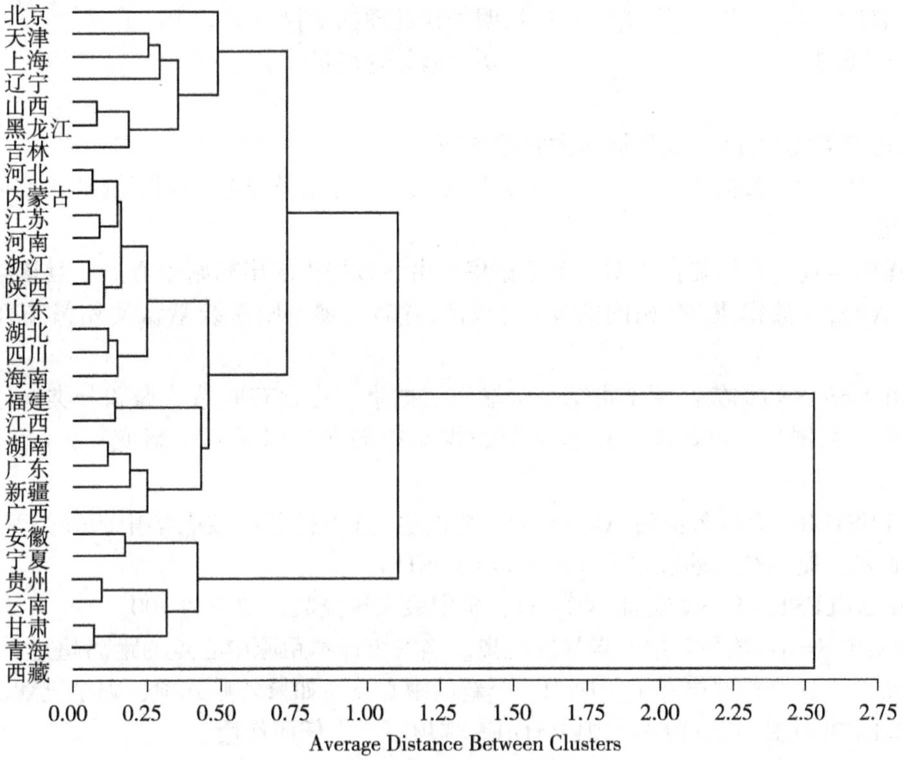

图 7-3　系统聚类的谱系聚类图

7.2.2　FASTCLUS 快速聚类过程

当需要聚类的样本数较多时，如果采用 CLUSTER 过程，就需要计算很长时间，因为 CLUSTER 过程是从一个样本一类依次聚类到所有样本作为一类。而在实际问题中，常常只需要知道聚类到有价值的几类结果即可。

FASTCLUS 过程能快速地将大量样本数聚类成两类或三类。聚类的结果是将每个样本加上所属的类别标记。

FASTCLUS 聚类的过程如下：

① 指定要形成的聚类数，对样本进行初始分类并计算每一类的初始类中心；

② 调整分类。计算每个样本点到各类中心的距离，把每个样本点归入距类中心最近的那一类；

③ 重新计算每一类的新中心点；

④ 重复执行②~③步，直到没有样本点可以再调整为止。

1. FASTCLUS 过程的基本格式

```
PROC FASTCLUS 选择项;      /* 调用 FASTCLUS 过程 */
VAR 变量名表;              /* 指明分析变量 */
ID 变量名表;               /* 用 ID 变量的值来标识观测值 */
COPY 变量名表;             /* 将指定的变量复制到 OUTTREE 数据集中 */
FREQ 变量;                 /* 指明频数处理变量 */
WEIGHT 变量;               /* 指明加权处理的变量 */
BY 变量名表;               /* 指明分组处理变量 */
RUN;
```

2. PROC FASTCLUS 过程语句中的选择项

(1)DATA=SAS 数据集：指定一个输入数据集，如果省略此项，则系统默认使用最新建立的数据集。

(2)SEED=输入数据集：指明一个数据集，由该数据集求出初始中心点，且该数据集必须与“DATA=SAS 数据集”有相同的变量。如果省略此项，则系统默认使用最新建立的数据集。

(3)OUT=SAS 数据集：用于指明一个输出数据集，将含有原始数据和分类标志的聚类结果输出到该数据集，该数据集中包括原数据集中的变量以及两个新变量：CLUSTER 及 DISTANCE。

(4)CLUSTER=变量名：为“OUT=SAS 数据集”选项指明的数据集中的分类变量命名。如果省略此项，则系统自动设定 CLUSTER=CLUSTER。

(5)MAXCLUSTERS=n(或 MAXC=n)：确定最大聚类数，缺省为 100。

(6)RADIUS=n：选择新中心点最短距离。当一个样本距原中心点的距离超过 RADIUS=所定的标准时，这个样本便有机会成为一个新的中心点。如果省略此项，则系统默认的值是 0。若选择 REPLACE=RANDOM，则 RADIUS 选项不产生任何作用。

(7)REPLACE=FULL | PART | NONE | RANDOM：

此选项决定分类中心点的取代方式。若 REPLACE=FULL，则类中心点的取代由 MAXC 及 RADIUS 两项决定；若 REPLACE=PART，则当数据点和任何一个中心点的距离必须大于任何两个既存中心点的距离时，初始的类中心点就会被取代改；若 REPLACE=NONE，则初始的类中心点维持不变，不被取代；若 REPLACE=RANDOM，则由系统选择一组随机数点为初始类中心点。

(8)RANDOM=正整数：此选项与上述 REPLACE=RANDOM 联用，激活随机数点的取样。

(9)DRIFT：每处理一个观测值，即以当前类的平均距离，替换上次的中心点，因而聚类中心点不断发生变化。

(10)CONVERGEC=n(或 CONV=n)：收敛标准，决定何时终止重复计算的过程。缺省为 0.02。

(11) MAXITER = n：为重算聚类中心点所需的最大迭代次数，缺省为 1。

3. 应用举例

【例 7-2】 数据集(LIVER. sas7bdat)收集了 170 人的体重指数 TZZS(体重/(身高)^2)，胆固醇 DGC，甘油三酯 GYSZ，部分数据如图 7-4 所示。其中，120 例数据来自脂肪肝患者，50 例为健康人。试作聚类分析，以便了解上述指标与脂肪肝的关系。

	TZZS	DGC	GYSZ
1	23.29	5.11	0.98
2	27.38	6.18	1.63
3	25.99	4.76	1.64
4	25.99	5.21	2.18
5	25.91	5.56	1.63
6	28.99	6.57	0.95
7	28.18	4.75	2.09
8	26.2	5.75	1.09
9	24.92	6.76	5.58
10	23.63	4.89	2

图 7-4　数据集 LIVER 部分数据

(1) 程序。

```
proc aceclus data=liver   out=a p=0.02 noprint;
proc   fastclus   data=a   maxc=2;
run;
```

在用 FASTCLUS 过程聚类之前，使用了 ACECLUS 过程对原始数据预处理，使转换后的数据满足聚类分析方法的要求。

(2) 输出结果及其解释。

The FASTCLUS Procedure
Replace=FULL Radius=0 Maxclusters=2 Maxiter=1

Initial Seeds

Cluster	TZZS	DGC	GYSZ	Can1	Can2	Can3
1	26.72000000	6.97000000	7.59000000	6.94351287	-24.18178942	3.58215972
2	48.68000000	4.80000000	1.45000000	16.08323519	5.30437901	-2.56195127

Criterion Based on Final Seeds =   3.6068

图 7-5(a)　FASTCLUS 聚类结果

图 7-5(a)显示了初始类中心点的值。由于没有给出 SEED = 选项，初始类中心点由原始数据集求出。由于程序中指出了 MAXC = 2，所以聚类数为 2 类，且迭代次数为系统默认值 1。

图 7-5(b)显示的是聚类成 2 类之后，各类的样本数以及相关的统计量。依照上述的结果，结合专业知识可知，第 1 类(样本数为 114)应归为脂肪肝；第 2 类应该是正常数据。

7.2.3　VARCLUS 聚类过程

VARCLUS 过程是在相关矩阵或者协方差矩阵的基础上，对变量进行分类。VARCLUS 过程可以建立一个输出数据集，其结果可以用 SCORE 过程来计算每类的分量得分；还可以用

Cluster Summary

Cluster	Frequency	RMS Std Deviation	Maximum Distance from Seed to Observation	Radius Exceeded	Nearest Cluster	Distance Between Cluster Centroids
1	114	3.2357	24.3157		2	15.7131
2	56	3.9628	19.1160		1	15.7131

Statistics for Variables

Variable	Total STD	Within STD	R-Square	RSQ/(1-RSQ)
TZZS	6.42647	3.41399	0.719455	2.564492
DGC	0.82344	0.81528	0.025543	0.026212
GYSZ	1.22614	1.17389	0.088835	0.097496
Can1	5.94873	3.99646	0.551331	1.228813
Can2	5.64065	5.18721	0.159316	0.189508
Can3	4.10420	4.06476	0.024934	0.025571
OVER-ALL	4.61031	3.49044	0.430198	0.754997

Pseudo F Statistic = 126.84

Approximate Expected Over-All R-Squared = 0.25069

Cubic Clustering Criterion = 13.219

图 7-5(b)　FASTCLUS 聚类结果

TREE 过程绘制聚类的树型结构图。

VARCLUS 的聚类过程，首先认为所有分析变量在一类中，然后重复以下步骤：

① 选一个将被裂开的类。原则是它的类分量所解释的变异所占百分数最小或者是类内第 2 特征值最大。

② 将选中的类按类内前 2 个主成分分成两类，并且进行斜交旋转，然后把每一个变量分到与其相关系数的平方较大的一类中去。

当每类都满足于用户指定的准则(或者是解释变异的百分数或者是类内第 2 特征值)时，该过程停止。

1. VARCLUS 过程的基本格式

```
PROC VARCLUS 选择项;        /* 调用 VARCLUS 过程 */
VAR 变量名表;                /* 指明分析变量 */
PARTIAL 变量名表;            /* 指明进行偏相关聚类的变量 */
SEED 变量名表;               /* 指出用来作为初始分量的变量 */
FREQ 变量;                   /* 指明频数处理变量 */
WEIGHT 变量;                 /* 指明加权处理的变量 */
RUN;
```

2. PROC VARCLUS 过程语句中的选择项

(1) DATA=SAS 数据集：指定一个输入数据集，可以是原始数据或 TYPE=CORR、COV 或 FACTOR 类型的数据。如果省略此项，则系统默认使用最新建立的数据集。

(2) OUTSTAT=输出数据集：存储平均数、标准差、相关系数、类得分和聚类结构。

(3) OUTTREE=SAS 数据集：用于说明一个输出数据集，该数据集中的数据可调用 TREE 过程来绘制成树结构图。

(4) CORR：相关系数。

(5) SIMPLE：均值和标准差。

(6) SHORT：不显示类结构和得分等。

(7) MINC=n：最小聚类个数，缺省为 1。

(8) MAXITER=n：改进最小二乘法的最大迭代次数。

(9) COV：用协方差矩阵聚类。

(10) HI：作不同层次的谱系聚类结构。

用 VARCLUS 过程聚类时，类的划分通过计算每类第一主成分或中心的最大方差而确定。若采用相关矩阵的信息，则所有变量都平等；当引用协方差矩阵分析时，某变量有较大方差，该变量则较为重要。

3. 应用举例

【例 7-3】 对 29 名女生进行体质测试，测试的 8 项指标分别为：50 米短跑成绩、身高、1000 米长跑成绩、体重、立定跳、胸围、推铅球、肺活量，将这些指标依次用变量 x_1，x_2，…，x_8 表示。试用变量聚类分析过程，将上述指标归类。

(1) 程序。

```
data   girltest;
     input   x1-x8@@;
     cards;
6.30 166 4.05 60 2.40 83 9.60 4600 6.90 161 3.56 53 2.35 78 8.80 2000
6.30 163 3.45 63 2.50 82 9.30 3100 9.20 159 4.00 56 1.90 84 6.50 2200
9.00 157 4.06 51 1.76 78 6.30 2200 7.50 161 3.42 47 2.40 75 7.41 3700
9.00 163 3.23 55 2.00 84 7.50 3200 8.40 159 3.36 46 1.95 77 6.30 2500
9.00 161 3.54 48 1.70 74 5.50 1800 9.40 159 3.44 47 1.70 79 5.40 2400
7.20 169 3.56 55 2.40 76 9.15 4800 7.20 169 3.56 64 2.32 86 8.90 2750
9.40 158 4.00 44 1.68 75 5.90 2500 6.30 164 3.37 64 2.70 86 9.50 4400
7.20 172 3.56 58 2.40 91 9.20 4300 8.20 156 3.27 52 1.85 82 6.55 3000
8.20 161 3.02 48 1.95 77 5.45 2600 9.10 156 4.02 44 1.68 74 5.45 2400
9.40 153 4.02 47 1.60 81 5.95 2500 6.90 160 3.57 50 2.50 76 9.40 2500
9.00 160 4.12 55 1.84 83 5.35 2200 6.90 161 4.10 50 2.70 79 8.10 2500
7.30 170 3.55 56 2.24 78 9.05 2250 6.80 171 3.50 57 2.80 79 9.80 3400
7.60 165 3.43 63 2.40 86 8.30 4100 9.20 154 3.46 48 1.72 82 5.40 2600
8.40 161 4.18 44 2.03 73 6.90 1700 9.20 159 4.04 48 1.78 75 5.80 2900
6.30 168 3.51 63 2.70 84 9.20 3900
run;
proc varclus maxc=4 outtree=tree;
run;
proc tree data=tree horizontal;
run;
```

在 VARCLUS 过程语句中加了 MAXC=4，要求从 1 类聚到 4 类，此选项的最大值为变量的个数。对于一批给定的资料，究竟应聚成几类合适，没有统一的规则，一般可先将资料聚成各种不同的类，然后结合专业知识和各类能解释总方差的百分比来权衡。

(2)输出结果及其解释。

图7-6(a)是用分解法思想进行聚类的第一步，把全部8个变量聚成一类，能解释的方差为4.970312，占总方差的62.13%，并预告一类将被分裂。

Oblique Principal Component Cluster Analysis

Observations	29	Proportion	1
Variables	8	Maxeigen	0

Clustering algorithm converged.

Cluster Summary for 1 Cluster

Cluster	Members	Cluster Variation	Variation Explained	Proportion Explained	Second Eigenvalue
1	8	8	4.970312	0.6213	1.0621

Total variation explained = 4.970312 Proportion = 0.6213

图7-6(a) VARCLUS 聚类结果

图7-6(b)结果显示：1类分裂成2类，各含4个变量，此时能解释的方差为5.862368，占总方差的73.28%。下方为每个变量与类成分之间相关系数的平方，如变量X_1(50米短跑成绩)在第1类中，它与第1类成分之间相关系数的平方是0.9112(称为R-squared with Own Cluster)，该值越大，说明该变量越应该分到该类来；类中的某个变量与相邻类(此处为第2类)的类成分之间的相关系数的平方，称为R-squared with Next Closest，如X_1与第2类成分之间的相关系数的平方是0.3732，该值越小说明分类越合理；最后一列的由同一行的数据求得，如(1−0.9112)/(1−0.3723)=0.1416，此值越小，表示分类越合理。从最后一列可看出，很多比值比较大，说明这8个变量分成2类是不太合适的。

Cluster Summary for 2 Clusters

Cluster	Members	Cluster Variation	Variation Explained	Proportion Explained	Second Eigenvalue
1	4	4	3.491122	0.8728	0.3677
2	4	4	2.371246	0.5928	0.8761

Total variation explained = 5.862368 Proportion = 0.7328

2 Clusters		R-squared with		
Cluster	Variable	Own Cluster	Next Closest	1-R**2 Ratio
Cluster 1	X1	0.9112	0.3732	0.1416
	X2	0.7189	0.3995	0.4680
	X5	0.9239	0.3677	0.1204
	X7	0.9371	0.4286	0.1101
Cluster 2	X3	0.2194	0.0696	0.8390
	X4	0.8083	0.5407	0.4175
	X6	0.7245	0.1368	0.3191
	X8	0.6190	0.3830	0.6174

图7-6(b) VARCLUS 聚类结果

图7-6(c)是从标准化变量预测类成分的标准回归系数，若设C_1、C_2分别为第1和第2聚类成分，即

$$C_1=-0.273431X_1+0.242876X_2+0.275322X_5+0.277282X_7$$
$$C_2=-0.197529X_3+0.379140X_4+0.358968X_6+0.331807X_8$$

Standardized Scoring Coefficients

Cluster	1	2
X1	-.273431	0.000000
X2	0.242876	0.000000
X3	0.000000	-.197529
X4	0.000000	0.379140
X5	0.275322	0.000000
X6	0.000000	0.358968
X7	0.277282	0.000000
X8	0.000000	0.331807

图 7-6(c) VARCLUS 聚类结果

图 7-6(d)显示的是聚类结构，即每个标准化变量可以表示成全部聚类成分的线性组合。如，$X_1=-0.954582C_1-0.610880C_2$。

Cluster Structure

Cluster	1	2
X1	-.954582	-.610880
X2	0.847909	0.632048
X3	-.263745	-.468390
X4	0.735354	0.899035
X5	0.961183	0.606358
X6	0.369849	0.851201
X7	0.968025	0.654662
X8	0.618880	0.786797

图 7-6(d) VARCLUS 聚类结果

图 7-6(e)是类间相关系数。并预告 2 类将被分裂。

Inter-Cluster Correlations

Cluster	1	2
1	1.00000	0.66901
2	0.66901	1.00000

图 7-6(e) VARCLUS 聚类结果

图 7-6(f)显示由 2 类分裂成 3 类，分别含 4 个变量、3 个变量及 1 个变量，此时能解释的方差为 6.722854，占总方差的 84.04%。

随后，分成 3 类，结果显示每个变量与类成分之间相关系数的平方；分成 3 类后，从标准化变量预测类成分的标准回归系数；以及分成 3 类后的聚类结构和类间相关系数。并预告将继续分裂。

图 7-6(g)显示 3 类分裂成 4 类，分别含 4 个变量、2 个变量、1 个变量、1 个变量，此时能解释的方差为 7.253573，占总方差的 90.67%。分成 4 类后，每个变量与类成分之间相关系数的平方。

图 7-6(h)显示分成 4 类后，从标准化变量预测类成分的标准回归系数。

图 7-6(i)显示分成 4 类后的类间相关系数和聚类总结。由于选择了 MAXC=4，所以最

Cluster Summary for 3 Clusters

Cluster	Members	Cluster Variation	Variation Explained	Proportion Explained	Second Eigenvalue
1	4	4	3.491122	0.8728	0.3677
2	3	3	2.231732	0.7439	0.5452
3	1	1	1	1.0000	

Total variation explained = 6.722854 Proportion = 0.8404

3 Clusters Cluster	Variable	R-squared with Own Cluster	R-squared with Next Closest	1-R**2 Ratio
Cluster 1	X1	0.9112	0.3614	0.1390
	X2	0.7189	0.3927	0.4628
	X5	0.9239	0.3625	0.1194
	X7	0.9371	0.4394	0.1122
Cluster 2	X4	0.8458	0.5407	0.3358
	X6	0.7634	0.1368	0.2671
	X8	0.6165	0.3830	0.6216
Cluster 3	X3	1.0000	0.0855	0.0000

图 7-6(f)　VARCLUS 聚类结果

Cluster Summary for 4 Clusters

Cluster	Members	Cluster Variation	Variation Explained	Proportion Explained	Second Eigenvalue
1	4	4	3.491122	0.8728	0.3677
2	2	2	1.762451	0.8812	0.2375
3	1	1	1	1.0000	
4	1	1	1	1.0000	

Total variation explained = 7.253573 Proportion = 0.9067

4 Clusters Cluster	Variable	R-squared with Own Cluster	R-squared with Next Closest	1-R**2 Ratio
Cluster 1	X1	0.9112	0.3277	0.1320
	X2	0.7189	0.3174	0.4117
	X5	0.9239	0.3355	0.1146
	X7	0.9371	0.3593	0.0982
Cluster 2	X4	0.8812	0.5407	0.2586
	X6	0.8812	0.2333	0.1549
Cluster 3	X3	1.0000	0.0849	0.0000
Cluster 4	X8	1.0000	0.3830	0.0000

图 7-6(g)　VARCLUS 聚类结果

Standardized Scoring Coefficients

Cluster	1	2	3	4
X1	-0.27343	0.00000	0.00000	0.00000
X2	0.24288	0.00000	0.00000	0.00000
X3	0.00000	0.00000	1.00000	0.00000
X4	0.00000	0.53263	0.00000	0.00000
X5	0.27532	0.00000	0.00000	0.00000
X6	0.00000	0.53263	0.00000	0.00000
X7	0.27728	0.00000	0.00000	0.00000
X8	0.00000	0.00000	0.00000	1.00000

图 7-6(h)　VARCLUS 聚类结果

多分成 4 类。其中，Total Variation Explained by Clusters 表示分类时能解释的总方差量；Proportion of Variation Explained by Clusters 表示分类时能解释的方差占全部 8 个变量的总方差的百分比；Minimum Proportion Variation Explained by a Clusters 表示分类时由 1 个类成分能解释的方差占全部 8 个变量的总方差的最小百分比；Maximum Second Eigenvalue in a Cluster 为各类中最大的第 2 特征值；Minimum R-squared for a Variable 为各列中 1 个变量与其所在类成分的最小相关系数的平方 R^2；Maximum 1-R **2 Ratio for a Variable 为各类中 $(1-R^2)_{own}/(1-R^2)_{next}$，参见前面关于 R-squared with Own Cluster，R-squared with Next Closest 部分输出结果及其解释。从上述结果中可以看到从 1 类到 2 类，类分量解释比例有较大增加，为 0.7328，从 2 类到 3 类，类分量解释比例也有较大增加，为 0.8404，而从 3 类到 4 类则增加较慢，因此，分成 2 类或 3 类比较好。

Inter-Cluster Correlations

Cluster	1	2	3	4
1	1.00000	0.58867	-0.26375	0.61888
2	0.58867	1.00000	-0.25083	0.57201
3	-0.26375	-0.25083	1.00000	-0.29142
4	0.61888	0.57201	-0.29142	1.00000

Oblique Principal Component Cluster Analysis

Number of Clusters	Total Variation Explained by Clusters	Proportion of Variation Explained by Clusters	Minimum Proportion Explained by a Cluster	Maximum Second Eigenvalue in a Cluster	Minimum R-squared for a Variable	Maximum 1-R**2 Ratio for a Variable
1	4.970312	0.6213	0.6213	1.062086	0.1325	
2	5.862368	0.7328	0.5928	0.876114	0.2194	0.8390
3	6.722854	0.8404	0.7439	0.545190	0.6165	0.6216
4	7.253573	0.9067	0.8728	0.367743	0.7189	0.4117

图 7-6(i)　VARCLUS 聚类结果

使用 TREE 过程绘制的树状分类图，如图 7-7 所示，变量聚类分析结果树状图。

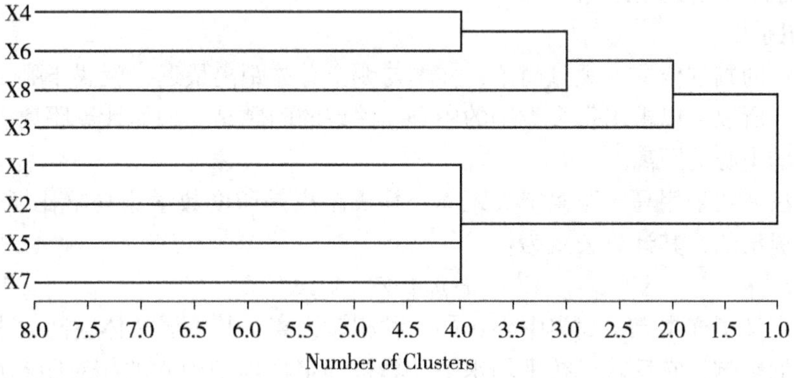

图 7-7　变量聚类分析结果树状图

结合专业知识，分成 3 类比较合理，即第 1 类中含 X_1(50 米短跑成绩)、X_2(身高)、X_5(立定跳)、X_7(推铅球)，主要代表了身体素质中的爆发力素质；第 2 类中含 X_4(体重)、X_6(胸围)、X_8(肺活量)，主要代表生理机能指标，肺活量是与人体骨骼结构(体型)密切相关的，一般胸腔开阔者肺活量比较大，第 3 类 X_3(1000 米长跑成绩)，代表的是耐力素质。分类的结果可以为运动人才的选拔和训练方面的研究提供一定的线索。

聚类分析和回归分析也有密切的关系。当变量太多，且有某种相关时，应先通过变量聚类，然后再从每一类中挑选一个最有代表性的自变量进行回归。

7.3 判别分析概述

在自然科学与社会科学领域中，往往要对研究对象进行判别分析，以确定其属于已知类型中的哪一种类别。例如，在经济学中，根据人均产值、人均收入、人均消费指标、文化教育水平等多种指标来判别某一国家或地区的经济发展程度属于哪种类型，是发达、中等还是贫困；医学领域中的疾病鉴别诊断、计算机辅助诊断、疾病的早期预测预报、病因学分析等都存在判别分析的问题，例如，已知健康人和冠心病人的血压、血脂资料，建立判别函数，并对新样本预测其分类。

判别分析(Discriminant Analysis)是根据已知样本的分类及所测的指标，筛选出能提供较多信息的指标，从而建立判别函数，用于判断样品所属类型，尽可能使错判率最小。

7.3.1 判别分析的一般原理

一个有 m 个变量的样本可以看做是 m 维空间 R 中的一个点，一组样本可以看做是 R 中由若干个点组成的区域。判别分析中 Bayes 准则的统计思想是把 R 空间划分成互不相交的 k 个区域，且每个样本只能归属于其中的一个区域，由此建立判别函数。一个区域就代表样本的一类。对于一个待判样本 $X=(x_1, x_2, x_3, \cdots, x_p)$，根据判别函数找出它属于 k 个区域中哪个区域的概率最大，就判别它属于概率最大的那个区域所代表的类。

7.3.2 判别分析的常用方法

按照不同的判别准则，判别分析的方法有：距离判别法、贝叶斯(Bayes)判别法、费歇尔(Fisher)判别法和逐步判别法。

1. 距离判别法

距离判别法的判别依据直观且简单，样本与哪个总体距离最近，就属于哪个总体。由于所在类别已知，所以可以求出每个类别的中心。关键的问题是，如何计算距离，便可得到样本到每个类别的中心的距离。

距离判别法一般采用马氏距离定义距离。马氏距离是印度数学家马哈比斯于 1936 年依据协方差矩阵提出的，其计算公式为：

$$d_i^2=[x-\mu_i]^T V_i^{-1}[x-\mu_i]$$

马氏距离定义了样本点 x 到类中心 μ_i 的一种相对距离。其不受总体空间大小的影响，也不受计量单位的影响。它反映了按平均水平计算被判定样本到中心的相对距离(该距离以方差为单位)。实质上，马氏距离是经过标准化的变量的欧氏距离。

距离判别法的判别函数是比较样本点到各类中心距离的数学函数。在通常情况下，用线性判别函数进行判别分析非常直观，使用方便，在实际生活中应用广泛。

2. Bayes 判别法

Bayes(贝叶斯)判别法是一种概率型的判别分析。判别分析之初，它需要知道观测样本属于各个类别的先验概率，或者关于各个类别的分布密度。分析过程时，计算每一个观测样本属于某个类别的最大概率和最小错判损失，并依据此进行判别分类。

先验概率可以从经验中得出，如按每组样本占全部样本的百分比来估计，记为 $P(G_i)$。每个样本可以根据判别函数计算得分，在属于 G_i类别条件下判别得分 S 的条件概率为 $P(S/G_i)$，样本根据判别函数得分而判为某个类别 G_i的概率则是后验概率，根据 Bayes 公式计算的后验概率为：$P(G_i/S)=\dfrac{P(S/G_i)p(G_i)}{\sum P(S/G_i)P(G_i)}$。可以依据每个样本被判入某个类别的后验概率进行归类。

Bayes 判别法的基本思路：对每个样本，首先计算判别函数得分，然后根据先验概率 $P(G_i)$和判别得分 S 的条件概率 $P(S/G_i)$，计算出该样本被判为每一类的后验概率 $P(G_i/S)$，被判入哪一类的后验概率最大，则把该样本判为哪一类。

3. Fisher 判别法

Fisher(费歇尔)判别法是一种依据方差分析原理建立的判别方法，它的基本思路就是投影。对 P 维空间中的点 $x_i=(x_{i1}, x_{i2}, \cdots, x_{ip})$，$i=1, 2, \cdots, n$，找一组线性函数 $y_m(x_i)=\sum_j c_j\times x_{ij}$，$m=1, 2, \cdots, m$，一般有 $m<p$，用它们把 P 维空间中的观测点都转换为 m 维的，再在 m 维空间中对观测集进行分类。降维后的数据应最大限度地缩小同类中观测之间的差异，并最大限度地扩大不同类别观测之间的差异，如此才能获得较高的判别效率。

Fisher 判别法对总体的分布不作任何要求，因此也叫典型判别。其采用方差分析的思想，依据使组间均方差与组内均方差之比最大的原则，选择最优的线性函数。

4. 逐步判别法

前面几种判别分析方法，判别函数考虑到了全部变量。但是，有些变量可能对判别函数的设计没有多大作用，是应该忽略的变量，以免影响判别效果。因此，变量的选择直接影响判别分析的结果。

逐步判别法是解决判别过程中变量选择问题的一种常用方法。SAS 中，逐步判别法主要用于判别分析的变量的筛选过程，如果要建立判别函数对样本进行归类，那么还需结合前面介绍的判别方法设计出判别函数。

7.3.3 判别分析的相关问题

这里介绍判别分析中的假设检验问题和鉴别错误分类的比率问题。

1. 判别分析的假设检验

判别分析假设检验的方法和统计量有多种，SAS 多类判别分析提供两种假设检验。

(1)协方差矩阵相等的检验。

Bayes 准则要求各类(母体)的变量服从正态分布，且各类协方差矩阵相等。但对正态分布要求是不严的，因此只要检验各母体协方差矩阵是否相等就可以了。协方差矩阵相等用的是近似卡方检验。

设 k 个母体的方差分别为 $\sum_1, \sum_2, \cdots, \sum_k$。

在假设 H_0：$\sum_1=\sum_2=\cdots=\sum_k$ 成立的条件下，检验各母体协方差矩阵是否相等的统计量为：

$$-2RH_0\ln\left[\frac{N^{pn/2}V}{\prod_{j=1}^{t} N(j)^{pn(j)/2}}\right]$$

其中：$V=\dfrac{\prod |s|^{n(j)/2}}{|s|^{N/2}}$，$RH_0=1.0-[SUM\dfrac{1}{N(j)}-\dfrac{1}{N}]\cdot\dfrac{2p^2+3p+1}{6(p+1)(k-1)}$

上面式子中的各标识符的含义是：

k：类数

p：变量数

N：k 类总观察数

$N(j)$：第 j 类的观察数

$S(j)$：第 j 类离差矩阵

S：合并离差矩阵

该统计量服从自由度 DF=0.5(t-1)p(p+1) 的卡方分布。若后得到的 P 值不超过 0.01 或 0.05，计算判别函数时使用类内(组内)协方差矩阵，否则使用合并协方差矩阵。

(2)各总体均值向量的检验。

由于 Bayes 准则要求各类母体协方差矩阵相等。因此，对于所建立判别函数的判别效果的评价，就在于比较各类母体均值向量是否相等了。如果各类母体的均值向量相同或无显著性差异，那么就将各母体归属于同一母体，这样所选择变量建立的判别函数式判别效果自然不好。如果各类母体均值向量有极显著或显著性差异，就可认为判别函数的判别效果好。

关于变量的判别力的测度，主要维尔克斯统计量 Λ(Wilks's Lambda)，引入变量的 Wilks's Lambda 值越小，判别能力越强；反之，判别能力越弱。

在各类别协方差相等的前提下，设 k 个正态母体的均值向量分别为 μ_1，μ_2，…，μ_k，则检验假设是：

$$H_0:\ \mu_1=\mu_2=\cdots=\mu_k$$

根据检验结果，若得到的 P 值超过 0.05，则不能否定假设，这时就应重新选择变量建立判别函数式。若 P 值小于 0.01 或 0.05，则选择的变量建立的判别函数有利于样本判别归类。

2. 鉴别错误分类的比率

鉴别错误分类的比率通常采用两种标准：第一种标准是计算错误分类的次数；第二种标准是计算后验概率的误差。

第一种标准的执行可借助两组独立的数据，或同一组数据。若有两组独立的数据(或样本)，则第一组数据是参考数据集，由此导出分类的指标(Classification Criterion)。然后，将此分类指标应用在第二组数据上，以测试有多少观测被分到错的类别中。这种方法的缺点是，当第二组数据太小时，分错的可能性会增加。

当数据只有一组，并且含原始数据时，SAS 可同时导出分类指标，并判别其优劣，但这种方法的缺点是判别的结果不够客观，容易造成较优的判别结果。补救的方法有两种：一是将数据等分为二，一半作为参考数据集，另一半当做评判数据，该法又会造成小样本的误差；第二种补救法(称为交叉验证法)是将数据中前 n-1 个观测当做参考数据集，将这 n-1 个观测所导出的分类指标应用在第 n 个观测上，如此执行 n 次，每次以一个不同的观测值当做评判数据。

第二种标准是在实际执行过程中计算后验概率的误差。

7.4　SAS 判别分析方法和过程

SAS 提供了相应的三个判别分析过程：DISCRIM 过程、STEPDISC 过程和 CANDISC 过程。DISCRIM 过程用于不筛选变量的多类别判别分析；STEPDISC 过程通过筛选变量，舍弃包含信息量少的变量，将能充分揭示各类之间判别的重要变量引入判别函数；CANDISC 过程对变量的共线性进行典型分析，从而寻求能最佳概括各类之间差异的变量。

本节详细的介绍 DISCRIM 过程与 STEPDISC 过程的使用方法。

7.4.1　DISCRIM 过程

DISCRIM 是一个不筛选变量的多类判别过程，它提供了参数和非参数两种判别方法。

当已知的每类数据都呈多元正态分布时，用参数判别法，它根据 Bayes 原理用广义平方根距离求出判别方程；当每类数据分布不确定时，用非参数判别法，它基于 Kernel 或 K-最邻近准则求出判别方程。

1. DISCRIM 过程格式

DISCRIM 过程的语句如下：

```
PROC   DISCRIM 选择项；
CLASS        变量名；     /* 用于指明分类变量 */
VAR          变量名表；   /* 指出判别函数中的自变量 */
PRIOS        概率表；     /* 指出在判别前各类出现的概率 */
FREQ         变量名；     /* 指出频数变量 */
WEIGHT       变量名；     /* 指明权重变量 */
ID           变量名；     /* 指定的变量的值取代观测值序号 */
TESTCLASS    变量名；     /* 从 TESTDATA 数据集中挑选变量以检验是否有错分的
                             现象 */
TESTFREQ     变量名；     /* 指定 TESTDATA 数据集中的频数变量 */
TESTWEIGHT   变量名       /* 说明 TESTDATA 数据集中出现的权重变量 */
TESTID       变量名；     /* 指定 TESTDATA 数据集中变量的值取代观测值序
                             号 */
BY           变量名表；   /* 指出分组变量 */
```

上述语句中，第一、二条语句是 DISCRIM 过程的必选语句，其他均为可选语句。

2. PROC DISCRIM 语句主要选择项

（1）DATA=数据集名：指定输入数据集名称。缺省时为最新建立的数据集。

（2）TESTDATA=数据集名：指明待分类的数据集。这个数据集中的变量名必须与输入数据集中的变量名相匹配。

（3）METHOD=NORMAL ｜ NPAR：选择判别分析方法。当各个类别的多元变量均呈正态分布时，等号后面用 NORMAL，否则用 NPAP，它们分别表示参数法和非参数法。METHOD=NORMAL 为缺省值。

（4）POOL=YES｜NO｜TEST：确定计算广义平方距离时用什么协方差矩阵。POOL=YES 表示用合并协方差矩阵计算距离。POOL=NO 表示用类内(组内)协方差矩阵计算距离。

选择 POOL=TEST 时，先检验各类内协方差矩阵是否相等，如果检验结果在 SPOOL=P 的水平下显著，就用类内协方差矩阵计算距离，否则用合并协方差矩阵计算距离。缺省值为 YES。

(5) SLPOOL=P：指定检验不同类内协方差矩阵齐次性的显著性水平，缺省值为 0.1。此选择项只在选择项 POOL=TEST 后用才有意义。

(6) THRESHOLD=P：指定分类时最小后验概率，缺省值为 0。

(7) THRESHOLD=P：指定分类时最小后验概率，缺省值为 0。

(8) ALL：输出全部统计信息。

(9) SHORT：不输出行列式和分类函数系数。

(10) NOPRINT：不输出统计信息。

(11) BCORR：输出类(组)间相关矩阵。

(12) PCORR：输出合并后相关矩阵。

(13) TCORR：输出总体相关矩阵。

(14) WCORR：输出类(组)内相关矩阵。

(15) BCOV：输出类间协方差矩阵。

(16) PCOV：输出合并后类内协方差矩阵。

(17) TCOV：输出总体协方差矩阵。

(18) WCOV：输出每类的类内协方差矩阵。

(19) BSSCP：输出类间修正协方差矩阵。

(20) PSSCP：输出合并后的修正协方差矩阵。

(21) TSSCP：输出总体的修正协方差矩阵。

(22) WSSCP：输出每个分类水平的类内修正协方差矩阵。

(23) SIMPLE：输出总体和类内的基本统计量。

(24) STDMEAN：输出总体和类内标准化分类均值。

(25) ANOVA：输出检验总体各类均值相等假设的一元统计量，如均值、方差、F 值、$P>F$ 的值等。

(26) MANOVA：输出检验总体各类均值是否相等的四个多元统计量，即 Wilks's Lambda 值等。

(27) MAHALANOB：输出类间的马氏距离。

(28) LIST：输出每个观测值的分类结果。

(29) LISTERR：输出错分的观测值。

(30) TESTLIST：列出待分类数据集中所有观测分类后的结果。

(31) TESTLISTERR：列出待分类数据集中所有分到错误类别中的观测值。

(32) NOCLASSIFY：不输出回代结果。

(33) CROSSLIST：输出每个观测值交叉验证后的回代结果。

(34) CROSSLISTERR：输出交叉验证后错分样本的分类结果。

3. 应用举例

【例 7-4】 有五种杂粮的数据资料。玉米(corn)，棉花(cotton)，黄豆(soybeans)，甜菜(sugbeet)及三叶草(clover)的数据均以 x_1，x_2，x_3，x_4 四种属性描述。如表 7-2 所示。

表 7-2　　五种杂粮的数据资料

obs	group	x_1	x_2	x_3	x_4	obs	group	x_1	x_2	x_3	x_4
1	corn	16	27	31	33	16	cotton	26	25	23	24
2	corn	15	23	30	30	17	cotton	53	48	75	26
3	corn	16	27	27	26	18	cotton	34	35	25	68
4	corn	18	20	25	23	19	sugbeet	22	23	25	42
5	corn	15	15	31	32	20	sugbeet	25	25	24	26
6	corn	15	32	32	15	21	sugbeet	34	25	16	52
7	soybeans	20	23	23	25	22	sugbeet	54	23	21	54
8	soybeans	24	24	25	32	23	sugbeet	25	43	32	15
9	soybeans	21	25	23	24	24	sugbeet	26	54	2	54
10	soybeans	27	45	24	12	25	clover	12	45	32	54
11	soybeans	12	13	15	42	26	clover	24	58	25	34
12	soybeans	22	32	31	43	27	clover	87	54	61	41
13	cotton	31	32	33	34	28	clover	51	31	31	16
14	cotton	29	24	26	28	29	clover	96	48	54	62
15	cotton	34	32	28	45	30	clover	31	31	11	11

程序如下：

```
Libname   aa 'd: \ sasdata';
data   aa. discrim;
     input   group  $  x1-x4;
     cards;
corn          16 27 31 33
corn          15 23 30 30
corn          16 27 27 26
corn          18 20 25 23
corn          15 15 31 32
corn          15 32 32 15
soybeans   20 23 23 25
soybeans   24 24 25 32
soybeans   21 25 23 24
soybeans   27 45 24 12
soybeans   12 13 15 42
```

```
soybeans    22 32 31 43
cotton      31 32 33 34
cotton      29 24 26 28
cotton      34 32 28 45
cotton      26 25 23 24
cotton      53 48 75 26
cotton      34 35 25 68
sugarbeets 22 23 25 42
sugarbeets 25 25 24 26
sugarbeets 34 25 16 52
sugarbeets 54 23 21 54
sugarbeets 25 43 32 15
sugarbeets 26 54  2 54
clover      12 45 32 54
clover      24 58 25 34
clover      87 54 61 41
clover      51 31 31 16
clover      96 48 54 62
clover      31 31 11 11
run;
data  aa.discrimtest;
    input  group $  x1-x4;
    cards;
corn         16 27 31 33
soybeans    20 23 23 25
cotton       31 32 33 34
sugarbeets 22 23 25 42
clover       12 45 32 54
run;
proc discrim data=aa.discrim testdata=aa.discrimtest pool=yes list testlist;
    class  group;
    var  x1-x4;
    testclass  group;
run;
```

本程序在 D:\ SASDATA 文件夹中创建了两个数据集，其中，discrim 数据集存放用于来建立判别函数的原始数据；discrimtest 存放用于鉴别错误分类比率的检验数据。Proc discrim 语句中的 POOL=YES 选项指出用合并协方差矩阵计算距离；list 选项请求显示 discrim 数据集中每个观测值的分类结果；testlist 选项请求显示 discrimtest 数据集中所有观测分类后的结果。

程序运行的结果如图 7-8(a)所示：观测值总例数，分析变量个数、分类数及总体自由度，组内自由度，组间自由度；各类的频数，权重，频率和先验概率；协方差矩阵的秩以及协方差矩阵行列式的自然对数值。

The DISCRIM Procedure

Observations	30	DF Total	29
Variables	4	DF Within Classes	25
Classes	5	DF Between Classes	4

Class Level Information

group	Variable Name	Frequency	Weight	Proportion	Prior Probability
clover	clover	6	6.0000	0.200000	0.200000
corn	corn	6	6.0000	0.200000	0.200000
cotton	cotton	6	6.0000	0.200000	0.200000
soybeans	soybeans	6	6.0000	0.200000	0.200000
sugarbee	sugarbee	6	6.0000	0.200000	0.200000

Pooled Covariance Matrix Information

Covariance Matrix Rank	Natural Log of the Determinant of the Covariance Matrix
4	20.20208

图 7-8(a) discrim 判别结果

图 7-8(b)结果包含两部分内容：各类间的广义平方距离，显然，玉米(corn)与黄豆(soybeans)的平方距离最大；各类判别函数的常数项和系数，由此可写出各类的判别函数式：

$$\text{clover}=-13.40052+0.10408x_1+0.37732x_2+0.01337x_3+0.11869x_4$$

$$\text{corn}=-5.67592-0.07976x_1+0.15532x_2+0.18755x_3+0.12777x_4$$

$$\text{cotton}=-9.07274-0.00248x_1+0.23822x_2+0.13365x_3+0.15391x_4$$

$$\text{sugbeet}=-8.36779+0.05069x_1+0.28186x_2-0.00669x_3+0.15386x_4$$

Pairwise Generalized Squared Distances Between Groups

$$D^2(i|j) = (\bar{X}_i - \bar{X}_j)' \text{COV}^{-1} (\bar{X}_i - \bar{X}_j)$$

Generalized Squared Distance to group

From group	clover	corn	cotton	soybeans	sugarbee
clover	0	9.67112	3.27636	5.51437	2.66130
corn	9.67112	0	2.14355	1.04981	5.19053
cotton	3.27636	2.14355	0	1.10269	1.89695
soybeans	5.51437	1.04981	1.10269	0	1.70143
sugarbee	2.66130	5.19053	1.89695	1.70143	0

Linear Discriminant Function

$$\text{Constant} = -.5\ \bar{X}_j' \text{COV}^{-1} \bar{X}_j \qquad \text{Coefficient Vector} = \text{COV}^{-1} \bar{X}_j$$

Linear Discriminant Function for group

Variable	clover	corn	cotton	soybeans	sugarbee
Constant	-13.40052	-5.67592	-9.07274	-5.56509	-8.36779
x1	0.10408	-0.07978	-0.00248	-0.01844	0.05069
x2	0.37732	0.15532	0.23822	0.21107	0.28186
x3	0.01337	0.18755	0.13365	0.08930	-0.00669
x4	0.11869	0.12777	0.15391	0.12540	0.15386

图 7-8(b) discrim 判别结果

图 7-8(c)结果包含两部分内容：广义平方距离和后验概率的计算公式。discrim 数据集中每个观测值的分类结果。玉米最容易辨认，所以没有任何错分的观测值；黄豆类中有三个观测值错分成三叶草、玉米和棉花；棉花类中有两株错分成黄豆、一株错分成甜菜；甜菜类中有三株均被误分为黄豆；三叶草类中有两株分别被错分到棉花和甜菜中。

The DISCRIM Procedure
Classification Results for Calibration Data: AA.DISCRIM
Resubstitution Results using Linear Discriminant Function

Generalized Squared Distance Function

$$D_j^2(X) = (X-\bar{X}_j)'\ COV^{-1}\ (X-\bar{X}_j)$$

Posterior Probability of Membership in Each group

$$Pr(j|X) = \exp(-.5\ D_j^2(X))\ /\ SUM_k\ \exp(-.5\ D_k^2(X))$$

Posterior Probability of Membership in group

Obs	From group	Classified into group	clover	corn	cotton	soybeans	sugarbee
1	corn	corn	0.0052	0.4589	0.2211	0.2710	0.0438
2	corn	corn	0.0025	0.5354	0.1673	0.2644	0.0304
3	corn	corn	0.0093	0.3869	0.1926	0.3442	0.0670
4	corn	corn	0.0046	0.4336	0.1452	0.3618	0.0548
5	corn	corn	0.0004	0.6829	0.1097	0.1948	0.0122
6	corn	corn	0.0127	0.4539	0.1813	0.3151	0.0369
7	soybeans	soybeans	0.0125	0.2982	0.1754	0.4028	0.1111
8	soybeans	soybeans	0.0177	0.2459	0.2309	0.3628	0.1427
9	soybeans	soybeans	0.0200	0.2530	0.1849	0.4072	0.1348
10	soybeans	clover *	0.4781	0.0253	0.1067	0.1671	0.2228
11	soybeans	corn *	0.0014	0.3836	0.1274	0.3829	0.1047
12	soybeans	cotton *	0.0223	0.2374	0.3576	0.2614	0.1213
13	cotton	cotton	0.0626	0.1664	0.3565	0.2671	0.1475
14	cotton	soybeans *	0.0315	0.2001	0.2360	0.3670	0.1653
15	cotton	cotton	0.0953	0.0675	0.3184	0.2074	0.3114
16	cotton	soybeans *	0.0361	0.1823	0.1962	0.3988	0.1865
17	cotton	cotton	0.0967	0.1805	0.6730	0.0448	0.0050
18	cotton	sugarbee *	0.0848	0.0225	0.2924	0.1041	0.4961
19	sugarbee	soybeans *	0.0098	0.2692	0.2589	0.3245	0.1376
20	sugarbee	soybeans *	0.0286	0.2099	0.2086	0.3895	0.1635
21	sugarbee	sugarbee	0.0574	0.0253	0.1534	0.1685	0.5953
22	sugarbee	sugarbee	0.1521	0.0064	0.1248	0.0796	0.6371
23	sugarbee	soybeans *	0.2317	0.1142	0.2460	0.2704	0.1377
24	sugarbee	sugarbee	0.4061	0.0001	0.0090	0.0090	0.5759
25	clover	cotton *	0.0359	0.1767	0.4560	0.1921	0.1392
26	clover	clover	0.6495	0.0048	0.0801	0.0472	0.2183
27	clover	clover	0.9642	0.0001	0.0245	0.0010	0.0102
28	clover	clover	0.4550	0.0229	0.1475	0.1506	0.2241
29	clover	clover	0.9534	0.0000	0.0193	0.0006	0.0267
30	clover	sugarbee *	0.2582	0.0151	0.0533	0.2099	0.4635

图 7-8(c)　discrim 判别结果

图 7-8(d)结果包含两部分内容：广义平方距离和后验概率的计算公式；各类及总的正、错判例数，正、错判率。

图 7-8(e)结果是用 discrimtest 数据集中数据对判别函数进行鉴别分析的结果，鉴别分析证明了棉花与三叶草的分类有问题，而玉米、黄豆和甜菜的分类没有问题。

图 7-8(f)结果也是用 discrimtest 数据集中数据对判别函数进行鉴别分析的结果，结果中给出了广义平方距离和后验概率的计算公式，各类及总的正、错判例数，正、错判率。

The DISCRIM Procedure
Classification Summary for Calibration Data: AA.DISCRIM
Resubstitution Summary using Linear Discriminant Function

Generalized Squared Distance Function

$$D_j^2(X) = (X-\bar{X}_j)'\ COV^{-1}\ (X-\bar{X}_j)$$

Posterior Probability of Membership in Each group

$$Pr(j|X) = exp(-.5\ D_j^2(X))\ /\ SUM_k\ exp(-.5\ D_k^2(X))$$

Number of Observations and Percent Classified into group

From group	clover	corn	cotton	soybeans	sugarbee	Total
clover	4 66.67	0 0.00	1 16.67	0 0.00	1 16.67	6 100.00
corn	0 0.00	6 100.00	0 0.00	0 0.00	0 0.00	6 100.00
cotton	0 0.00	0 0.00	3 50.00	2 33.33	1 16.67	6 100.00
soybeans	1 16.67	1 16.67	1 16.67	3 50.00	0 0.00	6 100.00
sugarbee	0 0.00	0 0.00	0 0.00	3 50.00	3 50.00	6 100.00
Total	5 16.67	7 23.33	5 16.67	8 26.67	5 16.67	30 100.00
Priors	0.2	0.2	0.2	0.2	0.2	

Error Count Estimates for group

	clover	corn	cotton	soybeans	sugarbee	Total
Rate	0.3333	0.0000	0.5000	0.5000	0.5000	0.3667
Priors	0.2000	0.2000	0.2000	0.2000	0.2000	

图 7-8(d)　discrim 判别结果

The DISCRIM Procedure
Classification Summary for Test Data: AA.DISCRIMTEST
Classification Summary using Linear Discriminant Function

Generalized Squared Distance Function

$$D_j^2(X) = (X-\bar{X}_j)'\ COV^{-1}\ (X-\bar{X}_j)$$

Posterior Probability of Membership in Each group

$$Pr(j|X) = exp(-.5\ D_j^2(X))\ /\ SUM_k\ exp(-.5\ D_k^2(X))$$

Number of Observations and Percent Classified into group

From group	clover	corn	cotton	soybeans	sugarbee	Total
clover	0 0.00	0 0.00	1 100.00	0 0.00	0 0.00	1 100.00
corn	0 0.00	1 100.00	0 0.00	0 0.00	0 0.00	1 100.00
cotton	0 0.00	0 0.00	1 100.00	0 0.00	0 0.00	1 100.00
soybeans	0 0.00	0 0.00	0 0.00	1 100.00	0 0.00	1 100.00
sugarbee	0 0.00	0 0.00	0 0.00	1 100.00	0 0.00	1 100.00
Total	0 0.00	1 20.00	2 40.00	2 40.00	0 0.00	5 100.00
Priors	0.2	0.2	0.2	0.2	0.2	

Error Count Estimates for group

	clover	corn	cotton	soybeans	sugarbee	Total
Rate	1.0000	0.0000	0.0000	0.0000	1.0000	0.4000
Priors	0.2000	0.2000	0.2000	0.2000	0.2000	

图 7-8(e)　discrim 判别结果

```
                    The DISCRIM Procedure
          Classification Results for Test Data: AA.DISCRIMTEST
        Classification Results using Linear Discriminant Function

              Generalized Squared Distance Function

                    2                     -1
                   D (X) = (X-X̄ )' COV   (X-X̄ )
                    j          j               j

         Posterior Probability of Membership in Each group

                             2                      2
          Pr(j|X) = exp(-.5 D (X)) / SUM exp(-.5 D (X))
                             j          k           k

            Posterior Probability of Membership in group

       From       Classified
Obs    group      into group      clover      corn      cotton    soybeans    sugarbee

 1     corn       corn            0.0052     0.4589     0.2211     0.2710      0.0438
 2     soybeans   soybeans        0.0125     0.2982     0.1754     0.4028      0.1111
 3     cotton     cotton          0.0626     0.1664     0.3565     0.2671      0.1475
 4     sugarbee   soybeans *      0.0098     0.2692     0.2589     0.3245      0.1376
 5     clover     cotton   *      0.0359     0.1767     0.4560     0.1921      0.1392
```

图 7-8(f)　discrim 判别结果

7.4.2　STEPDISC 过程

如果在判别分析中使用的自变量 X_i 太多，就可能由于 m 个自变量存在的相关关系，在建立判别函数时，这些自变量对判别函数的作用被其他变量所代替，使得这些自变量的变化在判别函数中变得无足轻重。这样，如果把所有变量引入判别函数，就可能使判别函数不稳定，判别效果差。逐步判别分析可以挑选重要的变量建立判别函数，是解决这一问题的较好方法。

1. 逐步判别分析方法

用逐步判别法进行变量的选择时，SAS 系统提供了向前引入法(Forward)、向后剔除法(Backward)和逐步选择法(Stepwise)3 种方法。

(1)向前引入法：首先判别函数模型中没有变量，在每一个变量的选择过程中，选择 Wilks' Lambda 统计量最小的变量进入模型，重复该变量选择过程，当不再有未被选入变量的统计量小于入选临界值时，向前引入法过程结束。

(2)向后剔除法：首先用户指定的所有变量都在判别函数模型中，然后根据 Wilks' Lambda 统计量的剔除临界值，剔除模型中判别能力贡献最小的变量，重复该过程，直到所有留在模型中的变量均符合标准时，向后剔除法过程结束。

(3)逐步选择法：该方法结合了向前引入法和向后剔除法，引入变量和剔除变量同时进行。首先对各变量计算和检验，从中将判别能力最强的变量引入判别函数中；而对较早引入的变量，随着新变量的引入，其显著性可能会发生变化，若其判别能力弱了，则将其从判别函数中剔除。重复该过程，直到所有重要变量都引入，所有非重要变量被剔除为止。

在逐步判别法执行过程中，变量的重要性体现在各分类之间的差异。当变量在各分类之间的差异越大，表示该变量越重要。

2. STEPDISC 过程格式

STEPDISC 过程只能用于变量的选择，并不能得到判别函数式。STEPDISC 过程格式如下：

```
PROC STEPDISC  选择项；
CLASS      变量名；         /* 指明分类变量 */
VAR        变量名表；       /* 指出判别函数中的自变量 */
PROB       变量名表；       /* 指明分类变量(变量类型必须是数值型的) */
FREQ       变量名；         /*  指出频数变量 */
WEIGHT     变量名；         /* 指明权重变量 */
By         变量名表；       /*  指出分组变量 */
```

3. PROC STEPDISC 语句选择项

(1) DATA=数据集名：指定输入数据集名称。缺省时为最新建立的数据集。

(2) FORWARD ｜ FW：选择向前引入法。

(3) BACKWARD ｜ BW：选择向后剔除法。

(4) STEPWISE ｜ SW：选择逐步判别法。FW、SW、BW 都缺省时，隐含值是 SW。

(5) SLENTRY = P ｜ SLE = P：指定引进变量时的显著性水平，$0 \leq P \leq 1$，缺省值为 0.15。

(6) SLSTAY=P ｜ SLS=P：指定剔除变量时的显著性水平，$0 \leq P \leq 1$，缺省值为 0.15。

(7) PR2ENTRY=P ｜ PR2E=P：指定引入变量时偏相关系数的平方公值(R^2)，$P<1$。

(8) PR2STAY=P ｜ PR2S=P：指定引入变量时作奇异判别的显著性水平，$0<P<1$。如果 根据模型中的变量预测一个变量的 $R^2>1-P$，则 STEPDISC 拒绝该变量进入模型。缺省值为 $1E-8$。

(9) INCLUDE=n：要求 VAR 语句中的前 n 个变量包含在每个模型中。

(10) MAXSTEP=n：指定选择变量是多步数。

(11) START = n：指定 VAR 语句中的第 n 个变量作为选择变量的开始，当选择 FROWARD 法或 STEPWISE 法时，缺省值为零。当选择 BACKWARD 法时，缺省值为 VAR 语句中所含变量个数。

(12) STOP = n：指定模型最后所含变量个数，该选择项仅适用于 FORWARD 和 BACKWARD 法。其缺省值与 START 选择项相同。

除了不能输出判别方程，回代结果，正、错判率等项外，其他输出选择项同 DISCRIM 过程。

4. 应用举例

【例 7-5】 胃癌的鉴别。从某医院消化内科的病人中抽取了 140 例病人进行了五项生化指标的检验，其中，46 例病人已经临床诊断为胃癌(illness=2)，94 例为非胃癌(包括萎缩性胃炎病人，illness=1)。五项生化指标为水实验(water)、紫色反应(purple)、血清铜蓝蛋白含量(copper)、吲哚乙酸(indole)和中性硫化物测定，试进行判别分析。

(1)建立数据集 stepdisc 并挑选变量的程序如下：

```
libname  aa  'd: \ sasdata';
data  aa. stepdisc;
    input  illness $   water   purple   copper   indole   sulfo @@;
    cards;
1 0.0 100 175 0.190 0.180   2 2.0 112 150 0.110 0.090   2 4.0 290 250 0.600 1.000
```

```
1 1. 0 100 205 0. 140 0. 380   2 2. 0 150 260 0. 500 0. 230   2 2. 5 135 200 0. 140 0. 250
1 0. 0 100 130 0. 250 0. 140   2 4. 0 160 250 0. 270 0. 350   2 4. 0 240 320 0. 330 0. 175
1 0. 0 115 250 0. 120 0. 600   2 2. 0 150 220 0. 600 0. 390   2 4. 0 190 176 0. 500 0. 090
1 0. 0 115 205 0. 290 0. 155   2 4. 0 130 180 0. 600 0. 310   2 4. 0 195 265 0. 450 0. 330
1 0. 0 105 175 0. 240 0. 430   2 3. 0 135 175 0. 270 0. 050   2 4. 0 200 285 0. 600 0. 600
1 0. 0 125 230 0. 130 0. 370   2 4. 0 160 200 0. 600 0. 400   2 3. 0 195 240 0. 340 0. 090
1 0. 0 105 155 0. 600 0. 330   2 4. 0 165 230 0. 240 0. 210   2 4. 0 105 150 0. 340 0. 280
1 3. 0 180 350 0. 190 0. 150   2 4. 0 170 280 0. 600 0. 420   2 0. 5 160 220 0. 300 0. 600
1 0. 0 125 180 0. 370 0. 600   2 1. 0 125 190 0. 600 0. 600   2 2. 0 200 280 0. 215 0. 360
1 0. 0 105 130 0. 070 0. 080   2 2. 0 100 190 0. 600 0. 150   1 0. 0 120 195 0. 090 0. 110
1 0. 0 100 150 0. 140 0. 110   2 4. 0 190 120 0. 600 0. 600   1 0. 0 125 205 0. 110 0. 110
1 0. 0 110 200 0. 080 0. 100   2 4. 0 180 265 0. 400 0. 600   1 0. 0  80 130 0. 080 0. 050
1 0. 0 120 210 0. 120 0. 360   2 2. 0 120 200 0. 340 0. 380   1 0. 0 100 160 0. 180 0. 320
1 0. 0 110 180 0. 240 0. 600   2 2. 0 150 180 0. 320 0. 500   1 0. 0 125 125 0. 040 0. 060
1 0. 0 100 185 0. 180 0. 370   2 2. 0 190 300 0. 250 0. 600   1 0. 0 115 150 0. 250 0. 160
1 0. 0 130 150 0. 230 0. 160   2 3. 0 170 280 0. 360 0. 600   1 0. 0 100 140 0. 120 0. 110
1 0. 0 140 195 0. 500 0. 170   2 4. 0 160 140 0. 500 0. 600   1 0. 0 100 120 0. 150 0. 090
1 4. 0 170 200 0. 600 0. 600   2 2. 0 140 195 0. 270 0. 120   1 0. 0  80 155 0. 170 0. 140
1 0. 0 100 145 0. 080 0. 140   2 4. 0 200 460 0. 210 0. 500   1 0. 0 105 280 0. 130 0. 220
1 0. 0 100 260 0. 150 0. 310   2 3. 0 150 210 0. 230 0. 120   2 3. 0 150 120 0. 300 0. 495
1 0. 0 105 140 0. 600 0. 370   2 3. 5 140 240 0. 300 0. 170   2 1. 0 180 260 0. 290 0. 600
1 0. 0 105 120 0. 220 0. 190   1 0. 0 130 310 0. 180 0. 090   2 4. 0 130 210 0. 450 0. 180
1 0. 0 100 170 0. 180 0. 090   1 0. 0 125 160 0. 190 0. 145   2 2. 0  90 130 0. 600 0. 240
1 0. 0 110 170 0. 180 0. 250   1 0. 0 105 190 0. 165 0. 165   2 2. 0 165 290 0. 310 0. 600
1 0. 0 115 205 0. 125 0. 010   1 1. 0 130 175 0. 270 0. 160   2 3. 0 120 330 0. 600 1. 000
1 0. 0 110 175 0. 400 0. 600   1 0. 0 140 240 0. 190 0. 300   2 3. 0 120 160 0. 340 0. 350
1 0. 0 130 155 0. 320 0. 130   1 0. 0 125 220 0. 060 0. 060   2 0. 0 200 330 0. 600 0. 190
1 0. 0 110 160 0. 055 0. 130   1 0. 0 100 165 0. 200 0. 100   2 3. 0 200 255 0. 600 0. 470
1 0. 5 115 230 0. 270 0. 340   1 0. 0 110 170 0. 130 1. 000   2 4. 0 160 210 0. 090 0. 600
1 0. 0 130 200 0. 190 0. 290   1 0. 0  90 210 0. 130 0. 140   1 0. 0 100 210 0. 190 1. 000
1 0. 0  90 190 0. 210 0. 120   1 0. 0  95 155 0. 350 0. 210   1 1. 0  90 170 0. 400 0. 240
1 0. 0  90 165 0. 190 0. 040   1 0. 0 105 195 0. 200 0. 250   1 0. 0 125 170 0. 370 0. 270
1 0. 0 105 170 0. 500 0. 190   1 0. 0 100 150 0. 220 0. 500   1 0. 0 110 210 0. 110 0. 080
1 0. 0  90 135 0. 360 0. 130   1 0. 0 110 200 0. 160 0. 230   1 0. 0 135 150 0. 080 0. 400
1 4. 0 180 380 0. 450 0. 360   1 0. 0 115 140 0. 600 0. 280   1 3. 0 135 180 0. 150 0. 150
1 0. 0 125 230 0. 210 0. 120   1 4. 0 160 180 0. 310 0. 380   1 2. 0 140 295 0. 190 0. 400
1 1. 0 150 290 0. 600 0. 100   1 0. 0 130 120 0. 600 0. 600   1 0. 0 135 250 0. 220 0. 600
1 0. 0 110 190 0. 120 0. 040   1 0. 0 250 215 0. 420 0. 600   1 0. 0  90 145 0. 100 0. 080
1 0. 0 110 145 0. 390 0. 600   1 0. 0 100 210 0. 500 0. 500   1 0. 0 125 160 0. 190 0. 080
1 0. 0  95 200 0. 160 0. 120   1 0. 5 140 220 0. 400 0. 600   2 4. 0 150 220 0. 400 0. 600
```

```
1 0.0 140 200 0.220 0.230   1 1.0 170 310 0.290 0.500   2 3.0 145 290 0.350 1.000
1 0.0 125 190 0.110 0.210   1 0.0  85 135 0.150 0.080   2 3.0 200 370 1.000 0.600
1 0.0 195 190 0.100 0.110   1 0.0 205 200 0.350 0.600   2 4.0 125 195 0.600 1.000
1 0.0 105 230 0.210 0.400   1 0.0 160 195 0.600 0.300   1 0.0  90 125 0.220 0.050
1 0.0 100 140 0.190 0.210   1 0.0 125 165 0.240 0.090   1 0.0 130 185 0.270 0.120
1 0.0 140 320 0.330 0.200   1 0.0 110 145 0.270 0.260
run;
proc  stepdisc  data=aa.stepdisc  method=sw;
    class  illness;
run;
```

(2)STEPDISC 程序运行的结果如下：

图 7-9(a)输出总样本数(Observation)、类别数(Class Levels)、分析中的变量数(Variables in the Analysis)、将要包含在方程里的变量数(Variable(s) will be Included)、变量引入方程和剔除方程的临界值、每个类别的频数、权重、百分率。

```
                         The STEPDISC Procedure

              The Method for Selecting Variables is STEPWISE

Observations        140          Variable(s) in the Analysis        5
Class Levels          2          Variable(s) will be Included       0
                                 Significance Level to Enter     0.15
                                 Significance Level to Stay      0.15

                         Class Level Information

                Variable
     illness    Name          Frequency       Weight     Proportion

     1          _1                   94      94.0000       0.671429
     2          _2                   46      46.0000       0.328571
```

图 7-9(a)　STEPDISC 过程结果

图 7-9(b)是逐步选择变量的第一步，F 的最大值所对应的变量是 water，$p \leq 0.0001$，因此对判别效果贡献最大，首先引入方程，并对引入方程的变量 water 进行检验，两种方法的检验概率 p 均小于 0.0001，故不能从方程中剔除变量 water。

```
                         The STEPDISC Procedure
                        Stepwise Selection: Step 1

                   Statistics for Entry, DF = 1, 138

         Variable    R-Square    F Value    Pr > F    Tolerance

         water         0.6470     252.93    <.0001       1.0000
         purple        0.2800      53.86    <.0001       1.0000
         copper        0.1084      16.77    <.0001       1.0000
         indole        0.2115      37.02    <.0001       1.0000
         sulfo         0.1083      16.76    <.0001       1.0000

                     Variable water will be entered.

                  Variable(s) that have been Entered

                                water

                        Multivariate Statistics

Statistic                               Value    F Value    Num DF    Den DF    Pr > F

Wilks' Lambda                        0.353002     252.93         1       138    <.0001
Pillai's Trace                       0.646998     252.93         1       138    <.0001
Average Squared Canonical Correlation 0.646998
```

图 7-9(b)　STEPDISC 过程结果

图 7-9(c)是逐步选择变量的第二步，F 的最大值所对应的变量是 indole，$p=0.0329$，将其引入方程，并对引入方程的变量 water 进行检验，两种方法的检验概率 p 均小于 0.0001，故不能从方程中剔除变量 indole。

```
                    The STEPDISC Procedure
                  Stepwise Selection: Step 2

              Statistics for Removal, DF = 1, 138

           Variable    R-Square    F Value    Pr > F

           water         0.6470     252.93    <.0001

                  No variables can be removed.

               Statistics for Entry, DF = 1, 137

                       Partial
           Variable    R-Square    F Value    Pr > F    Tolerance

           purple        0.0144       2.00    0.1596       0.6566
           copper        0.0012       0.17    0.6841       0.8514
           indole        0.0328       4.65    0.0329       0.7953
           sulfo         0.0129       1.79    0.1829       0.8911

                Variable indole will be entered.

               Variable(s) that have been Entered

                         water indole

                    Multivariate Statistics

Statistic                                Value    F Value    Num DF    Den DF    Pr > F

Wilks' Lambda                         0.341426     132.13         2       137    <.0001
Pillai's Trace                        0.658574     132.13         2       137    <.0001
Average Squared Canonical Correlation 0.658574
```

图 7-9(c)　STEPDISC 过程结果

图 7-9(d)是逐步选择变量的第三步，再没有要引入方程的变量，STEPDISC 过程结束。

```
                    The STEPDISC Procedure
                  Stepwise Selection: Step 3

              Statistics for Removal, DF = 1, 137

                        Partial
            Variable    R-Square    F Value    Pr > F

            water         0.5670     179.39    <.0001
            indole        0.0328       4.65    0.0329

                  No variables can be removed.

               Statistics for Entry, DF = 1, 136

                       Partial
           Variable    R-Square    F Value    Pr > F    Tolerance

           purple        0.0077       1.06    0.3050       0.6012
           copper        0.0008       0.11    0.7395       0.7058
           sulfo         0.0039       0.53    0.4676       0.7213

                  No variables can be entered.

                  No further steps are possible.
```

图 7-9(d)　STEPDISC 过程结果

图 7-9(e)是选择变量的总表，它列出了进入方程的两个变量的检验结果，说明对判别效果显著。

(3)判别分析的程序。

因为 STEPDISC 过程只能进行变量的选择，所以，用 DISCRIM 过程对在 STEPDISC 过程中选

The STEPDISC Procedure

Stepwise Selection Summary

Step	Number In	Entered	Removed	Partial R-Square	F Value	Pr > F	Wilks' Lambda	Pr < Lambda	Average Squared Canonical Correlation	Pr > ASCC
1	1	water		0.6470	252.93	<.0001	0.35300237	<.0001	0.64699763	<.0001
2	2	indole		0.0328	4.65	0.0329	0.34142594	<.0001	0.65857406	<.0001

图 7-9(e) STEPDISC 过程结果

入方程的两个变量 water 和 indole 进行判别，并对 8 个待判病例进行鉴别诊断，程序如下：

```
data  test;
    input  water  indole @@ ;
    cards;
0.0 0.370  4.0 0.240  0.0 0.150  3.0 0.260
0.0 0.250  0.5 0.220  0.0 0.290  3.0 0.600
run;
proc  discrim  data=aa.stepdisc  testdata=test  pool=yes  testlist;
    var  water  indole;
    class  illness;
run;
```

(4)判别分析的结果(如图 7-10 所示)。

The DISCRIM Procedure

Observations	140	DF Total	139
Variables	2	DF Within Classes	138
Classes	2	DF Between Classes	1

Class Level Information

illness	Variable Name	Frequency	Weight	Proportion	Prior Probability
1	_1	94	94.0000	0.671429	0.500000
2	_2	46	46.0000	0.328571	0.500000

Pooled Covariance Matrix Information

Covariance Matrix Rank	Natural Log of the Determinant of the Covariance Matrix
2	-3.83629

The DISCRIM Procedure

Pairwise Generalized Squared Distances Between Groups

$$D^2(i|j) = (\bar{X}_i - \bar{X}_j)' \ COV^{-1} \ (\bar{X}_i - \bar{X}_j)$$

Generalized Squared Distance to illness

From illness	1	2
1	0	8.61846
2	8.61846	0

Linear Discriminant Function

$$Constant = -.5 \ \bar{X}_j' \ COV^{-1} \ \bar{X}_j \qquad Coefficient\ Vector = COV^{-1} \ \bar{X}_j$$

Linear Discriminant Function for illness

Variable	1	2
Constant	-1.17598	-7.31303
water	0.05926	2.99233
indole	9.63543	13.82922

图 7-10 discrim 判别结果(a)

```
                    The DISCRIM Procedure
     Classification Summary for Calibration Data: AA.STEPDISC
    Resubstitution Summary using Linear Discriminant Function

            Generalized Squared Distance Function

                  2                       -1
                 D (X) = (X-X̄ )' COV  (X-X̄ )
                  j          j               j

          Posterior Probability of Membership in Each illness

                            2                    2
          Pr(j|X) = exp(-.5 D (X)) / SUM exp(-.5 D (X))
                             j          k         k

    Number of Observations and Percent Classified into illness

    From
    illness            1              2          Total

    1                 88              6             94
                   93.62           6.38         100.00

    2                  4             42             46
                    8.70          91.30         100.00

    Total             92             48            140
                   65.71          34.29         100.00

    Priors           0.5            0.5

                Error Count Estimates for illness

                            1              2          Total

    Rate               0.0638         0.0870         0.0754
    Priors             0.5000         0.5000

                    The DISCRIM Procedure
        Classification Results for Test Data: WORK.TEST
    Classification Results using Linear Discriminant Function

            Generalized Squared Distance Function

                  2                       -1
                 D (X) = (X-X̄ )' COV  (X-X̄ )
                  j          j               j

          Posterior Probability of Membership in Each illness

                            2                    2
          Pr(j|X) = exp(-.5 D (X)) / SUM exp(-.5 D (X))
                             j          k         k

          Posterior Probability of Membership in illness

                 Classified
                 into
           Obs   illness            1          2

             1   1             0.9899     0.0101
             2   2             0.0014     0.9986
             3   1             0.9960     0.0040
             4   2             0.0229     0.9771
             5   1             0.9939     0.0061
             6   1             0.9770     0.0230
             7   1             0.9928     0.0072
             8   2             0.0056     0.9944

                    The DISCRIM Procedure
        Classification Summary for Test Data: WORK.TEST
    Classification Summary using Linear Discriminant Function

            Generalized Squared Distance Function

                  2                       -1
                 D (X) = (X-X̄ )' COV  (X-X̄ )
                  j          j               j

          Posterior Probability of Membership in Each illness

                            2                    2
          Pr(j|X) = exp(-.5 D (X)) / SUM exp(-.5 D (X))
                             j          k         k

    Number of Observations and Percent Classified into illness

                         1              2          Total

    Total                5              3              8
                     62.50          37.50         100.00

    Priors             0.5            0.5
```

图 7-10　discrim 判别结果(b)

从图 7-10 所示的 discrim 判别结果中看出，对于待判的 8 个样本，其中，5 个判为非胃癌，占待分样本的 62. 50%，3 个样本为胃癌，占待分样本的 37. 50%。

本章小结

聚类分析和判别分析是研究分类问题的多元统计分析方法。聚类分析是寻找能客观反映元素之间亲疏关系的统计量，然后根据这种统计量把元素分成若干类。判别分析是建立判别函数，用于判断样品所属类型。二者区别有：第一，聚类分析可以对样本分类，也可是对指标分类；而判别分析只能对样本分类；第二，聚类分析事先不知道事物的类别，也不知道要分成几类，而判别分析必须事先知道事物分成哪几类；第三，聚类分析不需要分类的历史资料，是直接对样本进行分类，而判别分析根据已知的类别去建立判别函数，然后对新样本进行归类。

本章从概念、分类、一般原理作介绍，具体详细介绍了 SAS 中聚类分析的过程语句：CLUSTER 过程、FASTCLUS 过程、VARCLUS 过程，以及判别分析的过程语句：DISCRIM 过程、STEPDISC 过程语句的语法格式及使用方法，并结合应用实例讲解多种聚类分析和判别分析的实现过程及统计分析结果。

习　　题

1. 某研究测得 7 种岩体的部分化学成分如表 7-3 所示，试根据成分组成特点对岩石进行聚类分析。

表 7-3　　岩体的部分化学成分

岩石编号	氧化硅	氧化锑	氧化铁	氧化钙	氧化钾
1	75. 2	0. 14	1. 86	0. 91	5. 21
2	72. 35	0. 13	1. 37	0. 83	4. 81
3	75. 15	0. 16	2. 11	0. 74	4. 93
4	73. 29	0. 033	1. 07	0. 17	3. 15
5	72. 19	0. 13	1. 52	0. 69	4. 65
6	72. 74	0. 1	1. 41	0. 72	4. 99
7	73. 72	0. 033	0. 77	0. 28	2. 78

2. 某市工业部门 13 个行业 8 个指标的数据如表 7-4 所示，x_1 为年末固定资产净值，x_2 为职工人数，x_3 为工业总产值，x_4 为全员劳动生产率，x_5 为百元固定资产原值实现产值，x_6 为资金利率，x_7 为标准燃料消费量，x_8 为能源利用效果。试对变量进行聚类分析。

表7-4　　　　工业部门13个行业8个指标的数据

行业	x_1	x_2	x_3	x_4	x_5	x_6	x_7	x_8
冶金	90342	52455	101091	19272	82	16.1	197435	0.172
电力	4903	1973	2035	10313	34.2	7.1	592077	0.003
煤炭	6735	21139	3769	1780	36.1	8.2	726396	0.003
化学	49454	36241	81557	22504	98.1	25.9	348226	0.958
机械	139190	203505	215898	10609	93.2	12.6	139572	0.628
建材	12215	16219	10351	6382	62.5	8.7	145818	0.066
森工	2372	6572	8103	12329	184.4	22.2	20921	0.152
食品	11062	23078	54935	23804	370.4	41	65486	0.263
纺织	17111	23907	52108	21796	221.5	21.5	63806	0.276
缝纫	1206	3930	6126	15586	330.4	29.5	1840	0.437
皮革	2150	5704	6200	10870	184.2	12	8913	0.274
造纸	5251	6155	10383	16875	146.4	27.5	78796	0.151
文教用品	14341	13203	19396	14691	94.6	17.8	6354	1.574

3. 如表7-5所示，某医院调查了50~59岁女冠心病患者15人和健康者16人的舒张压(x_1)和血浆胆固醇(x_2)，为研究舒张压与血浆胆固醇对冠心病的作用，试用判别分析法建立判别冠心病患者与健康者的判别函数。

表7-5　　　　冠心病患者和健康者的舒张压与血浆胆固醇数据

冠心病者			健康者		
ID	x_1	x_2	ID	x_1	x_2
1	9.86	5.18	1	10.66	2.07
2	13.33	3.73	2	12.53	4.45
3	14.66	3.89	3	13.33	3.06
4	9.33	7.10	4	9.33	3.94
5	12.80	5.49	5	10.66	4.45
6	10.66	4.09	6	10.66	4.92
7	10.66	4.45	7	9.33	3.68
8	13.33	3.63	8	10.16	2.77
9	13.33	5.96	9	10.16	3.21
10	13.33	5.70	10	10.16	5.02
11	12.00	6.19	11	10.40	3.94
12	14.66	4.01	12	9.33	4.92
13	13.33	4.01	13	10.66	2.69
14	12.80	3.63	14	10.66	2.43
15	13.33	5.96	15	11.20	3.42
16			16	9.33	3.63

第8章　主成分分析与因子分析

多元统计技术主要有聚类分析、判别分析、主成分分析和回归分析等。一般情况下，主成分分析用于探索性分析，将多个指标综合成一个变量，方便排序评估。例如，用在经济的评价研究上，此外，如果和回归分析相结合，进行主成分回归分析，则可以挑选变量，选择少数变量再进行进一步的研究。而因子分析用在多元回归分析中可以解决共线性问题，如果与聚类分析结合使用，则可以通过因子分析寻找聚类变量，从而简化聚类变量。

8.1　主成分分析

在统计分析中，主成分分析(Principal Components Analysis，PCA)也称主分量分析，旨在利用降维的思想，把多指标转化为少数几个综合指标，是一种分析、简化数据集的技术，根据这些变量能够获得主成分的背景解释。

8.1.1　主成分分析概述

主成分分析由卡尔·皮尔逊于1901年发明，主要是通过对协方差矩阵进行特征分解，以得出数据的主成分(即特征矢量)与它们的权值。在用统计分析方法研究多变量的课题时，变量个数太多就会增加课题的复杂性，人们自然希望变量个数较少而得到的信息较多。在很多情形，变量之间是有一定的相关关系的。主成分分析是对于原先提出的所有变量，建立尽可能少的新变量，使得这些新变量是两两不相关的，而且这些新变量在反映课题的信息方面尽可能保持原有的信息。

主成分分析法把给定的一组相关变量通过线性变换转成另一组不相关的变量，这些新的变量按照方差依次递减的顺序排列，使第一变量具有最大的方差，称为第一主成分，最经典的做法就是用F1(选取的第一个线性组合，即第一个综合指标)的方差来表达，即Var(F1)越大，表示F1包含的信息越多，故称F1为第一主成分。如果第一主成分不足以代表原来P个指标的信息，那么再考虑选取F2，即选第二个线性组合，为了有效地反映原来的信息，F1已有的信息就不需要再出现在F2中，用数学语言表达就是要求Cov(F1，F2)=0，则称F2为第二主成分，即第二变量的方差次大，并且和第一变量不相关，称为第二主成分。依此类推，可以构造出第三，第四，…，第P个主成分。依次类推，i个变量就有i个主成分。这种方法避免了在综合评分等方法中权重确定的主观性和随意性，评价结果比较符合实际情况。

采用主成分分析法的优点主要有以下几个：(1)可消除评估指标之间的相关影响。因为主成分分析法在对原始数据指标变量进行变换后形成了彼此相互独立的主成分，而且实践证明指标间相关程度越高，主成分分析效果越好。(2)可减少指标选择的工作量，对于其他评估方法，由于难以消除评估指标间的相关影响，所以选择指标时要花费不少精力，而主成分分析法由于可以消除这种相关影响，所以在指标选择上相对容易些。(3)主成分分析中各主成分是按方差大小依次排列顺序的，在分析问题时，可以舍弃一部分主成分，只取前面方差较大的几个主成分来代表原变量，从而减少了计算工作量。

8.1.2 INSIGHT 模块实现主成分分析

【例 8-1】 测得 1981—2009 年某省主要污染物排放及处理情况，主要污染来源包括：废水排放，二氧化硫排放，烟尘排放和工业固体废物的产生的数据，试对这四项污染指标作主成分分析。数据如表 8-1 所示。

表 8-1 **1981—2009 年某省主要污染物排放及处理情况数据表**

年 份	废水排放量(万吨)	二氧化硫排放量(万吨)	烟尘排放量(万吨)	工业固体废物产生量(万吨)
1981	104790	119	77	2522
1982	105942	120	97	2615
1983	110938	122	85	2559
1984	129033	142	117	2743
1985	131898	160	120	2748
1986	127277	171	129	2860
1987	132770	173	116	2848
1988	144346	191	128	3325
1989	137165	189	130	3610
1990	136573	193	121	3880
1991	137051	204	121	3837
1992	137721	226	125	3941
1993	142322	228	135	4201
1994	147979	225	130	4263
1995	158681	232	130	4484
1996	204200	230	132	4652
1997	246100	247	108	5131
1998	234048	226	92	5109
1999	224100	183	71	5166
2000	229000	180	67	5407
2001	235271	172	65	6215
2002	230709	169	62	6559

续表

年 份	废水排放量（万吨）	二氧化硫排放量（万吨）	烟尘排放量（万吨）	工业固体废物产生量（万吨）
2003	245782	184	62	6786
2004	264014	182	52	7922
2005	280377	200	62	9175
2006	302637	196	58	11011
2007	334255	182	46	11935
2008	358910	169	44	12988
2009	386731	159	42	14138
2010	436371	154	39	16038
2011	443331	183	78	19533
2012	479100	175	70	18343

1. 具体步骤

（1）建立数据集 mylib. pollution。

（2）启动 SAS/INSIGHT。选择菜单命令“解决方案/分析/交互式数据分析”，在弹出的对话框中选择库标识 mylib，选择数据集名 pollution，单击“打开”按钮，则数据集 mylib. pollution 的内容显示在数据窗口中，如图 8-1 所示。

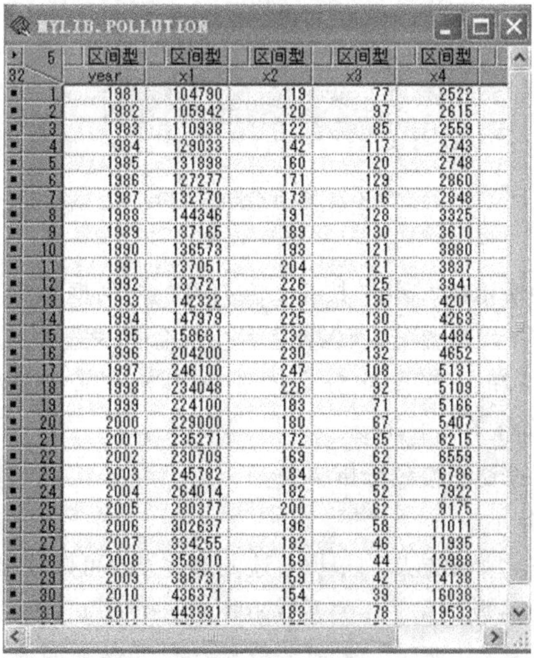
MYLIB.POLLUTION

5 / 32	区间型 year	区间型 x1	区间型 x2	区间型 x3	区间型 x4
1	1981	104790	119	77	2522
2	1982	105942	120	97	2615
3	1983	110938	122	85	2559
4	1984	129033	142	117	2743
5	1985	131898	160	120	2748
6	1986	127277	171	129	2860
7	1987	132770	173	116	2848
8	1988	144346	191	128	3325
9	1989	137165	189	130	3610
10	1990	136573	193	121	3880
11	1991	137051	204	121	3837
12	1992	137721	226	125	3941
13	1993	142322	228	135	4201
14	1994	147979	225	130	4263
15	1995	158681	232	130	4484
16	1996	204200	230	132	4652
17	1997	246100	247	108	5131
18	1998	234048	226	92	5109
19	1999	224100	183	71	5166
20	2000	229000	180	67	5407
21	2001	235271	172	65	6215
22	2002	230709	169	62	6559
23	2003	245782	184	62	6786
24	2004	264014	182	52	7922
25	2005	280377	200	62	9175
26	2006	302637	196	58	11011
27	2007	334255	182	46	11935
28	2008	358910	169	44	12988
29	2009	386731	159	42	14138
30	2010	436371	154	39	16038
31	2011	443331	183	78	19533

图 8-1　数据集 mylib. pollution

(3)选择菜单命令“分析/多元”，打开“多元”对话框。

(4)将做主成分分析的变量 $X_1 \sim X_4$ 选为 Y 变量，YEAR 数据用于标识观测，选入标签变量中，如图 8-2(a)所示。

(5)单击多元分析窗口的“方法”按钮，在打开如图 8-2(b)的对话框中可以选择计算协方差矩阵的特征值或计算相关系数矩阵的特征值。系统默认计算相关系数矩阵的特征值和特征向量，本实例中使用默认的选项，单击“确定”按钮返回。

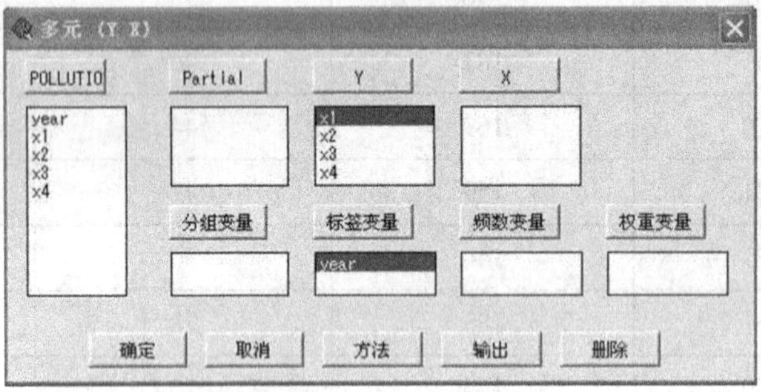

(a)

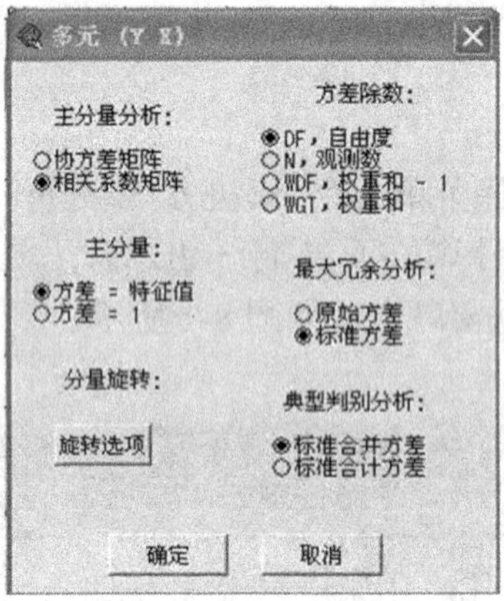

(b)

图 8-2　多元分析对话框

(6)单击图 8-2(a)中所示的“输出”按钮，在打开的对话框如图 8-3(a)所示，其中包括“描述性统计量”选项、“二变量图”选项以及各种多元分析的选项。选中“主分量分析”复选框，单击“主分量选项”按钮，打开“主分量选项”对话框，选中“特征向量”复选框，取消“相关(结构)”复选框，如图 8-3(b)所示。

(7)三次单击“确定”按钮，得到分析结果。

2. 主成分的结果分析

主成分分析执行完毕将弹出结果，根据上述的参数设置可以输出的数字分析结果有四个部分：简单统计量、相关系数矩阵、相关系数矩阵的特征值以及相关系数矩阵的特征向量。

(1)简单统计量：如图 8-4 所示，主成分分析结果的最前面给出各变量的描述性统计结果。

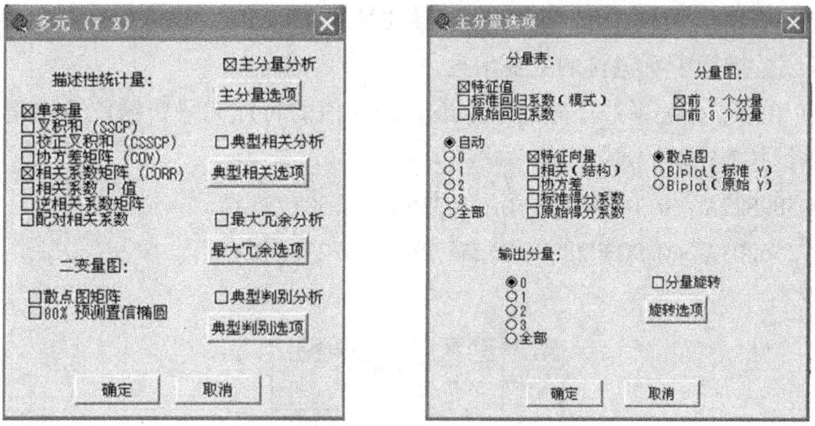

(a)　　　　　　　　　　(b)

图 8-3　主成分选项对话框

单变量统计量					
变量	N	均值	标准偏差	最小值	最大值
x1	32	222481.938	107317.067	104790.000	479100.000
x2	32	183.9375	32.8780	119.0000	247.0000
x3	32	90.9688	32.8157	39.0000	135.0000
x4	32	6767.0000	4829.9852	2522.0000	19533.0000

图 8-4　变量的简单统计量

(2) 相关系数矩阵：如图 8-5 所示。相关系数矩阵反映了被分析变量间的简单相关情况。从图中我们可以看出：废水排放 x_1 与烟尘排放 x_3 和工业固体废物排放 x_4 有较强的相关关系。

相关系数矩阵				
	x1	x2	x3	x4
x1	1.0000	0.0091	-0.7241	0.9727
x2	0.0091	1.0000	0.3995	-0.0519
x3	-0.7241	0.3995	1.0000	-0.6701
x4	0.9727	-0.0519	-0.6701	1.0000

图 8-5　变量之间的相关系数矩阵

(3) 特征值：如图 8-6 所示。其中给出了相关系数矩阵的特征值、上下特征值之差、各主成分的方差贡献率以及累积贡献率。

特征值(相关系数矩阵)				
分量	特征值	差分	比例	累积
1	2.621219	1.513188	0.6553	0.6553
2	1.108030	0.853726	0.2770	0.9323
3	0.254305	0.237858	0.0636	0.9959
4	0.016446	_	0.0041	1.0000

图 8-6　相关系数矩阵的特征值

根据主成分个数确定的一般方法，在(3)中有2个大于1或近似等于1的特征值，2.621219和1.108030，且两个成分的累积变异比高达93.23%，故认为前两个成分是主要成分，它反映了原始指标中所包含的主要信息。

(4)图8-7给出了相关系数矩阵的两个最大特征值的特征向量，据此可以得到用标准化变量表达的两个主成分表达式：

$$PCR1=0.589527X_1'-0.148454X_2'-0.540335X_3'+0.581771X_4'$$

$$PCR2=0.256201X_1'+0.903028X_2'+0.266724X_3'+0.218540X_4'$$

特征向量（相关系数矩阵）

	分量	
变量	1	2
x1	0.589527	0.256201
x2	-0.148454	0.903028
x3	-0.540335	0.266724
x4	0.581771	0.218540

图8-7　特征向量

从以上表达式可见，决定第一主成分PCR1大小的主要为X_1'，X_3'和X_4'，即废水排放，烟尘排放和工业固体废物的产生；决定第二主成分PCR2大小的主要是X_2'，即二氧化硫排放。这提示：

① 第一主成分指向工业所产生的污染；

② 第二主成分指向汽车尾气等产生的污染。

(5)选择菜单命令“编辑/观测/在图中添加标签”，在弹出的“标签观测”对话框中选中YEAR变量的所有值，如图8-8所示，单击“确定”按钮返回。显示结果的散点图上出现各YEAR值，如图8-9所示。

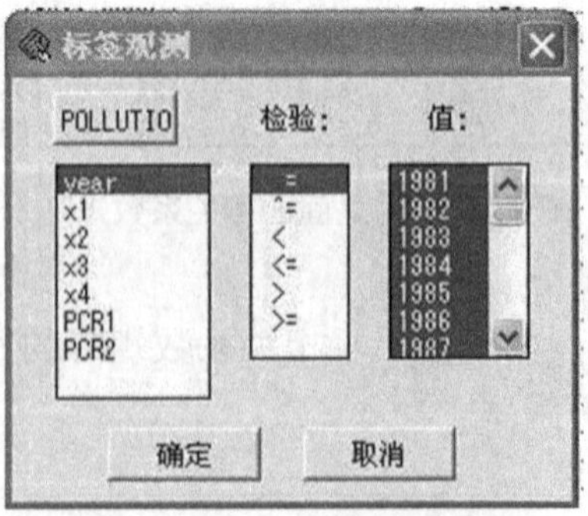

图8-8　“标签观测”对话框图

(6)回到INSIGHT的数据窗口，可以看到前两个主成分的得分情况，如图8-10所示。

8.1.3　用分析家模块实现主成分分析

在SAS9.1.3中通过分析家模块可以快速、方便地实现主成分分析。现在以2012年山东省各市按主要国家分接待外国旅游人数为例，对各国来山东省各个主要城市的旅游人数进行主成分分析。

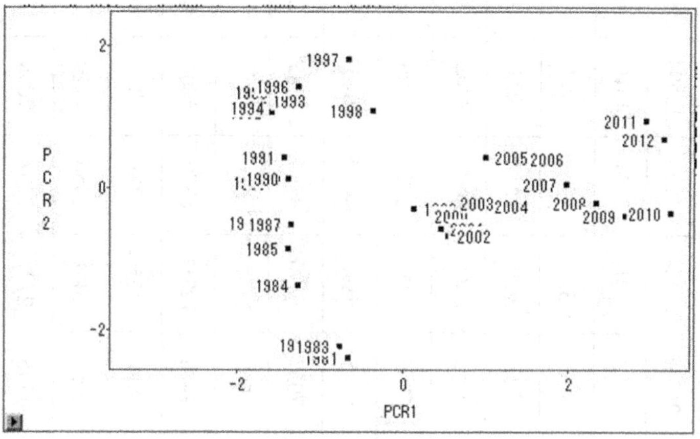

图 8-9　前两个主成分得分的散点图

MYLIB.POLLUTION

7	区间型	区间型	区间型	区间型	区间型	区间型	区间型
32	year	x1	x2	x3	x4	PCR1_1	PCR2_1
1	1981	104790	119	77	2522	-0.6346	-2.3702
2	1982	105942	120	97	2615	-0.9509	-2.1732
3	1983	110938	122	85	2559	-0.7417	-2.2064
4	1984	129033	142	117	2743	-1.2373	-1.3454
5	1985	131898	160	120	2748	-1.3516	-0.8196
6	1986	127277	171	129	2860	-1.5614	-0.4503
7	1987	132770	173	116	2848	-1.3276	-0.4885
8	1988	144346	191	128	3325	-1.4855	0.1527
9	1989	137165	189	130	3610	-1.5145	0.1098
10	1990	136573	193	121	3880	-1.3551	0.1573
11	1991	137051	204	121	3837	-1.4073	0.4586
12	1992	137721	226	125	3941	-1.5563	1.1017
13	1993	142322	228	135	4201	-1.6734	1.2606
14	1994	147979	225	130	4263	-1.5390	1.1539
15	1995	158681	232	130	4484	-1.4852	1.3817
16	1996	204200	230	132	4652	-1.2388	1.4593
17	1997	246100	247	108	5131	-0.6325	1.8529
18	1998	234048	226	92	5109	-0.3431	1.1163
19	1999	224100	183	71	5166	0.1491	-0.2566
20	2000	229000	180	67	5407	0.2844	-0.3489
21	2001	235271	172	65	6215	0.4853	-0.5334
22	2002	230709	169	62	6559	0.5646	-0.6355
23	2003	245782	184	62	6786	0.6070	-0.1773
24	2004	264014	182	52	7922	1.0177	-0.2185
25	2005	280377	200	62	9175	1.0125	0.4529
26	2006	302637	196	58	11011	1.4399	0.4467
27	2007	334255	182	46	11935	1.9857	0.0820
28	2008	358910	169	44	12988	2.3396	-0.1849
29	2009	386731	159	42	14138	2.7090	-0.3573
30	2010	436371	154	39	16038	3.2825	-0.3146
31	2011	443331	183	78	19533	2.9686	0.9737

图 8-10　数据窗口

【例 8-2】 2012 年山东省各市按主要国家分接待外国旅游人数的数据如表 8-2 所示。

表 8-2 **山东省各市按主要国家分接待外国旅游人数(2012 年)**

国家 地区	韩国	日本	马来西亚	新加坡	菲律宾	印尼	泰国	印度	美国	加拿大	德国	俄罗斯	英国	法国	意大利	瑞典
济南市	33723	30421	10233	13729	2352	2856	2809	8202	19760	5271	13476	5246	9120	6040	3383	1067
青岛市	338351	185554	10661	16308	7537	4553	2369	4428	48423	11674	26308	26424	28384	15594	5621	3009
淄博市	43729	47426	6480	5147	406	4074	169	1182	6541	1843	5670	991	3774	1610	1006	792
枣庄市	5959	3422	1427	2381	307	1041	210	294	1557	907	410	372	1599	899	338	121
东营市	6289	3107	446	3322	659	319	414	508	3666	1863	927	3625	1247	973	626	329
烟台市	265445	56060	5660	7150	4910	2057	1052	3528	11199	5697	7624	4002	6993	5594	5098	496
潍坊市	133926	37363	5423	7860	3958	2203	1811	1934	16306	4615	6766	6769	6997	4706	3213	530
济宁市	49587	39086	6019	16493	3731	4911	4056	3210	12051	8076	6795	5898	14375	10402	4230	2170
泰安市	67150	27587	8818	10395	1201	2429	1336	1526	43935	6457	7057	6390	8492	7385	2221	1310
威海市	371375	18304	397	836	633	300	135	192	3608	701	1007	23647	1648	799	282	95
日照市	170050	4666	1416	5971	11434	1513	995	617	5829	2321	9448	12811	8320	6001	3428	224
莱芜市	1195	1598	18	96	14	90	24	189	345	119	286	125	509	300	124	10
临沂市	19137	9329	1306	2802	1080	1385	1234	1609	4315	2443	2058	2061	2456	2129	1216	651
德州市	5119	4639	2219	3462	1375	799	876	752	4146	1627	1145	2727	2207	2068	1084	243
聊城市	13659	9010	756	1507	707	660	229	177	11841	402	1135	772	1657	1541	304	187
滨州市	7106	4047	751	1156	105	533	71	395	4435	2104	2830	1083	1010	1383	2206	854
菏泽市	1399	741	924	1015	312	299	216	267	681	315	224	489	339	261	158	69

1. 具体步骤

① 建立数据集 mylib. foreigner。

② 在“分析家”中打开数据集 mylib. foreigner，如图 8-11 所示。

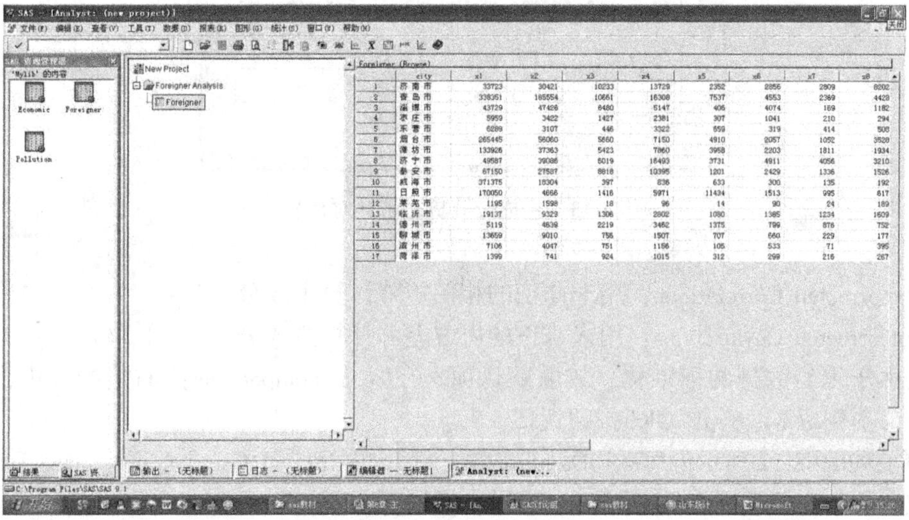

图 8-11　数据集 mylib. foreigner

③ 选择菜单命令“统计/多元分析/主分量”，打开“Principal Components”对话框，在对话框中输入主成分分析的变量，如图 8-12 所示。

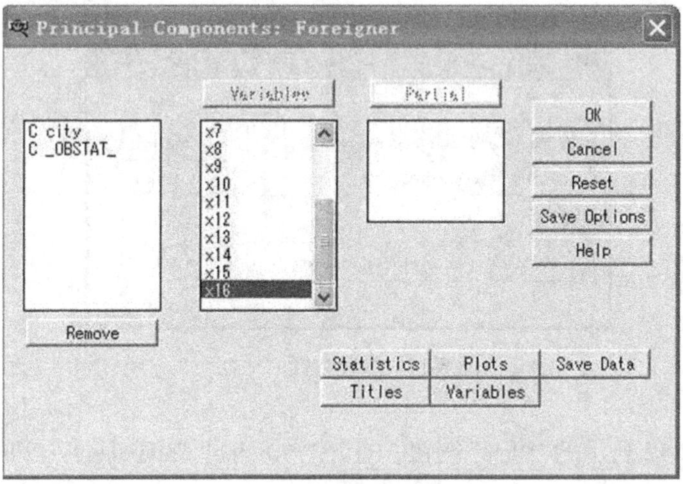

图 8-12　主成分对话框

④ 单击“Statistics”按钮，打开“Principal Components：Statistics”对话框，如图 8-13 所示。若单击“Analyze”列表右侧的▼按钮，会弹出下拉列表，该列表中各项意义如下：

- Correlations：通过相关矩阵计算主成分，默认选项。
- Covariances：要求通过协方差计算主成分(一般不选此项，除非已将数据标准化)。

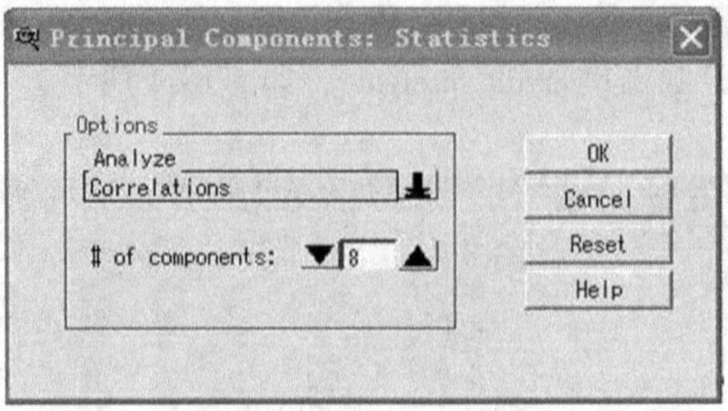

图 8-13　主成分分析之统计对话框

- Uncorrected Correlations：用未修正的相关矩阵计算主成分。
- Uncorrected Covariances：用未修正的协方差阵计算主成分。

本例由于未经数据的标准化，故取默认项。在“# of components:”右边的框中指定主成分的个数，本例取8，单击“OK”按钮返回。

⑤ 单击如图8-12所示的“Save Data”按钮，打开“Principal Components：Save Data”对话框，在该对话框中可选择存储数据。对话框包括以下选项：

- Create and save scores data：选择此复选框，可存储所有原始数据和主成分得分。
- Use standardized scores：选择此复选框，存储的主成分得分是被标准化的得分。
- Create and save statistics data：选择此复选框后，可存储均值、标准偏差、观察值个数、相关系数、协方差系数、特征值及特征向量。

选中“Create and save scores data”复选框，如图8-14所示，单击“OK”按钮返回。

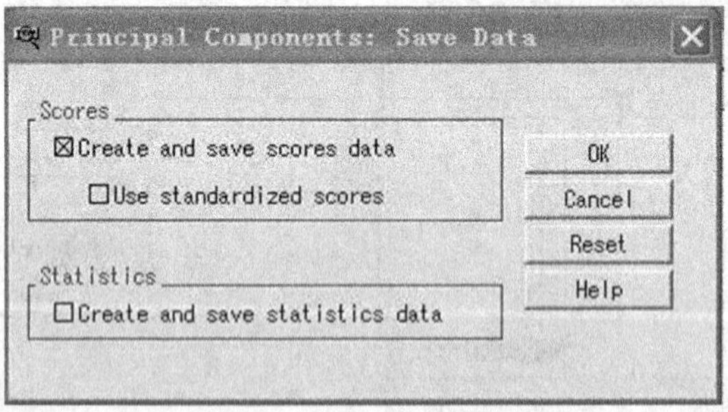

图 8-14　保存数据对话框

⑥ 单击如图8-12所示的“Plots”按钮，打开“Principal Components：Plots”对话框，可以设置图形输出。

- 在“Scree Plot”(碎石图)选项卡中(图8-15(a)所示)，选中“Create scree plot”复选框。若选择“Positive eigenvalues”项，给出所有的非零特征值的图形；若选择“All eigenvalues”项，则给出所设置个数的特征值的碎石图。
- 在“Component Plot”(成分图)选项卡(图8-15(b)所示)，选中“Create component Plot”(建立成分图)复选框。单击“Type”右侧的下拉按钮，在弹出的列表中有两种选择：选择“Regular”，只作主成分得分的散点图；选择“Enhanced”，作增强型散点图，除了画出主成分得分图外，还画出载荷向量图，可用作变量的分类。设置 Dimensions：1 to k，可以得到 1~k 个主成分两两对应的散点图。单击“OK”按钮返回。

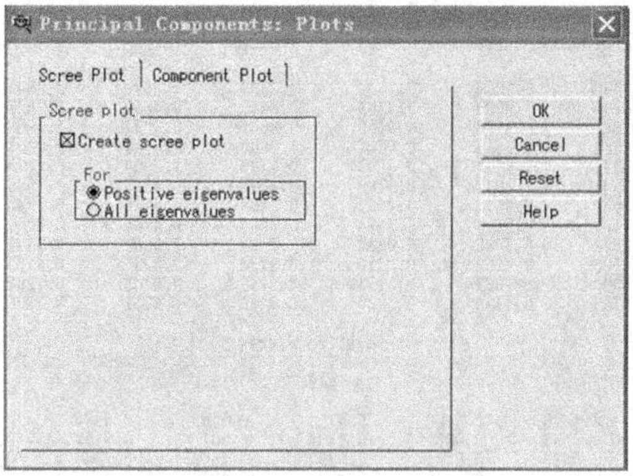

（a）

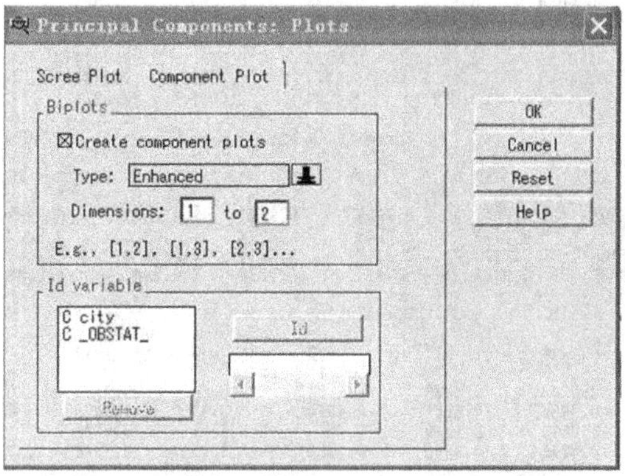

（b）

图 8-15　图形设置

⑦ 单击“OK”按钮，得到分析结果。

2. 主成分的结果分析

计算完成后，将在界面中首先弹出分析家窗口，显示主成分分析的数字结果。主要有：

（1）简单统计量，如图 8-16 所示：

The PRINCOMP Procedure

Observations 17
Variables 16

Simple Statistics

	x1	x2	x3	x4	x5	x6	x7	x8
Mean	90188.1765	28374.11765	3703.176471	5860.588235	2395.352941	1766.000000	1059.176471	1706.470588
StD	123025.4013	44253.01447	3671.503409	5405.753521	3116.785021	1551.330397	1137.451111	2118.418016

Simple Statistics

	x9	x10	x11	x12	x13	x14	x15	x16
Mean	11684.58824	3319.705882	5480.352941	6084.235294	5831.000000	3981.470588	2031.647059	715.1176471
StD	14104.45093	3204.220532	6621.172724	7846.849786	7039.028662	4187.779007	1820.229826	810.5609078

图 8-16　变量的简单统计量

(2)相关系数矩阵，如图 8-17 所示。相关系数矩阵反映了被分析变量间的简单相关情况。

Correlation Matrix

		x1	x2	x3	x4	x5	x6	x7	x8
x1	韩　国	1.0000	0.6204	0.2947	0.2960	0.5375	0.2541	0.1553	0.2132
x2	日　本	0.6204	1.0000	0.7163	0.6818	0.4656	0.7027	0.4612	0.5152
x3	马来西亚	0.2947	0.7163	1.0000	0.8841	0.3337	0.8362	0.6931	0.8088
x4	新加坡	0.2960	0.6818	0.8841	1.0000	0.5189	0.8805	0.9163	0.7885
x5	菲律宾	0.5375	0.4656	0.3337	0.5189	1.0000	0.4145	0.4415	0.3130
x6	印　尼	0.2541	0.7027	0.8362	0.8805	0.4145	1.0000	0.7643	0.6251
x7	泰　国	0.1553	0.4612	0.6931	0.9163	0.4415	0.7643	1.0000	0.7512
x8	印　度	0.2132	0.5152	0.8088	0.7885	0.3130	0.6251	0.7512	1.0000
x9	美　国	0.3886	0.7485	0.8187	0.7361	0.3509	0.5999	0.5068	0.5079
x10	加拿大	0.4489	0.8259	0.8438	0.9290	0.5260	0.8137	0.8034	0.6864
x11	德　国	0.5380	0.8897	0.8131	0.8148	0.6709	0.7263	0.6123	0.7108
x12	俄罗斯	0.8793	0.6494	0.3260	0.4048	0.5392	0.3009	0.2779	0.2296

Correlation Matrix

	x9	x10	x11	x12	x13	x14	x15	x16
x1	0.3886	0.4489	0.5380	0.8793	0.5302	0.4834	0.5108	0.3065
x2	0.7485	0.8259	0.8897	0.6494	0.9012	0.8199	0.6973	0.8165
x3	0.8187	0.8438	0.8131	0.3260	0.7689	0.7849	0.7130	0.7627
x4	0.7361	0.9290	0.8148	0.4048	0.8780	0.9204	0.8217	0.8626
x5	0.3509	0.5260	0.6709	0.5392	0.6549	0.6729	0.7424	0.3649
x6	0.5999	0.8137	0.7263	0.3009	0.7939	0.8004	0.7060	0.8363
x7	0.5068	0.8034	0.6123	0.2779	0.7263	0.7948	0.7307	0.7422
x8	0.5079	0.6864	0.7108	0.2296	0.6125	0.6272	0.6873	0.5819
x9	1.0000	0.8271	0.7890	0.5063	0.7967	0.8132	0.6018	0.7694
x10	0.8271	1.0000	0.8619	0.5050	0.9343	0.9630	0.8810	0.9216
x11	0.7890	0.8619	1.0000	0.6327	0.9396	0.8981	0.8230	0.8105
x12	0.5063	0.5050	0.6327	1.0000	0.6532	0.5874	0.4358	0.4730

Correlation Matrix

		x1	x2	x3	x4	x5	x6	x7	x8
x13	英　国	0.5302	0.9012	0.7689	0.8780	0.6549	0.7939	0.7263	0.6125
x14	法　国	0.4834	0.8199	0.7849	0.9204	0.6729	0.8004	0.7948	0.6272
x15	意大利	0.5108	0.6973	0.7130	0.8217	0.7424	0.7060	0.7307	0.6873
x16	瑞　典	0.3065	0.8165	0.7627	0.8626	0.3649	0.8363	0.7422	0.5819

Correlation Matrix

	x9	x10	x11	x12	x13	x14	x15	x16
x13	0.7967	0.9343	0.9396	0.6532	1.0000	0.9780	0.8251	0.9059
x14	0.8132	0.9630	0.8981	0.5874	0.9780	1.0000	0.8722	0.9019
x15	0.6018	0.8810	0.8230	0.4358	0.8251	0.8722	1.0000	0.7198
x16	0.7694	0.9216	0.8105	0.4730	0.9059	0.9019	0.7198	1.0000

图 8-17　相关系数矩阵

(3)特征值，如图 8-18 所示。其中给出了相关系数矩阵的特征值、上下特征值之差、各主成分的方差贡献率以及累积贡献率。

Eigenvalues of the Correlation Matrix

	Eigenvalue	Difference	Proportion	Cumulative
1	11.2793692	9.4070134	0.7050	0.7050
2	1.8723558	0.9601556	0.1170	0.8220
3	0.9122003	0.3420876	0.0570	0.8790
4	0.5701126	0.1288496	0.0356	0.9146
5	0.4412630	0.0994279	0.0276	0.9422
6	0.3418351	0.1008212	0.0214	0.9636
7	0.2410139	0.0123512	0.0151	0.9786
8	0.2286628		0.0143	0.9929

图 8-18　相关系数矩阵的特征值

根据主成分个数确定的一般方法，在(3)中有 3 个大于 1 或近似等于 1 的特征值，11.2793692，1.8723558 和 0.9122003，且三个成分的累积变异比高达 87.90%，故认为前三个成分是主要成分，它反映了原始指标中所包含的主要信息。

(4)图 8-19 给出了相关系数矩阵的 8 个最大特征值的特征向量，据此可以得到用标准化变量表达的 8 个主成分表达式，由于篇幅限制，不在此一一列出。

Eigenvectors

		Prin1	Prin2	Prin3	Prin4	Prin5	Prin6	Prin7	Prin8
x1	韩　国	0.156518	0.557771	0.002308	0.335131	0.229081	-.143869	0.323536	-.288287
x2	日　本	0.257405	0.172290	-.310361	-.036092	-.122383	-.428655	-.286243	-.082461
x3	马来西亚	0.259012	-.211863	-.189092	0.311268	-.212599	-.040839	0.409466	0.156122
x4	新加坡	0.279668	-.201883	0.095427	0.002105	0.153762	0.130359	0.146507	0.113552
x5	菲律宾	0.186062	0.289291	0.613377	-.229096	-.353599	0.050043	0.089805	0.300880
x6	印　尼	0.251789	-.211414	-.021341	-.158431	0.186912	-.547116	0.434446	0.298226
x7	泰　国	0.236063	-.282074	0.302073	-.012343	0.486452	0.252728	-.043035	-.001259
x8	印　度	0.218625	-.261930	0.150743	0.698438	-.034982	0.001859	-.348167	0.061174
x9	美　国	0.243244	0.004439	-.417864	-.042710	-.333232	0.546448	0.265060	-.024519
x10	加拿大	0.288544	-.063509	-.051446	-.101736	0.035494	0.095054	0.021864	-.395953
x11	德　国	0.280190	0.094780	-.029511	0.090512	-.319797	-.078765	-.313647	0.275255
x12	俄罗斯	0.179159	0.515215	-.104238	0.130561	0.407674	0.227124	-.070743	0.313576
x13	英　国	0.289384	0.075861	-.038398	-.196784	0.000026	-.009605	-.223792	0.113106
x14	法　国	0.290487	0.016500	0.048114	-.228193	0.004318	0.165355	-.025869	-.055515
x15	意大利	0.263338	0.016109	0.348281	0.020394	-.197850	-.117891	0.048346	-.575551
x16	瑞　典	0.268144	-.110620	-.232525	-.308730	0.214339	-.066462	-.277810	-.104889

图 8-19　特征向量

(5)在“分析家”窗口中，展开左边的项目管理窗格中的“Gplot”，双击“Scree plot”项，在打开的“碎石图”(如图 8-20 所示)中很直观地看到第一主成分远远大于第二主成分的特征值，说明第一主成分已经代表了绝大部分信息。

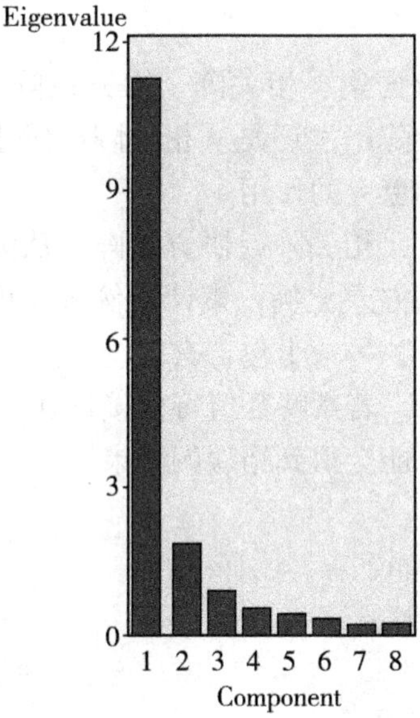

图 8-20　碎石图

(6)在“分析家”窗口中，展开左边的项目管理窗格中的“Gchart”，双击“Component plot of component”项，右边的窗口中出现了两个主成分的散点图，如图 8-21 所示。

8.1.4　用 PRINCOMP 过程实现主成分分析

1. PRINCOMP 过程简介

SAS 系统中的 PRINCOMP 过程的功能包括：

- 完成主成分分析。
- 主成分的个数可以由用户自己确定，主成分的名字可以用户自己规定，主成分得分

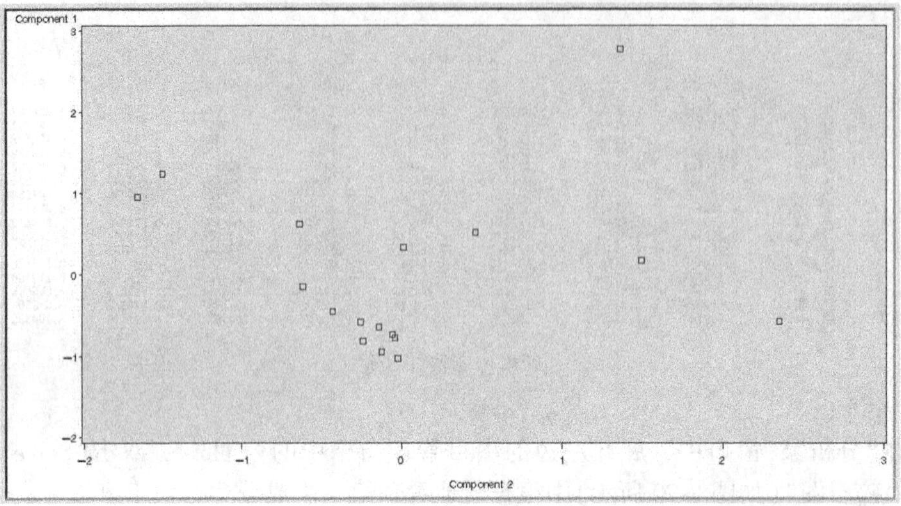

图 8-21　两主成分的散点图

是否标准化可自己规定。

- 输入数据集可以是原始数据集、相关阵、协方差阵或叉积阵。输入为原始数据时，用户还可以规定从协方差阵出发还是从相关阵出发进行分析。由协方差阵出发时方差大的变量在分析中起到更大的作用。
- 计算结果有：简单统计量，相关阵或协方差阵，从大到小排序的特征值和相应特征向量，每个主成分解释的方差比例，累计比例等。可生成两个输出数据集：一个包含原始数据及主成分得分，另一个包含有关统计量，类型为 TYPE=CORR 或 COV。
- 可揭示变量间的共线关系。若某特征值特别接近 0，则说明变量线性相关，这时用这些变量作为回归自变量可能会得到错误的结果。

2. PRINCOMP 过程的格式

PRINCOMP 过程的常用格式如下：

```
PROC　PRINCOMP　<选项列表>;
  VAR 变量列表;
  [WEIGHT 变量列表;]
  [FREQ 变量列表;]
  [PARTIAL 变量列表;]
  [BY 变量列表;]
RUN;
```

其中，PROC PRINCOMP 语句用来输入、输出和一些运行选项，包括：

- DATA=输入数据集：可以是原始数据集，也可以是相关系数数据集或协方差数据集。
- OUT=输出数据集：该数据集中包含原始数据和主成分得分的数据。
- OUTSTAT=数据集名：创建一个包含均值、标准差、观测数、相关矩阵、协方差矩阵、特征值和特征向量等统计量的数据集。

- COV：要求从协方差出发计算主成分，如果未指定该参数，则 sas 将从相关矩阵出发计算主成分。
- N：需要计算的主成分的个数，缺省时计算全部变量。
- NOINT：在模型中不使用截距项。
- STD：要求在 OUT=数据集中把主成分得分标准化为单位方差。
- VAR：指定原始变量，必须为数值型(区间型)变量。
- NOPRINT：该选项用于输出结果显示的控制，包含该语句将不显示所有的分析结果。
- PLOTS：绘图参数设置，用来控制绘制的图形。

此外，VAR 语句用于指明数据集中需要进行分析的变量名，如果默认该语句，则将对数据内的所有变量进行主成分分析；如果需要对数据集中的 X_1，X_2，X_3 变量进行主成分分析，则可用语句“VAR　X1-X3”表示。

【例 8-3】 对例 8-1 中的数据用 PRINCOMP 过程作主成分分析。

过程代码如下：

```
proc princomp    data=mylib. pollution;
var x1-x4;
run ;
```

结果如图 8-22 所示。

The PRINCOMP Procedure

Observations	32
Variables	4

Simple Statistics

	x1	x2	x3	x4
Mean	222481.9375	183.9375000	90.96875000	6767.000000
StD	107317.0669	32.8780126	32.81569685	4829.985233

Correlation Matrix

		x1	x2	x3	x4
x1	废水	1.0000	0.0091	-.7241	0.9727
x2	二氧化硫	0.0091	1.0000	0.3995	-.0519
x3	烟尘	-.7241	0.3995	1.0000	-.6701
x4	工业固体废物	0.9727	-.0519	-.6701	1.0000

Eigenvalues of the Correlation Matrix

	Eigenvalue	Difference	Proportion	Cumulative
1	2.62121876	1.51318841	0.6553	0.6553
2	1.10803035	0.85372572	0.2770	0.9323
3	0.25430463	0.23785838	0.0636	0.9959
4	0.01644625		0.0041	1.0000

Eigenvectors

		Prin1	Prin2	Prin3	Prin4
x1	废水	0.589527	0.256201	0.167016	0.747612
x2	二氧化硫	-.148454	0.903028	-.389071	-.105481
x3	烟尘	-.540335	0.266724	0.781852	0.160010
x4	工业固体废物	0.581771	0.218540	0.457643	-.635882

图 8-22　主成分分析结果

8.2 因子分析

因子分析是另一种有效的降维方法，最早由英国心理学家 C. E. 斯皮尔曼提出。因子分析可在许多变量中找出隐藏的具有代表性的因子。将相同本质的变量归入一个因子，可减少变量的数目，还可检验变量间关系的假设。

8.2.1 因子分析概述

那么如何从显性的变量中得到因子呢？因子分析的方法有两类：一类是探索性因子分析；另一类是验证性因子分析。探索性因子分析不事先假定因子与测度项之间的关系，而让数据“自己说话”。验证性因子分析假定因子与测度项的关系是部分知道的，即哪个测度项对应于哪个因子，虽然我们尚且不知道具体的系数。

主成分分析和因子分析都是降维的统计方法，二者之间的差异我们可以用表 8-3 来总结一下：

表 8-3 **主成分分析和因子分析之间的差异**

	主成分分析	因子分析
数学模型不同	主成分分析模型 $P=AX$	因子分析模型 $X=AF+E$
系数矩阵不同	主成分分析系数矩阵 A 形式唯一，不能旋转	因子分析系数矩阵 A 形式不唯一，可旋转
目的不同	主成分是为了将相关的变量压缩成不相关的变量 P	因子分析是为了用不可观测的隐变量 F 来解释原始变量 X 之间的相关关系，一般 F 不能表示为 X 的线性组合
意义不同	主成分分析是纯数学变换	因子是轴象的因素，因子分析模型是描述

8.2.2 INSIGHT 模块实现因子分析

【例 8-4】 采用妊娠期一般情况调查表对 205 例孕妇进行问卷调查探讨重庆地区妊娠期妇女心理健康状况及其影响因素，提出护理对策并指导孕妇的心理自我调节。妊娠期一般情况调查表包括孕妇对孕期睡眠、收入、夫妻关系、婆媳关系、居住环境等情况的产生的焦虑的等级情况(焦虑等级为 1 级到 5 级，数字越大，焦虑情况越严重)，以这些因素为自变量，对数据进行统计学分析，探讨这些因素在焦虑和抑郁方面有无规律，数据如表 8-4 所示。

表 8-4 **重庆地区妊娠期妇女心理健康状况及其影响因素表**

编号	睡眠	心情影响	心理保健	收入	夫妻关系	家庭成员关系	居住环境	出生期望	担心身材	担心工作	担心家庭关系	第一次怀孕
1	1	3	2	1	1	2	3	1	2	4	4	2
2	2	3	4	3	1	1	1	1	4	4	4	1

续表

编号	睡眠	心情影响	心理保健	收入	夫妻关系	家庭成员关系	居住环境	出生期望	担心身材	担心工作	担心家庭关系	第一次怀孕
3				2	1	1	1	1				
4	3	2	2	2	2	2	2	1	4	4	4	2
5				2	1	1	1	1				
6	2	2	2	3	1	1	2	1	1	1	4	1
7	1	2	2	1	1	1	1	1	2	2	2	1
8	1	3	3	3	1	1	2	1	4	4	4	1
9				2	1	1	1	1				
10	1	2	2	3	1	2	2	1	3	4	4	1
11				3	2	1	2	1				
12	3	2	3	3	1	1	2	1	1	2	2	1
13	2	3	2	3	1	2	2	1	3	3	4	1
14	2	2	2	2	1	1	1	1	2	2	2	2
15	1	2	2	1	1	1	1	1	2	2	2	2
16	1	2	1	2	2	3	3	1	4	4	4	1
17	1	2	2	2	1	1	1	1	2	2	2	1
18	1	1	1	1	2	3	3	2	2	1	4	2
19	1	1	1	3	1	1	1	1	1	1	1	2
20	2	2	2	2	1	1	1	1	2	4	1	2
21	2	2	2	3	1	1	3	1	1	2	4	1
22	2	2	3	2	2	2	2	1	2	2	4	1
23	3	2	1	1	1	1	1	1	2	4	4	1
24	2	2	1	3	1	1	2	1	2	2	4	1
25	2	2	2	1	2	2	2	1	2	2	2	1
26	1	2	1	1	1	1	1	1	1	1	1	2
27	1	2	2	3	1	1	2	1	2	4	4	1
28	2	2	2	2	1	1	1	1	3	2	4	1
29	1	2	2	2	1	1	1	1	2	2	2	2
30	1	2	1	1	1	1	1	1	2	2	2	2
31				2								
32	2	2	1	3	2	2	2	1	3	4	4	1
33	2	2	2	2	2	1	1	1	1	4	4	1
34	1	2	2	2	1	2	2	1	3	4	4	2

续表

编号	睡眠	心情影响	心理保健	收入	夫妻关系	家庭成员关系	居住环境	出生期望	担心身材	担心工作	担心家庭关系	第一次怀孕
35	1	2	1	3	2	2	2	2	3	2	4	2
36	2	2	2	3	1	1	1	1	4	2	4	1
37	2	3	1	2	1	1	1	1	3	4	4	2
38	1	3	3	1	2	1	3	1	2	4	4	2
39	3	2	3	2	2	2	2	2	3	3	3	1
40	2	2	2	3	1	1	2	2	3	3	4	1
41	1	2	2	2	1	1	1	1	2	2	2	1
42	1	2	2	1	1	1	1	1	2	2	2	2
43	2	2	1	2	1	2	1	1	2	3	4	2
44	2	2	2	2	2	2	2	1	3	2	3	1
45	2	2	2	3	2	2	1	2	2	3	2	2
46	1	1	1	2	1	1	1	1	2	2	2	2
47	1	1	1	2	1	1	1	1	1	1	1	1
48	2	2	2	3	1	1	2	1	2	2	4	1
49	2	3	2	3	1	1	2	1	4	4	4	1
50	2	2	4	1	2	3	3	2	2	2	3	2
51	2	2	4	3	2	1	2	1	2	4	4	2
52	3	2	2	1	1	1	1	1	1	4	4	1
53	2	2	3	3	1	1	2	1	2	4	2	2
54	2	2	1	1	1	1	2	1	4	3	4	2
55	3	2	3	1	2	5	3	1	4	4	3	2
56	3	2	3	1	1	1	3	1	3	3	4	1
57				1	1	1	1	1				
58				1	1	2	1	1				
59	3	2	3	2	1	1	2	2	4	4	4	1
60	2	2	2	3	1	2	2	1	4	4	4	2
61	2	3	4	2	1	2	4	1	4	4	2	1
62	2	2	2	2	2	2	2	1	2	4	4	1
63	2	2	2	1	1	2	2	1	4	4	4	1
64	1	2	3	1	2	1	3	1	3	3	3	2
65	1	2	4	1	3	3	3	2	1	1	1	2
66	3	2	1	1	1	3	1	1	4	3	4	2

续表

编号	睡眠	心情影响	心理保健	收入	夫妻关系	家庭成员关系	居住环境	出生期望	担心身材	担心工作	担心家庭关系	第一次怀孕
67	1	2	2	2	1	1	2	1	1	2	2	1
68	1	2	1	1	1	1	2	1	2	3	3	1
69	1	1	1	2	1	1	1	1	1	1	1	1
70	2	2	2	2	1	1	1	1	2	2	2	2
71	3	3	3	3	1	1	3	1	4	2	4	1
72	2	2	3	2	2	1	2	2	2	2	4	1
73	2	3	2	1	4	2	2	1	3	4	4	2
74	1	3	1	1	1	1	2	1	4	4	4	1
75	1	2	5	2	1	2	1	1	4	4	4	1
76	1	2	2	2	2	2	3	1	3	4	4	2
77	1	3	4	2	2	2	2	2	3	4	4	1
78	1	2	3	2	1	3	3	1	4	4	4	2
79	2	2	1	2	2	2	2	1	4	4	4	2
80	3	3	3	1	1	1	2	1	4	4	1	2
81	1	2	1	3	1	1	2	1	2	2	4	1
82				2	2	2	3	1				
83				3	1	1	2	1				
84	2	2	2	3	2	4	3	1	3	2	4	2
85				2	1	1	3	1				
86	2	2	2	3	2	2	2	1	2	5	2	1
87	2	2	1	2	1	1	2	1	1	2	2	2
88	1	2	3	2	1	1	1	1	1	2	3	1
89	1	2	4	1	1	1	2	1	4	4	4	1
90	2	3	3	3	1	2	2	1	4	4	4	2
91	2	3	3	1	2	1	1	1	4	4	4	1
92	2	2	2	2	1	2	2	1	1	2	4	1
93				2	2	2	2	1				
94				2	1	1	2	1				
95	1	2	1	2	2	2	2	1	4	3	3	1
96	1	3	1	1	2	2	2	1	4	4	4	2
97	3	2	4	3	3	4	4	3	4	4	4	1
98				3	1	1	2	1				

续表

编号	睡眠	心情影响	心理保健	收入	夫妻关系	家庭成员关系	居住环境	出生期望	担心身材	担心工作	担心家庭关系	第一次怀孕
99	2	2	3	1	2	2	2	1	3	3	4	1
100	3	2	1	1	2	3	3	1	1	1	4	2
101	2	2	3	3	1	1	2	2	3	4	4	1
102	3	2	2	3	1	1	1	1	2	1	4	1
103	1	3	1	2	1	1	3	1	2	3	4	2
104	2	2	2	1	1	1	3	1	2	4	4	1
105	3	2	2	3	2	1	2	1	2	4	4	1
106		3	2	3	1	1	1	1	2	3	4	3
107	1	2	3	3	2	2	2	1	4	3	4	2
108	2	2	2	3	2	1		2	2	2	4	1
109	2	2	4	3	1	1	2	2	1	4	4	1
110				3	1	1	2	1				
111	1	3	1	3	2	1	2	1	3	3	4	1
112	1	1	1	3	2	2	4	1	1	1	2	2
113	2	2	2	3	1	1	1	1	3	4	4	1
114				2	2	2	3	2				
115	1	2	2	2	2	2	3	2	4	4	4	1
116				2	1	2	1	1				
117	2	3	2	3	1	1	1	1	2			
118	3	1	2	3	2	2	4	1	1	1	3	1
119				3	1	2	2	2				
120	2	2	1	3	2	1	1	2	2			
121	2	2	2	1	1	1		1	2	2	2	1
122	1	2	2	2	1	1	1	1	2	2	2	2
123	1	2	2	1	1	1	1	1	2	2	2	1
124	2	2	2	3	1	1	1	1	2	2	2	1
125	2	2	2	2	1	1	1	1	2	2	2	2
126	1	3	1	2	1	1	1	1	3	3	4	2
127				3	2	2	2	1				
128	3	2	2	3	1	1	1	1	3	4	4	2
129	3	2	2	3	1	2	1	1	4	4	4	1
130				2	2	2	2	1				

续表

编号	睡眠	心情影响	心理保健	收入	夫妻关系	家庭成员关系	居住环境	出生期望	担心身材	担心工作	担心家庭关系	第一次怀孕
131				2	2	2	2	2				
132	2			3	1	2	3	1				
133	2	2	1	3	2	2	2	1	1	2	4	2
134	2	2	2	2	2	1	3	1	2	2	4	1
135	3	2	2	2	2	2	3	3	4	4	4	1
136	1	2	3	2	2	2	3	1	4	4	4	1
137	2	2	4	2	3	1	2	3	4	4	1	2
138	1	3	1	2	1	1	2	1	4	4	4	3
139	1	2	3	3	3	3	3	5	4	4	4	1
140	1	2	1	2	1	1	3	1	3	3	4	1
141	3	2	3	2	2	2	3	1	1	2	3	2
142	2	2	3	1	3	3	3	1	1	1	4	2
143	2	2	3	1	2	2	2	1	4	2	4	1
144				2	1	1	2	1				
145				2	1	1	1	1				
146	1	3	1	1	1	2	3	1	4	2	4	1
147				3	1	1	1	1				
148	1	2	2	2	1	1	2	1	3	4	4	1
149	2	2	2	3	1	1	2	1	2	4	4	2
150	2	2	4	2	2	3	3	3	2	2	3	1
151	2	2	2	3	1	1	1	2	2	1	2	3
152	3	2	5	1	1	1	1	1	2	4	4	2
153	2	2	2	3	3	3	3	2	2	2	2	1
154				3	1	1	1	1				
155	1	3	1	3	1	1	2	1	2	4	4	1
156				1	1	3	3	1				
157	2	3	2	1	2	3	3	1	2	4	4	2
158	1	2	1	1	2	2	2	1	4	3	4	1
159	2	2	4	2	3	3	3	1	2	2	2	1
160	1	2	2	1	1	1	1	1	2	2	2	1
161	1	2	1	1	1	1	1	1	2	2	2	1
162	1	1	1	3	1	1	1	1	2	1	1	2

续表

编号	睡眠	心情影响	心理保健	收入	夫妻关系	家庭成员关系	居住环境	出生期望	担心身材	担心工作	担心家庭关系	第一次怀孕
163	2	2	2	1	1	1	1	2	2	2	1	1
164	2	2	2	1	2	2	2	1	2	2	2	2
165	1	2	2	2	1	1	1	1	2	2	2	1
166				3	1	1	2	1				
167	2	2	2	2	1	1	2	1	4	4	4	1
168	1	2	3	3	1	1	2	2	2	3	4	1
169	2	2	2	2	2	2	1	1	3	4	4	1
170	2	2	3	2	1	2	2	1	3	4	4	1
171	2	1	5	1	1	1	1	1	3	3	4	1
172	3	2	3	2	2	3	2	1	3	2	4	1
173	2	1	3	3	2	2	3	1	4	4	4	1
174	2	2	4	2	3	3	3	1	1	3	4	2
175	2	2	2	2	2	2	3	2	1	4	2	2
176	1	2	3	3	1	2	1	1	3	3	4	1
177	3	2	3	2	2	2	2	2	4	4	4	1
178	2	2	3	2	1	2	2	3	3	2	4	1
179	1	3	4	3	1	1	1	1	4	4	4	1
180	1	3	1	1	1	2	1	1	3	4	4	1
181	3	1	1	3	2	1	1	1	4	4	4	1
182	3	2	1	3	1	1	1	1	1	1	1	1
183	2	2	1	2	1	1	1	1	1	1	4	2
184	3	2	2	3	1	2	2	1	2	2	4	2
185				2	1	1	2	1				
186				3	1	3	3	1				
187	3	1	3	3	1	2	2	1	2	1	2	1
188	1	2	3	3	1	1	1	1	4	4	4	2
189	4	1	3	2	1	1	1	1	4	4	4	3
190	2	2	2	1	2	2	2	1	2	5	3	1
191	2	3	2	3	2	1	2	1	1	4	2	1
192				3	1	1	2					
193	2	1	1	3	1	1	1	1	2	4	4	1
194	2	2	2	3	1	1	2	1	4	4	4	1

续表

编号	睡眠	心情影响	心理保健	收入	夫妻关系	家庭成员关系	居住环境	出生期望	担心身材	担心工作	担心家庭关系	第一次怀孕
195	2	2	2	2	1	2	2	1	4	3	2	2
196	3	2	2	3	2	3	3	1	3	4	4	2
197	1	1	1	2	1	1	2	2	2	4	4	2
198	3	2	2	2	2	1	3	1	3	4	4	1
199	2	2	2	2	1	2	2	1	2	2	4	1
200	3	2	2	2	1	1	1	1	2	4	4	1
201	1	2	4	2	1	1	1	1	3	3	4	2
202	3	2	1	2	2	1	3	1				
203	2	3	3	2	1	1	1	1	4	4	4	2
204	3	2	2	3	1	1	4	2	4	3	3	2
205	2	2	2	2	3	1	1	1	2	3	4	1

1. 具体步骤

(1)建立数据集 mylib. women。

(2)启动 SAS/INSIGHT。选择菜单命令“解决方案/分析/交互式数据分析”，在弹出的对话框中选择库标识 mylib，选择数据集名 women，单击“打开”按钮，则数据集的内容显示在数据窗口中，如图 8-23 所示。

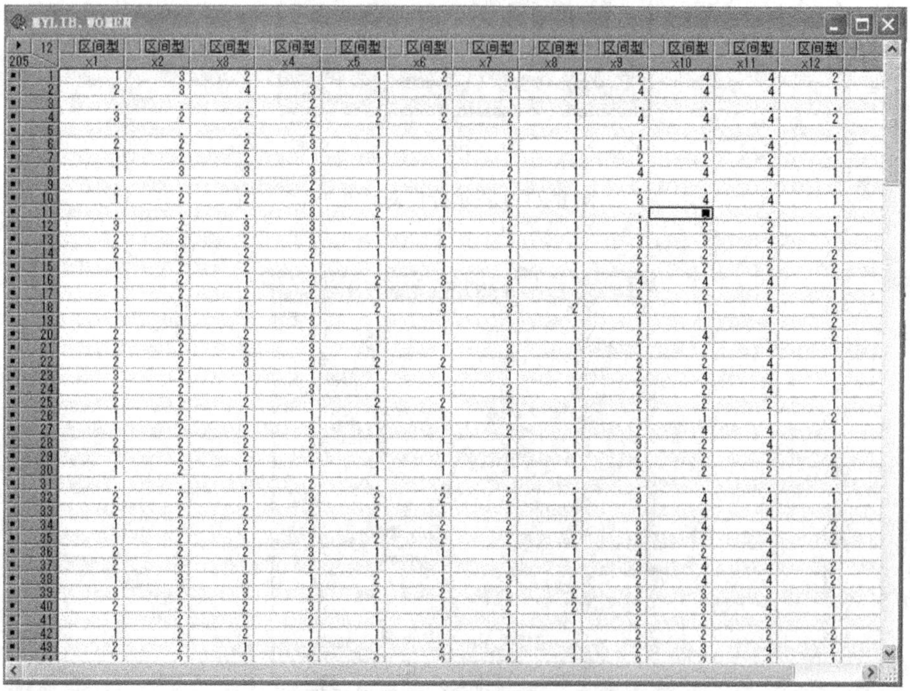

图 8-23　数据集 mylib. women

(3)选择菜单命令“分析/多元(Y X)”，打开“多元”对话框。将变量 $x_1 \sim x_{12}$ 选为 Y 变量，如图 8-24(a)所示。单击“输出”按钮，在打开的对话框中选中“主分量分析”复选框，如图 8-24(b)所示。单击下面的“主分量选项”按钮，在打开的“主分量选项”对话框中确认“相关(结构)”复选框被选中，如图 8-25 所示。单击“确定”按钮返回。

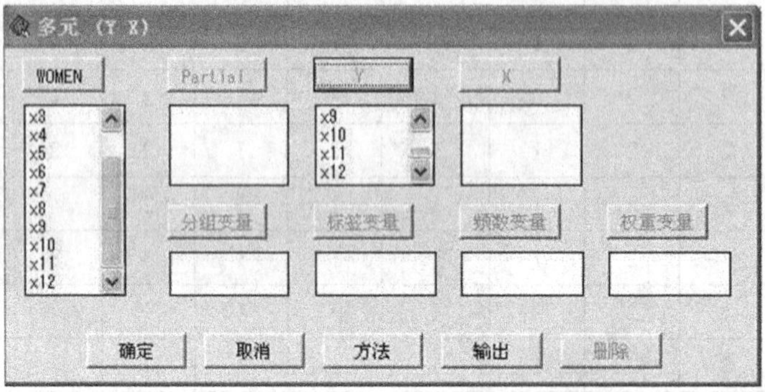

(a)

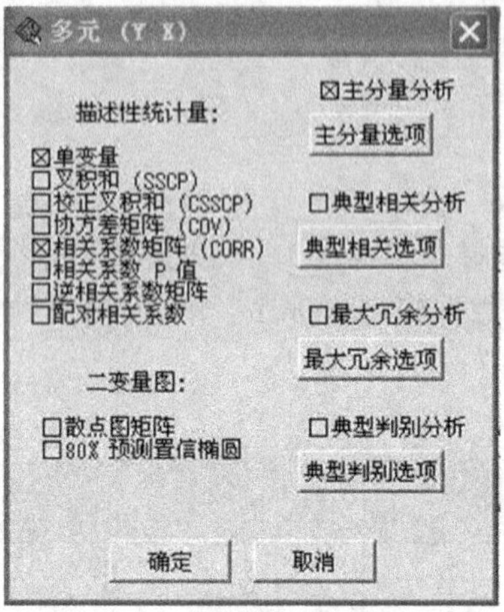

(b)

图 8-24 多元分析对话框

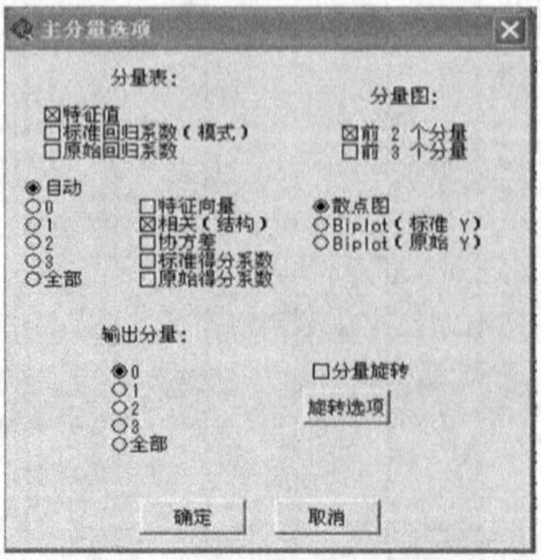

图 8-25 “主分量选项”对话框

(4)三次单击"确定"按钮，得到因子分析结果。输出的因子分析结果包括5个部分：

①简单统计量，如图8-26所示。

单变量统计量					
变量	N	均值	标准偏差	最小值	最大值
x1	169	1.8284	0.7401	1.0000	4.0000
x2	169	2.0710	0.4949	1.0000	3.0000
x3	169	2.1953	0.9715	1.0000	5.0000
x4	169	2.0947	0.7734	1.0000	3.0000
x5	169	1.4438	0.6254	1.0000	4.0000
x6	169	1.5680	0.7617	1.0000	5.0000
x7	169	1.3172	0.8196	1.0000	4.0000
x8	169	1.2071	0.5442	1.0000	5.0000
x9	169	2.6036	1.0534	1.0000	4.0000
x10	169	2.9645	1.0905	1.0000	5.0000
x11	169	3.3254	1.0092	1.0000	4.0000
x12	169	1.4201	0.5299	1.0000	3.0000

图8-26　简单统计量

从图8-26中可以看出，对于家庭关系产生的焦虑指数 x_{11} 均值远远大于其他焦虑指数，说明年轻妈妈抑郁的主要问题来自于家庭内部。

②相关系数矩阵，如图8-27所示。

相关系数矩阵												
	x1	x2	x3	x4	x5	x6	x7	x8	x9	x10	x11	x12
x1	1.0000	-0.1128	0.1793	0.1325	0.1141	0.1423	0.0942	0.0444	0.0496	0.0957	0.1390	-0.0124
x2	-0.1128	1.0000	0.0824	-0.1110	-0.0063	-0.0287	0.0733	-0.0770	0.2827	0.3466	0.2395	-0.0009
x3	0.1793	0.0824	1.0000	-0.0010	0.1896	0.1710	0.1550	0.2496	0.1808	0.2032	0.0866	-0.0909
x4	0.1325	-0.1110	-0.0010	1.0000	-0.0874	-0.1019	0.0218	0.1087	0.0098	0.0322	0.1128	-0.1122
x5	0.1141	-0.0063	0.1896	-0.0874	1.0000	0.5672	0.4554	0.3230	0.0157	0.0669	0.0622	0.0268
x6	0.1423	-0.0287	0.1710	-0.1019	0.5672	1.0000	0.5240	0.2458	0.1562	0.0173	0.1453	0.0983
x7	0.0942	0.0733	0.1550	0.0218	0.4554	0.5240	1.0000	0.2656	0.0927	0.0766	0.1983	-0.0016
x8	0.0444	-0.0770	0.2496	0.1087	0.3230	0.2458	0.2656	1.0000	0.1129	0.0426	-0.0151	-0.0558
x9	0.0496	0.2827	0.1808	0.0098	0.0157	0.1562	0.0927	0.1129	1.0000	0.5421	0.4076	-0.0411
x10	0.0957	0.3466	0.2032	0.0322	0.0669	0.0173	0.0766	0.0426	0.5421	1.0000	0.4541	-0.0564
x11	0.1390	0.2395	0.0866	0.1128	0.0622	0.1453	0.1983	-0.0151	0.4076	0.4541	1.0000	-0.1570
x12	-0.0124	-0.0009	-0.0909	-0.1122	0.0268	0.0983	-0.0016	-0.0558	-0.0411	-0.0564	-0.1570	1.0000

图8-27　相关系数矩阵

③相关系数矩阵的特征值，如图8-28所示。

特征值（相关系数矩阵）				
分量	特征值	差分	比例	累积
1	2.642790	0.670990	0.2202	0.2202
2	1.971800	0.647094	0.1643	0.3845
3	1.324706	0.301415	0.1104	0.4949
4	1.023292	0.046271	0.0853	0.5802
5	0.977020	0.086856	0.0814	0.6616
6	0.890164	0.158763	0.0742	0.7358
7	0.731401	0.122590	0.0610	0.7968
8	0.608812	0.073149	0.0507	0.8475
9	0.535663	0.026718	0.0446	0.8921
10	0.508945	0.046704	0.0424	0.9345
11	0.462241	0.139075	0.0385	0.9731
12	0.323166	–	0.0269	1.0000

图8-28　相关系数矩阵的特征值

④散点图，如图8-29所示。

⑤两个因子载荷阵，如图8-30所示。

由于前四个特征值的累积贡献率已达58.02%，可见被放弃的其他8个因子的解释的方差仅占不到一半，说明前四个因子提供了原始数据的足够信息，故取前四个特征值建立因子载荷阵。

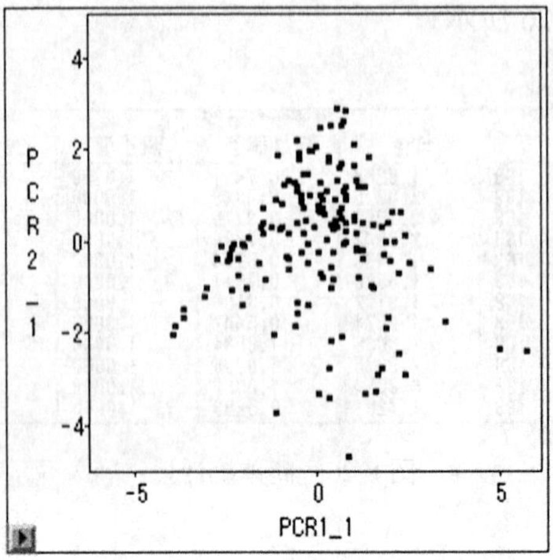

图 8-29　散点图

相关（结构）

变量	PCR1_1	PCR2_1	PCR3_1	PCR4_1
x1	0.2735	-0.0775	0.4702	0.5688
x2	0.2863	0.5065	-0.4293	-0.1623
x3	0.4675	-0.0217	0.2129	-0.3383
x4	0.0243	0.0857	0.7102	0.1314
x5	0.6005	-0.5245	-0.1424	-0.0226
x6	0.6424	-0.4872	-0.1986	0.1746
x7	0.6362	-0.3768	-0.0879	0.0602
x8	0.4337	-0.3485	0.2518	-0.4567
x9	0.5564	0.5298	-0.0686	-0.0031
x10	0.5421	0.6137	-0.0330	0.0334
x11	0.5392	0.4830	0.1024	0.2416
x12	-0.0810	-0.1866	-0.4715	0.4889

图 8-30　因子载荷阵

（5）选择菜单“表/主分量”，在弹出的对话框（见图 8-31）中选择 4 个因子及“相关（结构）”复选框，单击“确定”按钮，得到因子载荷阵，如图 8-30 所示。

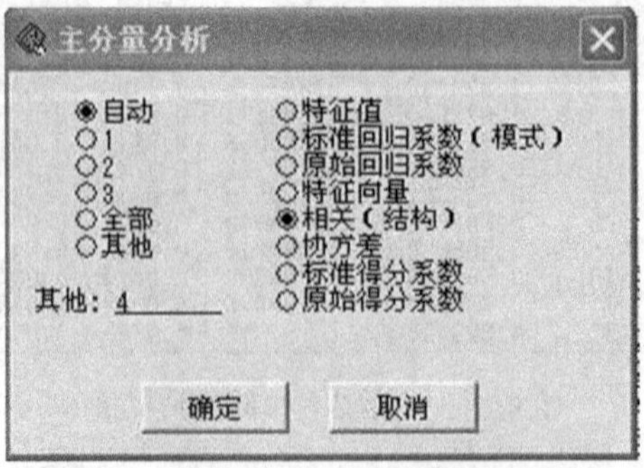

图 8-31　“主分量分析”对话框

由于几个公因子的载荷中有一些数值在 0.5 附近的中等载荷，其意义含糊不清，故作因子旋转。

（6）重新回到 INSIGHT 的数据窗口，选择菜单命令“分析/多元（Y X）”，打开“多元”对话框。将变量 $x_1 \sim x_{12}$ 选为 Y 变量。单击“方法”按钮，在打开的对话框(见图 8-32)中单击“旋转选项”按钮，对话框中列出了 5 种旋转方法，可通过尝试，选择最佳方案，本例选择旋转方式为“Quartimax”，分量为 4，Gamma 为 4，如图 8-33 所示。单击“确定”按钮返回。

- Equamax：均衡法。
- Orthomax：正交旋转法。
- Parsimax：正交 parsimax 旋转法。
- Quartimax：最大四分位法，可减少因子个数且简化变量。
- Varimax：最大方差法。

单击“输出”按钮，在打开的对话框中单击“主分量选项”按钮，在打开的“分量选项”对话框中选中“分量旋转”复选框，单击“旋转选项”按钮，打开“旋转选项”对话框，选中“输出分量得分”和“公因子方差估计值”复选框，如图 8-34 所示，单击“确定”按钮返回。

(7)三次单击“确定”按钮，再次得到分析结果。

结果包括正交旋转矩阵(见图 8-35)、旋转后的因子载荷阵(见图 8-36)、各变量的共同度(见图 8-37)等。

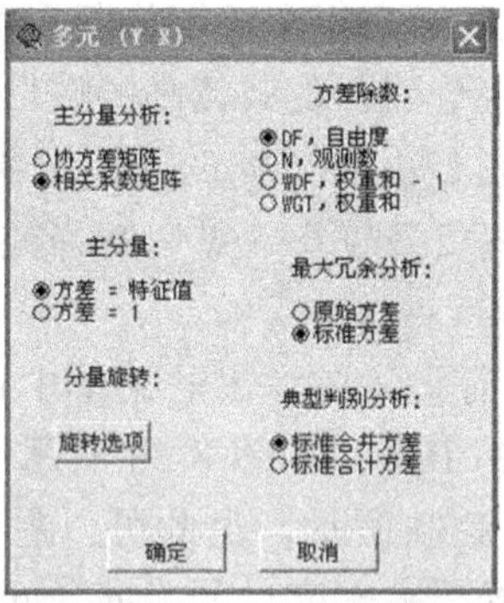

图 8-32　方法对话框

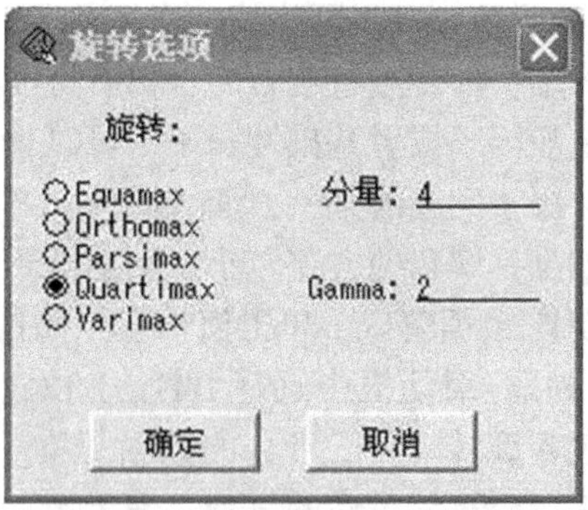

图 8-33　旋转选项对话框

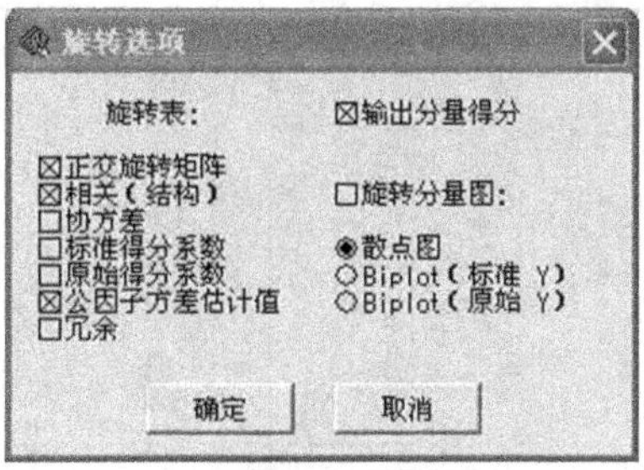

图 8-34　旋转选项对话框

正交旋转矩阵

变量	RT1_2	RT2_2	RT3_2	RT4_2
PCR1_2	0.737763	0.616362	0.116578	0.249427
PCR2_2	-0.636944	0.770042	-0.036532	-0.001812
PCR3_2	-0.205291	-0.130954	0.791160	0.561046
PCR4_2	0.088678	0.099924	0.599284	-0.789310

图 8-35　正交旋转矩阵

旋转相关(结构)				
变量	RT1_2	RT2_2	RT3_2	RT4_2
x1	0.205035	0.104134	0.747596	-0.116816
x2	-0.037641	0.606550	-0.422080	-0.042263
x3	0.284999	0.209737	0.021010	0.503151
x4	-0.170826	0.001129	0.640347	0.300675
x5	0.804328	-0.017413	-0.037055	0.088637
x6	0.840529	0.064252	0.040154	-0.088099
x7	0.732725	0.119536	0.054472	0.062591
x8	0.449794	-0.079675	-0.011144	0.610575
x9	0.086828	0.759585	-0.010611	0.101727
x10	0.018814	0.814390	0.034707	0.089252
x11	0.090515	0.715022	0.271039	0.000345
x12	0.199261	-0.082958	-0.082704	-0.670281

图 8-36　旋转后的因子载荷阵

旋转公因子方差估计值	
变量	估计值
x1	0.625429
x2	0.549257
x3	0.378817
x4	0.529633
x5	0.656476
x6	0.719991
x7	0.558059
x8	0.581589
x9	0.594969
x10	0.672755
x11	0.592911
x12	0.502703

图 8-37　各变量的共同度

2. 因子分析的结果分析

从图 8-36 可知，旋转后的因子系数已经明显向两极分化，有了更鲜明的实际意义。RT1 中系数绝对值大的主要有：x_5，x_6，x_7，对应的焦虑类型主要概括了夫妻关系、婆媳关系以及居住环境的影响，这种焦虑来源于孕妇对于怀孕后人际关系的不确定性产生了焦虑的情绪；RT2 主要由 x_2，x_9，x_{10}和 x_{11}确定，反映了孕妇对于怀孕后自身的一系列变化所产生的焦虑，比如，带来的身材的变化，工作的变化，家人对自己态度的变化，等等；RT3 主要由 x_1 和 x_4 确定，反映了孕妇对于孕期外在收入变化和睡眠情况产生的焦虑；RT4 则信赖于 x_3，x_8 和 x_{12}，即反映了孕妇对于因为第一次怀孕所产生的对未来生育的期待所产生的焦虑情绪。

需要注意的是，即使经过旋转后，仍有可能存在一个因子负载较高的情形。这种因子通常可以称之为一般因子或者基础性因子，可以理解为它是由所研究的问题的共性所决定的，而且不单一地取决于问题的某一方面。此外，对于某些负载较小、难以解释或者实际意义不合理的因子，如果其解释的方差较小，则通常予以舍弃。

回到 INSIGHT 数据窗口，单击窗口左上角的三角箭头，在弹出的菜单中选择“抽取”命令，在打开的“抽取”对话框中选择 RT1、RT2、RT3 和 RT4，如图 8-38 所示，单击“确定”按钮，得到只包含旋转后因子得分的数据子集，如图 8-39 所示。由此可以看出：孕妇存在明显的负性情绪，应有针对性的进行心理干预，以使母婴平安度过分娩期，同时对孕产妇的心理护理应提前到孕期乃至孕前，应加强社会工作，才能真正减少孕妇的不良情绪反应。

图 8-38　抽取对话框

8.2.3　用 FACTOR 过程实现因子分析

1. FACTOR 过程简介

FACTOR 过程可以进行因子分析、分量分析和因子旋转。对因子模型可以使用正交旋转

MYLIB.WOMEN1

205	区间型 RT1_2	区间型 RT2_2	区间型 RT3_2	区间型 RT4_2
1	0.4668	0.9907	-1.7620	-1.2081
2	-1.1606	1.7097	0.1447	1.2528
3	.	.	.	.
4	0.7580	1.0414	1.1103	-1.3650
5	.	.	.	.
6	-0.7416	-0.9574	1.0186	0.3694
7	-0.9656	-0.9694	-1.5918	0.3824
8	-0.9549	1.6236	-0.6299	1.1063
9	.	.	.	.
10	-0.4617	0.6567	0.1792	0.5291
11	.	.	.	.
12	-0.5938	-1.1601	1.3953	0.6809
13	-0.3840	0.9609	0.3120	0.1696
14	-0.7261	-0.9305	-0.0881	-0.7482
15	-0.6766	-0.9645	-1.5831	-0.7202
16	1.0720	0.8879	-0.4933	-0.3271
17	-1.1202	-0.9930	-0.9445	0.6432
18	1.9809	-1.5405	-0.5772	-0.7885
19	-0.9589	-2.6401	0.2662	-0.4871
20	-0.7970	-0.5720	-0.2808	-0.6365
21	-0.3890	-0.5964	1.0517	0.3510
22	0.5231	-0.3081	0.2329	0.3653
23	-0.9049	0.4310	0.6090	-0.7655
24	-0.8598	-0.3378	1.0548	-0.0035

图 8-39 因子得分

和斜交旋转，可以用回归法计算得分系数，同时把因子得分的估计存储在输出数据集中，用 FACTOR 过程计算的所有主要统计量也能存储在输出数据集中。

(1)主要语句。

PROC FACTOR options;

PRIORS communalities;

VAR Variables;

PARTIAL Variables;

FREQ Variables;

WEIGHT Variables;

BY Variables;

(2)PROC FACTOR 语句选择项。

该语句选择项分为以下几类：

- 数据集选择

DATA=数据集　制定因子分析的输入数据集。它既可以是含观测的 SAS 数据集，也可以是特殊结构的数据集，如 TYPE=CORR，TYPE=COV，TYPE=FACTOR 等类型的数据集。

OUTSTAT=文件名　将因子分析的结果存入指定的文件中。

- 指定因子分析方法

一般形式是：　METHOD | M=因子分析方法

如果 DATA=数据集的类型为 TYPE=FACTOR，则隐含为 M=PATTERN；否则，隐含为 M=PRINCIPAL。

因子分析方法有：

PRINOIPAL | P　　如果没有使用 PRIORS 选择或语句，或者指定了 PRIORS=ONE，
则用主成分分析，否则进行主因子分析。

PRINIT　　进行迭代主因子分析。

ULS | U　　进行非加权最小二乘法因子分析。

ML | U　　进行最大似然因子分析，该选择要求非奇异相关阵。

ALPHA | A　　进行因子分析。

IMAGE | I　　进行映象协方差矩阵主成分分析。要求非奇异相关阵。

PATTERN　　从 TYPE=FACTER、CORR 或 COV 的数据集中读取因子模型。

SCORE　　从 TYPE=FACTER、CORR 或 COV 数据集中读取计分系数 TYPE='SCORE'
数据集中必须含有相关矩阵或协方差矩阵。

- 指定计算先验公因子方差估计值方法：PRIORS=name

PRIORS=ONE | O　　设置所有先验公因子方差值为 1.0。

PRIORS=MAX | M　　置每一个变量的先验公因子方差估计为相关矩阵绝对值最大的相关系数。

PRIORS=RANDOS | R　　置每一变量先验公因子方差估计值为复相关系数的平方。

PRIORS=RANDOM | R　　置先验分因子方差估计值为 0~1 之间均匀分布的随机数。

- 旋转方式选择：ROTATE=旋转方式

常用的旋转方式有：

①ROTATE=VARIMAX | V　　作方差最大正交旋转。

②ROTATE=EQUAMAX | E　　作均方最大正交旋转。

③ROTATE=QUARTIMAX | Q　　作四次最大正交旋转。

④ROTATE=PROMAX | P　　作 Promax 旋转，可与 PREROTATE=及 POWER=选择同时使用。

⑤ROTATE=ORTHOMAX　　作 harris_kaiser　∏型正交斜旋转。

⑥ROTATE=PROCRUSTES　　作斜交 Procrustes 旋转，目标模型是 TARGET=数据集。

⑦ROTATE=NONE | N　　不作任何旋转，为缺省值。

- 参数控制

COVARIANCE | COV　　要求对协方差矩阵而不是相关矩阵进行分析。该选择只能与 METHOD = PRINIT，ULS，ALPHA 或 IMAGE 同时使用。

WEIGHT　　要求对权加相关矩阵或协方差矩阵进行相关分析。该选项只能与 M=PRINCP，PRINIT，ULS 或 IMAGE 同时使用，
输入数据集必须是 TYPE=CORR 或 FACTOR。

MAXITER = n　　当 M=PRINIT，ULS，APLPHA，ML 时最大迭代次数

为 30。

CONVERGE | CON=n 指定将要提取的最因子数目，缺省值为变量数。

NFACTORS=n | N=n 指定提取的因子个数。

- 输出选择

SIMPLE | S 打印均值和标准差。

CORR | C 打印相关矩阵。

MSA 打印偏相关阵。

SCREE 打印特征值散点图。

EIGINVECTORS 打印特征向量。

PRINT 打印输入因子模型，或得分系数及有关统计量，在斜旋转时，计算打印参数结构及因子结构。

RESIDUALSIRES 打印残差相关矩阵及相应的偏相关矩阵。

PREPLOT 打印旋转之前的因子模型。

PLOT 打印旋转之后的因子模型。

NPLOT=n 打印被打印的因子个数，缺省值为所有因子。

SCORE 打印因子得分系数。

ALL 打印除散点图之外的所有可能选择的输出。当输入数据集是 TYPE=CORR，COV，FACTOR 时，不打印简单统计量，相关阵及 MSA。

SAS/STAT 的 FACTOR 过程可以进行因子分析、分量分析和因子旋转。对因子模型可以使用正交旋转和斜交旋转，可以用回归法计算得分系数，同时把因子得分的估计存储在输出数据集中；用 FACTOR 过程计算的所有主要统计量也能存储在输出数据集中。

FACTOR 过程用法很简单，主要使用如下语句：

```
PROC FACTOR DATA= 数据集 选项;
VAR 原始变量;
RUN;
```

输出结果包括特征值情况、因子载荷、公因子解释比例，等等。为了计算因子得分，一般在 PROC FACTOR 语句中加一个 SCORE 选项和“OUTSTAT=输出数据集”选项，然后，用如下的得分过程计算公因子得分：

```
PROC SCORE DATA=原始数据集 SCORE=FACTOR 过程的输出数据集
        OUT=得分输出数据集;
    VAR  用来计算得分的原始变量集合;
RUN;
```

2. 应用举例

下面一组学生的成绩来进行因子分析。数据如图 8-40 所示：

(1)主成分分析法。

程序如下：

```
PROC FACTOR DATA=mylib.score SIMPLE CORR;
```

VIEWTABLE: Mylib. Score

	数学	物理	化学	语文	历史	英语
1	65	61	72	84	81	79
2	77	77	76	64	70	55
3	67	63	49	65	67	57
4	80	69	75	74	74	63
5	74	70	80	84	81	74
6	78	84	75	62	71	64
7	66	71	67	52	65	57
8	77	71	57	72	86	71
9	83	100	79	41	67	50
10	61	65	72	79	84	81
11	77	75	76	55	64	70
12	63	67	49	57	65	67
13	69	80	75	63	74	74
14	70	74	80	74	84	81
15	84	78	75	64	62	71
16	71	66	67	57	52	65
17	71	77	57	71	72	86
18	100	83	79	50	41	67
19	72	65	67	63	56	57
20	83	77	75	72	61	64

图 8-40 数据集 mylib. score

RUN ;

结果给出 5 个变量的简单统计量、相关阵、相关阵的特征值、累计贡献率(见图 8-41)。

The FACTOR Procedure

Means and Standard Deviations from 20 Observations

Variable	Mean	Std Dev
_COL1	74.400000	9.063519
_COL2	73.650000	9.056983
_COL3	70.100000	9.770525
_COL4	65.150000	11.310335
_COL5	68.850000	11.494965
_COL6	67.650000	9.729364

Correlations

		_COL1	_COL2	_COL3	_COL4	_COL5	_COL6
_COL1	数学	1.00000	0.61923	0.47737	-0.36001	-0.52528	-0.27348
_COL2	物理	0.61923	1.00000	0.46612	-0.57337	-0.20224	-0.26905
_COL3	化学	0.47737	0.46612	1.00000	0.02224	-0.00783	0.01977
_COL4	语文	-0.36001	-0.57337	0.02224	1.00000	0.68069	0.62801
_COL5	历史	-0.52528	-0.20224	-0.00783	0.68069	1.00000	0.47576
_COL6	英语	-0.27348	-0.26905	0.01977	0.62801	0.47576	1.00000

Eigenvalues of the Correlation Matrix: Total = 6 Average = 1

	Eigenvalue	Difference	Proportion	Cumulative
1	2.94227785	1.46032263	0.4904	0.4904
2	1.48195522	0.82172856	0.2470	0.7374
3	0.66022666	0.14434543	0.1100	0.8474
4	0.51588123	0.18030107	0.0860	0.9334
5	0.33558016	0.27150128	0.0559	0.9893
6	0.06407888		0.0107	1.0000

2 factors will be retained by the MINEIGEN criterion.

图 8-41 相关阵的特征值、累计贡献率

前三个主成分解释了84.74%的方差，按照默认选择因子个数的准则，取大于1的特征值，所以取两个因子。因子的载荷阵如图8-42所示，第一个公因子在6个变量上的载荷有正有负，载荷有大有小；第二个公因子在化学成绩上有大的正载荷。

Factor Pattern

		Factor1	Factor2
_COL1	数学	-0.77089	0.38560
_COL2	物理	-0.74409	0.41642
_COL3	化学	-0.35482	0.81476
_COL4	语文	0.83024	0.38183
_COL5	历史	0.73943	0.37939
_COL6	英语	0.65757	0.45420

图 8-42　因子载荷阵

结果还给出了公因子解释能力的估计，如图8-43所示，最后一行给出了每个变量的共同度。

Variance Explained by Each Factor

Factor1	Factor2
2.9422778	1.4819552

Final Communality Estimates: Total = 4.424233

_COL1	_COL2	_COL3	_COL4	_COL5	_COL6
0.74295627	0.72707946	0.78973013	0.83508697	0.69068530	0.63869492

图 8-43　各变量的共同度

(2)主(轴)因子分析及因子旋转。

为了得到更好的因子解释，在上面的PROC FACTOR语句中再加上一个ROTATE = PROMAX旋转选项，这样将在得到主成分解后再进行方差最大正交旋转。

程序如下：

PROC FACTOR DATA = mylib.score PRIORS = SMC　MSA　ROTATE = PROMAX;

RUN;

程序执行的部分结果，如图8-44所示。

分析结果：显示有两大类的因子(或说有两个共因子)：一类因子以数学、物理和化学的成绩为主；另一类因子以语文、历史和英语的成绩为主。这两类因子可解释成理工科课程因子(FACTOR 1)与文史类课程因子(FACTOR 2)。这两类因子经过VARIMAX或PROMAX的坐标转换后显明出来。

```
                         The FACTOR Procedure
                      Prerotation Method: Varimax

                   Orthogonal Transformation Matrix

                            1              2              3

              1       0.73387       -0.54169        0.40990
              2       0.47057        0.84057        0.26834
              3       0.48990        0.00404       -0.87177

                        Rotated Factor Pattern

                             Factor1        Factor2        Factor3

        _COL1     数学      -0.21211        0.70921       -0.46415
        _COL2     物理      -0.48577        0.76923        0.11024
        _COL3     化学       0.10359        0.65586       -0.03455
        _COL4     语文       0.91574       -0.13358        0.20971
        _COL5     历史       0.52988       -0.06656        0.72010
        _COL6     英语       0.60711       -0.03196        0.23819

                    Variance Explained by Each Factor

                   Factor1          Factor2          Factor3

                 1.7796263        1.5481376        0.8480330

                        Rotated Factor Pattern

                             Factor1        Factor2        Factor3

        _COL1     数学      -0.21211        0.70921       -0.46415
        _COL2     物理      -0.48577        0.76923        0.11024
        _COL3     化学       0.10359        0.65586       -0.03455
        _COL4     语文       0.91574       -0.13358        0.20971
        _COL5     历史       0.52988       -0.06656        0.72010
        _COL6     英语       0.60711       -0.03196        0.23819

                    Variance Explained by Each Factor

                   Factor1          Factor2          Factor3

                 1.7796263        1.5481376        0.8480330

                    Variance Explained by Each Factor

                   Factor1          Factor2          Factor3

                 1.7796263        1.5481376        0.8480330


                         The FACTOR Procedure
                      Prerotation Method: Varimax

             Final Communality Estimates: Total = 4.175797

      _COL1          _COL2          _COL3          _COL4          _COL5          _COL6

 0.76339850     0.83984131     0.44207383     0.90039637     0.80374462     0.42634223
```

图 8-44　因子旋转后的部分程序结果

本章小结

本章主要介绍主成分分析和因子分析，这两种方法都属于多元统计技术，它们既有相似处，也有很大不同。在实例研究时，主要采用 INSIGHT、分析家和程序三种方式来完成，从中读者可以体会不同的方式来解决问题的方法。

习 题

1. 以某省主要年份社会消费品零售总额为例分别用INSIGHT，分析家和程序来进行主成分分析，数据如表8-5所示。

表8-5 某省主要年份社会消费品零售总额 单位：亿元

年份	批发和零售业	住宿和餐饮业	制造业	农业生产者	其他行业
1949	3.92	0.63	1.68	0.53	0.11
1952	13.23	1.92	3.21	0.53	0.12
1957	21.86	1.08	2.19	0.51	0.45
1962	25.39	1.37	1.98	1.6	0.15
1965	29.92	1.83	1.35	0.6	0.15
1970	36.53	1.37	1.87	0.95	0.22
1975	51.98	2.72	2.85	1.54	1.22
1978	68.4	3.65	4.57	2.34	0.77
1979	78.38	4.25	6.09	2.64	0.86
1980	94.61	5.03	10	3.38	0.99
1981	107.1	5.82	13.42	3.53	1.6
1982	112.9	7.64	14.12	4.82	2
1983	127.67	9.83	16.93	5.16	2.55
1984	147.25	11.23	20.57	6.16	3.87
1985	173.62	13.86	25.27	8.94	5.34
1986	194.85	15.48	31.38	12.32	7.61
1987	217.34	18.16	41.14	14.91	9.14
1988	287.09	22.88	49.85	20.5	12.05
1989	315.8	23.93	49.86	26.34	14.81
1990	338.02	25.07	50.24	30.41	16.38
1991	392.19	30.67	59.41	35.48	18.28
1992	471.87	37.56	77.87	44.17	21.76
1993	617.53	53.08	125.63	68.12	20.35
1994	813.17	87.13	142.79	113.75	53.24
1995	1024.82	129.88	194.83	158.4	76.03
1996	1226.57	168.65	243.4	176.32	101.57
1997	1425.5	194.69	279.73	232.73	105.18

续表

年 份	批发和零售业	住宿和餐饮业	制造业	农业生产者	其他行业
1998	1600.27	238.5	328.26	271.84	125.67
1999	1807	281.54	344.74	304.52	135.02
2000	2075.94	339.46	359.05	332.93	156.67
2001	2340.68	399.81	363.46	356.19	174.46
2002	2691.49	477.13	358.87	362.94	187.59
2003	3836.66	585.25	438.5	436.77	222.95
2004	4444.04	661.06	386.73	533.6	185.4
2005	5173.89	776.51	467.3	767.3	216.54
2006	6044.6	925.47	673.6	777.1	247.06
2007	7205.96	1123.47	789.3	802.6	278.02
2008	9314.97	1063.78	1011.6	780.4	280
2009	10348.4	1673.61	1022.3	880.8	340.96

注：自2010年，社会消费品零售总额分组重新调整。

2. 对全国30个省市自治区经济发展基本情况的八项指标作主成分分析，原始数据如表8-6所示。

表8-6

省份	GDPx_1	居民消费水平 x_2	固定资产投资 x_3	职工平均工资 x_4	货物周转量 x_5	居民消费价格指数 x_6	商品零售价格指数 x_7	工业总产值 x_8
北京	1394.89	2505	519.01	8144	373.9	117.3	112.6	843.43
天津	920.11	2720	345.46	6501	342.8	115.2	110.6	582.51
河北	2849.52	1258	704.87	4839	2033.3	115.2	115.8	1234.85
山西	1092.48	1250	290.9	4721	717.3	116.9	115.6	697.25
内蒙古	832.88	1387	250.23	4134	781.7	117.5	116.8	419.39
辽宁	2793.37	2397	387.99	4911	1371.1	116.1	114	1840.55
吉林	1129.2	1872	320.45	4430	497.4	115.2	114.2	762.47
黑龙江	2014.53	2334	435.73	4145	824.8	116.1	114.3	1240.37
上海	2462.57	5343	996.48	9279	207.4	118.7	113	1642.95
江苏	5155.25	1926	1434.95	5943	1025.5	115.8	114.3	2026.64
浙江	3524.79	2249	1006.39	6619	754.4	116.6	113.5	916.59
安徽	2003.58	1254	474	4609	908.3	114.8	112.7	824.14
福建	2160.52	2320	553.97	5857	609.3	115.2	114.4	433.67

续表

省份	GDP x_1	居民消费水平 x_2	固定资产投资 x_3	职工平均工资 x_4	货物周转量 x_5	居民消费价格指数 x_6	商品零售价格指数 x_7	工业总产值 x_8
江西	1205. 11	1182	282. 84	4211	411. 7	116. 9	115. 9	571. 84
山东	5002. 34	1527	1229. 55	5145	1196. 6	117. 6	114. 2	2207. 69
河南	3002. 74	1034	670. 35	4344	1574. 4	116. 5	114. 9	1367. 92
湖北	2391. 42	1527	571. 68	4685	849	120	116. 6	1220. 72
湖南	2195. 7	1408	422. 61	4797	1011. 8	119	115. 5	843. 83
广东	5381. 72	2699	1639. 83	8250	656. 5	114	111. 6	1396. 35
广西	1606. 15	1314	382. 59	5105	556	118. 4	116. 4	554. 97
海南	364. 17	1814	198. 35	5340	232. 1	113. 5	111. 3	64. 33
四川	3534	1261	822. 54	4645	902. 3	118. 5	117	1431. 81
贵州	630. 07	942	150. 84	4475	301. 1	121. 4	117. 2	324. 72
云南	1206. 68	1261	334	5149	310. 4	121. 3	118. 1	716. 65
西藏	55. 98	1110	17. 87	7382	4. 2	117. 3	114. 9	5. 57
陕西	1000. 03	1208	300. 27	4396	500. 9	119	117	600. 98
甘肃	553. 35	1007	114. 81	5493	507	119. 8	116. 5	468. 79
青海	165. 31	1445	47. 76	5753	61. 6	118	116. 3	105. 8
宁夏	169. 75	1355	61. 98	5079	121. 8	117. 1	115. 3	114. 4
新疆	834. 57	1469	376. 95	5348	339	119. 7	116. 7	428. 76

3. 试对武汉市江夏区2009年蔬菜生产情况表进行因子分析，数据如表8-7所示。

表8-7

项目	纸坊街	金口街	乌龙泉街	郑店街	流芳街	法泗镇	安山镇
其中：菠菜面积(05)	117	1379	444	274	189	234	89
芹菜面积(07)	140	1655	532	329	227	281	106
大白菜面积(09)	466	5516	1774	1098	756	935	355
圆白菜面积(11)	723	8550	2750	1701	1172	1450	550
油菜面积(13)	466	5516	1774	1098	756	935	355
其中：黄瓜面积(17)	2073	24517	7886	4878	3360	4157	1577
其中：萝卜面积(21)	1088	12871	4140	2561	1764	2182	828
马铃薯面积(25)	1360	16089	5175	3201	2205	2728	1035
胡萝卜面积(23)	272	3218	1035	640	441	546	207

参 考 文 献

[1] 汪远征，徐静雅 . SAS 软件与统计应用教程 . 北京：机械工业出版社，2007，2.
[2] 汪海波，等 . SAS 统计分析从入门到精通 . 北京：人民邮电出版社，2010，7.
[3] 何宁，吴黎兵，滕冲 . 统计分析系统 SAS 与 SPSS. 北京：机械工业出版社，2008，3.
[4] 李东风. 统计软件教程 . 北京：人民邮电出版社，2006，11.